완전한 언약 II 구약편

당신이 하나님을 더 깊이 알아가고 더 널리 알리는 사람이 되는 것, 이 책에 담긴 도서출판 예수전도단의 마음입니다. 말씀을 통해 저자가 깨닫고, 원고를 통해 저희가 누릴 수 있었던 그 감동이 책을 통해 당신에게도 전해지기 원합니다. 그리고 당신을 통해 그 기쁨과 은혜가 더 많은 이에게 계속해서 흘러가기를 기도하겠습니다. 이 책을 통해 당신이 받은 은혜를 다른 분들에게도 나눠주십시오. 사랑하고 축복합니다.

완전한 언약 Ⅱ

구약편

김의경 지음

예수전도단

추천의 글

강승삼 박사
전 나이지리아 선교사, 현 원로선교사
전 총신대학교 선교대학원장과 교수
전 (사)KWMA 사무총장/대표회장, 현 공동회장
현 AGST-Paciffic 교수, 국제개발대학원 교수, WMTC 교수

주님 안에서 김의경 목사님과 알고 지낸 지 십수 년의 세월이 지났습니다. 김목사님은 진정한 주님의 종입니다. 김목사님의 삶과 사역은 언제나 말씀(Logos) 안에서 초지일관 변함이 없습니다. 김목사님이 목회하시는 거룩한 빛 비전교회는 선교의 열정과 헌신으로 하나가 되어 온 세상을 비추는 거룩한 빛이며, 하나님의 선교 비전을 실현하기 위해 충성을 다하고 사랑을 실천하는 교회입니다. 김목사님은 (사)한국세계선교협의(KWMA) 법인 이사, 미전도종족 선교회 지도자, 그리고 WMTC 선교회 대표로 목회와 선교에 균형을 잘 잡고 섬기는 참된 종입니다. 그리고 선교에 헌신하신 지도자입니다.

목사님의 주일 강단 요약 메시지인「완전한 언약 Ⅱ」구약편과 신약편을 도서출판 예수전도단을 통해서 출판하게 됐습니다.「완전한 언약 Ⅱ」의 메시지를 통해서 김목사님의 삶과 사역의 근간이 하나님의 말씀임을 재확인했습니다. 또한 주일 강단 요약 메시지를 한 장 한 장 넘기면서 은혜의 보화를 발견했습니다. 목사님의 메시지의 특징은 다음과 같습니다.

첫째, 하나님의 말씀을 사모하는 자의 심령을 주님께로 집중하게 합니다.
둘째, 하나님의 영원하신 아가페 사랑을 체험한 메시지입니다.
셋째, 예수 그리스도의 구속사적 접근의 보화로운 메시지입니다.
넷째, 하나님의 언약에 근거한 메시지를 오늘을 사는 우리에게 적용한 메시지입니다.
다섯째, 성경에서 성경으로 문제의 주제를 풀어나가는 메시지입니다.
여섯째, 성경의 메시지에서 오늘의 이슈와 문제에 대한 해결을 찾는 메시지입니다.
일곱째, 독자들로 하여금 잔잔한 물가와 풍성한 푸른 초장으로 인도하는 메시지입니다.

귀한 복음의 메시지를 담은「완전한 언약 Ⅱ」를 모든 목사님, 선교사님, 평신도 그리고 셀 교회와 가정예배 인도자님들께 강력히 추천합니다.

이동휘 원로목사
전주 안디옥교회
바울선교회 대표

세계구원을 완성시키려는 용사훈련이 시작됐습니다. 복음적인 설교만을 외치기로 작심한 듯합니다. 이는 메마른 선포가 아닌, 마음에서 마음으로 흘러내려 가슴 세포에 흡수시키는 생수입니다. 김의경 목사님은 오로지 예수님에게 침몰당한 수도사입니다. 교회(성도)는 오직 예수님의 십자가 복음을 기다리고 갈망합니다. 그리고 목사님은 외도하지 않으시고 "예수님께서 십자가의 은혜를 베푸셨기에 우리는 믿음으로 구원을 받는다."라고 명확하게 알려주었습니다.

세상의 모든 것은 앞으로 나아가려고 하지만, 복음은 하나님의 말씀인 성경으로 돌아가야 합니다. 목사님은 그렇게 성도들을 인도합니다. 마태복음을 시작으로 신약과 구약에 담겨 있는 복음의 핵심을 골고루 파헤쳐 거룩한 식단을 준비하고 성찬을 베푸십니다. 성화되기를 갈망하여 경건의 도리를 가르쳤고, 세계 골목골목까지 복음을 전달하자고 다그쳤으며, 선교사를 보내고 선교의 가슴으로 세계비전을 전개했습니다.

예수님 닮은 제자를 만들고자 정규적인 훈련으로 단련시키고, 이 땅의 교회가 유람선이 되는 것을 단연 거절하며, 십자가 군사들이 승선한 선교선으로 전략화했습니다. 설교 전에 반드시 7대 선포를 부르짖어 가슴에 새겨 그리스도인의 정체성을 세워가는 것은 마귀와의 치열한 싸움에서 반드시 이기겠다는 장수의 기백입니다. 사탄과의 전쟁에서 목회는, 성도라면 누구나 마귀의 적수가 되도록 훈련 시키는 용사훈련입니다. 이는 지구를 온통 집어삼켜 '구원생'으로 출생시키고자 하는 욕망 때문일 것입니다. 입술로 전달되는 은혜도 달콤하지만, 문자로 조용히 흘러내리는 깊은 영성을 전달하고자 밀실에서 주님께로부터 배운 보물을 공개하여 '완전한 언약'을 우리 성도들에게 은총으로 받게 하셨습니다. 설교 한 편을 완성하는데 성경 전체의 섭리를 온전히 깨닫게 하기 위한 치밀한 작업입니다. 목사님께서 강단에서 성도 하나하나 모두가 흡족한 은혜를 받게 하려는 그 애틋한 열정을 마음속에 그리면서 읽을 때 영혼의 양식으로 저장 될 것입니다. "내 백성이 지식이 없으므로 망하는도다"(호 4:6) 주님의 탄식이 해소되기를 바랍니다. 이 책을 읽는 가슴마다 "그 너비와 길이와 높이와 깊이가 어떠함을 깨달아 하나님의 모든 충만하신 것으로 너희에게 충만하시기를 구하노라"(엡 4:19) 세계를 가슴에 끌어안고 사는 선교사로 모두 동원 되었으면 하는 바람입니다.

김의경 목사님을 이 땅에 보내주신 하나님께 영광을 드립니다.

이영환 원로목사
한밭제일교회
제주 헤리티지 훈련원 원장

거룩한 빛 비전교회는 뜨겁고 강력한 기도가 살아있는 교회, 하나님의 말씀이 살아서 역사하는 교회, 온 성도들이 서로 사랑하며 낮은 자리에서 섬기는 교회, 전 성도가 지구촌 선교에 목숨을 건 교회, 성도들이 담임 목사님의 말씀에 순종하며 일치단결하여 하나님의 나라를 세워가는 교회로 마치 초대교회를 방불케 하는 정말 이 시대에 보기 어려운 은혜로운 교회입니다.

이렇게 아름다운 거룩한 빛 비전교회의 오늘이 있기까지는 담임 목회자이신 김의경 목사님의 쉬지 않고 부르짖는 간절한 기도, 강인하며 순수하고도 겸손한 영성, 끊임없는 연구와 자기와의 부단한 싸움, 주님의 지상 명령이신 땅끝까지의 선교에 목숨을 건 목회관, 주님 앞에 서실 때에 거룩한 신부로 단장하기 위한 거룩한 몸부림이 있었기에 가능한 일이었습니다.

그 무엇보다 오늘의 거룩한 빛 비전교회가 세워진 것은 주일마다 강단에서 살아서 역사하는 생명력 있고 강력한 목사님의 말씀에 있다는 확신입니다. 저는 은퇴 후에 여러 목사님의 말씀을 들으면서 부족한 부분을 채워가고 있습니다. 그 가운데서도 김의경 목사님의 주일 말씀을 들으면서 많은 은혜를 받습니다. 김목사님의 말씀을 들으며 이런 생각을 하곤 합니다. '아하, 이렇게 은혜롭고 기름지면서도 풍요로운 말씀을 먹고 성도들이 자라기에 이런 교회가 세워지는구나!'

이번에 몇몇 성도들의 자발적인 헌신으로 김목사님의 주일 강단 요약 메시지가 출간됨을 진심으로 축하드립니다. 김목사님의 「완전한 언약 II」 구약편과 신약편을 보면서 제가 큰 감동을 받았습니다. 그 이유는 다음과 같습니다.

첫째는 김목사님의 주일 강단에 울려 퍼진 말씀들의 균형과 조화였습니다. 창세기부터 요한계시록까지 골고루 영혼의 양식을 먹였다는 부분이 평생 목회하고 은퇴한 저를 부끄럽게 했습니다.

둘째는 원어를 포함한 깊고도 철저한 연구와 체계 있는 설교의 질적 부분이었습니다.

셋째는 온전히 성경만으로 구성된 말씀 중심의 강력한 생명력입니다.

이렇게 보화 중의 보화인 수백 편의 설교를 요약하고 다듬어서 빛을 보게 한 은밀한 섬김의 손길들을 주님의 이름으로 축복합니다.

평생 주님 한 분만으로 만족하시며 말씀과 기도로 살아오신 김목사님께 경하를 드립니다. 이 보배로운 요약 설교집 「완전한 언약 II」를 허락하신 내 사랑하는 주님께 감사와 영광을 올려 드립니다.

홍성건 목사
(사)NCMN

하나님은 그의 종 목회자들에게 그의 말씀을 알아듣게 하시고, 주의 백성들에게 그의 말씀을 하나님을 대신하여 전달하는 특별한 사명을 주십니다. 왕이신 하나님의 메신저가 된다는 것은 목회자들에게는 영광이요, 특권입니다. 하나님은 그의 뜻을 문자로 기록하여 우리에게 선물로 주십니다. 그리고 그 말씀의 뜻을 이해하기 위해 보혜사 성령을 보내주십니다. "성령은 모든 것 곧 하나님의 깊은 것까지도 통달하시느니라"(고전 2:10) 하셨으니 오직 성령만이 스승이요, 진리의 안내자이십니다. 그렇기에 말씀을 맡은 사역자들은 더욱 겸손해지고 성령 하나님을 전적으로 의지합니다.

하나님은 성령으로 기록된 성경을 통해서 그의 뜻을 알리십니다. 그리고 이 말씀은 오직 성령의 능력과 나타나심으로만 전할 수 있습니다. 그럴 때에 하나님의 말씀은 지식이 아니라 생명의 말씀, 살리는 말씀이 됩니다. 그 말씀으로 교회는 견고해져서 세상의 빛과 소금의 역할을 온전히 감당할 수 있습니다. 이 나라의 교회에 이러한 목회자가 많이 일어나기를 얼마나 갈망하는지!

김의경 목사가 바로 그런 목회자입니다. 지난 8년간 그가 운영하는 '선교사 훈련학교'를 통해서 그를 눈여겨 보았습니다. "오직 순종, 오직 충성, 오직 믿음, 오직 성경" 이것이 김의경 목사에게서 받은 인상입니다. 참으로 하나님이 기뻐하시는 귀한 목회자입니다.

그는 사람을 기쁘게 할 마음이 전혀 없습니다. 오직 하나님만을 기쁘시게 해드리고자 합니다. 강단에서 쏟아내는 그의 메시지는 심장에서 뿜어나오는 열정과 같습니다. 그리고 그의 책 「완전한 언약 II」가 주를 사랑하고 주께 순종하는 그의 백성들에게 큰 축복이 될 것이라고 확신합니다.

최바울 선교사
인터콥 본부장
한반도국제대학원대학교 총장

신구약 성경은 언약하시는 하나님, 언약을 성취하시는 하나님을 증거하고 있습니다. 이로써 우리는 성경을 통해서 '행동하시는 하나님'을 만나게 됩니다. 따라서 우리는 성경의 언약을 통해서 성경을 구속사적 관점에서 이해해야 한다는 사실을 알게 되며 이는 불가분 우리를 '언약의 그리스도' 중심의 종말론적 구속사로 안내합니다. 그리고 그리스도 중심의 종말론적 구속사는 역동적인 역사운동으로 나타나며 역사운동의 중심에는 삼위일체 하나님의 선교운동이 있습니다.

우리는 창조되고 난 다음에 하나님과 언약을 맺는 것이 아니라 언약적 피조물로 창조되었습니다. 하나님께서는 인간과 상호교통(communication)으로 시작하신 것입니다. 이러한 사실은 언약적 존재론으로 설명될 수 있습니다. 따라서 예배가 중요하며 윤리적 지평이 중요합니다. 그리고 선교가 매우 중요합니다. 성경의 언약신학에서 선교적 함의는 결코 배제되거나 무시될 수 없습니다. 믿음의 조상 '아브라함 언약'은 선교 언약이며(행 3:25), 이는 예수님의 지상명령으로 나타나고, 오순절 성령강림에서 강하게 역사되었습니다. 이렇게 시작된 신약시대 역사는 그 중심에 모든 민족을 향한 천국복음을 증거하는 사역으로서 선교가 있습니다.

언약은 성경신학과 조직신학 그리고 선교신학의 중심 주제입니다. 하나님과의 관계는 언약적 관점에서 설명되어야 합니다. 언약신학은 교리가 아닙니다. 언약적 관계는 하나님이 주시고 인간은 받으며, 하나님은 명령하시고 인간은 순종하는 관계입니다.

김의경 목사님의 설교와 목회는 거룩한 언약, 완전한 언약과 그 언약의 성취에 초점이 맞추어져 있습니다. 목사님의 설교는 철저한 우리 주 하나님과의 관계에 있으며, 그 관계는 언약관계로 설명됩니다. 따라서 목사님의 목회는 예배의 회복에 마음과 뜻을 다하며 하나님과의 순종의 관계가 무엇보다 강조됩니다. 그리고 목사님과 섬기는 교회는 선교사역에 목숨을 다하여 헌신합니다.

요즘 같은 시대에 세태와 상황에 휘둘리는 목회자들과 성도들이 많습니다. 이는 목숨 건 신앙고백이 없기 때문이며 목회철학이 없기 때문입니다. 영적 리더십이 약하기 때문입니다. 영적 리더십이 없는 이유는 역사 과정 속에서 집요하고 일관되게 성취되어가는 성경 언약에 대한 이해와 믿음이 비천하기 때문입니다. 그래서 역사의식이 빈약하여 도전과 위기가 닥치면 하나님의 언약과 성취의 역사(history)에서 쉽게 이탈하게 되는 것입니다. 그래서 이런 사역자는 흔들리는 갈대처럼 낭만적 묵상과 성찰은 있으나 영성과 영적 리더십은 없습니다. 목회자들의 설교가 성도들에게 유익을 주지 않는 이유도 바로 그것입니다. 설교에 메시지가 없기 때문입니다.

김의경 목사님의 설교에는 강력한 메시지가 있습니다. 설교가 철저히 성경말씀에 기반하며 목회사역이 하나님의 언약 성취에 초점이 맞추어져 있기 때문입니다. 따라서 김목사님의 설교는 언약과 성취, 예언과 그 예언의 집행의 맥락에서 선포되는 선지자적 메시지가 되고 목회사역은 선지자적 사역이 되는 것입니다. 그래서 목사님의 설교를 듣는 남종과 여종, 모든 성도는 하나님께 절대 순종하며 언약과 성취에 대한 강한 믿음과 헌신으로 사명을 가진 사역자로 일어납니다.

한편, 현대 교회의 결정적인 문제는 교회의 이기주의입니다. 교회가 교회를 위해 존재하며 모든 사역이 자기 교회를 위한 것입니다. 그래서 교회가 부흥하지 못하며 부흥하던 교회가 정체되어 생명력을 잃어가는 것입니다. 성경은 하나님의 나라를 말하고 있습니다. 예수님의 첫 번째 메시지는 "회개하라 천국이 가까이 왔다"(마 4:17)입니다. 교회는 하나님의 나라 천국에 헌신해야 합니다.

김목사님의 설교와 목회에는 언약에 기반한 하나님의 나라의 운동성이 강하게 나타납니다. 그래서 목사님의 교회는 하나님의 나라에 전적으로 헌신하여 충성을 다합니다. 교회는 놀랍게 부흥하며 교회의 사역적 네트워크는 국내외 그리고 선교지까지 더 확장되어 갈수록 팽창하고 견고해지고 있습니다.

김의경 목사님은 갈수록 어두워지는 이 마지막 시대, 한국교회와 세계교회에 궁창의 빛과 같이 빛나는 목회자이자 선교사이며, 기름부음 받은 선지자입니다.

목사님의 설교 메시지 모음집 「완전한 언약 II」는 목회자뿐만 아니라 선교사 및 성도들에게 하나님의 거룩한 언약 위에 '세상을 이기는 믿음'을 강하게 할 뿐만 아니라 '강력한 영적 리더십'으로 기름 부어 주실 것입니다.

김미진 장로
(사)NCMN

김의경 목사님을 처음 만난 것은 8년 전입니다. 목사님께서 운영하시는 'WMTC 선교사 훈련학교'에서 왕의 재정강의를 부탁 받으면서 그때부터 그 훈련학교에서 매년 교제하게 되었습니다. 목사님에 대한 나의 첫 인상은 '하나님의 나라의 장군이다.'라는 느낌이었습니다. 김목사님의 어깨에 장군의 견장이 있는 것을 영적으로 느끼게 되었습니다. 범상치 않은 분위기와 인상에서 기도의 사람이라는 것을 직감했습니다. 주의 말씀에 순종하여 행동으로 옮기시는 거룩한 삶의 흔적을 그냥 느낄 수 있었습니다. 그리고 이것은 나의 마음을 매료시키기에 충분했습니다. 그 이후에 우리는 좋은 관계와 교제를 이어오고 있습니다.

「완전한 언약 II」는 김목사님의 주옥같은 주일 강단의 설교 요약입니다. 목회자들뿐 아니라 주를 사랑하는 그리스도인들이 말씀을 연구하고 공부하며 도전받기에 너무 귀한 책이라 생각하여 기쁘게 이 책을 추천합니다.

감사의 글

김현대 장로
거룩한 빛 비전교회
WMTC 연합선교회 이사장
(주) 리플로맥스 대표

존경하는 김의경 목사님의 강단 메시지 「완전한 언약Ⅱ」가 출간됨을 진심으로 기뻐하며 하나님께 감사와 영광을 돌립니다.

담임 목사님께서는 30년 전 구로공단 선교사역을 시작으로 초 · 중 · 고 지역학교 현장으로 들어가 학원 복음화사역과 약 300군데 무속인사역에 이르도록 지역 복음화를 위해 혼신을 다해 주님의 교회를 섬기셨습니다.

하나님께서는 1992년 8월 韓 · 中 수교 이후 교파를 초월한 교회 연합을 통해 중국 선교를 섬기게 하시고, 2008년 1월 미전도종족 선교를 위한 WMTC 연합선교회를 발족하게 하셨습니다. 선교중심의 목회로 전 성도를 전도제자, 선교제자, 이 시대의 '남은 자'로 세우기 위해 특히 강단 메시지를 주님께 '묻고', '듣고' 주신 그대로 '선포'하려고 애쓰시는 기도를 저희는 알고 있습니다.

선포된 하나님의 말씀은 성취되는 말씀이었습니다. 말씀대로 세계선교, Vision & Dream Center, WMTC 선교사 훈련학교, 미전도종족 전문선교방송인 UPBS TV, 거룩한 빛 비전교회 부설 대안학교인 Vision Dream 국제학교 등 모두 선포된 하나님의 말씀의 성취였습니다. 하나님께 감사와 영광을 돌립니다.

거룩한 빛 비전교회! 세계선교를 정체성으로 하는 건강한 교회, 온 성도가 하나가 되어 전도 · 선교하는 교회로 세워지기까지 때마다 하나님께서 주신 은혜와 축복이 너무나 컸습니다. 한때, 교회 안에서 '기적이 상식이 되는 교회'라고 할 만큼 임마누엘의 은혜가 넘치고 크고 작은 간증거리는 이루 다 말할 수가 없습니다.

"인문 고전은 서점에서, 복음 메시지는 교회에서!"

이 책이 하나님께서 부르신 '부르심'의 자리에서 그 목적을 따라 '사명'을 감당하시는 모든 분들께 완전한 언약, 정확한 방향, 확고한 사명감으로 큰 힘을 더욱 더하게 하실 것으로 확신합니다.

맹진수 장로
거룩한 빛 비전교회

김의경 목사님께서 완전한 언약 두 번째 설교집을 출판하게 된 것을 먼저 하나님께 감사드립니다. 목사님을 우리 거룩한 빛 비전교회 목자로 세워주시고, 사도바울과 같이 구령의 열정과 사랑으로 국내 전도와 세계 미전도 종족 선교에 앞장 서서 사명을 감당하게 하시니 감사합니다.

특별히 담임 목사님은 목회자 가정에서 자라나시고, 형제들도 성공적인 목회를 하신 환경 가운데서 청년 시절엔 주님의 사랑을 가지고 구로공단 선교에 헌신하셨습니다. 어려운 목회환경에도 불구하고 꾸준히 목회자의 길을 걸어오면서 주님께서 부탁하신 세계 선교사명을 위한 WMTC(미전도 종족 연합 선교회), WMTS(선교사 훈련학교), UPBS.TV(선교방송)의 사역들을 충성스럽게 이끌어 가고 계십니다. 또한 하나님 나라 확장을 위하여 요셉과 다윗, 다니엘과 같은 지성과 영성을 가진 미래 시대의 주역을 기르기 위한 국제 Vision Dream School(기독교 대안학교) 등을 설립하는 큰 성장을 이루었습니다. 항상 앞장서서 영적인 통찰력으로 이끄시며 성도들과 함께 이 모든 일을 성공적으로 이루어 가신다는 사실을 대할 때 경이로움이 느껴집니다. 앞으로도 주님께서 주시는 영감으로 더 많은 일을 이루어 가시리라 기대됩니다.

첫 번째 설교집 이후에 또 이렇게 매주 강단에서 설교하신 진리의 말씀을 책자로 발간하게 되니 우리 교회와 성도들에게 큰 기쁨이 아닐 수 없습니다. 이 설교집이 선교지의 선교사님들과 목회자들에게 귀한 설교 자료로 쓰임 받기를 원합니다. 이 책을 읽는 모든 독자에게도 설교 시간마다 우리 성도들이 체험했던 영혼 구원의 역사와 치유와 회복과 응답의 역사가 크게 임할 것을 확신하며, 주님 다시 오실 때까지 우리 모두 거룩한 신부로 단장되기에 부족함이 없는 말씀이 될 것입니다. 땅 끝까지 이르러 복음을 전하라고 하신 주님의 지상명령을 이루어 가는데 귀하게 쓰임 받는 도구가 되길 소망합니다.

홍경표 장로
거룩한 빛 비전교회

먼저 영원한 생명의 말씀「완전한 언약 II」를 출간하도록 인도하신 하나님께 감사드립니다. 매 주일마다 성령님께서 김의경 담임 목사님께 살아계신 하나님의 말씀을 부어주셔서, 그 말씀이 목사님을 통하여 강단에서 선포될 때 주께서 이를 듣는 모든이에게 영의 양식을 넘치도록 부어주셨습니다.

주일 강단 말씀을 붙잡고 한 주간 기도하며 살아갈 때에 성령님께서 가장 완전한 길로 우리 모두를 인도 하셨으며, 매 순간 살아계신 하나님과 동행하는 임마누엘의 축복을 누리게 하셨습니다. 감사가 필요한 자에게는 기쁨의 감사가 넘치게 하셨으며, 위로가 필요한 자에게는 한없는 주님의 사랑을 부어 주셨습니다.

이처럼「완전한 언약 II」에 담긴 14년간의 강단메시지는 지금도 살아 역사하시는 하나님의 말씀이며, 지금 이 순간 개개인에게 하고자 하시는 주님의 음성입니다. 이를 통하여 이 땅에서 참된 그리스도인의 삶을 살아낼 수 있도록 힘과 능력을 더하여 주셨던 말씀입니다.

「완전한 언약 II」가 각국 선교사님들과 현지 지도자들을 통하여 열방에서 선포될 때에 이를 듣는 모든 주의 백성들의 귀가 열리며 완전한 복음의 비밀을 깨닫기를 간절히 기도합니다. 끝으로 지금까지 우리 담임 목사님을 통하여 큰 일을 행하신 주님께 감사드리며, 앞으로「완전한 언약 II」를 통하여 더 크게 역사하실 하나님께 영광 올려드립니다.

저자의 글

또 나를 위하여 구할 것은 내게 말씀을 주사
나로 입을 열어 복음의 비밀을 담대히 알리게 하옵소서 할 것이니…
나로 이 일에 당연히 할 말을 담대히 하게 하려 하심이라 (엡 6:18-20)

하나님의 말씀을 듣고 강단에 설 때마다 두려운 영광이라는 생각을 놓칠 수 없습니다. 성도님들이 말씀 언약을 붙들고 기도할 수 있도록 돕기 위해, 예배를 마치고 매주 한 장씩 나누어드렸던 요약 메시지를 숨은 일꾼들이 기도와 헌신으로 묶어 정성스러운 책이 구약과 신약으로 나누어 두 권으로 나오게 되었습니다.

저는 생각지 못한 일이었는데 기도하며 준비하는 기간이 1년 8개월이나 걸렸다고 해서 너무 놀랐습니다. 하나에서 열까지 참으로 숨은 헌신자들의 귀한 수고로 나오게 된 책입니다.

하나님께 감사와 영광을 돌립니다!

복음 언약을 잡고, 세계복음화에 방향을 맞추고, 기도의 비밀을 누리며, 다시 오실 주님의 재림을 사모하는 분들에게, 그리고 오늘, 지금 여기에서 '복음만이 해답이다!', '예수 그리스도만이 유일성의 정답!'이라고 고백하며, 성령님과 함께 '전도와 선교'에 헌신된 삶을 살기 원하는 모든 분께 조금이라도 도움이 되었으면 하는 마음이 간절합니다.

선한 목적을 위해 수고해주신 정양호 대표님, 감사합니다. 홈페이지에 저장 되어있는 수년간의 적지 않은 분량의 요약 메시지 원고를 정리, 편집, 발품하여 출판사 선정, 추천사 의뢰, 마무리 작업까지 수고해 주신 류정명 집사님, 이상란 권사님, 재정으로 헌신하며 기뻐한 조은희 집사님, 무엇보다 내 평생의 참 좋은 동역자 거룩한 빛 비전교회 복된 장로님들, 보배로운 성도님들 한분 한분께 진심으로 감사를 드립니다. 모두 주님의 은혜입니다.

참으로 순전히 하나님의 은혜입니다.
주님께 감사와 영광을 돌립니다.

하나님을 기쁘시게.
맡겨주신 주님의 양무리의 유익을 위해.
언제나 바르게 주님 섬기는 참 주님의 종이 되도록 기도 부탁드립니다.

목양실에서
김익경 목사

목차

시가서

대선지서

소선지서

모세오경

창조주 엘로힘(ELOHIM)

창 1:1

창세기의 기록연대는 이스라엘이 출애굽한 시점인 B.C 1446년 이후, 모세가 느보(Nebo)산에서 임종을 맞이한 B.C 1406년 이전 어느 시기에 기록한 것으로 본다. 창세기는 창조시대(창 1:1~11장)와 족장 시대(창 12~50장)의 내용을 담고 있다. 저자는 모세이다. 언제, 왜 기록했는가? 그 이유는 무엇인가?

1. 창조시대 - 네 가지 사건

1) 천지만물 창조(창조) (창 1:1~2:25)
2) 인간의 범죄(타락) (3:1~5:32)
3) 홍수재앙(심판) (창 6:1~9:29)
4) 바벨탑 사건 (심판) (창 10:1~11:9)

*창 3:15(구속) - 전체 성경의 서론

2. 창조주 엘로힘(ELOHIM)

1) 창조주 하나님 (창 1:1)
   (1) 만물 창조 (창 1:1~2:25)
   (2) 하나님의 걸작품, 영화로운 존재 인간 (창 1:27~28)
   (3) 하나님이 인간에게 주신 환경 에덴동산 (창 2:8~17)
   (4) 남자와 여자의 연합, 가정의 창설 (창 2:18~25)

*동성연애 합법화는 신세계 질서를 표방하는 뉴에이지 문화와 함께 시대적 종말의 대표적 사인
*제3의 성(性) 운운은 하나님의 창조질서를 정면 도전하여 진리를 대적하는 사단의 몸부림이다.

2) 원죄, 그 결과 총체적 문제 속으로 - 실락원 (창 3:1~19)
3) 복락원의 길, 구원의 복음을 예시하신 하나님
   (1) 여인의 후손 - 뱀(사단)의 머리를 깨뜨릴 것 (창 3:15, 요일 3:8)
   (2) 가죽 옷 - 그리스도의 보혈 (창 3:21, 요 19:30)
   (3) 방주를 지으라 - 예수 그리스도 (창 6:5~22, 요 1:12)

3. 창조주 하나님 ELOHIM은 … 그러므로

1) 창조주 하나님은 나의 하나님 - 구원의 확신 (신 6:4~9)
2) 창조주 하나님은 나의 아빠, 나의 아버지 - 성도의 축복 (롬 8:15~17)
3) 창조주 하나님 보좌의 배경 누림 - 영의 사람 되어야 (빌 3:20, 히 1:14)
4) 성도의 정체성을 분명히 하고 빛의 인생을 살아야 (행 1:8)

*창조주 하나님을 알고 창조주 하나님을 알게 하라.

참으로 영화로운 존재

창 1:26~31

하나님께서는 다른 피조물과는 달리 하나님의 독특한 방법으로 사람을 친히 창조하셨다. '우리가 사람을 만들고(26)'라는 이 표현은 삼위일체 하나님이 창조하신 사람이 얼마나 신중하고 존귀하게 창조되었는가를 암시한다. 하나님께서 직접 설계하시고 디자인하신 하나님의 걸작품, 얼마나 영화로운 존재인지 알고 있는가? 참으로 영화로운 존재임이 사실이라면 과연 우리는 어떻게 살아야 할까? 매일 영적전쟁의 현장에서 살고 있는 우리들, 영적전쟁은 성도의 정체성으로 한다.

1. 태초에 하나님이 천지를 창조하시니라 (1:1)

1) 창조주 하나님 (1:1~31)

2) 재창조의 하나님 (행 4:10)

3) 새 창조의 하나님 (고후 5:17, 14)

2. 참으로 영화로운 존재

1) 하나님의 걸작품

(1) 삼위일체 하나님의 걸작품 (26)

(2) 영화로운 신분 (27)

(3) 영화로운 권세 (28)

(4) 하나님이 주신 태초의 먹거리와 에덴동산 (29~30, 2:4~17)

(5) 하나님의 보시기에 심히 좋았더라 (31) 하나님의 고조된 감탄사

*토브 - 위대한, 놀라운, 완벽한, 아름다운, 한치의 오차나 흠도 없이 완벽하고 아름답게 성취됨

2) 그리스도 안에서 회복된 영화로운 존재

(1) 신분의 누림 (고전 6:19~20, 고전 2:12, 요일 5:14~15, 요 14:13, 15:7)

(2) 권세의 사용 (눅 10:19~20, 시 103: 19, 20~22, 행 1:8)

(3) 하나님의 인정을 그대로 인정하라 (사 43:4, 말 3:17, 벧전 2:9)

3) 있을지어다! 그대로 되니라! 하나님의 보시기에 좋았더라! (창 1:1~31)

3. 참으로 보배롭고 존귀하고 영화로운 존재

1) 여전한 사단의 활동, 그러나 명령하고 선포하라 (요 10:10, 요 8:44)

2) 유일성의 해답 예수는 그리스도, 선포하며 기도하라 (눅 10:19, 마 16:16)

3) 말씀으로 24시 기도하라, 놀라운 영광의 통로가 된다 (대상 29:11~13)

경제의 노예가 아닙니다

창 1:28

이스라엘의 초대 대통령이었던 벤 구리온은 대통령에서 물러나던 날, 사막 한 가운데로 헌 트럭을 몰고 들어가 불모지를 개척하기 시작했다. 그리고 사막에 키부츠 공동체를 건축하였다. 이유는 "이스라엘의 미래는 사막 개척에 달려 있다"라고 생각했기 때문이다. 결국 사막에서 농업성공을 거두었고 성공비결은 "토라농법으로 성공하였노라"라고 했다. 토라는 히브리어로 말씀이다. 그 말씀은 이사야서 43장 18~21절의 말씀이다.

1. 하나님의 절대 주권

1) 주권(主權, Sovereignty)은 최고(Super)의 권세(Reign)이다

2) 독립적인 권세, 최고의 권세이다

3) 하나님의 주권이라 할 때 이는 인간을 포함하여 이 세상 모든 만물에 대한 그 최고의 권세, 독립된 권세, 절대적인 권세가 하나님께 있음을 의미한다 (롬 11:36, 대상 29:11~13, 삼상 2:1~10)

*살아계신 하나님이 전 피조세계에 완전하고 절대적인 주관자이심을 의미한다.

2. 하나님의 영역 주권을 이해해야 한다

1) 영역주권의 의미 (롬 11:36) - 하나님의 절대주권이 창조와 인간 구원에만 미치는 것이 아니라 인간 생활의 모든 영역에 골고루 미친다는 말이다.

2) 정치에 대한 영역 주권 (롬 13:1, 4)

3) 경제에 대한 영역 주권 (학 2:8, 롬 11:36)

4) 문화에 대한 영역 주권 (창 1:28, 롬 1:20~23)

3. 경제의 노예가 아니다

1) 창조명령 (창 1:28)

2) 경영하고 관리하고 다스리는 권세와 직책 (창 1:28, 시 8:4~5)

3) 언약 속에 있는 하나님의 경제
언약 잡은 자들에게 주어진 경제 특징 (창 14:14, 26:12, 30:43, 49:22~26)

4) 이스라엘의 토라 농법의 원리 (사 43:18~21)

5) 물질세계의 최고 위치에 계신 예수 그리스도 (엡 1:20~23, 고후 8:9, 골 2:3)

6) 하나님의 영광과 세계 복음화를 위하여 (사 43:21, 행 1:8)

7) 경제의 노예가 아니다 (출 20:9~10, 말 3:7~12, 전 12:13, 22:4, 사 60~62장)

*하나님의 언약은 반드시 성취된다.

남은 자의 언약을 잡으라 I

창 6:1~22

지금 이 시대는 재난의 시대이다. 우리는 매일 지구촌에서 무너지는 소리, 실패의 소리를 들으며 살고 있다. 재난의 시대에도 마지막까지 살아남는 "남은 자"가 있다. 끝까지 살아남아 시대를 살리는 구원역사에 거룩한 통로가 되는 "남은 자"의 언약을 잡으라.

1. 영원히 보장된 임마누엘의 신분

1) 원래의 나 (엡 2:1~3, 12~13) - 그리스도 밖에 있는 자, 소망이 없는 자
2) 지금의 나 (요 1:12, 엡 2:19, 고전 3:16) - 이미 성전 된 임마누엘의 신분
3) 가까운 미래 (요 14:16~17) - 성령의 인도와 성령의 역사를 누리는 임마누엘의 신분
4) 먼 미래 (마 28:19~20) - 세계선교의 축복 속에 성취된 미래를 누리는 임마누엘의 신분
5) 영원한 미래 (계 21:3~4) - 영화의 단계에서 누리는 영원한 임마누엘의 신분
자기의 정체성을 분명히 하는 자, 재난시대의 피해자가 아니라 승리자가 될 수 있다.

2. "남은 자"의 언약을 잡으라

1) 너는 방주를 만들라
(1) 너를 위하여 (창 6:14)
(2) 너의 후대들을 위하여 (창 6:18)
(3) 모든 생명의 보존을 위하여 방주를 만들라 (창 6:20)
2) 남은 자의 언약을 잡으라
(1) 그러나 하나님께 은혜를 입은 노아, 순종하는 노아 (창 6:8, 9, 22)
(2) 하나님이 주도하시는 완전한 구원역사의 계획 속에서 (창 7:23)
(3) 재앙시대 "남은 자" 노아에게 주신 복과 언약 (창 9:1~17, 히 11:7)
3) 지금도 은혜로 택하심을 따라 "남은 자"가 있느니라 (롬 11:5)
(1) 그리스도의 언약, 그 유일성, 절대성, 영원성 (마 16:16~19)
(2) 그리스도의 지상명령을 따라 세계선교 (마 28:19~20)
(3) 오직 성령의 권능 받아 땅 끝까지 (행 1:8, 엡 5:18)
(4) 더 큰 복을 베푸시는 전능하신 하나님 (사 60:1~22, 마 28:19~20, 행 2~28장)

3. 시대 살릴 "남은 자"의 길을 가는 자들에게

1) 언약잡고 기도하라

2) 언약 + 기도 + 순종하라

3) 언약 + 기도 + 빛을 발하라

4) 언약 + 기도 + 감사하라, 그리고 또 감사하라

*내주하시는 성령님의 인도와 역사로 이 시대에 "남은 자"의 언약을 잡고 세계복음화의 주역으로 거룩한 통로 되기를 정시 무시로 기도, 24시간 기도의 사람으로 승리하자.

남은 자의 언약을 잡으라Ⅱ

창 45:1~15

'남은 자(카탈레임마, κατάλεíμα, remanent)'란 에덴동산에서 시작된 하나님의 구속역사의 경륜을 이어가는 거룩한 그루터기이다. 하나님의 구속사를 이어가는 역사의 계승자들, 얼마나 하나님의 큰 은혜의 은총을 입은 자들인가?

1. 첫 사람 아담은 남은 자의 대표

1) 하나님과 세운 행위언약을 파기한 아담, 죽음의 저주 아래로 (창 2:17)

2) 하나님의 은혜로 구속의 은총에 처음으로 참예한 자가 된 아담 (창 3:15, 21)

2. 족장 전후 시대에 남은 자들

1) 셋 - 아벨을 대신하여 (창 4:25~26)

2) 노아와 그 가족들 - 세계적인 대 홍수의 재앙 속에서 (창 7:23, 히 11:7)

3) 아브라함 - 구체화되는 하나님의 구속사의 무대 (창 12:1~3)

4) 롯 - 음란한 소돔과 고모라 성에서 심령이 의로운 자로 남은 자 (창 19:29, 벧후 2:7~8)

5) 이삭 - 아버지로부터 언약을 전달받은 역사의 계승자 (창 26:1~5)

6) 야곱과 요셉(창 41~50장) - 왜 가장 많은 분량의 말씀으로 함께 다루시는가?

3. 남은 자의 언약을 잡으라 II

1) 세계적인 흉년의 때 (창 41:54~57, 43:1)

2) 요셉을 곡창지대 애굽으로 먼저 보내신 하나님 (창 45:5)

3) 야곱 가족의 생명을 보존하시기 위해 (창 45:7, 45:18, 20)

4) 메시야를 보내실 혈통의 가문이기에 (창 3:15, 출 3:18, 사 7:14, 마 16:16)

5) 남은 자를 위하여 전후좌우에서 역사하시는 하나님 (창 45:5, 출 14:13, 19)

남은 자는 하나님의 구속 역사의 은혜를 드러내시기 위해 준비해 놓은 자들이다. 남은 자는 하나님의 구원계획의 통로로 무조건적인 선택에서 출발한다. 그러므로 인간 편에서는 불가항력적인 하나님의 은혜 일 뿐이다. 죽음의 죄악에서 십자가의 용서로 살아남은 자, 질병, 핍박, 전쟁, 사업실패, 절망, 온갖 위기 속에서 왜 나를 남겨두었을까? 왜 살려주었을까? 남은 자의 은혜 앞에 감사하며 남은 자의 사명에 남은 인생의 승부를 걸라.

*잃어버린 아브라함의 자손을 찾기 위한 통로로 나를 사용 하소서.

*겔 37:1~10, 47:1~12, 행 1:8의 언약으로 남은자의 길을 가게 하소서.

창조주 하나님의 언약

창 11:27~12:3

바벨탑 심판을 끝으로 창세기 12장부터 전개되는 인류 구속의 역사는 새롭게 전개된다. 하나님께서 주권적으로 선택하신 한 사람 아브라함은 창세기 3:15에 약속하신 "여자의 후손", 곧 그리스도가 오실 첫 관문을 여는 아주 중요한 사건의 인물이 되었다. 하나님께서 아브라함에게 주신 그 언약이 오늘 나와 무슨 관계가 있는가?

1. 족장시대 - 네 인물 (B.C 2100 ~ B.C 1805)

1) 아브라함 (창 11:27~25:18)　　2) 이삭 (창 25:19~26:35)

3) 야곱 (창 27:1~36:43)　　4) 요셉 (창 37:1~50:26)

2. 창조주 하나님의 언약

1) 아브라함에게 주신 언약
   (1) 아브라함을 주권적으로 선택, 부르심 (창 11:27, 행 7:2~4)
   (2) 두 번째 명령, 내가 네게 지시할 땅으로 가라 (창11:31, 12:1)
   (3) 가나안 땅 언약 중심으로 산 약 300년 족장시대 (창 26:2~3, 28:13~15, 50:24)

2) 왜 가나안 땅의 언약인가?
   (1) 하나님의 주권적인 계획, 창세기 3장 문제해결의 구속자가 오실 땅 (창 3:15)
   (2) 메시야, 곧 구원자 주 예수 그리스도가 오실 땅 (창 22:17~18)
   (3) 그는 실낙원의 원인자 사단의 일을 멸하실 만왕의 왕 (계 19:11~16)

3) 이 언약을 따라 삶을 산 족장들에게 주신 복
   (1) 믿음의 조상 아브라함 - 복의 근원 (창 12:2~3, 22:17~18, 히 11:8)
   (2) 순종의 사람 이삭 - 1년에 100배의 복, 그 결과 (창 26:12~15, 16~33)
   (3) 성화의 사람 야곱 - 이스라엘이 된 야곱, 벧엘의 축복 (창 35:10~12)
   (4) 꿈과 비전의 사람 요셉 - 세계복음화의 축복 (창 41:54~57, 45:5~8)

3. 신약교회 성도여, 위대한 그 언약을 따라가라, 하나님의 시선을 따라가라

1) 완전한 언약 - 그리스도 (마 16:16~19, 골 1:27)

2) 역사의 방향 - 세계복음화 (마 28:19~20, 딤후 4:1~2, 4~6, 사 60:1~22)

3) 기도의 비밀 - 그리스도, 하나님 나라, 성령충만 (행 1:13~14, 행 2:1~4)

4) 전도제자, 선교제자 - 아브라함의 복의 혜택이 땅 끝까지 (마 28:20)

*하나님의 언약을 따라가라. 그리스도의 위대한 언약 따라 가라. 이 사람이 시대의 남은 자이다.

부르심을 받아 명문이 된 한 가문

창 11:27~12:4

하나님의 부르심은 완벽하다. 또한 하나님께서는 모든 것을 예비해 놓으시고 우리를 부르셨다. 그러나 많은 사람이 이 부분을 깨닫지 못한다. 아브라함도 마찬가지였다. 한 사람을 선택하여 부르시고, 그 사람을 통하여 가정과 가문과 세계를 살리시는 하나님의 위대한 섭리를 보라. 부르심을 받아 최고의 명문이 된 한 가문을 ….

1. 세계를 살린 한 사람, 한 가정, 한 가문, 한 팀

1) 세계를 살린 한 사람 (창 41:53~57)

2) 세계를 살린 한 가정 (삼상 1:9~28)

3) 세계를 살린 한 가문 (창 12:1~3)

4) 세계를 살린 한 팀 (행 13:1~3)

2. 부르심을 받아 명문이 된 한 가문

1) 부르심을 받은 아브람 - 하나님의 주권적인 선택

(1) 불신의 땅에 있을 때 (창 11:27~32)

(2) 우상숭배를 하는 데라의 장남 아브람 (수 24:2, 창 11:26~27)

(3) 우상문화 가운데 있는 아브람에게 나타나신 영광의 하나님 (행 7:3)

(4) 이방의 땅에서 주권적으로 부르심을 입은 아브람 (행 7:3~4)

2) 부르심을 받은 한 가문 - 하나님의 구속사의 계획 속으로

(1) 내가 너에게 지시할 땅으로 가라 (창 12:1)

(2) 너는 복의 근원이 될지라 (창 12:3)

(3) 땅의 모든 족속이 너를 인하여 복을 얻을 것이니라 (창 12:2)

(4) 이에 아브람이 여호와의 말씀을 좇아 갔고 (창 12:4)

*구속사의 관점에서 볼 때 하나님께서는 아브람의 가문을 통하여 선민 이스라엘을 조성하려는 뜻이 있었다. 아브람 개인적으로는, 모든 연고지와 기득권을 포기하고 무조건 순종하여 낯선 땅으로 떠난 신앙의 결단이 높이 평가되어야 한다.

3) 최고의 명문 아브라함의 가문 - 하나님의 통로가 된 언약의 사람에게

(1) 이제 후로는 네 이름을 아브라함이라 하리라 (창 17:1~22)

(2) 내가 너에게 큰 복을 주리라 (창 22:17)

(3) 네 씨가 대적의 문을 얻으리라 (창 22:17)

(4) 네 씨로 말미암아 천하 만민이 복을 얻으리라 (창 22:18)

(5) 아브라함과 다윗의 자손 예수 그리스도의 세계라 (마 1:1)

3. 그리스도 안에서 명문 가문을 기도하라

1) 복의 근원의 복의 언약을 전달하는 부모 (창 12:1~3, 신 6:4~9)

2) 복의 근원의 복의 언약으로 다음 세대를 주도하는 자녀 (사 6:13, 롬 16:1~23)

3) 그리스도의 복음으로 세상 문화를 변화시키는 그리스도인의 가정 (엡 5:22~33)

4) 세계 선교의 시작이 되는 하나님의 거룩한 통로로서의 부모와 자녀 (행 1:13~14)

축복 비전

창 12:1~3

요즘 기업들의 화두는 혁신(innovation)이다. 기업의 새로운 변화 창출을 위하여 오너들의 C time (Creation time)이 유행하고 있는 것도 이 때문이라 한다. 세계선교의 언약 잡은 우리에게 중요한 메시지를 준다. 교회와 성도는 시대를 앞서가는 변화 창출이 필요하다. 변화와 성숙으로 회복해야 한다. 5대 비전 가운데 축복비전의 이유를 발견하라.

1. 복을 명하시는 하나님

1) 하나님의 의도

(1) 원래 의도 - 하나님 품에서 안식하는 완전 누림의 복 (창 1:27~28)

(2) 타락한 이후의 의도 - 원래의 복을 회복하라 (창 3:15)

(3) 회복 이후의 의도 - 회복한 복을 바르게 알고 또 전달하라 (창 12:1~3)

2) 복을 명하시는 하나님

(1) 아브라함에게 (창 12:2, 22:17~18)

(2) 이삭에게 (창 26:12~31)

(3) 야곱에게 (창 30:25~31:1)

(4) 요셉에게 (창 39:1~6)

*미래 살릴 중요한 언약을 잡은 교회와 성도에게 하나님께서는 오늘도 우리에게 동일한 복을 명하신다. 미래 살릴 중요한 길을 찾으라.

2. 축복 비전

1) 내가 네게 지시할 땅으로 가라 - 방향 제시 (창 12:1)

(1) 너로 큰 민족을 이루고 - 후대 (창 12:1)

(2) 네 이름을 창대케 하리라 - 창대 (마 1:1)

2) 너는 복의 근원이 될지라 - 축복 비전 (창 12:2~3)

(1) 너는 복이 될지라 - 아브라함 개인을 향하여 복을 명하심 (창 12:2)

(2) 너는 복의 표본이 될지라 - 많은 무리의 아버지로서 받을 복을 명하심 (창 17:5)

(3) 너는 복의 근원이 될지라 - 천하 만민이 받을 근원의 복을 명하심 (창 12:3, 창 22:18)

3) 축복 비전 (창 12:1~3, 갈 3:7~29)

(1) 근원적인 축복 (창 12:2, 26:19, 요 1:12, 마 16:16~19)

(2) 대표적인 축복 (창 12:3, 26:12, 벧전 2:9)

(3) 시대적인 축복 (창 6:1~20, 롬 16:1~23)

(4) 기념비적인 축복 (신 6:4~9, 수 4:19~24)

(5) 불가항력적인 축복 (창 12:1~3, 사 43:14~21)

*신앙이란 눈을 감고 귀를 기울이는 것이다. (Calvin)

나의 상황 너머에서 역사하고 계시는 전능자를 믿음으로 바라보라.

3. 축복 비전으로 세계 복음화

1) 그리스도의 언약 잡으라 (마 16:16, 엡 1:3)

2) 세계 복음화에 방향 맞추라 (행 1:8)

3) 기도의 비밀을 누리라 (행1:13~14)

4) 삶의 규모 갖추라 (겔 47:1~12)

*미래 살릴 축복비전이 사실화, 현장화가 되도록 언약잡고 쉬지 말고 기도하자.

하나님 아버지의 마음

창 12:1~3

창세기는 크게 천지 창조사(1~11장)와 족장사(12~50장)로 나누어진다. 제2부 족장사(族長史)에서 아브라함을 부르시는 소명 가운데 열방을 향하신 하나님 아버지의 마음을 본다. 열방을 사랑하시는 아버지의 마음.

1. 하나님 우리 아버지

1) 상천하지에 홀로 한 분이신 하나님 (신 4:39)

2) 하나님의 자녀는 성령님이 친히 증거하신다 (요 1:12, 롬 8:16)

3) 아빠, 아버지라 부르는 자 그는 아버지의 상속자 (롬 8:17, 갈 3:28~29)

4) 하늘에 계신 우리 아버지여… (마 6:9)

2. 하나님 아버지의 마음

1) 아브라함을 향하신 하나님 아버지의 마음 (창 12:1~3)

(1) 너는 본토 친척 아비 집을 떠나 내가 네게 줄 땅으로 가라 (1)

- 주권적인 선택, 불가항력적인 은혜

(2) 너는 복의 근원이 될지라 (2)

- 불가항력적인 축복

(3) 땅의 모든 족속이 너로 말미암아 복을 얻을 것이라 (3)

- 열방을 사랑하시는 하나님 아버지의 마음

2) 우리를 향하신 하나님 아버지의 마음 (눅 15:12~32)

(1) 관계파괴를 주도하고 집을 나간 둘째 아들 - 완전 타락 (12~16)

(2) 관계회복을 주도하시는 아버지 - 불가항력적인 은혜 (20)

(3) 신분과 권리회복, 공식적으로 자유를 선포하는 아버지 (22~32)

특별한 잔치를 열어 돌아온 아들을 주인공으로 - 불가항력적인 축복

(4) 하나님 아버지께로 돌아오는 길 (롬 3:23, 요 14:6, 행 4:12, 요 1:12)

잃어버린 자를 향한 아버지의 눈물, 이웃과 열방을 향한 아버지의 마음 알아야 한다.

3. 하나님 아버지의 마음 알아

1) 구원의 은혜 누림

2) 구원의 축복 누림

3) 구원의 사명 누림

말씀으로 사는 자에게

창 12:1~4

신지식정보시대, 이 시대는 지식과 정보 그리고 아이디어가 재산인 시대이다. 크리스찬에게 지식과 정보, 그리고 아이디어의 보고는 그 원천이 다르다. 살아계신 하나님의 말씀은 초월적인 능력으로 세상을 이기게 하고 다스리게 하신다. 말씀으로 사는 자에게 주시는 은혜와 축복은 당연하고 확실하며 영원하다.

1. 구원과 축복

1) 구원은 믿음으로 (행 16:31)

2) 축복은 행함으로 (신 28:1~14)

3) 하나님의 자녀에게 이미 주어져 있는 근원적인 복 (요 1:12, 갈 3:7, 9)

2. 말씀으로 사는 자에게

1) 아브라함에게

(1) 하나님의 주권적인 선택 (창 11:28~32)

(2) 아브라함을 찾아오신 영광의 하나님 (행 7:2~4) 2~3

(3) 말씀하시는 하나님 - 떠나라, 언약의 땅으로 가라 (창 12:1~3)

(4) 축복의 명령을 좇아 마침내 가나안 땅으로 (창 12:4~5, 히 11:8)

2) 축복을 사명으로 주신 하나님

(1) 하나님의 첫 번째 언약은 축복이다 (창 1:28, 12:1~3, 22:15~18)

(2) 경건한 족장들이 애타게 기다리며 달려온 '여인의 후손' (창 3:15)

(3) 구원자, 회복자, 치유자 예수는 그리스도 (사 7:14, 마 1:21~23, 16:16)

(4) 온 우주의 주인이신 하나님, 그리스도와 교회를 통해 인류 구원의 역사를 진행하시는 하나님의 경륜, 이것을 아는 것이 참 축복이다 (계 1:20~2:1)

*그러므로 전도제자, 선교제자는 역사의 중심에서 쓰임 받는 시대의 주역입니다. (마 28:19~20, 행 1:8)

3) 말씀으로 사는 자에게 - 말씀을 좇아 사는 삶이 가장 큰 재산이다

(1) 시대를 이기고 살리는 축복, 대표적인 축복 (창 6:8, 창 12:1~3)

(2) 임마누엘과 100배의 축복 (창 26:3, 12~13)

(3) 성취 될 언약을 미리 보이시는 하나님 (수1:1~9) 5~6

(4) 시대 살리는 축복의 주역으로 (행 1:1~2:47, 사 43:14~21) 18~19

3. 하나님의 주권적인 원대한 계획 속으로 - 24시 기도 (창 12:1~4, 행 1:1~14)

너는 복의 시작이 될지라

창 12:1~3

역사의 주인이신 하나님께서 분명한 계획과 목적을 가지시고 한해를 주관하실 것이다. 그리고 주권적으로 세계 정치, 경제를 비롯한 역사를 움직이시고 우리 개개인의 생사화복 또한 주관하실 것이다. 올해는 우리에게 큰 '기회'가 될 것이다. '응답의 한 해'가 될 것이다. '너는 복의 시작이 될 지라'. 아브라함부터 지금까지 그 축복의 Rule이 단 한 번도 바뀐 적이 없다. 그 축복의 Rule을 언약잡고 기도로 시작하자. 생애 최고의 해, 전무한 응답, 하나님의 영광의 통로가 되도록 축복의 질서를 언약잡고 기도로 힘차게 한 해를 출발하자.

1. 세상을 이기고 승리하는 믿음으로

1) 세상을 이기는 믿음이 무엇인가? 세상에서 승리하는 자 누구인가? (요일 5:4)
2) 하나님께로 부터 난 자, 그는 누구인가? (요일 5:1, 5)
3) 하나님의 비밀이신 그리스도, 세상을 이기는 믿음 (골 1:26~27, 마 16:16~19)
4) 이 믿음을 굳게 언약 잡으라, 그 결과 (요일 5:14~15, 18, 행 1:8)

2. 너는 복의 시작이 될지라

1) 너는 … 떠나라 (12:1) *너는 너를 위하여 떠나라.
  (1) 하나님의 계획이 없는 땅, 연고지, 기득권을 포기하고 떠나라 (창 12:1)
  (2) 우상문화, 흑암문화, 하나님의 계획이 없는 세속문화를 떠나라 (수 24:2)
  (3) 불신앙의 과거를 버릴 때 하나님의 역사가 일어난다. (고후 5:17)
2) 너는 내가 지시할 땅으로 가라 (창 12:1) *내가 보여줄 그 땅으로 가라
  (1) 하나님이 준비하신 새 역사, 말씀을 따라 가라 (신 11:12)
  불신앙의 과거를 버리면 하나님께서 준비하신 더 큰 세계를 보게 하신다.
  (2) 성령의 역사를 위해 언약 붙잡고 전무한 기도로 응답을 보라 (행 2:1~47)
  (3) 네 씨(그리스도)를 통해 열방의 천하 만민이 복을 받으리라 (창 22:17~18)
3) 그러므로 너는 복의 시작이 될지라 (창 12:2, 창 3:15)
  (1) 복의 기준, 참된 시작을 결단하라 (단 6:10~22, 에 4:1~14, 행 1:14)
  (2) 모든 시간, 장소, 만남, 사건 속에서 언약적인 축복을 (창 12:3, 갈 3:29)
  (3) 무슨 일이든지 언약적 기도로 시작, 진행, 마무리 하라 (행 1:1~14)
  (4) 왕 같은 제사장, 전도제자 선교제자의 복 (벧후 2:9, 겔 44:28, 사 37:35)

3. 주님의 참 동역자로 일어나라 - WMTC / WMTS / UPBS (24시 선교방송)

*교회: 이사야 60장 / 가정: 이사야 61장 / 개인: 이사야 62장 → 사 60~62장 언약잡고 기도하라.

너는 복의 시작이 될지라 I 언약과 방향

창 12:1~3

한 해는 하나님이 우리에게 '기회'로 주신 축복이다. '전무한 응답의 한 해'가 되어 하나님께 최고로 영광 돌리는 축복의 한 해가 되도록 기도해야 한다. 세계와 열방 가운데 하나님의 이름이 높임을 받으시고 영광과 찬양과 예배를 받으시도록 거룩한 신부공동체, 남은 자 공동체의 정체성과 사명을 분명히 해야 한다. 올해는 축복비전으로 5대 비전을 이루어 나가는 시간표를 주셨다. '너는 복의 시작이 될지라'. 하나님의 전제 조건이 있다. 무엇인가?

1. 언약과 방향이다

1) 언약 - 아브라함에게 명령과 약속으로 주어졌다 (창 12:1~3)

(1) 명령 - 떠나라, 내가 지시할 땅으로 가라 (창 12:1)

(2) 약속 - 언약적인 축복 (2~3)

① 내가 너로 큰 민족을 이루게 하리라

② 내가 네게 복을 주리라

③ 내가 네 이름을 창대하게 하리라

④ 너는 복의 근원이 될지라

⑤ 너를 축복하는 자에게는 내가 복을 내리고

⑥ 너를 저주하는 자에게는 내가 저주하리라

⑦ 땅의 모든 족속이 너를 인하여 복을 얻을 것이라

2) 방향 - 아브라함에게는 미지의 땅, 하나님께서는 이미 작정해 놓은 가나안 땅

*언약과 방향을 분명히 하여 기도하라. 완벽한 인도와 역사가 있다.

2. 언약과 방향을 따라가려면

1) 하나님의 절대언약 - 십자가에서 완성된 그리스도의 3중직을 복음으로 누리고 있는가?
선지자, 제사장, 왕 - 이유 (창 3:1~5 / 3:15 / 요 19:30, 요일 3:8, 벧전 2:9)

2) 방향은 하나님의 절대계획 - 주님의 至上命令 (마 28:19~20, 막 16:15, 행 1:8)

3) 위대한 언약 - 임마누엘(Great Covenant) (마 28:20 하, 막 16:20, 수 1:9)

4) 언약적인 기도의 비밀을 누리는 자, 세상이 감당할 수 없는 사람
(창 6:8, 7:23, 26:12~13, 24, 히 11:25~26, 행 1:13~14, 2:1~4, 13:1~3)

*한 번도 가보지 못한 미래, 하나님은 완벽하게 준비하고 계신다. 언약잡고 기도하라. 성령의 인도가 있다.

3. 하나님의 두 가지 약속 (창 12:1~3)

1) 내가 너를 축복하리라(I will bless you)

*복의 근원이신 하나님과 복의 대상

2) 내가 너를 통하여 … 축복하리라(I will bless the nations through you)

너는 복이 될지라(You will be a blessing)

*나를 복이 되게 하시고 열방이 나를 통해 복을 받게 하시는 하나님. (갈 3:7, 9, 29)

모든 영역 속에서 전도제자, 선교제자의 삶으로. (롬 16:1~23)

너는 복의 시작이 될지라 Ⅱ 믿음과 순종

창 12:1~4

구속사의 관점에서 볼 때 아브라함을 가나안으로 부르신 것은 택한 민족 이스라엘을 조성, 메시야가 오시는 길을 예비함에 뜻이 있었다. 아브라함 개인적으로는 연고지와 기득권을 포기하고 무조건 믿음으로 순종한 신앙의 결단이 높이 평가되고 그 믿음과 순종으로 믿음의 조상 되고, 복의 모델이 된다. '너는 복의 시작이 될지라'. 새해에 언약과 방향을 분명히 했다면 믿음과 순종으로 반응해야 한다. 어떤 믿음과 순종으로 반응하며 기도해야 하는가?

1. 너는 복의 시작이 될지라

1) 내가 너를 축복하리라 (2) (I will bless you)

2) 너는 복이 될지라 (2) (You will be a blessing)

3) 내가 너를 통하여 모든 족속을 축복하리라 (3) (I will bless the nations through you)

4) 그리스도 안에서 성취된 성도의 정체성 (창 1:27~28)

하나님의 자녀된 신분과 권세 안에 동일하게 주어져 있는 성도의 축복이다.

2. 너는 복의 시작이 될지라 (2) - 믿음과 순종으로

1) 아브라함의 믿음과 순종

(1) 말씀을 따라 떠나는 믿음과 순종 (창 12:1, 4)

(2) 말씀을 따라 바라보는 믿음과 순종 (창 13:14, 15~17)

(3) 큰 민족에 대한 언약을 믿는 믿음과 순종 (창 15:1, 2~4, 5~6)

(4) 약속하신 그것을 능히 이루실 줄 확신하는 믿음 (롬 4:17~18, 19~21)

2) 여호수아 갈렙 (민 14:24, 신 1:36, 민 32:11~12, 수 14:8~9, 13~14)

3) 초대교회 성도들 (행 1:1~14, 2:1~47)

4) 하나님의 주권적인 은혜로 (창 12:1~4)

3. 그리스도 안에서 나는 복의 시작이 될지라

1) 언약과 방향을 분명하게 (창 12:1~3)

2) 믿음과 순종으로 (창 12:1~4)

3) 날마다 위대한 신앙고백으로 (마 16:16~19)

4) 24시 기도 속으로 (행 1:1~14)

너는 복의 시작이 될지라Ⅲ 예배와 기도

창 12:7~8, 13:18

올 해는 하나님께서 주신 '기회'이다. 전무한 응답의 역사로 하나님께 영광을 돌리는 한 해가 되도록 기도하자. 위하여 언약과 방향을 분명히 하고, 믿음과 순종으로 아브라함의 복의 '기준'이 되는 삶을 기도하자. 하나님의 은혜로만 가능하다. 예배자의 삶, 24시 기도로 모든 문제를 능히 이기고 승리할 수 있다.

1. 십자가의 보혈, 그 구속의 은혜를 잠시도 잊지 말자

1) 그 사랑 때문에 (롬 5:8)

2) 그 사랑으로 인하여 (엡 1:4~5)

3) 그 사랑 안에서 (갈 3:29)

4) 십자가의 보혈, 그리스도 구속의 그 사랑으로 (요 19:30, 마 16:16)

*하나님이 주신 사랑의 선물, 곧 복음에는 사랑스럽지 않은 것을 사랑하게 하는 힘이 있다. (C. S. 루이스)

2. 생명 건 예배, 24시 기도 속으로

1) 너는 [복]의 시작이 될지라

(1) 언약과 방향 (창 12:1~3)

(2) 믿음과 순종 (창 12:4)

(3) 예배와 기도 (창 12:7~8, 13:18)

2) 아브라함의 예배와 기도

(1) 창 12:7~8 | 하나님의 나타나심과 언약에 대한 감사예배 (마 16:16~19)

(2) 창 13:18 | 영적인 선택을 한 후에 주신 큰 축복과 예배 (마 6:33~34)

(3) 창 22:13~14 | 믿음으로 순종하는 예배, 십자가 대속의 복음예시 (요 4:23)

(4) 창 18:22~33 | 아브라함의 중보기도 (창 12:7~8 / 13:18 / 출 20:4, 32:8 / 레 26:1 / 신 9:12)

*예배는 여호와를 위하여, 우상숭배는 자기를 위하여

3) 생명 건 예배와 24시 기도 속으로

(1) 성령의 임재, 소명과 사명 (사 6:1~13)

(2) 초대교회의 예배와 기도 (행 1:1~14, 2:42, 47~47)

(3) 그 날의 천상 예배자를 목표하는 선교공동체 (계 7:9~10, 사 60:1~22)

(4) 오직 십자가의 보혈, 구속의 은혜를 감사함으로 (엡 1:3~14)

3. 오직 성령의 능력으로 (슥 4:6, 마 12:28, 행 1:8)

'그 말씀'으로 꿈을 꾼다

창 13:14~18

"언약적인 꿈은 반드시 이루어집니다." 마음이 관대하고 신앙위주의 사람인 아브라함과 무례하고 물욕적이고 현재 중심의 선택을 한 롯에게 중요한 시간표가 왔다. 조카 롯에게 풍요로운 땅을 양보한 아브라함에게 하나님은 롯의 풍요보다 더 비밀스러운 미래의 번영을 약속하신다.

1. 언약과 함께 꿈을 주시는 하나님

1) 롯이 아브라함을 떠난 후에 (14)

2) 동서남북을 바라보라, 보이는 땅을 너와 네 자손에게 (14~15)

3) 네 자손을 땅의 티끌같이 되게 하리라 (16)

4) 일어나라, 그 땅을 종과 횡으로 두루 다녀보라 (17)

- 롯에게 풍요한 땅을 양보하고 척박한 땅으로 나가는 아브라함을 위로하시며 '그 말씀'으로 꿈을 꾸게 하신다. 꿈을 주시는 하나님이시다.

2. "그 말씀"으로 꿈을 주시는 하나님

1) 이삭의 꿈 (창 26:3~4, 12)

2) 야곱의 꿈 (창 28:1~4, 10~15)

3) 요셉의 꿈 (창 37:5~11, 19)

4) 바울의 꿈 (행 9:15, 19:21, 23:11, 27:24)

5) 전도제자, 선교제자들의 꿈 (사 60:1~22, 61:1~11, 62:1~12)

6) 삶의 이유와 목적이 분명한 사람들 (롬 16:1~27)

7) 반드시 성취되는 언약적인 꿈 (욜 2:28, 행 2:16~17, 시 126:1)

*꿈이 없는 사람은 어떻게 되는가? (잠 29:18) - 꿈이 없는 백성은 망할 짓만 가려가면서 하지만 하나님 말씀대로 사는 사람은 복을 받느니라. (King James Version)

3. 가장 위대한 꿈을 기도하라

1) 언약적인 꿈은 곧 하나님의 꿈이다 (마 28:19~20, 행 1:8)

2) '그 말씀'으로 꿈을 꾸라 (사 60~62장)

3) 정상에 서 있는 전도제자, 선교제자의 꿈을 기도하라 (사 11:10)

4) 하나님의 기쁘신 뜻을 위하여 더 큰 꿈을 (빌 2:13, 시 31:15)

*그 꿈을 기도하라, 기도하라, 기도하라. (렘 33:3, 시 37:5~6, 신 28:1)

하나님이 주신 비전이 있는가

창 13:14~18

비전, Vision은 내가 만드는 것이 아니다. 비전은 하나님이 주시는 것이다. 하나님께서 주신 것, 그것이 비전이다. 그래서 비전은 찾는 것이다. 비전은 발견하는 것이다. 하나님께서 주신 비전이 무엇인가? 아브라함은 하나님께서 주신 비전을 따라 살았다. 그 비전을 믿고 순종했다. 하나님께서 비전을 이루어 주셨다. 하나님의 비전이 있는가? 하나님께서 주신 비전이 확실한가?

1. 비전(Vision)

1) 내가 원하는 비전인가? (창 13:10~11)
2) 하나님이 주신 비전인가? (창 13:14~18)
3) 하나님이 주신 비전을 새롭게 하라 (빌 2:13)

2. 하나님의 비전 - 너는 동서남북을 바라보라

1) 롯을 보낸 후에 (창 13:14)
   (1) 불신앙
   (2) 분쟁, 갈등
   (3) 맘몬의 영
2) 너는 동서남북을 바라보라, 종과 횡으로 다녀보라 (창 13:14, 17)
3) 보이는 땅을 네게 주리라, 네 자손에게 주리라 (창 13:15, 창 15:5~6, 7)
4) 하나님이 주신 비전, 다시 큰 그림을 그리라 (수 18:4, 8, 9~10, 히 11:1~2)

3. 하나님의 비전을 기도하라 - 단을 쌓으라

1) 성도의 영화로운 신분과 권세 (시 8:4~5, 6~9 / 16:3)
2) 누릴 때 나의 것 되는 신분과 권세 (창 1:27~28, 요 19:30)
3) 하나님의 절대가치 그리스도, 단을 쌓으라 (창 13:18)
4) 선포하며 기도하라, 나는 세계복음화의 주역이다! (히 11:1~2, 욜 2:28, 시 81:10)

*하나님의 Vision으로 사는 자 - 1년을 100년처럼 하나님의 절대 가치를 따라 산다.
하나님의 비전이 있는가? 하나님의 비전이 확실한가? 하나님의 비전을 언약잡고 선포하며 기도하라. 반드시 이루신다.

감사할 수 없는 아브라함의 감사

창 15:1~7

감사할 수 없는 상황에서도 감사로 하나님께 영광을 돌려본 적이 있는가? 감사할 수 없는 상황과 조건 속에서 그럼에도 불구하고 감사해야 한다면 그 이유는 무엇인가? 본문을 통하여 하나님의 음성을 듣자.

1. 감사할 수 없는 아브라함

1) 아브라함의 갈등 - 응답이 없는 오랜시간 (15:1)
   보복의 두려움, 자식이 없는 두려움(신의 저주로 여겼던 문화적 배경)
2) 두려워하는 아브라함에게 - 두려워하지 말라 (15:1)
   내면 깊은 곳에 있는 아브라함의 두려움 - 원망하는 아브라함
3) 내 후사는 다메섹 사람 엘리에셀이니이다 (15:2~3)
   상황적으로 도무지 감사할 수 없는 아브라함의 형편

2. 감사할 수 없는 아브라함의 감사

1) 감사의 조건을 다시 말씀하시는 하나님 (창 15:4)
   아브라함의 답답함, 아브라함의 괴로움, 밤에 찾아오신 하나님
2) 감사의 조건을 보여 주시는 하나님 (15:5)
   밤에 손을 이끌고 나가 아브라함의 생각을 바꾸어 주시는 하나님
3) 아브라함의 믿음을 의로 여기시는 하나님 (15:6)
   아브라함에게 믿도록 믿음을 주신 하나님
4) 감사할 수 없는 아브라함의 감사 (15:6~7)
   아브라함을 위해 예비해 놓으신 하나님의 놀라운 계획

3. 오늘 우리의 방패와 상급이 되시는 하나님

1) 과거, 현재, 미래, 불안한 미래, 모든 문제 해결자 하나님께 감사 (히 13:8, 암 5:8)
2) 예수 그리스도 안에 있는 신령한 복으로 모든 복을 주시는 은혜에 감사 (엡 1:3, 고전 2:12)
3) 하나님의 상속자 됨을 친히 증거하시는 성령님께 감사 (롬 8:12~17)

4. 나의 방패와 상급이 되시는 하나님께 감사

1) 하나님의 기준에 합격하는 큰 믿음을 주소서
2) 그리스도의 언약, 세계복음화의 방향, 낙심하지 않는 믿음으로 기도하게 하소서
3) 세상이 이해할 수 없고 감당 할 수 없는 언약적 축복으로 세계선교 (사 60~62장)

불로 응답하시는 하나님

창 15:8~21

하나님을 찾고 하나님을 기다리는 사람은 복된 사람이다. 그에게 미래의 계획을 계시하시고 언약의 자녀들로 하여금 미래에 대한 큰 확신을 갖게 하며 현재의 삶 또한 신실하게 인도하시는 하나님이시다.

1. 내가 무엇으로 알리이까?

1) 나는 네 방패요 상급이니라, 말씀하시는 하나님 (창 15:1~7)

2) 내가 이 땅을 소유로 받을 것을 무엇으로 알리이까? (창 15:8)

3) 나를 위하여 번제물을 가져 오라, 삼 년 된 암소, 암염소, 숫양 등 (창 15:9)

4) 아브라함의 즉각적인 순종 - 외롭고도 위험한 기다림의 긴 시간 (창 15:10, 레 1:17)

5) 생명 건 순종으로 하나님을 기다리고 있는 아브라함 (창 15:11, 렘 34:18~20)

2. 횃불 언약

1) 밤중에 찾아오신 하나님, 말씀하시는 하나님 (12~16)

2) 횃불로 나타나신 하나님 (17)

3) 차가운 밤에 따뜻한 불, 응답의 불, 축복의 불로 찾아오신 하나님 (17)

4) 하나님이 세우시는 횃불 언약 - 사방 문화를 정복하게 될 자손들 (18~21)

3. 불로 응답하시는 하나님

1) 희생의 번제물을 통해 불로 응답하시는 하나님 (15:17)

2) 단번에, 온전히, 영원한 희생제물이 되신 예수 그리스도 안에서 (히 9:12, 10:14)

3) 불로 응답하시는 하나님 (창 15:17, 출 3:2, 왕상 18:37~39)

4) 불을 던지러 오신 예수님 (눅 12:49~50)

5) 오순절(맥추절)에 임한 성령의 불 (행 2:1~3, 욜 2:28)

4. 하나님을 구하라, 하나님을 기다리라

1) 절대 주권이 하나님께 - 정치영역 주권, 경제영역 주권, 문화영역 주권 (롬 11:36)

2) 하나님의 절대 계획, 하나님의 필요, 시대적인 요청 속으로 (마 28:19~20)

3) 후대에게 전달하는 언약의 바톤, 세계문화 정복의 주역 (사 60:1~22, 행 1:8)

4) 정시 무시로 기도, 감사함으로 기도 (빌 4:6~7)

영원한 언약 영원한 기업

창 17:9~14

하나님은 99세가 된 아브람에게 할례를 받으라 하신다. 왜 99세의 노인에게 할례를 받으라 하시는가? 참으로 행하기 어려운 할례언약을 세우시는 하나님의 의도는 무엇인가?

1. 할례를 행하라

1) 99세의 아브라함에게 나타나신 하나님 (창 17:1~6)

2) 나와 너 및 네 대대 후손 사이에 세우는 영원한 언약, 영원한 기업 (7~8)

3) 대대로 모든 남자, 이방인, 종들까지 다 할례를 받으라 - 아브라함의 갈등 (9~14)

*당장 부딪치는 문제들 - 많은 인원, 위생문제, 외부침략, 리더쉽의 위협 등

2. 말씀하신 대로 담대하게 순종하는 아브라함

1) 하나님이 자기에게 말씀하신대로 (23)

2) 그럼에도 불구하고, 할 수 없는 상황 속에서 다 내려놓고 순종 (24~27)

3) 순종하는 아브라함에게 놀라운 은혜를 베푸시는 하나님 (23~27, 20:1~18)

4) 말씀대로 돌보시고, 말씀대로 행하시는 하나님, 100세에 낳은 아들 (창 21:1~8)

5) 에셀에 나무를 심고 영생의 하나님의 이름을 부르는 아브라함 (창 21:33, 히 11:19)

3. 말씀대로 순종해야 할 나의 할례

1) 오늘 내가 끊어 내어야 할 나의 할례는 무엇인가?

2) 하나님의 말씀대로 담대히 순종해야 할 나의 할례는 무엇인가?

3) 그럼에도 불구하고 말씀대로 순종하는 자에게 기적을 베푸시는 하나님 (창 21:1~8)

4) 아브라함의 복은 그리스도 안에서 내가 이미 받은 복, 계속 누리게 될 복 (갈 3:28~29)

5) 그리스도 안에서 회복된 신분, 그러나 마음에 할례를 받아야 하는 이유는? (롬 2:28~29)

4. 후대에게 전달해야 할 영원한 언약 영원한 기업

1) 아브라함의 순종으로 영원한 언약, 영원한 기업을 누리게 된 언약의 자녀 (벧전 2:9)

2) 신분 확인과 함께 누리는 임마누엘, 성령의 사람으로 땅 끝까지 세계 복음화 (행 1:1, 3, 8)

3) 후대에게 물려주어야 할 마지막 언약 영원한 기업 (마 16:16~19, 28:19~20, 사 60~62장)

위대한 삶을 원한다면

창 18:22~33

아브라함과 횃불 언약, 할례언약을 맺으신 하나님께서는 아브라함에게 소돔과 고모라 땅의 멸망을 예고하신다. 이 예고 앞에 아브라함은 소돔 땅에 살고 있는 조카 롯과 가족의 구원을 생각하여 상식을 초월한 기도로 아주 끈질기게 하나님께 강청하고 있다. 상식을 초월하여 구할 수 없는 것을 구하는 기도에도 하나님은 응답하시는가?

1. 상식을 초월한 기도

1) 할례언약 이후에 찾아 온 천사들의 방문 (창 18:1~21)

2) 내가 하려는 것을 아브라함에게 숨기겠느냐 (창 18:17)

3) 소돔 땅에 살고 있는 조카 롯, 소돔과 고모라 땅의 멸망 예고 (창 13:10 ~13, 18:20)

4) 조카 롯의 구원을 위해 구할 수 없는 것을 구하고 있는 아브라함 (창 18:23~32)

*하나님께서 계획하신 일 앞에 여섯번이나 그 뜻을 돌이키려는 기도의 내용

5) 아브라함의 불안, 실망, 낙심, 긴장과 두려움 (24, 28, 29, 30, 31, 32)

2. 다 들어 응답하시는 하나님

1) 아브라함의 생명 건 기도에 응답하시는 하나님 (30, 31, 32)

2) 혼자 하는 기도에 응답하시는 하나님 (창 18:23, 27, 29, 30, 31, 32)

3) 강청하는 끈질긴 기도에 응답하시는 하나님 (50명, 45명, 40명, 30명, 20명, 10명)

4) 끝까지 노하지 아니하시고 기도를 듣고 또 듣고, 응답하시는 하나님 (22~32)

5) 아브라함을 생각하사 롯과 그 가족을 불과 유황 가운데서 구원하시는 하나님 (창 19:29)

*영적인 복, 육신의 복, 후대의 복으로 열방의 아버지가 된 아브라함 (마 1:1, 갈 3:7~9)

3. 위대한 삶을 원한다면

1) 하나님은 자녀의 평안과 행복과 위대한 삶을 원하신다 (요삼 2, 마 28:19~20)

2) 하늘과 땅의 모든 권세를 가지신 예수 그리스도의 이름으로 (마 28:18)

3) 새벽기도(새벽 5시), 중보기도(화요 7시 30분 1성전), 금요 기도회(금요 8시 30분)

4) 큰 믿음, 큰 기도, 큰 응답, 큰 선교, 후대에 전달되는 영원한 기업 (사 60~62장)

*가문과 민족과 시대 앞에 전무한 언약적인 축복의 모델, 전무한 영광을 하나님께!

명품 인생으로 사는 길

창 22:7~12

본문에서 이삭은 인간 이성으로 도저히 납득되지 않는 일을 하고 있다. 어떻게 스스로 번제단에 올라 갈 수 있을까? 이삭을 번제단에 스스로 올라가도록 만든 그 비밀은 무엇인가? '명품과 같은 인생은 세상 사람과 다르게 산다. 더 나은 삶을 산다. 특별한 삶을 산다.' - 원 베네디트의「명품인생이 되라」 중에서

1. 특별한 명령

1) 네 사랑하는 독자 이삭을 번제로 드리라 (창 22:1~2)
   - 아침에 일찍이 하나님이 자기에게 일러주신 곳으로 (3~4)
2) 번제에 쓸 나무를 지고 가는 이삭, 불과 칼을 손에 든 아브라함의 동행 (5~6)
   - 아버지여, 번제할 어린양은 어디 있나이까? 친히 준비하시리라 (7~8)
3) 결박된 이삭, 번제단 나무위에 놓여진 이삭, 칼을 든 아브라함 (9~10)
   - 인간 이성으로 도저히 납득할 수 없는 하나님의 명령, 합리적, 사실적인 이유들

*하나님의 언약과 하나님의 속성, 제사법에도 없는 인신 제사법 등

2. 특별한 순종과 특별한 복

1) 하나님에 대한 위대한 순종을 붙들고 번제단 위에 올라가는 이삭 (9)
   - 결정적인 순간에 하나님에 대한 순종을 붙잡은 언약의 사람
2) 스스로 생명을 걸고 순종하는 이삭, 하늘로부터 나타난 여호와의 사자 (10~11)
   - 그 아이에게 손을 대지 말라, 그에게 아무 일도 행하지 말라 (12)
3) 이삭 대신 번제물로 드려진 숫양, 여호와 이레의 하나님 (13~14)
   - 이삭으로 하여금 순종하게 하시는 하나님의 주권과 계획
4) 하나님에 대한 순종을 붙드는 자에게 특별한 복을 명하시는 하나님 (17~18)
   - 예수 그리스도 안에서 누리는 특별한 복, 정복하게 될 세계 복음화 예언

3. 명품 인생으로 사는 길

1) 하나님께 대한 순종을 붙들고 스스로 올라가야 할 나의 번제단은?
   - 자신의 번민과 난제를 극복하고 하나님께 대한 순종을 붙잡으라.
2) 전체를 드릴 때 전체를 주신다. 이것이 명품인생으로 사는 길이다.
   - 명품신분에 합당한 명품 인생은 최고의 언약, 위대한 명령을 붙들고 하나님께 순종하는 자에게 주어진다. (마 28:19~20, 벧전 2:9, 행 1:8)
3) 언약적 축복의 사람으로 만민을 위하여 기를 들고 나가는 명품 인생 (사 60~62장)

하나님의 맹세

창 22:15~18

하나님이 맹세를 하셨다. 인간에게 맹세를 하셨다. 전지, 전능, 무소부재하신 창조주 하나님께서 인간에게 맹세를 하신 이유는 무엇인가? 누구를 위한 맹세인가? 맹세란 임무나 약속을 꼭 실천하거나 목표를 이루겠다고 굳게 다짐하는 것이다(국어사전). 맹세는 인격적 서약이다.

1. 구원을 맹세하신 하나님

1) 하나님의 맹세로 오신 영원한 제사장 (히 7:20~21, 28, 창 3:15)

2) 하나님의 맹세로 보증이 되시는 참 대 제사장 (시 110:4)

3) 왕과 제사장을 겸한 '의의 왕' 멜기세덱의 반차를 따라 (히 7:1~3, 25)

4) 십자가 복음의 완전성, 모든 믿는 자에게 구원을 (고전 1:18, 계 7:9~10)

2. 축복을 맹세하신 하나님

1) 아브라함에게 하신 맹세 (창 22:16~18)

(1) 내가 네게 큰 복을 주리라 (창 12:2)

(2) 네 씨로 크게 성하게 하리라 (창 12:2)

(3) 네 씨가 네 대적의 문을 얻으리라 (창 3:15)

(4) 네 씨로 말미암아 천하 만민이 복을 얻으리라 (창 12:3) - 시험 후에 확인된 축복

*하나님의 맹세 (출 6:8, 신 1:8, 4:31, 6:10~11, 8:18, 히 6:13~17, 갈 3:28~29)

2) 다윗에게 하신 맹세 (삼하 3:9, 시 89:3~4, 35, 시 110:4, 132:11)

*두 가지 변치 못할 사실은 (히 6:18) 약속만으로도 충분한 하나님의 사랑, 어느 것 하나 불충분함이 없는 하나님의 언약, 거기에 맹세까지 더하신 이유는 하나님의 약속의 확실성을 증명하기 위해서이다. 그것으로 그 약속을 향해 가는 성도들에게 큰 안위(강력한 위로)를 주시기 위함이다. 바로 나를 향하신 하나님의 사랑이다.

*그리스도는 하나님 약속의 성취자요 모든 약속의 목적이요 근거이다. (마 1:1, 엡 1:3, 골 2:3)

하나님의 약속의 확실성은 다시없는 안위와 소망의 격려가 되는 것이다.

3. 전도제자, 선교제자들이 누리는 축복 (겔 33:11 / 민 14:28 / 마 28:19~20, 행 1:8)

*창조주 하나님의 맹세는 그리스도 안에서 오늘 내가 잡아야 할 언약이며 누려야 할 복음이고 나에게 주시는 위로와 격려이다. 그리고 내가 선포해야할 축복이며 전도, 선교의 내용이다. 창조주 하나님의 맹세, 그 완성은 그리스도이시다.

복음 경제의 영향력으로

창 26:1~6, 12~16

언약의 사람 이삭이 창대하고 왕성하여 마침내 거부가 되었다. 블레셋 사람들에게 시기와 두려움의 대상이 될 정도로 거부가 되었다. 언약의 땅에 머무는 자에게 주신 복음 경제의 영향력을 보라. 어제나 오늘이나 하나님이 역사하시는 그 역사의 흐름은 동일하다.

1. 애굽으로 내려가지 말라

1) 이삭이 만난 큰 흉년 (창 12:10, 26:1)

2) 애굽으로 내려가지 말라 (창 26:2)

3) 내가 네게 지시하는 땅에 거하라 (창 26:2)

4) 흉년 가운데 이삭에게 임한 하나님의 언약 메시지 (창 26:3~5)

*역사 이래 메마른 적이 없는 나일강 삼각주 지역, 풍요가 있고 기름지며 윤택한 그 땅으로 왜 내려가지 말라 하시는가?

2. 언약의 땅에 머물고 있는 이삭

1) 그럼에도 불구하고 순종하는 이삭

(1) 언약을 붙잡고 그랄 땅에 머물고 있는 이삭 (창 26:6)

(2) 이삭을 보시는 하나님의 마음, 언약을 지키시고 이루시는 하나님 (창 26:3~4)

(3) 생각 밖에 더 큰 복, 전무한 복, 100배의 복을 주시는 하나님 (창 26:12~15)

(4) 영적인 복, 정신적인 복, 육신적인 복 (창 26:1~6, 12~15)

2) 복음 경제로 영향력 있는 사람

(1) 블레셋 사람들이 시기하는 이삭의 富 (창 26:14)

(2) 블레셋의 아비멜렉이 두려워하는 복음 경제의 영향력 (창 26:16)

(3) 흑암나라의 왕 아비멜렉이 무릎 꿇는 복음 경제의 영향력 (26~31)

(4) 흑암의 현장을 복음의 빛으로 정복해 가는 복음경제의 인물들 (롬 16:1~23)

*빛의 경제, 복음경제의 영향력은 흑암의 문화를 정복하는 힘으로 행사한다. 복음 경제로 영향력있는 그리스도의 제자들과 공동체가 일어나야 한다.

3. 순종을 결정하고 언약을 따라가는 자들에게

1) 경제불황, 인생의 흉년을 만났을 때 - 하나님 중심, 말씀 중심, 교회 중심 (마 16:16~19)
2) 묵상, 하나님의 음성을 듣는 삶, 사고방식, 세계관, 재정원칙, 영적 전쟁으로 생각, 언어, 비전, 계획 - 세계복음화를 위하여(WMTC) - 작은 것부터 실천
3) 30배, 60배, 100배, 1000배의 축복을 믿음으로 기도하라 (막 4:8, 창 26:12, 신 1:11) 단, 열방이 그에게로 돌아오리니 그가 거한 곳이 영화로우리라 (사 11:10, 사 60장)

*언약 잡고 순종한 아브라함과 이삭에게 당대 최고 축복의 모델로 富를 맡기셨다.
메시야언약, 그리스도의 언약을 따라가는 자에게는 경제도 함께 간다.
천지 창조이래 지금까지 경제는 복음의 시녀로 복음 방향을 따라 함께 간다.

중단 없이 진행되는 하나님의 계획

창 26:7~11

하나님의 말씀에 순종하여 이삭은 그랄 땅에 머물러 있다. 하나님께서 머물라고 하셔서 머무르는데 이삭은 그 땅에서 큰 위기를 만난다. 블레셋 왕 아비멜렉이 사랑하는 아내 리브가를 빼앗으려 한다. 아내를 빼앗기는 상황인데도 도대체 왜 그랄 땅에 계속 머물고 있는 것일까? 아비멜렉의 문제를 해결할 수 있는 길이 있는 것일까?

1. 이삭의 두려움

1) 배경 - 블레셋 아비멜렉의 절대 권력
2) 원인 - 아리따운 리브가, 블레셋 남자들의 관심과 아비멜렉 (창 24:16, 26:7)
3) 결과 - 누이라 속이고 난 후 발생한 문제, 이삭이 당하는 고통과 두려움 (26:7)
*부부문제를 넘어 자녀문제, 가족해체 문제, 그러나 스스로 지킬만한 힘이 없는 이삭

2. 두려움에서 건지시는 하나님

1) 그러한 상황 속에서도 그랄에 머물러 있는 이삭의 순교적인 순종 (26:8)
2) 부부의 친밀한 애정을 나누고 있는 이삭과 리브가를 보게 된 아비멜렉 (26:8)
3) 이삭을 부름, 질문, 네가 죄를 우리에게 입혔으리라 (26:9~10)
4) 아비멜렉의 명령 "이 사람이나 그의 아내를 범하는 자는 죽이리라" (26:11)
5) 지켜주시는 하나님, 건져 주시는 하나님, 전능하신 하나님 (26:7~10)
6) 이삭 스스로 확보할 수 없었던 안전을 이방 왕을 통해 보장하게 하시는 하나님
7) 언약의 사람을 두려움에서, 절망적 위기에서 건지시는 하나님 (26:11)
*그러므로 중단 없이 진행되는 하나님의 계획 (창 26:4~5)
*이삭이 받은 복을 보라 ~ 영적인 복, 정신적인 복, 육신적인 복 (창 26:12~22)
*우리의 아비멜렉은 무엇인가? 하나님이 건지신다. 문제로 간증거리 되게 하신다.

3. 중단 없이 진행되고 있는 하나님의 계획

1) 이러한 축복의 사람이 되고 싶지 않은가?
2) 예루살렘을 떠나지 말라 - 언약 공동체, 교회 공동체, 예배 공동체 (행 1:4~5)
언약은 반드시 성취된다. 순종하며 기도하라. 제자가 되라 (마 28:19~20)
3) 중단 없이 계속되는 하나님의 세계선교(WMTC)
4) 생각, 언어를 바꾸라 (잠 4:23, 18:21)
5) 건지시는 하나님, 두려움과 위기에서 건지시는 하나님을 신뢰하라
나의 아비멜렉이 해결된다. 아비멜렉이 바뀐다. 기적이 일어난다.

신수성가(神手成家)

창 26:12~22

자수성가(自手成家)란 "물려받은 재산 없이 자기 혼자 힘으로 집안을 일으키고 재산을 모음"이라 하였다(국어사전). 한자사전에는 "물려받은 재산 없이 스스로의 힘으로 가산을 이룸, 스스로의 힘으로 사업을 크게 이룩하거나 큰 일을 이룸"이라 하였다. 神手成家란 무엇인가? 神手成家란 "하나님의 손이 함께 함으로 집안을 일으키고 하나님의 영광을 위하여 큰 일을 이루는 성공"을 말한다. 어떻게 神手成家의 사람이 될 수 있나?

1. 한 길 (One Way)

1) 마음에 들지 않아도
2) 취향에 맞지 않아도
3) 모든 사람에게 필요한 것은 구원이다 (롬 3:23)
4) 구원의 길은 오직 한 길이다 (요 14:6, 행 4:12)
5) 행복의 길은 오직 한 길이다 (요 10:10)

2. 神手成家

1) 神手成家의 사람 이삭
   (1) 하나님의 언약을 따라 (창 26:2~5)
   (2) 한 해에 1년 + 99년 치의 복을 받은 이삭 (11~13)
   (3) 샘의 근원의 복을 받은 이삭 (14~21)
   (4) 에섹과 싯나의 축복과 방해자들 (2~21)
   (5) 르호봇의 축복 (창 26:22) *여호와께서 복을 주시므로 (12)
2) 神手成家의 사람들 (창 39:2~3, 삼하 8:13~14, 단 6:16, 28, 행 16:25~26)
3) 복음, 기도, 전도 속에 신수성가의 축복이
   (1) 복음 - 원색적인 복음 예수는 그리스도 (마 16:16, 행 16:31)
   (2) 기도 - 불가능은 없다, 크고 비밀한 일을 네게 보이리라 (렘 33:1~9)
   (3) 전도 - 영혼구원, 흑암정복이다. 최고의 상급이 있다 (행 1:8, 단 12:3, 슥 4:6)

3. 지금도 구원사역 중심으로 역사를 움직이고 계시는 하나님

절대 주권이 하나님께 있다.
생사화복의 주관자는 하나님이시다. 하나님께 발견되기를 소원하라 (빌 3:8~9)
모든 영역 가운데 전도와 선교에 주역으로 빛을 발하는 자가 되라
神手成家의 사람이 된다. (수 1:1~9, 마 28:19~20, 롬 16:1~27, 요삼 1:2)

세상이 감당할 수 없는 사람

창 26:23~33

하나님은 이삭에게 이방인의 시기와 두려움의 대상이 될 정도로 큰 복을 주셨다. 상속받은 재산과 100배의 수확으로 얻은 富, 거부가 된 이삭에게 상대성 빈곤을 느끼는 아비멜렉은 이삭을 그 땅에서 몰아내지만 결국 그는 군대장관과 함께 이삭 앞에서 무릎을 꿇게 된다. 지금도 세상이 감당할 수 없는 사람이 있다. 어떤 사람인가?

1. 오늘 속에 미래를 사는 사람

1) 하나님의 꿈 (창 1:27~28)

2) 완전한 언약으로 (창 3:15, 마 16:16~19)

3) 하나님의 절대 계획 속에서 (행 1:8)

4) Nation Changer로서 미래의 자화상(8 Mind Molders)

*정치, 경제, 교육, 매스미디어, 예술, 종교, 과학기술, 가정을 복음으로 살리는 제자

2. 세상이 감당할 수 없는 사람

1) 브엘세바로 올라가는 이삭 (17~25)

(1) 그랄 - 그랄 골짜기 - 에섹(억압하다) - 싯나(적대감) - 르호봇(넓은 공간)

(2) 브엘세바로 올라가는 이삭, 자원해서 가는 길인가 억지로 가는 길인가 (창 26:23)

(3) 왜 하나님이 주신 축복이 대립적 문제가 되는가 (12~22)

*주신 은혜와 축복이 다른 사람으로부터 시기와 미움의 대상이 된 적이 있는가?

2) 세상이 감당할 수 없는 언약의 사람

(1) 브엘세바로 올라간 이삭, 다시 말씀하시는 하나님 (23~24)

(2) 예배를 드리고 장막을 치는 이삭과 다시 우물을 파는 종들 (25)

(3) 아비멜렉 왕과 군대장관 비골의 방문 (26)

(4) 이삭의 군사력과 경제력 앞에 블레셋으로 무릎 꿇게 하시는 하나님 (27~29)

(5) 복을 몰고 다니는 축복의 사람, 언약의 사람을 세우시는 하나님 (30~33)

3) 언약의 사람은 그리스도 안에서 확신하는 미래가 있다

(1) 미래를 말씀하신 예수 그리스도 (마 24~25장, 28:19~20)

(2) 미래를 미리보고 확신한 바울과 세계복음화 (행 19:21, 23:11, 27:23)

(3) 우리는 이미 결정되어있는 승리의 길을 가는 사람들 (요 19:30, 사 60~61장)

3. 세상이 감당할 수 없는 언약을 잡고 기도하라

1) 완전한 언약 "예수는 그리스도" (마 16:16~19)

2) 매일 묵상하며 누리는 임마누엘, "예수는 그리스도" (사 7:14)

3) 나는 나의 브엘세바로 올라가는 언약의 사람 (요일 5:1~5)

4) 생각, 언어를 바꾸라, 생각대로 말대로 된다, 영적인 원리다 (민 14:26~38)

*세상이 감당할 수 없는 언약을 잡고 기도하라. 개인, 가정, 자녀, 교회, 민족, 세계를 위하여.

야곱의 눈물, 야곱의 축복

창 32:22~32

기도는 과학이다. 영적인 과학이다. 천사와 씨름하는 끈질긴 야곱의 기도, 하나님은 언약하신대로 응답해 주셨다. 언약 잡은 야곱의 눈물의 기도, 오늘 우리에게 주시는 메시지는 무엇인가?

1. 하나님과 통하는 기도

1) 약속의 말씀, 32,500가지 축복의 약속들 (약 1:17)

2) 7,000여 가지의 중요한 약속들 (렘 33:1~9)

3) 죄, 저주, 운명, 사단, 지옥 문제해결의 언약 (창 3:15, 마 16:16~19, 히 5:7~9)

*하나님과 통하는 기도를 하라, 언약적인 기도를 하라.

2. 야곱의 눈물

1) 하나님과 통하는 언약적인 기도

(1) 임마누엘의 언약 (창 28:13~15)

(2) 때마다, 시마다 임마누엘 (창 31:1~55)

(3) 20년 만의 귀향, 마하나임의 역사, 변함없는 임마누엘 (창 32:1~2)

2) 야곱의 눈물, 야곱의 축복

(1) 중대한 위기에 직면한 야곱의 언약적인 기도 (창 32:24~26)

(2) 야곱의 열망, 야곱의 눈물 (호 12:3~6)

(3) 야곱의 축복, 브니엘의 기적 (창 32:27~32, 출 33:20)

*정정당당히 불의한 길을 가는 것보다 절면서 하나님의 뜻 가운데 걷는 것이 복이 있다. (Augustine)

3) 하나님과 통하는 언약적인 기도를 하라

(1) 완전한 언약 (창 25:21, 32:11~12, 26, 행 1:1~14)

(2) 결국 승리하게 되는 언약적 기도를 정시 무시로 (단 6:10, 갈 4:7)

(3) 언약과 반대되는 상황, 그러나 낙심하지 말고 (눅 18:1~9, 렘 33:1~9)

3. 그리스도 안에서 언약적인 축복을 믿음으로 기도하라

*지금까지 계속되고 있는 이스라엘의 국호(國號) 선교적인 동기와 목적으로 기도하라.

하나님의 영에 감동된 사람

창 41:37~53

말씀하신대로 그 말씀을 이루시는 하나님, 약속을 지키시는 하나님, 세계역사는 하나님의 기록된 말씀대로 진행되고 있는 하나님의 시간표이다. 새해 첫째 주일에 주시는 하나님의 복된 말씀을 언약잡자. "하나님의 영에 감동된 사람"이다.

1. 다른 힘이 필요하다

세상이 이해할 수 없고 세상이 감당할 수 없는 다른 힘이 필요하다.

2. 하나님의 영에 감동된 사람

1) 자신만이 알고 있는 다른 힘

(1) 하나님이 주신 비전 (창 37:5~11)

(2) 노예로 가기 전 이미 가지고 있었던 다른 힘 (창 39:2)

(3) 사실적이고 객관적인 굉장한 힘 (창 39:3~5, 21)

(4) 세상이 감당할 수 없는 힘, 세상을 주도하는 힘 (창 40:1~41:36)

2) 하나님의 영에 감동된 사람

(1) 불신자가 인정하는 영의 사람 (창 41:38)

(2) 애굽의 왕을 살린 영의 사람 (창 41:25~36)

(3) 나라와 민족을 살린 영의 사람 (창 45:1~15)

(4) 전 세계를 기근에서 건진 영의 사람 (창 41:54~57)

(5) 하나님의 영에 감동된 요셉, 그는 바로 전도자
(창 39:7~10, 40:8, 41:16, 25, 42:18, 45:5~8)

3) 하나님의 영에 감동된 사람들의 성령 공동체

(1) 하나님의 영에 크게 감동된 성령의 사람 (삼상 16:13)

(2) 하나님의 영에 감동된 성령 공동체 (행 13:1~4)

(3) 하나님의 영에 감동된 목회자, 전도자, 선교사 (행 4:1~37, 8:26~40, 16:6~10)

(4) 하나님의 영에 감동된 성령의 사람들 (단 1:17, 20, 롬 16:1~27)

(5) 오직 여호와의 신으로 되느니라 (슥 4:6)

3. 그리스도 안에서 이유 있는 목표, 이유 있는 목적을 위해 (행 1:8, 마 28:19~20)

세계복음화의 핵심요원들의 명단 속에 있는 사람, 가정, 교회, 후대 (계 22:16~17)

영의 사람 - 요셉

창 41:38

탁월한 현대 경영학의 아버지요 미래학자인 피터 드러커 박사는 자신을 사회생태학자(Social ecologist)라고 했다. 그는 "지금은 메가 체인지 시대(Mega Change)다. 200년에서 300년마다 한 번씩 돌아오는 대 변혁기이다"라고 말했다. 연속적인 변화가 아니라 뿌리부터 바꾸어 놓는 변화이기에 꿰뚫어봐야 알 수 있다고 했는데 참으로 그렇다. 꿰뚫어봐야 알 수 있다. 혼돈시대, 혼란 상황처럼 보이지만 지금은 새로운 틀과 질서가 창출되는 재창조의 시대이기도 하다. 때문에 복음가진 하나님의 사람들은 무엇보다 영의 사람으로 세상을 꿰뚫어보는 눈이 있어야 한다. 영의 눈이다(요 6:63).

1. 눈을 열어주소서

1) 흑암의 현장 (사 60:2)

2) 사망의 땅과 그늘에 앉아 신음하는 사람들 (마 4:16)

3) 무엇이 참된 해답인가? (마 16:16, 사 60:1)

4) 무엇이 참된 힘인가? (행 1:8)

2. 하나님의 사람 요셉

1) 언약의 가문, 언약의 사람 (창 35:24)

2) 꿈과 비전의 사람 (창 37:1~11)

3) 모든 상황 속에서 흔들리지 않는 하나님 중심의 신앙 (창 39:3, 9, 40:8, 41:16, 25, 32, 42:18, 43:29, 45:5~8)

4) 임마누엘의 사람 (창 39:1~6, 20~21, 23)

3. 영의 사람 - 하나님의 영에 감동된 사람

1) 애굽 총리의 자리에서 세계를 살린 경제 지략가 (창 47:13~26)

2) 요셉의 지혜, 명철, 통찰력을 보고 바로가 증거하는 하나님의 능력 (창 41:38)

3) 요셉에게로 가라, 세계복음화의 전문인 선교사 요셉 (창 41:44,55)

4) 언약의 시간표를 따라 요셉을 구속사의 중심에 세우시는 하나님 (창 15:12~22)

[결론] 영의 사람 - 하나님의 영에 감동된 자, 하나님의 시간표를 따라

1) 바른 신앙고백으로 성령의 기름부으심을 기도하라 (마 16:16~19, 사 11:2~3)

2) 하나님이 주신 꿈과 비전을 무시로 기도하라 (욜 2:28~29)

3) 십자가의 그리스도, 임마누엘의 정체성을 누리며 기도하라 (빌 4:6~7)

4) 시대를 리더하는 전도제자, 선교제자의 삶으로 (마 28:19~20)

생명 살리는 믿음으로

출 1:15~21

고대 전제 군주 국가에서 왕명은 국법이었다. 그 권세는 과히 신(神)적인 존재, 그런데 인간 군주보다 하나님을 더 두려워한 산파들을 보라. 어떻게 왕의 명령을 거역할 수 있었을까? 왕의 명령을 거역하고도 이들이 살아남을 수 있었던 이유는 무엇인가? 군주 앞에서 거짓말을 한 산파들, 하나님께서는 왜 그들의 집에 왕성한 복을 주신 것일까?

1. 왕의 명령을 거역하는 십브라와 부아

1) 이스라엘 자손의 인구 급증으로 두려워하는 바로 (출 1:7)

2) 제1차 국가 비상대책, 국고성을 건축하라 (1:8~14)

3) 제2차 국가 비상대책, 산파들에게 내린 왕의 명령, 남아들을 죽이라 (15~16)

4) 하나님을 두려워함으로 왕명을 거역한 십브라와 부아, 소환되는 이들 (17)

*십브라와 부아는 왜 왕의 명령을 어겼는가? 무엇을 믿고 왕의 명령을 어겼는가? 그러나 이제 죽음을 눈앞에 두고 있는 캄캄한 현실 앞에 이들의 두려움은 어떠했을까?

2. 생명을 살리는 믿음으로

1) 생명 살리는 믿음으로

(1) 하나님을 경외하는 믿음으로 생명을 살린 십브라와 부아 (17)

(2) 바로 왕의 소환, 당당하게 동문서답하는 이들의 믿음 (18~19)

(3) 산파들의 동문서답에도 바로의 마음을 녹이시는 하나님의 역사 (18~19)

(4) 살려주신 하나님, 은혜 베푸시는 하나님, 집을 흥왕하게 하신 하나님 (20~21)

*하나님의 주권적 개입으로 350년 만에 회복된 이스라엘의 새로운 시작이 된 역사, 믿음으로 포기하지 않고 믿음으로 왕 앞에서 당당하게 말하고 믿음으로 행동하고 세상의 법을 믿음의 법으로 이기는 이 믿음은 어디에서 나온 것인가?

2) 예수 그리스도 안에서 생명 살리는 믿음으로

(1) 아무도 해결할 수 없는 인생의 근본문제 (창 3:1~7, 엡 2:1~3)

(2) 유일성의 해답, 완전한 해답, 예수 그리스도 안에서 (요 14:6, 행 4:12, 요 1:12)

(3) 세상 임금 마귀를 대적하라, 만왕의 왕 예수 그리스도께 순복하라 (약 4:7~8)

(4) 예수 그리스도 안에 있는 모든 것, 생명 살리는 믿음의 사람에게 (벧전 2:9, 골 2:3)

3. 생명 살리는 믿음의 사람으로

1) 어제나 오늘이나 영원토록 동일하신 하나님 (히 13:8)

2) 생명 살리는 믿음의 사람으로 생명 살리는 일을 위해 기도의 무릎을 꿇자 (행 1:8)

나. 무. 교. 부. 기도회 : 나의 무릎이 교회를 부흥케 하리

3) 복음 전도, 선교 제자에게 시대적인 축복을 언약하신 하나님 (사 60:1~22)

준비하시는 하나님

출 1:22~2:10

하나님께서는 애굽 왕 바로의 히브리 민족 말살 정책 가운데서도 이스라엘 민족을 해방시킬 지도자를 준비하고 계셨다. 이스라엘의 미래는 물에서 건져냄을 받은 이 어린아이의 손에 달려있다. 하나님은 어떻게 언약 백성을 구원하고 보호하며 섭리하시는가?

1. 신실하신 하나님

1) 약속하시는 하나님 (창 3:15, 창 12~50장)

2) 약속을 지키시는 하나님 (마 1:1~25, 요 19:30)

2. 준비하시는 하나님

1) 암울한 시대, 모세의 출생

(1) 절대왕국, 바로의 명령 - 아들이 태어나면 나일 강에 던지라 (출 1:22)

(2) 한 레위인 남자와 한 레위인 여자의 결혼 (출 2:1)

(3) 암울한 시대, 모세의 출생, 과연 나일 강에 던져야 하는가? (2:2) B.C. 1526년경

(4) 갈대상자를 준비하는 부모의 마음 - 자식을 나일 강에 던지는 부모의 마음 (3~4)
바람 앞에 촛불처럼 흔들리는 레위인 가정, 도대체 하나님은 무엇을 하고 계시나?

2) 준비하시는 하나님

(1) 바로의 공주를 준비하신 하나님, 그를 통해 구원하시는 하나님 (5~6)
*투트모세 1세의 무남독녀, 핫셉슈트(B.C. 1539~1514)를 가리킨다.

(2) 경건한 어머니의 품에서 양육되도록 구원, 보호, 섭리하시는 하나님 (7~9)

(3) 언약백성을 굴종의 노예 430년에서 건져낼 자를 준비하시는 하나님 (10)

(4) 버려진 갈대상자 속의 아기를 왕자의 신분으로 돌아오게 하시는 하나님 (10, 행 7:22)

*세상이 이해할 수 없는 방법으로 구속사의 역사를 진행시켜 나가시는 역사의 주인이다.
*메시아 언약을 중심으로 모든 것을 준비하고 계신 하나님, 모든 문제는 과정이다.

3. 완벽하게 준비하고 계신 하나님을 믿음으로

1) 나를 위해 모든 것을 준비하고 계신 하나님을 믿어야 한다 (요 14:1~6)

2) 복음으로 민족, 세계 살릴 후대들을 위하여 기도하라 (사 62:1~12)

3) 지역별 국가마다 복음 중직자, 시대 살릴 Nation Changer들이 일어나도록 (사 60:1, 22)

영의 사람 - 모세

출 7:1~7

시대마다 하나님은 영의 사람을 통해 중요한 일을 하셨고 지금도 그 방법은 동일하다. 영의 사람으로 준비시키시는 과정은 다양하지만 그 과정 역시 하나님의 계획 속에 진행되는 하나님의 준비이다. 영의 사람 모세를 통해 오늘 나에게 주시는 메시지는 무엇인가?

1. 하나님의 주권

1) 하나님의 손에 모든 것이 (삼상 2:1~10, 대상 29:11)

2) 구원계획 중심으로 (마 24:14)

3) 성령의 능력으로 (행 1:8)

4) 교회를 통해 (마 16:16~19)

2. 영의 사람 - 모세

1) 하나님의 시간표

(1) 80세의 모세를 민족의 지도자로 (출 7:7)

(2) 바로 앞에 신(神)이 되게 하시는 하나님 (출 7:1)

(3) 하나님의 말씀대로 행하는 모세와 아론 (출 7:6, 10, 20)

(4) 역사의 주인이신 하나님, 그 주권적인 계획 속에서 (창 12:1~3, 신 28:1~14)

2) 영의 사람이 소유한 하나님의 이유

(1) 언약의 사람으로 준비된 모세의 40년 (출 2:10~11, 행 7:22~23, 민 12:3)

(2) 모세가 잡은 언약, 그리스도의 언약 (히 11:24~26 / 롬 16:1~23, 골 4:7~17)

(3) 영의 사람을 통해 그리스도의 복음이 전 세계로 (요 5:39, 20:31, 행 1:8)

(4) 준비된 사람들, 준비된 사건과 응답은 하나님의 계획 (출 7:1~4 / 막 16:20)

3) 내가 너를 바로에게 신(神)같이 되게 하였은즉

(1) 엘로힘 - 전능하신 하나님 (출 3:14, 7:1, 창 15:1)

(2) 땅의 권세자 바로, 하늘에 속한 권세를 소유한 영의 사람 (출 7:8~13)

(3) 민족, 세계 살릴 복음 가진 하나님의 사람에게

- 엘리트, 산업선교, 문화사역, 치유사역, 남은 자 (롬 11:4~5)

(4) 언약 - 희생제사, 유월절 피, 십자가의 그리스도 (출 3:18, 12:13, 요 19:30)

3. 그리스도의 언약

그리스도의 언약을 잡고 전도, 선교 제자의 길을 가면서 하나님의 전폭적인 지지를 믿음으로 포기하지 말고 기도하라 (딤전 4:5, 출 7:1)

출애굽의 신앙으로

출 12:21~27

출애굽기는 이스라엘 백성들이 애굽의 노예생활을 마치고 어떻게 그 속박에서 벗어나 하나님이 약속하신 가나안 땅을 향하여 나아갈 수 있었는지를 보여주고 있다. 그 기록된 말씀을 통하여 하나님은 자신이 어떤 존재인가? 하나님을 믿는 신앙이 무엇을 의미하며 신앙생활을 어떻게 하여야 하는가를 말씀하고 있다.

[출애굽기서의 큰 내용 - 출애굽기의 핵심 주제는 구속(救贖)이다.]

1) 애굽으로부터의 구원 (출 1:1~18:27)

2) 시내산 언약 - 십계명, 율법, 성막 (출 19:1~40:38)

1. 애굽에서 고통받는 이스라엘을 구원하시는 하나님

*애굽은 머물곳, 안주, 정착해야할 곳이 아니라 떠나야 할 곳이었음에도 불구하고 미련을 두고 현실에 안주했던 이스라엘 사람들은 스스로 고통을 불러들이게 된 것이다. 그러나 하나님은 언약을 이루신다.

1) 언약을 이루시는 하나님 - 모세를 부르시고

(1) 하나님의 구속(救贖)의 계획 (출 6:6)

(2) 너희를 구속(救贖)하여 내 백성을 삼고 너희의 하나님이 되리라

(3) 조상들에게 언약한 가나안 땅을 기업으로 주리라 (출 6:7~8)

2) 구속의 방법 - 어린양의 피를 바르라

(1) "유월절 어린양의 피" (출 12:3, 6, 12~13, 21~27)

(2) 구약에 나타난 십자가 보혈 사건 (요 1:29, 고전 5:7, 레 17:11)

(3) 정치적 해방 뿐 아니라 죄와 저주로부터 완전한 구속 의미 (벧전 1:18~19)

(4) 그리스도의 피가, 단번에! 온전히! 영원히! (히 9:12, 10:12, 14, 요 19:30)

3) 언약의 땅을 향하여 출애굽한 자기 백성에게 임마누엘

(1) 구름기둥, 불기둥으로 앞서 가시는 하나님 (출 13:21~22)

(2) 천사를 앞서 보내어 홍해에 대로를 여시는 하나님 (출 14:19, 21)

(3) 하늘에서 양식을 비같이, 반석에서는 생수가 (출 16:4, 13~15, 고전 10:4)

(4) 이 사람들은 큰 나라 사람들, 큰 나라 사람답게 (출 20장~40:38, 신 4:6)

- 유월절 어린양, 반석, 만나, 말씀, 성막은 모두 그리스도의 예표

2. 출애굽의 신앙으로 미래를 향하여 (출 19:5~6, 마 16:16, 벧전 2:9)

*내가 머물 곳, 정착해야 할 곳, 사명의 자리에서 죄, 불신앙, 인본주의, 거짓, 애굽체질과 근성으로부터 출애굽해야 미래가 있다. 사탄의 문화를 이긴다. 출애굽기의 핵심언약은 "유일성의 해답 피 언약"이다.

영적전쟁과 언약경제

출 12:29~42

전 세계 수많은 국가가 존재하지만 관점에 따라 국가 수는 차이가 있다. 먼저 UN 회원국으로 가입되어 있는 나라는 195개, 주권을 가진 국가라도 국제사회에서 인정받지 못한 나라까지 합하면 242개 국으로 조사되고 있다. 국제문제 → 경제문제 → 생활철학(윤리) → 교육 → 도덕 → 종교문제이다. 종교적 영적 기반에 따라 하나님의 말씀대로 경제 영역 현상이 좌우된다.

1. 언약의 하나님

하나님은 언약의 하나님, 그리고 언약을 반드시 이루시는 하나님이시다.

구원역사의 모든 과정은 언약의 성취이다. (출 2:24, 3:6, 15, 16, 행 7:31)

아브라함, 이삭, 야곱에게 하신 언약의 핵심은 메시야, 곧 그리스도 언약, 구원언약, 축복, 언약, 사명언약이다. (창 12:2~3, 22:17~18, 마 28:19~20)

2. 영적전쟁과 경제언약

1) 출애굽과 10기적 - 애굽의 모든 흑암세력을 꺾는 사건 (출 7:14~12:30)

(1) 사단이 세상에서 가장 강력하게 역사하는 영역 (출 10:10, 24)

(2) 유월절 흠 없는 어린양의 피, 바로와 애굽의 무너짐 (출 11:1, 12:12~13)

(3) 바로가 항복할 때 가지고 나오는 애굽의 금, 은 보화 (출 11:2, 12:35~36)

(4) 그러나 언약백성을 구별하시는 하나님 (출 9:25~26, 10:23, 11:7)

2) 본토인이나 이방인에게 동일한 원리 (출 12:48~49, 마 12:28~29)

3) 차별이 없는 그리스도의 복음

언약의 하나님, 언약을 이루시는 아브라함의 복의 언약을 그리스도 안에서 더 풍성히 (요 1:29, 마 16:16~19)

3. 미래는 재난시대, 영적 전쟁과 언약경제 승리를 위해

1) 십자가의 그리스도 (요 19:30, 고후 8:9)

2) 부활하신 그리스도 (고전 15:55~56, 57~58, 잠 12:14)

3) 예배자의 삶 - 말씀, 기도, 전도, 구제, 성도의 교제, 찬양, 감사 (고전 13:13)

4) 언약기도 → 성령충만 → 일심, 전심, 지속 (행 1:1, 3, 8)

자기 백성의 미래를 위하여

출 14:1~14

현대인에게 가장 큰 정신적인 고통은 무엇일까? 정서적인 어려움, 외로움, 우울, 의욕상실, 무기력, 불안, 대인관계 부적응, 빈부격차 심화, 주체성과 정체성의 의미 상실 등 이처럼 현대인의 감기를 앓고 있다. 사단은 이때 급하고 안타까운 절망적인 순간에 찾아와 "죽으면 어때?"하고 자살충동을 일으킨다. 본문에서 하나님이 주시는 해답이 있다. 무엇인가?

1. 구원의 확신이 중요하다

1) 언제 구원을 받는가? (요 1:12, 요 5:24)

2) 구원받은 증거는 무엇인가? (요일 5:10~13)

3) 어떻게 확신할 수 있나? (롬 8:16, 엡 1:13~14)

4) 구원받은 자가 자살할 수 있는가? (시 121:4~8, 롬 8:26~27, 요 10:27~28)

2. 자기 백성의 미래를 위하여

1) 청천벽력 같은 하나님의 말씀

(1) 범추는 구름기둥 - "가는 길을 돌이키라" (출 14:1~2)

(2) 청천벽력 같은 하나님의 말씀 - 쫓아오는 애굽 군대 (6~7)

(3) 언약백성에게 급하게 다가온 절망적인 상황, 그 절망감 (8)

2) 자기 백성의 미래를 위하여

(1) 이해가 되지 않는 말씀, 그러나 돌이키는 모세와 백성들 (4)

(2) 심화되는 절망감, 그러나 "너희는 가만히 있을지니라" (10~14)

(3) 홍해를 마른 땅으로 - 전능자 하나님 (15~22)

(4) 자기 백성이 만날 미래의 화근을 제거해 주시는 하나님 (23~30)

(5) 믿음으로 돌이키는 자에게 영적, 정신적, 육신적으로 더 큰 복을 주시는 하나님

3) 영원토록 동일하신 하나님 - 그 능력이 그리스도 안에서 역사하사 (엡 1:20)
- 유일성의 언약을 잡아야

3. 자기 백성의 미래를 책임지시는 하나님을 믿음으로

1) 늘 감사함으로 누리는 성도의 확신 다섯 가지 (고전 3:16, 요 16:33)

2) 자기 백성의 미래를 책임지시는 하나님을 믿으라 (출 14:1~31, 시 23:1~6)

3) 예수 그리스도의 복음과 세계선교에서 비전을 찾아야 (창 3:15, 마 16:16, 행 1:8)

4) 축복 중의 축복, 기적 중의 기적, 응답 중의 응답은 예수는 그리스도 (사 60~62장)

여호와 닛시

출 17:8~16

미래를 보는 여러가지 키워드 중 영성이 미래의 가장 큰 트랜드가 될 것이다. 가까운 미래를 예측해 보며 교회와 성도는 어떠한 대안을 준비해야 하는가? 어떻게 하면 영성의 전쟁에서 승리함으로 복된 삶을 살 수 있는가?

1. 깊어지는 영성의 시대

1) 유비쿼터스(Ubiquitous)사회로 간다

2) 도전받는 교회와 그리스도인들

3) 기독교 안티 세력의 증가

4) 정치, 경제, 교육, 사회, 문화의 영적인 구도와 해결 방안

2. 여호와 닛시

1) 그 때에 - 언약 공동체가 불신앙으로 하나님을 시험할 때

(1) 피할 수 없는 아말렉 족속과의 싸움 (출 17:8)

(2) 일선에서 싸우는 여호수아, 배후에서 손을 드는 모세의 기도와 합심의 기도 (출 17:9~13, 마 18:19~20)

(3) 기록으로 남기고, 기념물로 남기라 (출 17:14)

(4) 승리를 기념하는 감사의 제단 여호와 닛시 (15~16)

(5) 전쟁의 중심에 계신 하나님, 여호와 닛시의 하나님 (출 17:8~16)

2) 아말렉은 언제 나타나는가?

왜 오직 그리스도, 하나님의 나라, 성령 충만이 유일한 해답이 되는가? - 행 1:1~14

3) 여호와 닛시 공동체로

(1) 강한 영성의 교회 (마 16:16~19)

(2) 사회에 대한 바른 영성의 공급자로서의 교회 (사 60:1)

(3) 예수 그리스도를 따라, 닮아, 헌신하는 성도 되어야 (롬 16:1~27)

(4) 인생의 결론, 만민을 위하여 깃발을 들라 (사 62:10)

(5) 구원, 축복, 회복, 치유 - 세상 끝날까지 임마누엘 (마 28:20)

3. 깊어지는 영성의 시대, 말씀과 기도와 전도로 준비하라 (딤전 4:5, 행 1~2장)

하나님이 언약하신 복 I

출 20:1~17

하나님의 말씀은 우리 삶의 기준이다. 내가 살아가는 삶의 이유, 내가 존재하는 목적이 무엇인가? 존재 이유와 목적이 하나님의 영광을 위하여서라면 당연히 말씀의 원리를 따라 살아야 함이 마땅하다. 하나님이 언약하신 복은 누구의 것인가?

1. 하나님을 경외하는 자

1) 하나님을 경외함은 지혜와 지식의 근본 (시 111:10, 잠 1:7)

2) 여호와를 경외하는 자에게 언약하신 복 (시 115:11~13)

3) 하나님을 경외하는 마음이란?

[즉시, 기쁘게, 온전히] 순종하는 것이다. (조이 도우슨의 '하나님을 경외하는 삶' 중에서)

4) 대표적인 인물은 누구인가? (창 22:1~2, 3, 9~11, 12, 히 11:17~19)

5) 하나님을 경외하는 자가 누리는 은혜 (시 25:14, 약 2:23, 요 15:14~15)

6) 하나님이 언약하신 복 (잠 14:26~27, 22:4, 창 22:17~18, 전 12:13)

2. 부모를 공경하는 자

1) 하나님의 거룩한 백성에게 명한 첫 번째 의무 (레 19:1~3)

2) 유교적 孝 윤리와 기독교의 孝 윤리의 기초는 다르다

유교는 윤리적인 차원에서, 기독교는 하나님을 경외하는 마음에서 우러나오는 주 안에서의 순종으로 그 윤리는 신본주의에 기초한다.

3) 부모와 자녀 관계는 올바른 하나님과의 관계를 예시한다

4) 부모를 공경하는 자에게 언약하신 복 (출 20:6, 신 5:16, 엡 6:1~3, 4)

3. 세계복음화의 언약을 잡은 자

1) 아브라함의 복 (창 12:1, 2~3)

2) 아브라함의 복의 혜택이 온 세계와 열방가운데로 (창 22:17~18)

3) 땅 끝까지 이르게 될 그리스도의 복음 (행 1:8, 합 2:14)

4) 하나님이 명하신 최고의 언약적 축복 (마 28:19~20, 사 60~62장)

*하나님이 언약하신 복은 누구의 것인가? 하나님을 경외하는 사람, 부모를 공경하는 사람, 세계복음화의 언약을 잡은 사람이다. 언약하신 하나님의 복을 그리스도 안에서 증인의 삶을 통해 누리는 복을 기도하자.

하나님이 언약하신 복 II

출 22:12

하나님의 말씀은 우리 삶의 기준이다. 내가 살아가는 삶의 이유, 내가 존재하는 목적이 무엇인가? 존재 이유와 목적이 하나님의 영광을 위하여서라면 당연히 말씀의 원리를 따라 살아야 함이 마땅하다. 하나님이 언약하신 복은 누구의 것인가?

1. 하나님을 경외하는 자

1) 하나님을 경외함은 지혜와 지식의 근본 (시 111:10, 잠 1:7)

2) 여호와를 경외하는 자에게 언약하신 복 (시 115:11~13)

3) 하나님을 경외하는 마음이란?

[즉시, 기쁘게, 온전히] 순종하는 것이다. (조이 도우슨의 '하나님을 경외하는 삶' 중에서)

4) 대표적인 인물은 누구인가? (창 22:1~2, 3, 9~11, 12, 히 11:17~19)

5) 하나님을 경외하는 자가 누리는 은혜 (시 25:14, 약 2:23, 요 15:14~15)

6) 하나님이 언약하신 복 (잠 14:26~27, 22:4, 창 22:17~18, 전 12:13)

2. 네 부모를 공경하라

1) 하나님의 거룩한 백성에게 명한 첫 번째 의무

2) 유교적 孝 윤리와 기독교의 孝 윤리의 기초는 다르다

유교는 윤리적인 차원에서, 기독교는 하나님을 경외하는 마음에서 우러나오는 주 안에서의 순종으로 그 윤리는 신본주의에 기초한다

3) 부모와 자녀 관계는 올바른 하나님과의 관계를 예시한다

4) 부모를 공경하는 자에게 언약하신 복 (출 20:6, 신 5:16, 엡 6:1~3, 4)

3. 세계복음화의 언약을 잡은 자

1) 아브라함의 복 (창 12:1, 2~3, 갈 3:7~8, 9, 28~29)

2) 아브라함의 복의 혜택이 온 세계와 열방가운데로 (창 22:17~18)

3) 땅 끝까지 이르게 될 그리스도의 복음 (행 1:8, 합 2:14)

4) 하나님이 명하신 최고의 언약적 축복 (마 16:16~19, 마 28:19~20, 행 1:8)

*하나님이 언약하신 복은 누구의 것인가? 하나님을 경외하는 사람, 부모를 공경하는 사람, 세계복음화의 언약을 잡은 사람이다. 언약하신 하나님의 복, 그리스도 안에서 증인의 삶을 통해 누리는 복이다.

천국, 반드시 함께 가야합니다

출 23:16, 마 13:44~50

인간은 하나님을 만나야 한다. 반드시 만나야 한다. 선택이 아니라 필수이다. 하나님 만나는 유일한 길, 예수 그리스도를 반드시 믿어야 하는 이유는 무엇인가? 믿음의 결국, 곧 영혼 구원을 받음이라(벧전 1:9). 내세는 진짜 있는가? 무엇으로 증명할 수 있나? 사랑의 하나님께서 지옥은 왜 만드셨나? 폐일언하고 분명한 것은 지옥, 절대로 가면 안됩니다. 천국, 반드시 함께 가야 합니다.

1. 수장절을 지키라 (출 23:16)

"수장절을 지키라 이는 네가 수고하여 이룬 것을 연말에 밭에서부터 거두어 저장함이니라"

수장(收藏)'이라는 말은 '거두어 저장한다'는 말이다. 수장절은 그 해에 마지막으로 추수해서 알곡을 저장하는 절기이다. 그러므로 성경에 나오는 '추수', '초막', '장막'이라는 말은 모두 구원받은 성도들이 천국에 들어가게 되는 것을 상징하는 표현들이다. (마 3:12, 13:29~30)

2. 천국, 예수님이 말씀하신 천국

마 13장은 천국장이다. 천국의 7대 비유 중 마지막 세 가지 비유를 보라.

1) 천국은 마치 - 밭에 감추인 보화와 같으니 (44)

팔레스틴 지역은 약탈이 빈번하고, 재물을 맡길만한 공식 기관이 없었기 때문에 주민들은 자기의 소유를 땅에 감춰두는 예가 흔했다고 하다. 이 비유는 법과 도덕성의 문제가 아니라 천국의 최상의 가치를 극적으로 표현하고 있는 것이다. 천국은 마치 밭에 감추인 보화와 같으니 … (44)

*돌아가서 … 다 팔아 … 샀느니라 - 모두 현재형으로 보화를 발견한 사람의 즉각적이고 단호한 행동을, 절대적 가치 앞에 상대적 가치를 단호히 거절 할 줄 아는 진리를 추구하는 자의 모습이다. (빌 3:7, 8 / 마 19:21~26)

2) 천국은 마치 - 좋은 진주를 구하는 장사와 같으니 (45~46)

(1) 좋은 진주, 극히 값진 진주 발견

(2) The Only - 여럿 중의 하나가 아닌 [오직 하나]라는 의미로 그 진주의 희귀성을 더욱 강조한다. (행 4:12, 요 14:6, 요 1:12, 15:1~2)

(3) 결코 값으로 따질 수 없을 만큼 크고 귀한 것, 하나님과 죄인의 관계회복을 위해 그리스도의 십자가 대속의 피 값은 극히 값진 진주에 비교 할 수 있다.

3) 천국은 마치 - 그물과 같으니 (47~50, 고전 15:40~41, 42~43)

(1) 각종 물고기 - 좋은 물고기 나쁜 물고기

*갈릴리 바다에는 22종 이상의 물고기가 살고 있다고 한다.

(2) 최후 심판의 결과

*의인 중에서 악인을 갈라내어 - 심판 날에 실행될 분리 작업

3. 천국 반드시 함께 가야 합니다 (요 1:12, 마 18:1~3, 계 21:1~7, 22:1~5, 눅 19:16~31, 마 3:1~2, 4:17)

요한은 가까이 온 미래적 천국을, 예수님은 자신이 우리에게 현재적 천국으로 오신 분 (요 19:30)

*십자가의 그리스도, 부활하신 그리스도, 바른 신앙고백으로 예배자의 삶을 사는 전도제자, 선교제자 되기를.

아침, 저녁으로 꺼지지 않게 하라

출 30:1~10

성경은 미래에 대해 분명히 예언한다. 일반 종교는 마지막 때 희망을 말하지만 성경은 고통, 재난의 때가 온다고 말씀하신다. 여호와의 증인은 인간이 점점 선하게 개량되어 '지상낙원'이 이루어진다고 하지만 사실은 정 반대다. 지금은 깨어 정신을 차릴 때다. 이를 위해 아침, 저녁으로 분향 단에 향을 피워라.

1. 흔들리지 않는 자의 그 이유

1) 과거문제 해결 (엡 2:1~5, 롬 8:1~2)

2) 현재문제 해결 (요 1:12, 요 14:16~17)

3) 미래문제 해결 (엡 2:6~7, 롬 8:17)

*가장 중요한 것은 미래를 확실하게, 정확하게 붙잡고 기도하면 승리하게 된다.

2. 아침, 저녁으로 꺼지지 않게 분향하라

1) 분향 단은 기도의 단

(1) 조각목으로 만들고 금으로 싸라 (출 30:1~5, 요 1:12)

(2) 네모가 반듯하게 하라 (출 30:2, 마 6:9~13)

(3) 1년에 한 번씩 향단의 뿔을 속죄하라 (출 30:10, 약 4:3)

(4) 내가 너와 만날 곳, 속죄소와 가장 가까운 분향단 (출 30:6)

2) 아침, 저녁으로 꺼지지 않게 분향하라

(1) 아침마다 향기로운 향을 사르라 - 등불을 손질할 때 (출 30:7)

(2) 저녁마다 향기로운 향을 사르라 - 등불을 켤 때 (출 30:8, 계 5:8, 8:3~5)

(3) 지정된 불과 향 외에 다른 불과 향을 사르지 말라 (출 30:34~38)

소합향, 나감향, 풍자향 + 유향 + 소금 = 거룩한 향, 이 향은 무엇인가?

(4) 예수는 그리스도, 이 제단은 여호와께 지극히 거룩하니라 (엡 5:2, 출 30:10)

3) 그리스도이신 예수 이름으로 기도의 향을 피우라

(1) 새벽기도 - 성령충만(5력) / 5대 비전 / 세계선교(WMTC)

(2) 정오기도 - 산업 / 경제

(3) 저녁 9시기도 - 가정 / 후대, 수요예배 및 금요기도회 - 중보기도

(4) 너희는 세상에 그리스도의 향기니 - 전도제자, 선교제자 (고후 2:15~16)

3. 개인, 가정, 교회, 민족, 세계복음화를 위해 꺼지지 않는 분향단이 되라

*구원, 회복, 치유의 역사는 언약 잡고 기도하는 자에게 반드시 일어난다.

번제(The Burnt Offering)

레 1:1~17

레위기의 대 주제는 한마디로 "거룩"이다. 거룩이란 말이 무려 90여 번이나 반복되고 있다. 거룩하지 못한 인간이 어떻게 거룩하신 하나님께 나아가 예배하며 하나님과 교제할 수 있는가? 오늘 우리가 찾아야 할 예배의 축복은 무엇인가?

1. 예배의 중요성

1) 아브라함 - 예배를 회복할 때 놀라운 것을 보았다 (창 13:17~18)

2) 모세 - 왕궁에 있을 때 못본 것을 보았다 (출 3:1~20)

3) 가나안 정복 - 언약궤를 따라가라 (수 3:3~5)

4) 성령의 역사, 하늘 문이 열림, 흑암의 세력이 무너짐 (마 12:28)

*예배자를 찾으시는 하나님께 발견되어지는 참 예배자가 되어야 한다. (요 4:23)

2. 올려드림의 제사 - 번제 (The Burnt Offering)

1) 번제란 무엇인가? - 온전히 드리는 예배

(1) 번제의 어의 - 가장 오래된 제사로서 (창 8:20) 뜻은 "올려드림"이다

(2) 번제의 제물 - 소, 양(염소), 비둘기 - 각자의 형편과 능력에 따라

(3) 번제의 절차 - 선택(3~9), 드림(3), 안수(4), 죽임(5), 피 뿌림(5), 각을 뜸(6)

먼저 뿔을 자르고, 다음에 다리 절단, 고기를 번제단에 올림(7~8), 내장과 정강이를 물로 씻어 불에 태움(9) *소, 양, 동일

2) 어떻게 예배해야하나? - 희생제사에 절대 필요한 것

(1) 피를 뿌려라 (5, 11, 15) - 십자가 보혈의 능력 (레 17:11, 요 19:30)

(2) 짐승의 머리 위에 안수하라 - 죄와 저주와 비참상태의 전가 (4)

인류의 모든 죄와 저주를 담당하신 그리스도 (사 53:1~6, 마 8:15~17)

(3) 불이 있어야 한다 (3~17) - 성령의 불 (행 2:1~3)

3) 향기로운 희생제물이 되신 예수 그리스도 안에서 (엡 5:2)

(1) 온전한 드림의 예배 - 바른 신앙고백으로 (마 16:16, 갈 2:20)

(2) 흠 없는 제물 - 그리스도의 보혈에 푹 잠기는 (창 15:10, 히 9:22)

(3) 성령의 불 - 불신앙, 종교적 체질, 애굽 근성을 불로 태워야 한다 (행 2:1~3, 요 4:24)

3. 하나님이 참으로 기뻐하시는 삶의 예배자로 증인의 삶을 (롬 12:1~2)

- 가장 가치 있고 복된 삶은 하나님을 예배하는 예배자의 삶

소제와 감사

레 2:1~16

소제는 5대 제사 중 유일하게 식물로 예물을 삼아 드리는 제사이다. 하나님께 충성을 다짐하고 베풀어 주신 은혜에 감사드릴 때 언제든지 자발적으로 드릴 수 있었다. 히브리어로 [민하]라고 하는데 그 의미는 "하나님께 드리는 선물"이다.

1. 언약 백성의 특권

1) 신분과 권세 (창 1:27~28)

2) 임마누엘 (고전 3:16)

3) 다 이루시고 누리라고 하시는 은혜의 축복 (요 19:30)

4) 예배의 특권과 축복 (레 1~7장)

2. 소제와 감사 - 소제는 유일하게 피없이 드리는 제사이다

1) 소제를 드리는 방법

(1) 곡식 가루로 드리는 소제 - 고운 가루 + 기름 + 유향 + 불 (1~3)

(2) 화덕에 구운 것으로 드리는 소제 - 고운 가루 + 기름 + 불 (4)

(3) 철판에 부친 것으로 드리는 소제 - 고운 가루 + 기름 + 불 (5~6)

(4) 냄비의 것으로 드리는 소제 - 고운 가루 + 기름 + 불 (7~10)

(5) 누룩을 넣지 말라 (5, 마 16:6, 막 8:15, 고전 5:6)

(6) 꿀을 넣지 말라 (5, 11, 요엘 2:15~17)

(7) 소금을 넣으라 - 언약의 소금 (13, 막 9:50) *전부 화제로 드림

2) 소제와 감사

(1) 유월절의 무교병 - 사단의 권세에서 완전 해방받은 은혜 감사 (엡 2:1~3)

(2) 영원한 구원에 대한 감사 - 향기로운 예물이 되어야 한다 (요 4:23)

(3) 영원한 언약 - '소금 언약' (민 18:19, 대하 13:5, 마 16:16~19)

3) 감사를 회복하는 복된 예배자

(1) 구원받은 자의 첫 번째 증거는 감사 (요 4:24, 사 7:14, 고전 6:19)

(2) 응답받는 사람의 특징 감사 (단 6:10, 빌 4:6~7)

(3) 감사할 때 일어나는 기적의 역사 (욘 2:9, 행 16:25~26)

(4) 감사로 제사하는 자 앞에서 무너지는 흑암세력 (마 12:27~28, 시 50:23)

(5) 세계선교의 축복, 이유가 분명한 감사 (마 28:19~20)

3. 십자가 구속의 은혜 안에서 (살전 5:16~18, 롬 12:1~3)

관계회복

레 3:1~17

하나님께 나아갈 수 있는 세 번째 제사는 화목제이다. 하나님이 베푸신 구원의 은혜에 대한 감사와 그로 인한 기쁨의 제의적 고백이었다. 화목제는 원어로 '샬롬의 제사'라는 의미를 가지고 있다. 샬롬이란 관계의 회복을 통해 찾아오는 참된 평화와 번영을 의미한다. 누구와 관계를 회복하여 화목하라는 의도인가?

1. 언어를 자유케 하라

1) 생각한 대로, 말한 대로 이루시는 하나님 (렘 6:19, 민 14:27~28)

2) 긍정적인 말, 용서, 칭찬, 감사, 축복의 말 - 성령의 사람 (갈 5:22~25)

3) 비난, 비판, 판단, 원망, 정죄 - 사단, 육신의 소욕, 가난의 영 (약 4:11~12)

*언어의 묶임을 성령의 능력으로 풀어야 풀린다. (마 16:16~19)

2. 화목제 - 관계회복

1) 화목제의 특징 - 감사함으로 드리는 제물

(1) 암수 구분 없이 흠 없는 것으로 (레 3:1)

(2) 제물 드리는 자가 직접 잡아서 제사장에게로 (레 7:30)

(3) 기름은 화제로, 제사장의 몫, 예배자의 몫을 구분하라 (레 7:11~36)

(4) 당일에 먹으라 (레 7:15)

2) 화목제의 의미 - 관계회복

(1) 하나님과 관계회복 (레 3:1~4, 롬 3:25)

(2) 제사장과 관계회복 (레 7:32~34, 히 13:17)

(3) 자신과의 관계회복 (레 7:15, 마 22:37~39)

3) 화목을 가능케 해주는 두 가지 핵심

(1) 사방에 뿌려진 제물의 피 (레 3:2, 8, 13) - 화목의 길은 오직 십자가의 보혈로만 가능

(2) 제단에 타오르는 기름의 불꽃 (레 3:5, 11, 16) - 화목의 불은 오직 성령으로 통회하는 심정(내장)뿐이다.

3. 화목제물로 오신 예수 그리스도 안에서

1) 그리스도를 통해 믿음으로 하나님의 자녀됨을 감사하라 (엡 2:14)

2) 수평관계의 회복과 평강을 위해 기도하라, 제물이 되라 (미 5:5, 요 16:33)

3) 하나님과 원수된 자들에게 이 복음을 전하라 (롬 5:1)

4) 언약적인 축복을 날마다 일마다 사건마다 선포하라 (롬 8:28, 고전 2:9)

속죄제(The Sin Offering)

레 4:32~35

속죄제는 하나님을 위하여 드리는 제사가 아니라 자신의 죄를 사함받기 위하여 드리는 제사이다. 과연 죄의 문제를 어떻게 해결 할 수 있는가?

1. 과연 죄 문제를 해결 할 수 있는가?

1) 누가 의인(義人)인가? (롬 3:10)

2) 누가 죄인(罪人)인가? (롬 3:23)

3) 죄인을 의인으로 인정하시는 기준은 무엇인가? (롬 5:9)

4) 악하고 음란한 이 시대를 어떻게 이길 수 있는가? (마 12:39, 롬 12:2)

2. 속죄제

1) 누구의 죄를 위한 속죄 제물인가?

(1) 제사장이 죄를 범했을 때 (레 4:3~7)

(2) 회중들이 죄를 지었을 때 (레 4:15~16)

(3) 족장이 범죄했을 때 (레 4:23)

(4) 일반 평민이 범죄했을 때 (레 4:28)

(5) 모든 사람들의 속죄를 위해 뿌리고 바르고 쏟아 붓는 피 (레 4:1~35)

*무서운 죄의 결과(롬 6:23), 인간의 노력으로 해결할 수 없는 죄의 비참성 (소요리 문답 17문)

2) 하나님의 사랑과 용서

(1) 인간이 해결할 수 없는 죄, 저주, 사단 문제해결의 길 (레 4:33, 요 8:44)

(2) 성육신 하신 임마누엘의 사랑 (사 7:14, 마 1:19~23, 엡 1:7)

(3) 친히 속죄 제물로 오신 예수 그리스도 (마 16:16, 히 9:12, 10:12, 14)

(4) 내 안에 있는 창 3장의 체질적인 죄성을 이길 힘은 오직 성령의 능력 뿐 (마 12:28)

3) 십자가의 사건은 현재적이다 - 모든 문제 해결이 다 들어 있다

(1) 확신 - 죄에서 100% 완전 해방은 현재적 (마 26:27~28, 요 8:32, 롬 5:1)

(2) 감사 - 저주에서 100% 완전 해방은 현재적 (롬 8:1~2, 갈 3:9, 요일 3:8)

(3) 회복된 신분과 권세를 날마다 선포, 누림 (엡 2:12~13)

(4) 축복 - 전도 제자의 삶, 선교 제자의 삶 (엡 2:19, 시 90:11~12, 사 60:1~22)

3. 항상 현재적으로 누려야 할 "다 이루었다"의 은혜 (요 19:30, 행 1:1~14)

*현장회복 / 전도(선교) 제자의 삶 회복 → 세계 복음화의 주역으로

속건제(The Trespass Offering)

레 5:14~6:7

속건제(贖愆祭)는 성물에 관한 죄, 부지중에 하나님의 금령을 범했거나 남의 물건을 부당하게 취한 죄 등을 용서받기 위해 드리는 제사이다. 특징은 희생제물 외에 일정액의 손해 배상을 반드시 지불해야 한다. 오늘 내가 드려야 할 속건제는 무엇인가?

1. 구약 5대 제사의 의미와 성격

1) 번제 - 온전한 헌신 - 자원제 (엡 5:2)
2) 소제 - 충성, 감사 - 자원제 (롬 8:3~4)
3) 화목제 - 관계회복 - 자원제 (롬 5:10)
4) 속죄제 - 하나님께 지은 죄 - 의무제 (사 53:5)
5) 속건제 - 하나님과 사람에게 지은 죄 - 의무제 (사 53:10)

*속건제에 해당하는 히브리어의 '아솸'은 '과오를 저지르다', '침해하다'란 뜻에서 파생된 말로 '범과(犯過)', '죄과(罪過)'를 의미한다.

2. 속건제 - The Trespass Offering

1) 속건제는 언제 어떻게 드리는 것인가?
   (1) 성물에 대해 범죄했을 때 - 흠 없는 숫양 - 1/5을 더하여 (레 5:14~16)
   (2) 부지중 계명을 어겼을 때 - 흠 없는 숫양 (레 5:17~19)
   (3) 이웃에게 범죄했을 때 - 흠 없는 숫양 - 1/5을 더하여 (레 6:1~7)

   *속죄제는 제물의 피를 성소 휘장 앞에 7번, 향단 뿔들에 뿌리고 바르고(제사장과 회중의 죄), 번제단 뿔(족장, 평민의 죄)에 바르며 남은 피는 번제단 밑에 쏟아 붇는다. 속건제는 단순히 번제단 사면에 뿌리기만 한다. (그리스도의 보혈)

2) 큰 응답을 받는 회개의 속건제를
   (1) 십일조와 성물에 대한 회개 - 경제 언약 (말 3:7~12, 창 14:20, 28:22, 마 20:23)
   (2) 언약 회복을 위한 회개 - 삶의 방향 (요 2:1~11, 마 16:16~18, 마 28:19~20)
   (3) 대인관계에서 지은 죄 회개 - 관계의 축복 (마 16:19)

3. 속건 제물로 오신 예수 그리스도 안에서 (사 53:10)

1) 수직관계 회복 - 완벽한 임마누엘 (시 23:1~6)

2) 수평관계 회복 - 시대적인 만남의 축복 (롬 16:1~27)

3) 회복의 영으로 너희가 살아나리라 (겔 37:1~14)

4) 세계복음화의 현장 회복 (마 28:19~20, 사 60:1~22, 행 1:8)

다른 불로 분향하지 말라

레 6:12~13, 10:1~2

나답과 아비후가 하나님의 정하신 규례를 어기고 성소의 분향 단에 다른 불로 분향하다 죽임을 당한다. 하나님의 거룩을 침범하거나 불순종의 결과는 언제나 불행을 가져온다. 다른 불로 분향하지 말라. 다른 불이 무엇인가?

1. 다른 복음은 없다

1) 율법주의 (갈 1:6~10) 2) 종교주의 (행 4:12) 3) 인본주의 (레 10:1~2)

*경계해야 할 신비주의와 이단들

2. 다른 불로 분향하지 말라

1) 하나님이 명령하신 불이 있다

(1) 번제단의 불 (레 6:9)

(2) 하루 24시간 1년 365일 꺼지지 않는 번제단의 불 (레 6:12~13)

(3) 번제단의 희생제물은 예수 그리스도, 태우는 불은 하나님의 불 (엡 5:2)

2) 제사장 나답과 아비후의 다른 불

(1) 하나님이 명령하신 불이 아닌 이상한 불 (레 6:12~13)

(2) 다른 불, 밖에서 가지고 온 불 (레 10:1)

(3) 땅의 불, 세상의 불, 불순종의 불 (레 10:1, 약 4:3)

(4) 결과 - 두 사람의 죽음, 아론의 침묵 (레 10:2~3)

*다른 불은 불순종의 불이다. "제사의 제1원칙은 순종이다." (삼상 15:22)

3) 다른 불로 분향하지 말라

(1) 향기로운 희생제물로 드려지신 예수 그리스도 (엡 5:2)

(2) 번제단의 제물을 태우는 하나님의 불, 불, 불 (히 12:29, 레 9:24)

(3) 삼위일체 하나님의 불 (출 19:18, 눅 12:49, 행 2:1~4)

(4) 오직 성령의 불 - 말씀의 불, 기도의 불, 전도의 불 (행 1:8)

3. 초대교회처럼 오직, 오직, 오직으로

1) 오직 예수는 그리스도 - 유일성의 해답, 완전한 해답 (마 16:16, 골 1:26~27)

2) 오직 하나님의 나라 - 사단결박, 하나님의 나라 (마 12:28, 행 1:3)

3) 오직 성령 충만 - 참된 힘 (행 1:8)

4) 결과 - 행 2:1~47, 렘 33:1~9, 사 60~62장의 증인으로

오늘은 대 속죄일

레 23:26~32

창세기를 “시작(Beginning)”의 책이라 한다면 출애굽기는 “구원(Salvation)”의 책이며 레위기는 “거룩(Holiness)”의 책이라 하겠다. 하나님께 드리는 예배와 거룩한 생활을 가르치기 위한 목적으로 주신 말씀이다. 중심단어는 “거룩(Holy)”이며(87회), 다음으로 “속죄(Atonement)”이다(45회). 요절은 레 17장 11절, 19장 2절이다. 하나님은 이 말씀을 누구에게 주셨는가? 이들이 누구인가? 나는 누구인가? 언약과 방향과 신분의 격조에 맞는 누림이 중요하다.

1. 오늘은 대 속죄일

1) 레위기의 대단원

(1) 하나님께 나아가는 길 - 제사법 (레 1~17장)

(2) 하나님과 교제하는 길 - 성화법 (레 18~27장)

2) 대 속죄일 - 대 제사장이 피로 이스라엘의 죄를 대속하는 날

(1) 7월 10일 : 백성과 하나님 사이의 죄로 인한 “분리”를 “화해”시키는 거국적 행사

(2) 대상 : 본토인, 거류민, 객(客), 모든 사람 (레 16:29)

(3) 특징 1 : 이 날은 큰 안식일, 피를 일곱 번 뿌리라 (레 8:11, 16:31, 히 4:14)

특징 2 : 백성들의 준비 “회개” - “스스로 괴롭게 하며” (레 23:27, 29, 32)

(4) 제물 1 : 여호와를 위하여 (레 16:8, 창 13:18)

제물 2 : 아사셀을 위하여 (레 16:10, 21~22, 요 1:29, 36, 갈 3:13, 렘 50:20)

[아세셀 - 사라지는 염소(에즈 + 아잘) / 아잘젤 - 타락한 천사의 우두머리 곧 사탄]

대 속죄일의 규례는 레위기 전체의 핵심적인 내용으로 예수 그리스도의 구속사건의 예표이다.

3) 날마다 오늘은 대 속죄일 - 그리스도 안에서 날마다 피! 불! 물!

(1) 날마다 십자가의 보혈을 뿌리고 바르고 덮는다 (레 4:6~7, 계 1:5~6)

(2) 날마다 성령의 불로, 바람같이 불같이 (레 1:7~8, 13, 행 2:1~3, 겔 37:9~10)

(3) 날마다 물로 씻어 깨끗하고 정결한 신부로 (레 1:9, 13, 8:6, 계 22:14)

2. 주님과 동행함이 행복한 예배자, 말씀으로 사는 삶을 결정하자

1) 회복된 신분과 권세, 성도의 높은 자존감 회복 (요일 5:1)

2) 하나님의 부요를 흘려보내는 은혜 (사 60:1~22)

3) 응답받기 때문에 따라오는 영향력의 사람으로 (행 1:8)

함께 즐거워하는 초막절

레 23:34, 신 16:13~17

구약의 절기 중 가장 중요한 절기는 유월절, 맥추절, 초막절이다. 이스라엘 농부들은 1년에 세 번 추수를 하였는데 겨울 보리를 거두고 묵은 누룩을 제거하는 유월절(무교절), 여름 보리와 밀을 거두는 맥추절(칠칠절), 올리브와 포도를 거두는 초막절(수장절, 장막절)이다. 농경적인 요소와 역사적인 요소가 결합되어 있는 세 절기는 중요한 의미를 가지고 있다. 추수감사절의 성경적 배경은 초막절이다. 초막절은 하나님 앞에서 함께, 온전히 즐거워하는 절기이다. 왜, 무엇으로 즐거워하는가?

1. 하나님 앞에서 즐거워하라

1) 초막절을 지키라(강제성) - 언약 백성에게 (신 16:13)

2) 7일 동안 초막에 거하며 광야 40년의 고생을 기억하면서 (레 23:42~44)

3) 추수하여 수확한 알곡을 저장한 후 하나님 앞에서 즐거워하라 (레 23:40)

- 초막절의 핵심은 감사가 아니라 [추수]이다.
- 감사에 핵심을 두는 것은 미국의 청교도에 기초한다.

4) 하늘나라 장막에서 영원히 누리게 될 복락을 인하여 즐거워하라 (계 21:2~3)

5) 마지막 때, 알곡과 쭉정이를 구별하실 심판의 주님을 깊이 생각하며 (마 3:12)

2. 함께 즐거워하라

1) 네 자녀와 함께 / 종들과 함께 / 성안에 있는 레위인과 함께 / 객과 함께 / 고아와 함께 / 과부와 함께 즐거워하라 (신 16:14, 눅 15:1~32)

2) 네 하나님 여호와께서 택하신 곳에서 함께 즐거워하라 (신 16:15 상)

- 예루살렘 중앙 성소, 성전 되신 예수 그리스도 안에서 (요 2:20~22)

3. 온전히 즐거워하라

1) 주신 은혜, 주실 은혜를 인하여 온전히 즐거워하라 (신 16:15, 신 8:1~2, 3~4, 18)

- '아크' : 반드시, 참으로, 정녕, 마음껏, 충분히 즐거워하라

2) 예물을 드리며 크게 즐거워하는 가을의 감사 축제 (신 16:16~17, 요 7:37~38)

4. 즐거움이 넘치는 감사의 큰 축제가 남아있다 - 초막에서 영원한 도성으로

1) 농사(직장, 산업, 자녀)와 연관된 수확의 감사 (마 6:33~34)

2) 역사와 관련된 하나님의 은혜에 감사 (엡 2:1~8)

3) 예비하신 영원한 본향(천국)으로 인한 감사 (계 21:1~4, 고후 5:1)

*지금 누리는 지속적인 수확의 축복은 애굽으로부터 구원받은 유월절 어린양의 피 언약에 의존한다. 오늘을 사는 우리 역시 갈보리 십자가의 보혈 사건과 내일의 천국이 맞닿아 있음을 믿고 구원받은 성도의 신분과 권세와 천국배경을 인하여 기쁨과 즐거움으로 감사하며 하나님께 영광을 돌리자.

너희는 이렇게 축복하라 I

민 6:22~27

제사장의 축복은 각종 재난과 대적의 위협에 직면해 있는 언약백성에게 큰 힘을 주시는 내용이다. 언약의 백성 이스라엘은 하나님의 사랑과 관심의 대상임을 밝히 보여주신다. 자녀의 삶의 현장, 산업과 기업, 학업과 직장, 가정과 범사에 이렇게 함께 하신다는 하나님의 언약이다. 제사장의 축복, 너희는 이렇게 축복하라!

1. 하나님의 성품, 하나님이 명하신 복

1) 하나님의 형상, 신분의 복 (창 1:27)
2) 정복, 문화명령의 복 (창 1:28)
3) 에덴의 복, 네 강물의 발원지 (창 2:8~9, 10~14)
4) 아브라함의 복 (창 12:2~3)

*복을 주시고 주신 복을 누리기를 원하시는 하나님의 성품을 알아야 한다.

2. 제사장의 축복

1) 제사장의 축복 - 너희는 이렇게 축복하라 (22~23) (KJV, ye shall bless)

(1) 여호와는 네게 복을 주시며, 너를 지키기를 원하며 (24)

"네게 계속해서 복 주시기를", "악의 세력, 질병들, 전쟁, 재해로부터" (시 37:39~40)

(2) 여호와는 그 얼굴로 네게 비취사, 은혜 베푸시기를 원하며 (25)

"자기백성 보호를 위한 특별한 관심과 사랑을 표현", "불쌍히 여기시는 사랑" (마 15:32, 요 11:33, 35)

(3) 여호와는 그 얼굴을 네게로 향하여 드사, 평강 주시기를 원하노라 (26)

24절과 25절의 복을 포함하는 복으로 사단의 권세에 대한 최후 승리를 간구하는 내용이다(랑게). 구약에 236회 나타나는 샬롬은 평강, 번창, 평안, 안전 등 다양한 뜻을 담고 있다. 이것은 단순히 전쟁, 불화가 없는 상태, 적막한 평화 상태를 의미하지 않고 생의 환희가 샘솟아 오르는 역동적인 평화를 의미한다. (사 55:8~13)

2) 복의 주체자 - 내가 그들에게 복을 주리라 (27, 창 12:2, 삼상 2:6~8)

복의 주체자는 하나님이시다. 그러므로 가장 완전하며 참 복이 되는 것이다.

3. 너희는 이렇게 축복하라

1) 큰 대 제사장 그리스도 안에서 (히 4:14~15, 마 8:16~17, 고후 8:9, 고전 15:55~58)
2) 신약시대, 교회시대의 나는 누구인가? (롬 8:15, 벧전 2:9 → 대상 29:28)
3) 그러므로 너희는 이렇게 축복하라 (민 6:22~27, 롬 12:14)
4) 그리스도인으로 모든 영역 속에서 (합 2:14)

*그리스도 안에서 회복된 제사장의 축복, 너희는 이렇게 축복하라! (민 6:24~27)

너희는 이렇게 축복하라 Ⅱ

민 6:22~27

제사장의 축복은 전인적인 복이다. 광야 길을 가는 이스라엘 백성에게 하나님은 일반적인 복(의식주, 건강 등)과 신령한 은혜의 복, 외적, 내적으로 누리는 샬롬으로 축복하라 하셨다. 광야는 순종의 학교이기에 순종할 때 제사장의 축복은 실제가 되고 불순종할 때 상당한 대가를 지불하게 하셨다. 지금도 마찬가지이다. 축복은 제사장이 하지만 복의 수여결정은 하나님이 하신다. 그러므로 너희는 이렇게 축복하라.

1. 입술의 언어, 창조적인 능력이 있다

1) 창조의 능력 (창 1:1~31)

2) 재창조, 새 창조의 능력 (고전 15:3~4, 겔 37:1~14)

3) 죽고 사는 권세가 입의 말에 있다 (잠 18:21, 20:15, 5:3~4, 22:14)

2. 제사장의 축복, 너희는 이렇게 축복하라

1) 여호와는 네게 복을 주시며

너를 지키시기를 원하며 (24, 창 49:22~25)

주의 깊게 일거수일투족에 관심을 가지시는 하나님

가난, 재앙, 악의 세력, 각종 질병들, 전쟁, 재해로부터 지키시는 하나님

2) 여호와는 그 얼굴로 네게 비추사 은혜 베푸시기를 원하며 (25)

*하나님의 얼굴 방향이 생존의 열쇠이다.

3) 여호와는 그 얼굴을 네게로 향하여 드사 평강 주시기를 원하노라

(26, 창 1:28, 눅 24:50~53, 히 4:14~16)

샬롬은 안전, 행복, 건강, 번창, 평안 등의 다양한 의미를 내포하고 있다.

하나님의 복의 절정은 샬롬을 누리는 복이다.

내적, 외적으로 누리는 샬롬의 실체는 예수 그리스도이시다. (마 16:16, 17~19)

4) 복의 근원이신 하나님 - 내가 그들에게 복을 주리라 (27, 대상 29:11~12)

3. 창조적인 능력의 말, 너희는 이렇게 축복하라

창조적인 언어, 제사장의 축복으로 축복하라. (벧전 2:9, 민 14:28, 대상 16:43, 눅 6:28, 롬 12:14)

너의 행복을 위하여. (신 10:12~13, 벧전 2:9)

불기둥, 구름기둥을 따라

민 9:15~23

불기둥과 구름기둥의 인도는 이스라엘이 가나안에 이를 때까지 계속되는 것으로 하나님의 현재적 보호의 상징이다. 불기둥과 구름기둥을 따라 가게 될 한 해, 크고 비밀한 일을 응답받게 될 회복과 축복이 이미 약속되어있다(렘 33:1~9).

1. 불기둥, 구름기둥은 무엇을 의미하나?

1) 하나님의 인도하심이다 (출 13:21~22, 잠 16:9)

2) 하나님의 보호하심이다 (출 14:13~14, 19~20)

3) 하나님의 임재 증거 곧 임마누엘이다 (출 3:12, 민 9:15~23)

2. 불기둥, 구름기둥을 따라

1) 성막을 세운 날에 낮에는 구름기둥, 밤에는 불기둥 (민 9:15, 출 40:34~38)

2) 불기둥, 구름기둥을 따라

(1) 40년간 계속되는 불기둥과 구름기둥 (민 9:16)

(2) 여호와의 명령을 따라 행진, 여호와의 명령을 따라 유진 (민 19:17~19)

(3) 광야 길의 상황을 미리아시는 하나님의 명령을 따라 (민 19:20~22)

(4) 순종하는 것만이 가장 안전한 전인미답의 광야길 여행 방법 (민 9:15~23)

3) 불기둥 구름기둥을 따라가는 한 해

(1) 성부 하나님 - 여호와는 나의 목자시니 (시 23:1~6)

(2) 성자 예수 그리스도 - 나를 따라오라 (마 4:19, 마 28:19~20)

(3) 보혜사 성령 - 모든 진리 가운데로 인도하시는 진리의 성령 (요 16:13)

(4) 성삼위일체 하나님의 주권적인 계획 속에 삶을 담고 따라가라 (마 24:14)

3. 반드시 실천해야 할 다섯 가지

1) 온전한 주일 성수 - 삶의 예배자 (롬 12:1~3)

2) 온전한 십일조 - 바른 경제윤리 (말 3:7~12)

3) 온전한 기도생활 - 새벽기도, 정시기도 (막 1:35)

4) 전도의 생활화로 전도제자, 선교제자의 삶 - WMTC의 동역자 (막 1:38, 롬 16:1~17)

5) Tee College 성경공부 - 평신도를 사역자로 세우는 Leader 훈련 (딤후 3:14~17)

*아주 특별한 은혜와 역사를 예비하신 하나님께서 크고 비밀한 일을 우리에게 보이실 것이기에 언약기도, 집중기도, 깊은 기도로 정시, 무시로 겸손히 엎드리자.

모세의 중보기도

민 14:11~19

언약 백성의 불신앙적 사고는 그들을 하나님에게서 멀어지도록 만들었다. 불신앙으로 가득한 이스라엘을 향한 하나님의 계획은 전염병을 통한 징계였다. 그러나 지도자 모세는 백성을 위해 하나님께 중보기도를 한다. 모세의 중보기도를 통해 오늘 우리에게 주시는 하나님의 메시지는 무엇인가?

1. 중보기도란?

1) 성령의 음성을 듣고 성령의 인도를 따라 성령의 능력으로 남을 위해 기도하는 것 (딤전 2:1~4)
2) 성부, 성자, 성령의 회의에 참여 하는 것 (렘 23:18, 22)
3) 예수 그리스도의 중보기도에 동참하는 것이다 (롬 8:34, 히 7:25)
*중보기도는 다른 사람의 행복을 위해 중재하는 것이다. (Agustine)

2. 모세의 중보기도

1) 하나님의 명예를 위한 중보기도 (민 14:13~17)
(1) 과거에 베푸신 은혜를 망각, 현재를 인도하시는 은혜에 대한 감사 상실, 하나님이 행하실 새 역사에 대한 확신이 없는 이스라엘 (민 11:1~15)
(2) 반복되는 불신앙, 전염병으로 징계하시려는 하나님의 계획 (민 14:11~12)
(3) 하나님의 명예를 위한 모세의 중보기도 (민 14:13~17, 겔 22:30~31)
2) 하나님을 간증하는 중보기도 - 모세가 체험한 하나님
노하기를 더디하시며 인자가 많으신 하나님 (민 14:18)
3) 용서를 구하는 중보기도 (민 14:19, 히 9:22)

3. 예수 그리스도의 중보기도에 동참하는 중보 기도자

1) 그리스도인들은 왕 같은 제사장들 - 백성을 위해 중보하는 자 (벧전 2:9)
(1) 세계와 열방을 가슴에 품은 아브라함의 중보기도 (창 12:1~3, 18:22~33)
(2) 나라와 민족을 위한 사무엘의 중보기도 (삼상 7:3~12)
(3) 지역, 민족, 세계 복음화와 주의 종들을 위해 (마 28:19~20, 골 4:3)
(4) 환란 당한 자, 빚진 자, 마음이 원통한 자들을 위하여 (삼상 22:1~2)
2) WMTC를 위한 중보기도의 자원화 - 미전도 종족 선교 (롬 16:1~27, 마 6:33)
3) 모든 문제 해결자 그리스도이신 예수의 이름으로 (딤전 2:5)

*중보기도의 모델은 우리 주 예수 그리스도이시다.

믿음으로, 순종으로

민 21:4~9

민수기(民數記)는 "백성의 수를 기록한 책"이라는 뜻이다. 하나님의 지시로 모세가 기록했으며, 중심 주제는 언약의 땅, 가나안을 향하여 행진하는 이스라엘 백성의 40년 광야 생활의 노정을 구체적으로 기록하고 있다. 요절은 민 14장 8절이며 본문은 민수기서의 핵심 내용이다. 한 해를 어떻게 살 것인가? 성공과 실패의 책임은 나에게 있고, 그 선택 또한 내가 해야 한다. 어떻게 살 것인가?

1. 이미 주신 말씀 - 성도의 5대 실천 사항

1) 주일 성수 (출 20:8)
2) 새벽기도 (막 1:35)
3) 온전한 십일조 (말 3:10) - 말 3:11~12
4) 2명 이상 전도 (막 16:15)
5) 성경 매일 애독 (마 4:4) - 수세자, 직분자 임명, 임직시 결심서 제출

2. 믿음으로, 순종으로

1) 가나안으로 가는 길 (민수기)
  (1) 광야 행진을 위한 준비 (민 1~10장) 명령
  (2) 가나안 입국이 불허된 1세대의 얼룩진 광야의 역사 (민 10~25장) 불순종
  (3) 가나안 입국을 위한 신세대의 준비 (민 26~36장) 재 명령
2) 믿음으로, 순종으로 - 인생 여정의 Master Key
  (1) 마음이 상함으로 모세를 향하여 불평하는 백성들 (민 21:4~5 → 11:5~6)
  (2) 불뱀 사건과 유일한 생명의 선택 "놋뱀을 바라보라" (민 21:6~7)
  (3) 유일한 생명의 길, 놋뱀을 쳐다본즉 모두 살더라 (민 21:9, 히 12:2)
  (4) 십자가의 그리스도 믿음으로 바라보라 (마 16:16~19, 요 3:14~16)
    이스라엘 백성이 원망하고 거역한 열 번의 내용들, 그러나 (민 14:22~23 → 민 14:24, 32:12)

3. 오직 믿음으로, 오직 순종으로만 입국 가능한 가나안 땅의 축복

1) 송구영신 메시지 - 정시 무시로 언약잡고 기도하라 (학 2:6~9)
2) 오직 믿음으로 오직 순종으로 - 5대 비전, 성도의 5대 실천사항
3) 믿음적 반응으로 - 요단강으로 들어가라 / 모든 소망을 하나님께 두라
   하나님을 기대하라, 하나님께 안정감을 두라

평생 잊을 수 없는 감사

신 1:19~33

하나님의 명령에 따라 가나안 땅을 향해 전진하는 이스라엘, 모세는 지난 날 쓰라린 실패의 잘못을 백성들에게 상기시키고 있다. 그러나 하나님의 은혜에 대한 감사가 더 크고 깊이 있게 고백되고 있음을 본다. "불행할 때 감사하면 불행이 끝이 나고 형통할 때 감사하면 계속 형통이 찾아온다." (Charles H. Spurgeon)

1. 주신 비전, 미리 보는 응답을 감사

1) 교회비전 - 예배 공동체 (마 16:16~19)
2) 선교비전 - 선교 공동체 (마 28:19~20)
3) 제자비전 - 제자 공동체 (롬 16:1~27)
4) 성령비전 - 성령 공동체 (행 1:8)
5) 축복비전 - 축복 공동체 (창 12:1~3)

*미래의 복음, 기도, 전도의 성취를 미리 보아야 한다.

2. 평생 잊을 수 없는 감사

1) 보호하시는 하나님 아버지께 감사 (30)
   (1) 그 크고 두려운 광야 길에서 (신 1:19)
   (2) 두려워하지 말라, 주저하지 말라 (신 1:21, 29)
   (3) 앞서 행하시는 하나님 아버지 (신 1:30)
   (4) 여호와께서 너희를 위하여 싸우시리라 (신 1:30)
2) 여기까지 인도하신 에벤에셀의 하나님 아버지께 감사 (31)
   (1) 아버지가 자식을 안는 것 같이 안으사 (31)
   (2) 이곳까지 인도하신 하나님 아버지 (31)
   (3) 언약의 하나님, 변함 없으신 하나님 아버지 (신 32:6, 33:27, 33:29)
3) 갈 길을 인도하시는 하나님 아버지께 감사 (33)
   (1) 앞서 그 길을 가시는 하나님 아버지
   (2) 앞서 행하시며 장막 칠 곳을 찾으시는 하나님 아버지
   (3) 불기둥, 구름기둥으로 갈 길을 지시하시는 하나님 아버지
   (4) 두려워하지 말라. 임박한 가나안 정복의 축복을 대비하라 (신 1~33장)
   (신 3:2, 22, 사 41:10, 13, 눅 2:10~11, 요 20:19~22)

3. 성도는 영원한 자기 정체성으로 범사에 감사하며 증인의 삶을 산다

언약을 계승하는 후대들에게

신 5:1~21

신명기서는 모세가 임종 전에 광야에서 태어난 2세들에게 율법 재교육을 위한 세편의 설교이다. 2세들이 율법의 재교육을 통해 언약 갱신이 필요함을 느꼈기 때문이다. 언약을 계승하는 후대들에게 주시는 메시지이다.

1. 신명기서의 메시지

1) 뒤를 돌아보라 - 역사적 교훈 (신 1:1~4:49)

2) 위를 쳐다보라 - 율법적 메시지 (신 5:1~26:19)

3) 앞을 내다보라 - 예언적 메시지 (신 27:1~30:20)

2. 언약을 계승하는 후대들에게

1) 광야길 최고의 메시지 - 십계명

(1) 하나님을 사랑하라 (신 5:7~15)

(2) 사람을 사랑하라 (신 5:16~21)

(3) 이 두 계명이 온 율법과 선지자의 강령이니라 (마 22:37~40)

2) 십계명 속에 있는 위대한 교훈 - 다른 신을 섬기지 말라

(1) 사단의 유혹과 인간의 근본문제 (창 3:1~6)

(2) 네피림 시대 (창 6:4~5)

(3) 우상숭배는 다른 신을 섬기는 것 (출 20:4~5)

(4) 옛 뱀, 마귀, 사탄이라고 하는 온 천하를 꾀는 자 (계 12:9)

3) 신명(申命)을 전달하라

(1) 출애굽의 비밀 전달 - 희생제사, 피 언약 (출 3:18, 출 12:1~14)

(2) 광야의 기적을 후대에게 - 하나님의 능력 설명 (수 4:19~24)

(3) 가나안을 입국하는 후대에게 - 순종의 원리와 복 (신 28:1~14)

(4) 메시야 언약, 그리스도의 언약을 전달하라 (창 3:15, 창 22:17~18)

*신명(申命) : 후대에게 율법을 다시 반복하여 말함

3. 순종하는 자들에게 약속하신 복

1) 세계와 열방가운데 뛰어나게 하실 것이라 (신 28:1~14)

2) 예수 그리스도의 지상명령을 순종하는 자에게 주신 복 (마 28:19~20)

3) 기능별, 재능별, 전문별, 사역별 증인의 복 (행 1:8)

*정시 무시로 기도하라.

이스라엘아 들으라

신 6:4~9

"들으라"라는 뜻의 히브리어 '쉐마'는 유대인의 믿음의 고백으로 오늘날까지도 경건한 유대인들이 매일 암송하고 있는 구약의 지상명령이다.

[신자와 불신자가 함께 느끼는 시급한 문제점들]

1) 무너지는 가정, 해체되는 가족들

2) 청소년 폭력문제와 청소년 자살문제의 심각성

3) 가정에서 느끼는 자녀교육의 한계

4) 무너지고 있는 공교육

5) 잘못된 교육정책, 탈선을 조장하는 학생인권조례 등

6) 인성교육의 실패 - '인성교육'이란 도덕적 인격을 형성하는 내면적 성품, 성질 혹은 성격 및 강한 의지를 계발하고 이를 외면적 착한 행실로 나타나게 하는 교육이다. 그러므로 인성교육을 잘 받은 사람을 '인격자' 또는 '인품이 좋은 사람'이라고 한다.

1. 이스라엘아 들으라

1) 이스라엘의 정체성 세 가지 (출 19:5~6)

(1) 하나님의 특별한 소유 (출 19:5, 신 26:18, 시 135:4)

(2) 제사장 나라 (출 19:6)

(3) 거룩한 나라 (출 19:6)

2) 이스라엘아 들으라 (신 6:4~9)

(1) 오직 한분이신 하나님 (4)

(2) 너는 마음을 다하고 뜻을 다하고 힘을 다하여 네 하나님을 사랑하라 (5)

(3) 이 말씀을 마음에 새기고 손목에, 미간에, 네 집 문에 말씀을 (6, 8, 9)

(4) 네 자녀들에게 부지런히 가르치라 (7) 그 이유는 (신 6:2~3)

3) 결과로 성경에 나타나는 두 가지 인성 - 벧후 1:4

(1) 내면적 열매 - 내면적 성품의 열매

(2) 외면적 열매 - 바른 행동으로 나타나는 외면적 행동

(3) 가정에서 반복, 지속하여 가르치고 전수하는 신, 구약의 지상명령

2. 그리스도인의 분명한 정체성 (요 1:12, 갈 3:28~29, 벧전 2:9, 행 1:8)

*자신, 가정, 교회, 국가, 후대 살리는 길 → 성경으로 돌아가야 → 신 6:4~9, 마 28:19~20

함께 즐거워하는 감사절

신 16:13~17

추수 감사주일의 성경적인 배경은 본문의 초막절(수장절, 장막절)이다. 초막절은 1년의 가을추수를 끝낸 뒤 지키는 큰 절기인데 은혜 가운데 추수를 마치게 하신 하나님께 감사하는 추수감사제이다. 추수감사제의 특징은 함께 기뻐하고 즐거워하는 것이다. 무엇으로 함께 기뻐하고 즐거워하며 하나님께 영광을 돌려야 하는가?

1. 함께 즐거워 하는 감사절

1) 주신 은혜를 감사하며 즐거워하라 (신 16:13)

2) 7일 동안 즐거워하라 (레 23:39~40)

3) 함께 즐거워하라 - 자녀, 노비, 레위인, 외국인, 고아, 과부 (신 16:14)

*1년 동안의 모든 추수에 대해 하나님께 감사하는 감사절. 7일 동안 초막절을 지키며 광야에서의 40년 고생한 장막생활을 회상하며 하나님의 언약을 새롭게 다짐하는 절기, 지금 누리고 있는 그 은혜를 함께 즐거워하라.

2. 온전히 즐거워하는 감사절

1) 여호와께서 택하신 곳에서 (2, 6, 7, 11, 15, 16)

(1) 7일 동안 초막적을 지키며 온전히 기뻐하고 즐거워하라 (15)

(2) 주실 은혜를 감사하며 온전히 기뻐하고 즐거워하라 (15 하)

(3) 하나님께서 맹세로 언약하신 복을 인하여 (신 8:1, 7~10, 2~3)

2) 주신 은혜를 따라 그 힘대로 예물을 드리며 (민 29:12~40, 신 16:10, 17)

3) 이는 여호와를 위한 여호와의 절기라 (레 23:34, 37, 44)

7대 절기 - 유월절, 무교절, 초실절, 오순절, 나팔절, 속죄절, 초막절, 모든 절기는 그리스도 중심(특별절기 - 안식일, 월삭, 부림절) - 우리의 언약, 방향, Master Key는 예수 그리스도

3. 예수 그리스도 안에서

1) 네 평생에 항상 기억하라 - 유월절 어린양의 피와 구원을 (16:3 하, 요 19:30)

2) 하나님 중심, 말씀중심, 교회중심의 축복 (마 16:16~19, 행 2:1~4)

3) 하나님께서 복을 주신 그 이유를 따라 (창 12:1~3, 마 28:19~20, 행 1:8)

4) 하나님께서 맹세로 언약하신 복을 감사하며 24시 기도 속으로 (시 67:1~7)

*함께 즐거워하는 감사절, 온전히 기뻐하며 즐거워하는 감사절, 지난날을 회상하며 주신 은혜 감사, 주실은혜 감사, 그리스도 안에서 언약하신 그 놀라운 은혜를 감사하며 기쁨과 즐거움으로 하나님께 영광을 돌리자.

감사의 기적

신 16:13~17

초막절은 과거 출애굽 이후 광야생활 할 때 장막에서 살았던 것에서 유래한다. 올리브나 포도추수를 마친 후 지키는 추수 감사제(祭)였지만 이스라엘이 실제로 기억해야 하는 것은 추수 자체가 아니라 과거에 하나님께서 어떻게 역사하여 현재의 삶이 있도록 만들어 주셨는가에 의미가 있다(신 6:11 하, 12). 마땅히 감사하고 당연히 감사해야 할 하나님의 은혜, 감사하는 믿음의 고백에는 기적이 따른다.

1. 감사합니다! - 거룩한 빛 비전교회, WMTC, WMTS, UPBS

개인과 가정, 조직과 공동체의 성공과 실패 가운데 가장 중요한 것은 [사명, Mission]과 [비전, Vision]이다. 사명이란, '우리가 왜 존재하느냐?'에 대한 해답이다. 비전은 '우리가 어디로 가고 있느냐?', '성취하고자 하는 것이 무엇이냐?'에 대한 해답이다. 성공한 개인과 가정, 조직과 공동체는 모두 명확한 사명과 비전을 가지고 있다. 하나님의 비전은 하나님 나라를 세우는 것이다. 이 나라는 제사장의 나라이다. (창 12:2~3, 출 19:5~6, 시 67:1~6, 마 28:19~20) 바로 우리의 사명과 비전이다. 이 언약을 잡은 사람들은 모든 영역 속에서 역사의 주인공들이 되었다.

2. 초막절의 감사, 추수 감사제의 참의미 (신 16:13~17)

1) 초막절을 지키라, 너희 자신을 위해 지키라 (13)

2) 지킬 때에는 함께 즐거워하라, 약자들과 함께 즐거워하라, 그 이유는? (14)

3) 언약적 관계 때문에 즐거워하라, 지속적으로 즐거워하라 (15)

4) 언약백성에게 풍족한 은혜를 주시는 하나님, 그러므로 감사하라 (16~17)

초막절이 주는 의미 안에서 즐거워할 만큼 즐거워하라. 즐거워하는 이유가 무엇인지를 생각하는 것이 매우 중요하다. 범위를 잘 지정해야 한다. (빌 4:4, 살전 5:16~18) 즐거워하는 이유가 물질 축복으로 인해 기뻐하는 것인가? 아니면 언약적 관계 때문인가? 하나님의 축복은 인격적인 관계에서 일어나는 것임을 놓치지 말아야 한다. 그러므로 절기를 지키라고 규례를 주심은 곧 [언약백성 자신을 위하여] 라는 사실을 보여준다. 이 절기를 통해 하나님에 대한 사랑과 믿음, 소망과 충성을 새롭게 다짐할 수 있도록 하신 것이다.

3. 감사의 기적 (시 50:14~15)

1) 조서에 어인이 찍힌 줄 알고도 하나님께 감사하는 자에게 (단 6:10)

2) 고기 뱃속에서 순종을 다짐하는 기도로 감사 하는 자에게 (욘 2:9)

3) 감옥에서도 그 은혜 때문에 감사하며 찬양하는 자에게 (행 16:22~25)

4) 빈들에서 드리는 주님의 감사, 감사의 기적을 보라 (요 6:11) *유카리스테(감사를 돌리다)

감사 속에 비전이 있다

신 16:13~17

감사 속에 비전이 있다. 주신 은혜 감사하고, 주실 은혜 감사하며 미래를 바라보라. 이 미래는 오랜 역사 속에 확증된 축복의 미래이다. 감사 속에 참 비전이 있다.

1. 한 해를 돌아보며

1) 5대 비전의 응답 - 지 교회(안산 선교교회 개척)
2) 제1성전, 제2성전의 축복
3) VDC(1873평)의 축복 *Vision & Dream Center 건립부지
4) 세계선교의 현장과 제자의 축복

2. 감사 속에 비전이 있다

1) 이스라엘이 지키는 3대 절기
   (1) 유월절 - 무교절 (레 23:4~5)
   (2) 맥추절 - 초실절 (레 23:9~21)
   (3) 수장절 - 초막절 (레 23:33~44)
   *레 23장은 절기장이다. 여호와의 절기라는 말이 5번 나온다. 이스라엘의 절기가 아니다. 이스라엘이 지키는 여호와의 절기이다.
2) 수장절은 감사의 절기
   (1) 여호와 앞에서 7일 동안 감사하며 즐거워하라 (레 23:39-40)
   (2) 성 중에 거하는 모든 자와 함께 감사하며 즐거워하라 (신 16:14)
   (3) 주신 복과 모든 일에 복 주실 것을 인하여 감사하며 즐거워 하라 (신 16:15)
   (4) 너는 온전히 즐거워 할지니라 (신 16:15)
   (5) 빈손으로 나오지 말라, 네 하나님께서 주신 복을 따라 힘껏 드릴지니라 (신 16:16-17, 레 23:34-37)
3) 감사 속에 비전이 있다
   (1) 구원의 하나님을 바라보는 믿음 (신 16:15, 히 11:1~6, 시 146:5)
   (2) 바라보는 믿음으로 품게 되는 비전과 열정 (창 13:14~17, 시 136편, 수 1:3, 눅 5:1~6)
   (3) 비전을 가질 때 치유되는 자기 치유 (행 3:1~10, 15~16, 사 41:10)
   (4) 보다 크신 하나님께 감사하라, 감사 속에 비전이 있다 (합 3:17, 욜 2:28, 행 1:8)

3. 그리스도 안에서 역사하신다

1) 하나님의 약속 (엡 1:3)

2) 역사의 주인공 예수 그리스도 (창 3:15)

3) 오직 성령의 능력으로 세계 복음화 (행 1:8)

4) 정시, 무시로 기도 - 기도는 만능이다, 기도는 만사를 변화시킨다

*오직 성삼위 일체 하나님께 감사와 영광을!

모든 말씀을 돌 위에 기록하라

신 27:8

"너는 이 율법의 모든 말씀을 그 돌들 위에 분명하고 정확하게 기록할지니라"

1. 가나안 입국과 함께 먼저 할 일

1) 큰 돌들을 세우고 율법을 기록하라 (신 27:1~3)

2) 다듬지 않은 돌로 제단을 쌓고 번제와 화목제를 드리라 (신 27:5~7)

3) 모든 말씀을 돌들 위에 분명하고 정확하게 기록하라 (신 27:8)

4) 온 백성으로 더불어 말씀을 지켜 행할지니라 (신 27:9~10)

2. 말씀에 순종할 때 어떤 일이 일어나는가?

1) 세계 민족 위에 뛰어나게 하실 것이요 (신 28:1)

2) 모든 복이 네게 임하리니 (신 28:2, 8, 12)

3) 성읍, 들, 토지, 소산, 짐승까지 복을 받을 것이며 (신 28:3~4)

4) 그릇에도 복을 받고 들어와도 나가도 복을 받을 것이라 (신 28:5~6)

5) 원수들이 한 길로 왔다가 일곱 길로 도망하리라 (신 28:7)

6) 만민이 두려워하리라 (신 28:8~10)

7) 하늘의 아름다운 보고를 여시고 때를 따라 비를 (신 28:11~14)

3. 어떻게 말씀의 축복을 계속 누릴 수 있는가?

1) 하나님의 말씀은 영원히 서리라 (사 40:6~8)

2) 성령의 감동으로 기록된 말씀 (딤후 3:14~17)

3) 살았고 운동력이 있는 말씀 (히 4:12)

4) 재림 외에는 완벽하게 성취된 말씀 (마 24:1~14)

5) 모든 말씀을 돌 위에 분명하고 정확하게 기록할지라 (신 27:8)

6) 달려가면서도 읽을 수 있게 판에 기록하라 (합 2:2~3, 딤전 4:5)

7) 하나님의 말씀을 마음판, 곧 심비(心碑)에 새기라 (잠 3:3, 고후 3:3)

4. 기도제목 - 말씀을 바르게 잡으라

1) 말씀을 붙잡으라 - 로마도 보아야 하리라 (행 19:21)

(1) 바울의 전도여행

(2) 정시기도

(3) 성경에 능통한 자

2) 하나님이 가장 중요하게 보시는 말씀을 붙잡으라 (요 5:39, 마 16:16)

3) 하나님이 직접 성취하신다 (행 27:24) *묵상, 암송, 언약기도

*하나님의 계획 발견, 살아있는 말씀을 체험해야 한다.

들어와도 복, 나가도 복

신 28:1~14

신명기서는 모세가 죽음을 앞두고, 출애굽 2세에게 언약갱신을 선포하는 장엄한 세편의 설교이다. 모세는 불순종으로 인한 1세대의 가나안 입국 실패를 거듭 강조함으로 하나님을 순종하는 것이 근원적인 본분이요, 복된 삶을 누릴 수 있는 유일한 관건임을 말씀한다. 언약의 백성은 당연히 그 언약의 내용으로 주어진 하나님의 율법에 순종해야할 의무가 있고(출 19:5~6), 그렇게 할 때 풍성한 복을 더하신다는 말씀이다. 요절은 신 6:4~5절이다. *사단이 가장 싫어하는 책 - 신명기(마 4:1~11 → 신 8:3, 6:16, 6:13)

1. 하나님의 의도를 바르게 알아야 한다 (창 1:27~28, 요 19:30, 고후 8:9, 롬 8:16~17)

2. 들어와도 복, 나가도 복

1) 신명기 - 모세의 세편의 설교

(1) 뒤를 돌아보라 - 과거회상 - 광야 40년 회고 (1:1~4:43)

(2) 위를 쳐다보라 - 언약 갱신 - 지킬 규범 (4:44~26:19)

(3) 앞을 내다보라 - 예언 - 율법 준수에 따른 결과 (27:1~34:12)

2) 언약의 땅, 주역이 되기를 원한다면

(1) 구원과 은혜를 베푸신 하나님을 기억하라! (신 8:18, 갈 3:28~29)

(2) 마음, 힘, 뜻을 다하여 하나님을 사랑하라! (신 6:4~9, 30:14~16)

(3) 네게 요구하는 것이 무엇이냐, 하나님을 순종하라! (신 10:12~13, 28:1)

(4) 그러므로 언약을 갱신하라! (신 1~34장 / 창 3:15, 마 16:16~19, 행 1:8)

3) 들어와도 복 나가도 복

(1) 개인적인 축복 (신 28:1~2)

(2) 공개적인 큰 축복, 비밀스러운 사적인 축복 (신 28:3)

(3) 자녀(子女), 가정(家庭), 주업(主業), 부업(副業)에 복을 (신 28:4~5)

(4) 들어와도 복, 나가도 복을, 언제 어느 곳에 있든지, 그리고 외적이든, 내적이든, 모든 상황 속에 형통의 복을 (신 28:6~9)

(5) 나라와 민족 가운데 복을 (신 28:10~14, 33:29)

3. 모든 복은 그리스도 안에서 (신 18:15 → 행 3:22~26)

[신앙 = 물질적인 축복]이 아니다. 먼저 하나님이 "복 그 자체"임을 체험해야 한다.

그리스도 안에서(엡 1:3). 참 福은 그리스도의 위대한 언약에 그 복이 종속될 때 누리는 복이다.

(창 1:27~28 → 마 28:19~20) 언약잡고 기도하자.

네 아버지와 어른들에게 물으라

신 32:7

언약의 백성이 가나안 땅에 입성한 후에 가나안 문화에 동화될 암울한 현상을 미리 내다보며 그것을 예방하고 이겨낼 수 있는 세 가지 구체적인 방안을 제시한다. 택한 백성을 향하신 하나님의 뜨거운 사랑이다.

1. 그럼에도 불구하고 사랑하시는 하나님

1) 그 크고 두려운 광야를 지날 때에 (신 1:19~21)

2) 앞서 가시는 하나님, 위하여 싸우시는 하나님 (신 1:29~30)

3) 아버지가 아들을 안는 것 같이 안으사 이곳까지 (신 1:31, 32:6)

4) 앞서 그 길을 가시며 갈 길을 지시하시는 하나님 (신 1:33)

2. 네 아버지와 어른들에게 물으라

1) 모세의 출애굽 40주년 메시지

(1) 역사적 측면 - 구원의 역사를 뒤 돌아보라 (신 1:1~4:43)

(2) 법적인 측면 - 언약을 갱신하라, 위를 쳐다보라 (신 4:44~26:19)

(3) 예언적 측면 - 앞을 내다보라 (신 27~34장)

2) 자녀들아, 네 아버지와 어른들에게 물으라 (신 32:7)

(1) 옛날을 기억하라 (신 5:15, 8:2~3, 18, 9:7, 15:15) *기념일과 기념물

(2) 역대의 연대를 생각하라 (신 32:46~47) *각 세대별로 역사하신 구원역사

(3) 네 아버지와 어른들에게 물으라 (신 16:1~17)

3) 그가 네게 설명할 것이요, 네게 이르리로다

(1) 하나님의 구원의 은혜를 자녀에게 말하라 (눅 24:44~47)

(2) 구약의 지상명령 (신 6:4~9 / 출 20:1~17)

(3) 너의 행복을 위하여 그렇게 하라 (신 10:12~13)

(4) 예수님의 증거를 보라 (요 14:15, 21, 마 7:21~27)

3. 완전한 언약의 Baton을 잡고 기도하는 자녀에게

1) 그리스도 안에 있는 하나님의 모든 것 (마 28:18, 대상 29:11~12, 엡 1:3)

2) 신약의 지상명령과 완전한 언약 (마 16:16~19, 마 28:19~20, 행 1:8)

3) 말씀으로 사는 전도제자, 선교제자는 분명 이 시대의 남은 자 (사 6:13)

*쉐마 Rem School을 통해 부모가 자녀를 제자 삼고 신앙의 명가(名家)를 이루도록 기도하자.

이스라엘이여, 너는 행복자로다

신 33:26~29

국어사전에서는 행복을 "생활에서 충분한 만족과 기쁨을 느끼는 마음, 그런 느낌"이라 한다. 무엇이 행복인가? 본문의 행복은 '충만한 행복', '완전한 행복'을 말씀하시는데 이 행복은 어디에서 오며 누가 누리는 것인가? 하나님의 말씀 속에서 음성을 듣자.

1. 행복은 우리를 향하신 하나님의 뜻

1) 원래의 환경 에덴은 행복 동산 (창 2:8)

2) 범죄의 결과 하나님을 떠남으로 실낙원 (창 3:1~24)

3) 용서의 길, 구원의 길, 회복의 길을 활짝 열어주신 하나님 (창 3:15, 요 10:10)

2. 이스라엘이여 너는 행복자로다

1) 모세의 작별과 축복의 결론

(1) 모세의 마지막 메시지 - 순종하라, 이것이 생명이다 (신 32:46~47)

(2) 언약의 백성, 모든 지파를 축복하는 모세 (출 19:5~6, 신 33:1~25)

(3) 축복의 결론 - 이스라엘이여 너는 행복자로다 (신 33:26~29)

2) 이스라엘이여 너는 행복자로다 - 누가 참된 이스라엘인가?

(1) 믿음으로 아브라함의 자손이 된 영적 이스라엘 (갈 3:7~9, 26~29)

(2) 일 한 것이 없이 하나님께 의로 여기심을 받은 행복자 (롬 4:6~9)

(3) 영적 이스라엘이여, 너는 행복자로다 (신 33:29)

*소유냐 존재냐 (에리히 프롬) - 사회심리학자, 정신분석학자, 인문주의 철학자

*성공한 사람이 행복한 것이 아니라 행복한 사람이 성공한다. (마 5:3~11)

3) 참 행복자의 삶으로 초대하시는 예수 그리스도

(1) 근본문제, 모든문제 해결자 예수 그리스도 (마 16:16~19)

(2) 하나님 보좌의 배경을 누리며 살아가는 하나님의 자녀 (요 1:12)

(3) 세계복음화의 축복으로 날마다 임마누엘 (마 28:19~20, 행 1:8)

(4) 영적 이스라엘이여 너는 행복자로다 (시 135:4, 시 68:19, 시 48:14, 말 3:17)

*예수님께서 강론하신 행복론을 깊이 묵상하자. (마 5:3~11)

3. 유일성의 해답은 예수 그리스도

1) 존재적인 행복 회복, 높은 자존감 회복 (창 1:27~28)

2) 모든 상황 속에서 누리는 임마누엘 (고전 3:16)

3) 만국의 보배, 예수 그리스도의 증인으로 (학 2:7~8, 막 16:15~20)

“그러므로 하나님을 알고 하나님을 알게 하라. 그리스도를 알고 그리스도를 알게 하라.”

이것이 참된 축복이다

신 33:26~29

하나님께서 인간에게 명하신 최초의 명령은 문화명령, 곧 "복(福, blessing)"이다. "복"은 사명이다. 십자가의 그리스도, 십자가에서 완성하신 그리스도의 사역은 전인구원으로써 복의 선포이다(요 19:30). 성도가 힘 있고 복된 삶을 살도록 성령님은 지금도 일하고 계신다. 과연 무엇이 참된 축복인가?

1. 복은 사명이다

1) 창조사역의 마무리, 복을 주시며 가라사대 (창 1:28)

2) 복으로 시작하시는 예수님의 전성기 사역 (마 5:1~12)

3) 66권 성경의 중심에 계신 예수는 그리스도, 네가 복이 있도다 (마 16:16~19)

4) 마지막 종말론의 7대 복 (계 1:3, 14:13, 16:15, 19:9, 20:6, 22:7, 22:14)

2. 이것이 참된 축복이다

1) 언약의 자녀와 공동체를 향한 미래적 축복

(1) 노아의 축복 (창 9:26~27)

(2) 이삭의 축복 (창 27:29)

(3) 야곱의 축복 (창 49:1~27)

(4) 모세의 유언적 축복 (신 33:6~25)

2) 주목해야할 대단히 중요한 축복의 결론 (신 33:29)

(1) 이스라엘아 너는 행복자로다 - 정체성 (신 33:26~28, 벧전 2:9)

(2) 여호와의 구원을 너같이 얻은 백성이 누구냐 - 신분 (엡 2:1~8, 갈 4:6~7)

(3) 그는 너를 돕는 방패, 네 영광의 칼 - 권세 (왕하 6:17, 시 121:1~2, 5~8)

(4) 네 대적이 네게 복종하리니 그들의 높은 곳을 밟으리로다 - 승리 (요 19:30, 요 8:44, 요일 3:8)

3) 주는 그리스도시오, 살아계신 하나님의 아들이시니이다 - 바요나 시몬아, 네가 복이 있도다 (마 16:16~19, 요일 5:1, 4~5)

3. 축복의 정점에서 만나는 전도와 선교

1) 노아의 방주운동과 유일성의 축복 (창 6:14~22, 9:1~2)

2) 네 족장의 가나안 운동과 언약적인 축복 (창 12~50장)

3) 세계복음화에 헌신된 제자들과 남은 자의 축복 (롬 16:1~27)

4) 무너지는 시대 유일하게 살아남은 자들의 축복 (계 14:6~7)

5) 만민을 위해 기(旗)를 드는 교회의 축복은 영원한 축복 (사 60~62장, 계 22:16)

역사서

정복

수 1:1~9

여호수아서의 핵심 단어는 "정복"이다. 가나안 정복에 대한 약속으로 시작하여 정복 완수에 대한 진술로 끝맺고 있다. 이스라엘을 거룩한 제사장 나라 삼으시고자 한 하나님의 언약은 가나안 정복을 통해 마침내 실현 되었다(창 12:2, 출 19:6).

1. 영적 전쟁의 실체

1) 마귀, 사단 (요 8:44)
2) 귀신들 (막 5:9)
3) 창 3장의 타락에는 배후가 있다 (창 3:1~6)

2. 정복

1) 가나안 정복 명령 - 7년에 걸친 전쟁사(戰爭史)
   (1) 정복 준비 (수 1~5장)
   (2) 중부지역 정복 (6~8장)
   (3) 남부지역 정복 (9~10장)
   (4) 북부지역 정복 (11~12장)
2) 정복 언약
   (1) 내가 주는 그 땅으로 가라 (수 1:2)
   (2) 너희 발바닥으로 밟는 곳은 모두 내가 너희에게 주었다 (수 1:3)
   (3) 내가 주리라 한 땅을 차지하게 하리라 (수 1:6)
   (4) 결과 : 완전하게 성취된 하나님의 언약 (수 11:23, 21:45, 23:14)
3) 정복 전략
   (1) 언약을 믿음으로 - 임마누엘 (수 1:2~6) *생각치유
   (2) 하나님을 온전히 좇음으로 (민 14:24, 수 14:9, 14) *마음치유
   (3) 기도함으로 (수 3, 6, 10장) *체질치유
   *정복없이 분배없다. 영적전쟁에 능한 자가 되라. (자신, 세상, 사단)

3. 정복을 위한 기도제목

1) 현장 정복 - 하나님의 나라, 전도, 선교 (마 12:28, 행 1:8)
2) 문화 정복 - 빛의 문화, 복음문화, 예배문화 (엡 6:10~18)
3) 경제 정복 - 빛의 경제, 복음경제, 언약 경제 (사 60:1~22)
*세가지 정복을 위해 정시 무시로 기도

내가 주는 그 땅으로 가라

수 1:1~9

갈수록 불확실하고 불안한 시대 흐름 가운데 하나님께서는 우리에게 분명하고 확실하게 "내가 주는 그 땅으로 가라" 하신다. 내 생각, 내 계획, 내 원대로가 아니라 "내가 주는 그 땅으로 가라" 하신다. 그곳에 모든 것이 다 있다.

1. 뒤를 돌아보라

광야 길, 목마름, 불평, 원망, 다툼, 갈등, 불뱀과 전갈, 괴롭고 고단한 여정, 가나안과 애굽 사이에 발이 묶여있는 상태의 40년, 답보상태, 비정상적인 삶, 이제 광야를 떠나야 한다. 결단해야 한다. 내가 살 곳은 광야가 아닌 가나안이다. 광야는 통과하는 과정, 목적지는 약속의 땅 가나안이다.

2. 머뭇거리지 말고 요단강을 건너라

1) 하나님의 시간표, 그럼에도 불구하고 필연적으로 건너야 하는 강 (수 1:1)
2) 요단강이 무엇인가? 어떻게 건너야 하는가? (갈 2:20, 신 8:2~3)
   (1) 언약궤를 따라가라 (수 3:3, 마 16:16)
   (2) 성결하게 하라, 왜? (수 3:5, 딤전 4:5)
   (3) 언약궤 따라, 제사장 따라 가는 길, 믿음으로 순종하며 가는 길 (수 3:6~7)
3) 왜 언약궤를, 왜 제사장을 따라가야 하나? (민 16:1~50, 히 4:14~15, 계 1:20)
   내가 지시하는 그 땅으로 가라! 창 3:15의 참 왕이 통치하시는 하나님 나라를 세우라! 세계와 열방 살리는 거룩한 제사장의 사명을 감당하라 (출 19:5~6)

3. 이미 주신 땅 가나안, 임마누엘의 승리

1) 약속의 땅으로 가라, 이미 다 주었다 (수 1:3~4, 마 28:19~20)
2) 불가항력적인 은혜의 역사, 신실하신 하나님 (수 1:5, 사 55:8~9, 12~13)
3) 강하고 담대하라, 약속한 땅을 차지하리라 (수 1:6, 행 1:8)
4) 오직 강하고 극히 담대하라, 좌로나 우로나 치우치지 말라 (수 1:7, 단 11:32 하)
5) 말씀을 입에서 떠나지 않게 하라(암송). 말씀 순종에 생명 걸어라 (수 1:8)
   그리하면 평탄하리라, 형통하리라, 거룩한 제사장의 정체성으로 (벧전 2:9)

*요단강을 건너라. 역사는 예외 없이 하나님 말씀을 듣는 자리에서 시작된다.
언약잡고 기도하라. 성령의 인도, 역사, 성령의 능력으로 정복하라.
정복, 분배, 누림, 증인의 삶으로 전무하고 온전한 빛의 인생을 살아야 한다. (수 1:9, 21:43~45)

마음을 강하게 하고 극히 담대히 하라

수 1:5~9

여호수아서는 전쟁사이다. 하나님께서 주시겠다고 약속하신 가나안의 정착 과정을 통하여 신실하신 하나님의 성품을 드러내시고, 성전(聖戰)에 있어서 승리의 관건은 하나님께 대한 순종여부에 달려 있으므로 하나님만을 의지하도록 반복하여 강조하신다. 하나님의 언약은 반드시 성취된다. 여호수아서의 핵심 단어는 정복이고 주제는 본문 말씀이다.

1. 가나안 정복을 위하여

1) 언약을 새롭게 하라 (신 29:1~29)

(1) 언약의 말씀을 지켜 행하라 그리하면 형통하리라 (신 29:1~9, 수 1:7~8)

(2) 모든 백성은 유아까지 다 언약에 참예하라 (신 29:10~13)

(3) 언약 반대방향으로 행하는 자의 불행 (신 29:14~29)

(4) 너의 행복을 위하여 순종하라 (신 10:12~13)

2) 축복의 정신을 새롭게 하라

(1) 복 주시기를 원하시는 하나님의 의도 (신 28:1~14)

(2) 순종은 수단이 아니라 복 자체이신 하나님을 모시는 삶의 방식이다 (삼상 15:22~23)

(3) 축복의 목적은 하나님의 절대계획이신 세계선교를 위하여 (행 1:8)

2. 모세의 후계자 여호수아 그는 누구인가?

1) 모세의 시종 (수 1:1)

2) 신에 감동된 자 (민 27:18)

3) 시내반도에서 이스라엘 군대를 이끌어 아말렉과 싸워 승리한 사람 (출 17:8~13)

4) 모세가 거룩한 산에서 율법을 수여 받은 때 동행한 사람 (출 24:13~14)

5) 가나안 땅을 정탐할 때 에브라임지파의 대표로 선출된 자 (민 13:8)

6) 모세의 후계자로 여호수아를 지명하신 하나님 (신 31:23)

7) 전술 전략가, 훌륭한 정치가로 이스라엘을 견고하게 세운 사람 (수 24:1~25)

3. 마음을 강하게 하고 극히 담대히 하라

1) 언약은 반드시 성취된다

(1) 더불어 일어나 언약의 땅으로 가라 (수 1:2)

(2) 무릇 너희 발바닥으로 밟는 곳을 내가 다 너희에게 주었노니 (수 1:3)

(3) 동서남북이 다 너희 지경이 되리라 (수 1:4)

(4) 내가 그 조상에게 맹세하여 주리라 한 땅을 얻게 하리라 (수 1:6)

2) 마음을 강하게 하고 극히 담대히 하라

(1) 싸움에 승리함으로써 정복하게 되는 땅이기에 (수 1:1~4)

(2) 7족속 31왕을 정복하고 우상숭배 하는 그 땅의 거민들을 진멸하기 위해 (수 12:7~24)

(3) 인류의 구원자 예수 그리스도가 오실 땅에서 건설될 신정 왕국을 위하여 (마 1:1)

(4) 마음을 강하게 하고 극히 담대히 할 수 있는 원동력은 임마누엘 (수 1:9)

3) 말씀의 언약을 붙잡고 정시 무시로 기도하자 (수 5:1~9)

순종

수 1:10~18

하나님께서 주신 땅 가나안은 안식이 있는 땅이다. 미래에 보게 될 두려움과 불안한 요소들은 하나님이 친히 해결하실 참 안식을 누리게 하시는 언약의 땅이다. 가나안 땅 정복의 원리는 복잡하지 않다. 단순하다. [순종]이다.

1. 하나님께서 맹세하신 땅

1) 하나님의 맹세 (창 22:16, 26:3)

2) 아브라함의 복 (창 12:2, 22:17)

3) 영적 후손들이 복음으로 정복하게 될 세상 (창 12:17)

4) 그리스도를 통해 천하 만민이 받게 될 복 (창 12:18, 수 1:6)

맹세 : 임무나 약속을 꼭 실행하거나 목표를 굳게 다짐함. 맹세는 인격적 서약이다. (국어사전)

2. 우리는 범사에 순종하겠습니다

1) 여호수아의 명령

(1) 그 땅에 들어갈 준비를 하라 (수 1:10~11)

(2) 더불어 일어나 끝까지 함께 싸우라 (수 1:12~15)

2) 백성들의 반응

(1) 우리는 범사에 당신에게 순종 하겠나이다 (수 1:16~17)

(2) 오직 강하게 하소서, 담대히 하소서 (수 1:18)

3) 정복의 범위, 차지하게 하시는 땅을 차지하기 위하여 (수 1:4~5, 6, 11)

3. 정복 원리는 단 하나 [순종]

출애굽, 홍해, 광야, 요단강, 여리고 … 기적의 원리는 동일하다. (신 29:13~16)

7족속, 31왕이 살고 있는 가나안 땅 정복원리는 단 하나뿐인 [순종]이다.

정복은 기정사실, 명의이전이 완료된 땅, 불가항력적인 은혜의 사람들 (수 1:5)

순종은 능력, 이 순종은 어디서 나오나? 왜 순종해야 하나? (신 6:23~24)

100% 순종은 가능한가? 그 모델은 누구인가? (빌 2:5~9) 사단은 불순종의 영이다. (엡 2:2)

4. 그리스도 안에서 100% 순종의 사람으로

이들은 성령에 취한 사람들 (수 1:6~8, 엡 3:16~17, 신 6:23~24)

1) 성령은 순종의 영이다 (행 5:32, 2:1~4)

2) 권위는 축복의 통로이다 (대하 20:20 중, 엡 6:1~3, 벧전 18, 히 13:17)

3) 회복, 세계선교와 하나님의 영광을 위해 100% 순종의 종으로! (수 1:1~18)

4) 성령의 능력으로만 가능, 그러므로 언약잡고 24시 기도 속으로 (행 2:1~4)

시대 살릴 유일한 해답과 기생 라합

수 2:1~24

현대 경영학의 아버지 피터 드러커는 Next Society라는 책에서 "지난 50년 동안 이 지구상에서 가장 빠르게 그리고 확실하게 변한 나라가 있다. 그것은 한국이다. 앞으로 20년 동안에 이 지구상에서 가장 빠르고 확실하게 변할 나라가 있다면 그것도 한국이다."라는 매우 충격적인 말을 하였다. 다가오는 미래, 시대를 살릴 대안은 있을까? 있다면 무엇일까?

1. 시대 살릴 5대 비전을 잡으라

1) 교회비전 - 교회 공동체 (마 16:16~19)
2) 선교비전 - 선교 공동체 (행 1:8)
3) 제자비전 - 제자 공동체 (마 28:19~20)
4) 성령비전 - 능력 공동체 (슥 4:6)
5) 축복비전 - 임마누엘 공동체 (수 1:9, 마 28:20)

*다가오는 미래와 시대 살릴 대안은 무엇인가? 그 유일한 해답은 그리스도의 복음이다. 그리스도의 비밀과 세계복음화의 언약 속에 5대 비전이 있다. 놀라운 축복이다.

2. 시대 살릴 유일한 해답과 기생 라합

1) 여리고로 가만히 정탐꾼을 파송하는 여호수아와 여리고성의 기생 라합 (수 2:1)
2) 믿음으로 정탐꾼들을 평안하게 영접한 라합 (수 2:2~7, 히 11:31)
3) 하나님의 계획과 가나안 정복 언약을 알고 있는 라합 (수 2:8~9)
4) 상천하지에 오직 한분이신 하나님을 고백하고 있는 라합 (수 2:10~11)
5) 친족의 '생명구원'을 위하여 정탐꾼들에게 간청하는 라합 (수 2:12~13)
6) 붉은 줄의 비밀, 붉은 줄의 언약을 생명 걸고 지키는 라합 (수 2:18~21)
7) 여리고 성의 유일한 남은 자, 가문을 살린 기생 라합 (수 6:21~23)
8) 시대 살릴 언약 공동체 안으로 들어오게 된 기생 라합 (수 6:25)
9) 믿음을 인정받고 행함으로 의롭다하심을 받은 라합 (약 2:25)
10) 예수 그리스도의 족보 반열에 선 여인 라합 (마 1:5)

*형편없는 여리고의 기생 라합이 200만 이스라엘 공동체의 가나안 길목을 열어놓았듯 시대 살릴 유일한 해답 그리스도의 복음으로 지역, 민족, 세계 살릴 복음의 주역은 누구이며 어디에 있는가?

3. 시대 살릴 21세기의 주역은?

1) 바른 신앙고백으로 자신을 살리는 복음 제자 (마 16:16)

2) 바른 기도의 제목으로 하나님의 꿈을 기도하는 기도 제자 (마 6:9~13)

3) 성령의 능력으로 현장에서 증인의 삶을 사는 전도 선교 제자 (행 1:8, 사 62:1~12)

4) 하나님의 능력이 최고의 힘이며 배경임을 알고 누리는 임마누엘의 사람 (사 60:1~22)

*성공자에게 가장 중요한 시간은 오늘이다. 바로 오늘 지금 이 시간부터 시대 살릴 21세기 주역의 언약을 잡고 정시 무시로 기도하라.

창문에 이 붉은 줄을

수 2:1~24

영생의 기회, 전부를 걸어 '살 소망의 외줄'을 붙들어라.

1. 하나님의 세계선교, 그러나 중단되지 않는다

1) 대한민국 연도별 선교사 파송현황

2014년 - 2만 6,677명 / 2015년 - 2만 7,205명 / 2016년 - 2만 7,205명

2014년 932명, 2015년 528명으로 점차 감소, 2016년에는 사상 처음으로 0이 되었다.

(자료 : 한국세계선교협의회)

2) 2017년 세계기독교 박해지역 증가

(1) 극단적인 수준의 박해로 고통당하는 크리스찬들 - 2억 1,500만명

(2) 기독교 박해 상위 7개국 - 북한(15년간 1위), 소말리아, 아프가니스탄, 파키스탄, 수단, 시리아, 이라크

*신앙 때문에 2016년 한 해 1,207명 사망, 1,329개 교회 공격받음

(자료 : 국제 오픈도어선교회)

2. 우리 가족의 목숨을 죽음에서 살려내라 (수 2:12~13)

1) 가나안 정복의 첫 관문 여리고

(1) 파송된 정탐꾼들과 기생 라합의 만남 (수 2:1, 4~6)

(2) 정탐꾼들이 듣게 된 기생 라합의 믿음고백 (2:8~9, 11)

(3) 라합이 어떻게 그 믿음을 가지게 되었을까? (수 2:10, 롬 10:17, 요 4:25~26)

(4) 놓칠 수 없는 기회, 인생의 황금기가 시작되는 라합의 전환점

라합의 요청 - 내가 선대하였은즉 너희도 내 아버지의 집을 선대하라, 내게 [맹세]하고 내게 [증표]를 달라 (수 2:12~13)

그리고 나의 부모, 형제에 속한 모든 사람을 죽음에서 건져내라 (2:13~14)

2) 정탐꾼들의 언약과 보증, [창문에 이 붉은 줄을 매라] (2:18, 21)

[붉은 줄]이 무엇인가? 지체 없이 매라 (출 26:1~3, 28:6~8, 출 12:13, 롬 3:25~26)

3) 가나안 정복의 싸움은 힘의 싸움이 아니라 소속과 신분의 싸움이다

하나님의 약속에 전 생애와 과거와 현재와 미래와 후대를 거는 신분과 소속의 싸움이다.

(마 16:16~19, 롬 8:16~17)

3. 하나님의 절대 계획 속으로 (마 28:19~20, 행 1:8, 사 60:1~62:12) - 60:22 / 61:1~2 / 62:8

결과적으로 히브리 정탐꾼들은 선교사들이었다. 하나님은 정보를 입수하러 보내신 것이 아니라 그 땅에 하나님을 믿는 라합 가문을 구원하러 보내신 것이다.

4. 십자가의 그리스도, 소망의 외줄을 굳게 잡으라 (수 6:25, 히 11:31, 마 1:5)

우상 생산지 아모리 산지 여인인 라합, 비천한 출신, 인생, 슬픈 여인,

어느 날 듣게 된 예수 그리스도, 주의 백성은 혈통이 아니라 믿음에 의해서 결정된다.

그리스도 안에서 과거는 발목 잡히지 않는다. 이것이 복음이며 구원이다. (롬 1:16~17)

믿음으로 건너는 강 I

수 3:1~17

여호와의 언약궤를 멘 제사장들은 요단강 가운데 마른 땅에 굳게 섰고 그 모든 백성이 요단을 건너기를 마칠 때까지 모든 이스라엘은 그 마른 땅으로 건너갔더라(수 3:17).

1. 하나님의 영원한 찬성표

광야를 끝내는 믿음의 결단이 필요한 시간, 교회당 지붕아래 있는가? 아니면 언약 아래 있는가? 하나님은 예수님의 죽음으로 우리에게 영원한 찬성표를 던지셨다. 그리고 온 우주가 분명히 들을 수 있게 분명하게 선포하셨다. (사 43:1 중, 골 1:13, 요 10:28)

그러나 현실 속의 삶의 문제들, 그럼에도 불구하고 약속의 땅 사람들은 이 선포를 믿는다. 증거는 갈보리 십자가의 그리스도다. (롬 8:16~17)

2. 믿음으로 건너는 강

1) 가나안을 향하여, 요단강을 건너라!

(1) 지도자 여호수아의 3일, 결론은 언약궤를 따라가라! (수 3:3)

거리를 2000규빗 되게 하라, 모두 볼 수 있게 (수 3:4)

(2) 자신을 성결케 하라 (수 3:5)

(3) 언약궤 따라 제사장 따라 (수 3:8, 13)

(4) 마른 땅으로 건너가는 요단강, 언약의 백성들 (수 3:14~16, 17)

2) 언약에 신실하신 하나님의, 하나님의 은혜와 사랑 (수 3:5, 7)

홍해는 구원(방법)을 경험하는 바다, 광야는 순종의 학교, 요단은 믿음으로 건너는 강이다. 11일이면 갈 길을 불신앙, 불순종으로 40년 돌아다닌 광야세대의 아픔, 이제 광야를 끝내는 믿음의 결단을 통해 인생의 황금기를 누려야 한다. 가나안은 순종으로 하나님 은혜를 확인하고 언약성취를 누리는 땅이다. 가나안은 이미 주신 땅, 하나님께서 맹세로 언약 하신 땅이다. 정복의 원리는 [순종]이다. 오직 순종으로 그 은혜를 확인하며 누리는 땅이다. 하나님의 은혜이다.

3. 광야를 끝내는 믿음의 결단

1) 전무한 응답의 한 해, [믿음]으로 요단을 건너라 (수 3:8)

2) 하나님의 절대언약, 절대계획, 절대능력 속으로 (마 16:16~19, 벧전 2:9, 행 1:8)

3) 오직 성령의 능력으로 (막 16:15, 슥 4:6, 사 60:1~5)

믿음으로 건너는 강 Ⅱ

수 3:1~17

당장 눈앞에 보이는 요단강의 문제는 '오늘' 해결해야 하는 긴급한 문제다. 지금 눈앞에 보이는 요단강의 문제와 오늘 우리의 긴급한 문제들은 어떻게 해결해야 하나? 하나님께서는 먼저 우리에게 '당장' 순종해야 할 언약의 말씀을 주신다. 그 음성에 귀 기울이자.

1. 자신의 신분을 누리고 있는가?

1) 하나님의 자녀의 신분과 권세 - 구원, 축복 (요 1:12)

2) 내 안에(In), 나와 함께(With), 영원히(Endless) 임마누엘 (요 14:16~17)

3) 하늘나라 보좌의 배경을 사실적으로 - 하나님을 누림 (빌 3:20)

4) 이유 있는 삶, 목적이 있는 삶, 세계 복음화의 증인 (행 1:8, 딤후 4:2)

구원의 비밀과 축복은 참으로 크고 놀랍다. 사단은 이 사실을 모르도록 지금도 성도들 가운데 불신앙, 인본주의, 염려로 속이며 (고후 4:4) 생각과 마음과 입술을 조종하여 사단 활동의 전략기지로 삼고 있다. 달라진 자신의 신분을 알고 누리고 있는가?

2. 믿음으로 건너는 강

1) 먼저 믿음을 회복하라 - 그 이유

(1) 하나님의 존재는 믿으나 능력은 부인하는 불신앙 (마 15:8)

(2) 믿기는 믿어도 틀리게 믿는 미신, 광신, 맹신 (행 17:23)

(3) 하나님이 없는 인본주의, 사람이 각각 자기 소견에 옳은 대로 (삿 21:25)

2) 믿음으로 건너는 강

(1) 하나님의 인도를 기다리는 3일간의 시간 (수 3:1~2)

(2) 앞서가는 언약궤를 따라가라, 거리를 두고 따라가라 (수 3:3~4)

(3) 스스로 성결케 하라, 내일 너희 가운데 기사를 행하리라 (수 3:5)

(4) 지역과 민족을 초월하여 통치하시는 유일신 '온 땅의 주'의 선포 (수 3:1~13)

(5) 일사분란하게 순종하며 제사장들을 따라가는 백성 (수 3:6~15)

(6) 요단강을 마른 땅으로 행하여 건너가는 이스라엘 (수 3:16~17)

3) 믿음으로 순종하며 가나안을 향하여 나아가는 사람들

(1) 여호수아 - 이스라엘 민족의 지도자 (수 1:1, 2:1, 3:1)

(2) 유사들 - 지파 내의 종족 대표들 (수 1:10, 3:2)

(3) 제사장들 - 오직 아론의 자손에만 국한 된 제사장 (수 3:6)

(4) 백성들 - 언약궤를 따라가는 언약의 사람들 (수 3:3~17)

요단강을 건너야 가나안 지경으로 진입하게 된다. 반드시 건너야 하는 요단강, 오늘 우리도 하나님의 임재하심과 능력을 믿음으로 문제의 강을 건너가자.

3. 믿음회복 어떻게 할까

1) 잃어버린 나를 회복 - 자신을 살리라, 일으키라, 원색적인 복음회복으로 (행 1:1~14)

2) 잃어버린 관계회복 - 수직관계, 수평관계, 관계성공 - 하나님 누림회복 (마 4:19)

3) 말씀언약 잡고 기도하라 - 응답의 문을 따라, 응답의 길을 따라가라 (행 2:1~47)

4) 교회, 선교, 제자, 성령, 축복의 5대 비전을 가슴에 품고 기도하라 (마 28:19~20)

기념비

수 4:1~24

말씀언약과 기도의 비밀로 하나님의 절대 계획 속에 삶을 담고 성령님의 인도를 따라 순종하는 자에게 주어질 응답이다.

1. 강하고 담대하라, 여호와가 함께 하느니라

1) 내가 주는 그 땅으로 가라 (수 1:1~9)
2) 정복 원리는 단순하고 유일한 [순종]원리 (수 1:10~18)
3) 소망의 외줄, [창문에 이 붉은 줄을 매라] 그리스도를 붙잡으라 (수 2:1~24)
4) 믿음으로 건너는 강, 그리스도를 믿는 믿음 (수 3:1~17)

2. 기념비를 세우라

1) 훗날 자손들을 위하여 (수 4:6)
2) 마른 땅을 밟고 요단을 건너게 하신 하나님의 능력을 설명하라 (수 4:19~23)
3) 하나님의 선교비전, 땅의 모든 백성에게 여호와를 알게 하라 (수 4:24)
4) 너희와 후손들이 하나님을 항상 경외하도록 (수 4:24, 사 55:12~13)
5) 그리스도의 언약 잡은 사람들, 세계복음화의 주역들, 영원한 기념비를 세우라
(수 4:7, 마 16:16~19, 계 22:12, 사 60:22)

3. 영원한 기념비를 세운 믿음의 선진들

1) 노아의 기념비 - 방주 (창 6:14~22) 22
2) 아브라함 부부의 기념비 - 순종과 믿음 (히 11:8, 11, 롬 4:18~22)
3) 모세의 기념비 - 여인의 후손 언약과 그리스도의 언약 (히 11:24~26, 27~29)
4) 바울의 기념비 - 복음, 제자, 교회, 재생산 (롬 16:1~23)
5) 하나님의 나라와 자손들을 위해 어떤 기념비를 세우고 있는가?

*순종의 사람들, 하나님의 말씀에 대한 절대적인 순종은 효율적인 사역과 기독교적 리더십의 가장 중요한 요소이다. (행 2:42, 롬 16:19)

4. 영원한 기념비를 세우는 교회와 성도 되어야

1) 미전도종족 선교를 위하여 - WMTC

2) 미전도종족 선교를 위한 선교사 훈련학교 - WMTS

3) 더 빨리, 더 깊이, 더 멀리, 모든 세계인에게 그리스도의 복음을 - UPBS

4) 후대들을 위하여 준비한 Vision & Dream Center - V&DC

5) 전능하신 하나님 아버지 - 오직 믿음으로! 오직 순종으로! (수 4:24, 히 11:1~3)
주여, 길갈의 수치가 굴러가게 하소서 (수 5:9)

언약백성의 정체성

수 5:1~15

하나님의 능력으로 이스라엘은 요단을 건넜다. 요단은 믿음으로 건너는 강이다. 여리고 정복을 앞두고 길갈에서 [할례]를, 그리고 [유월절]을 지켰다. 하나님의 언약 백성의 정체성을 되찾은 것이다. 하나님께서는 모세와 함께 하신 것처럼 여호수아와 함께 하시겠다는 약속을 그대로 지키셨다. 백성들도 모세에게 했던 것 같이 여호수아의 리더십에 순종하며 원만하게 움직였다. 이들이 경험한 놀라운 성공과 순탄함의 원인은 어디에 있었나? 하나님의 말씀에 따라 [순종]한 것뿐이다. 그 결과 임마누엘의 은혜로 형통함과 평탄함이 있었다(수 1:8). 언약백성의 정체성으로.

1. 광야를 끝내는 믿음의 결단 (수 5:1)

2. 언약백성의 정체성으로 (5:2~15)

1) 할례를 받으라 - 신분확인 (수 5:2, 창 1:27~28, 롬 8:17)

하나님과의 관계 확인하는 예식, 언약관계를 확인하는 예식, 새로운 시작을 위해 신분을 확인하라. [길갈]의 축복, 애굽의 수치가 굴러갔다. 애굽에서 종살이하면서 겪었던 모든 수모, 조롱거리들. (수 5:9, 창 3:15, 요 19:30, 고후 8:9, 사 53:5)

2) 유월절을 지키라 - 피 언약, 그리스도의 언약 (수 5:10)

유월절은 하나님의 구원사역을 기념함으로써 언약백성의 정체성을 분명하게 하는 절기이다. 이 날을 계기로 이스라엘은 새로운 음식을 먹게 되었음을 강조한다. 새 땅에서 새 음식을 먹기 시작한 일로 드디어 40년의 광야생활이 공식적으로 막을 내린 것이다. (출 16:35) 이는 하나님의 공급이 멈춘 것이 아니라 언약 백성의 필요를 채우시는 하나님의 방법이 바뀌고 있음을 중요히 보아야 한다.

3) 여호와의 군대장관 - 예수 그리스도 (수 5:13~15)

이 방문자는 누구인가? 천사인가? 천사들은 경배를 받지 않는다. (계 19:10) 바로 예수 그리스도시다. 한 번도 경험하지 못한 거대한 난관 앞에 "너는 강하고 담대하라, 여리고가 아무리 강해도 걱정할 필요 없다, 내가 있지 않느냐? 내가 함께 한다. 내가 떠나지 않는다." (수 1:8~9) 이 말씀이 우리 모두에게 필요하지 않는가? (시 103:20~22, 히 12:22, 왕하 6:17, 수 1:6, 7, 8~9)

3. 언약백성의 정체성으로 거룩한 전쟁에 승리하라 (수 21:43~45, 엡 6:10~12)

이미 승리를 알고 가는 길, 젖과 꿀이 흐르는 가나안은 매일 영적 전쟁에 승리함으로 취하는 땅이다. 영적전쟁은 언약백성의 정체성으로 하는 것이다. 이미 승리하신 그리스도 안에서 승리를 선포하며 전진하라. (행 1:1~14, 2:1~4)

내 안의 견고한 진을 무너뜨리라

수 6:1~21

내 안에 있는 견고한 진, 하나님의 능력으로 파하라.

1. 하나님의 절대주권

하나님의 절대주권의 출발은 Lordship이다. (롬 11:36, 대상 29:11)

2. 내 안의 견고한 진을 무너뜨리라

1) 두려움 (창 3:9~10, 수 2:9, 5:1, 요일 4:18) - 관계단절(사랑결핍)에서 옴

수치심, 죄책감, 궤변, 거절감, 열등감, 분노, 원망, 편견, 미래에 대한 불안감, 부정적인 태도, 비판적인 태도 → 무엇이든 기쁨, 평안, 안식, 응답으로 나아가지 못하도록 길을 가로막고 있는 태도나 마음가짐이 우리의 여리고다. (수 1:6, 6:2, 시 16:6)

[관점]의 문제, 하나님의 [관점]에서 자신을 보라. (시 8:3~5)

2) 내 안의 견고한 진을 무너뜨리라 (고후 10:3~4, 4~6)

[견고한 진]은 관념, 주장, 교만한 의견, 뒤틀린 철학 / 자기해석의 문제만 확대, 하나님의 능력을 보지 못하도록 우리의 눈을 흐리게 하는 것들이다.

3) 내 안의 견고한 진, 어떻게 무너뜨리나? - 하나님의 전략을 따라가라

(1) 언약궤 따라가라 - 하나님의 공격방법 - [오직] (수 1:6~7, 6:3~5, 13)

(2) 승리의 나팔을 불어라 (수 6:6, 8, 10)

은나팔은 사람들을 모을 때 사용 (민 10:2), 양각 나팔은 승리를 축하할 때 사용했다.

(3) 온전히 순종하라 (수 6:12~27)

3. 이미 주인이 바뀐 가나안 땅 - 승리의 나팔을 크게 불어라

1) 구원의 축복을 선포하라 (요일 5:13, 요 19:30)

2) 성령내주, 임마누엘의 축복을 선포하라 (고전 3:16 / 창 15:1, 시 27:1, 34:4, 사 41:10)

3) 기도응답의 확신을 선포하라 (렘 33:3)

4) 영적해방, 자유, 행복을 선포하라 (롬 3:25~26, 신 33:29)

5) 참된 승리를 선포하라 (요 16:33) - 전무한 응답은 하나님의 절대주권을 믿는 주권적 신앙에서 나온다.

*바른 신앙고백위 (마 16:16~19) 예배, 말씀, 기도, 전도, 교제, 찬양 앞에 견고한 진은 무너진다. 그릇된 생각에서 벗어나 하나님의 약속으로 나아가라. 우리 안의 여리고가 무너지는 것은 시간문제, 가나안 땅의 주인은 이미 바뀌었다.

모든 자를 살려주라

수 6:12~27

수 21:43~45의 응답, 미리 내다보는 응답을 가지고 담대히 나아가라(히 10:35). 이 약속을 나에게 주시는 약속으로 받아들이라. 자기 이름을 넣어 읽어보라. [여호와께서 맹세하사 주리라 하신 온 땅을 이와 같이 ___에게 다 주셨으므로 [___가 그것을 차지하여 거기에 거주하였으니] [여호와께서 ___의 주위에 안식을 주셨으되…] [여호와께서 ___에게 말씀하신 선한 말씀이 하나도 남음이 없이 다 응하였더라]

1. 여리고성 함락은 순종으로

언약백성의 [순종]에 의해 요단강을 마른 땅으로 건넜다. 여리고 성 역시 온전한 [순종]에 의해 무너졌다. (수 6:3~5, 5~16, 20~21) 여리고 성 함락에 있어서 강조하는 것은 말씀 그대로 행하는 이스라엘의 [절대순종]이다. 모든 일을 그 마음의 원대로 역사하시는 하나님(엡 1:11), 믿음으로 얻을 수 있는 승리를 빼앗아 가는 내 안의 견고한 진들을 먼저 무너뜨리자. 열등감과 불신앙은 단짝이다. 하나님의 관점에서 자신을 보라. (시 8:3~5) 거룩한 전쟁에 성패를 좌우하는 것은 언약궤와 [순종]이다.

여리고 사람을 왜 진멸해야 하는가. (신 20:16~18) 언약백성의 순수성 유지와 하나님 나라를 온전히 이루기 위해 사단문화에 동화될 수 있는 어떤 통로도 제거해야 한다. 죄는 전염성과 중독성이 매우 강하다. 아무리 경건한 자라도 죄에 넘어지는 것은 순간이다. 여리고 성 함락의 핵심은 [순종]이며 [과정]에 있다. 여리고는 반드시 무너지게 되어있다. 가나안 정복은 하나님의 절대 계획이기 때문이다.

2. 하나님 아버지의 마음 - 그에게 속한 모든 자를 다 살려주라

일백 마리의 양들 중 잃어버린 한 마리 양들을 찾아 나선 목자의 마음(18:12~14, 눅 15:4~7), 모든 사람이 구원에 이르기를 원하시는 하나님 아버지의 마음(딤전 2:4), 라합과 그의 집안이 구원받게 된 것은 라합 한 사람 때문이다.

기생 라합이 들은 복음(수 2:11~13, 히 11:31), 비천한 여인과 한 약속을 그대로 이행하도록 역사하시는 하나님이시다. 잃어버린 영혼을 향하신 하나님 아버지의 마음, 그에게 속한 자는 다 살려주라. (수 6:17, 22~23, 25)

3. 가나안 땅의 주인이 된 삶으로 오늘이 인생의 황금기, 누리며 기도하라

출애굽의 고통스러운 매일과 사사기의 영적 암흑기 사이에 이스라엘의 7년이 화려하게 빛난다. 이때가 이스라엘의 황금기였다. 인생의 황금기를 되찾으라. 사명으로 행복을 찾아 누리라. 복음, 기도, 전도, 감사, 찬양을 하라. 오늘이 황금기다.

하나님으로 만족하십니까

수 7:1~26

가나안 정복 전쟁에서 지금까지 이스라엘은 승승장구하였다. 요단이 갈라지고 여리고 성은 무너졌다. 그런데 여리고 성의 1/10 정도, 인구 12,000명의 작은 아이 성 정복에 큰 낭패를 당하였다. 왜 실패했을까? 전쟁의 원리를 순종의 원리로 이해하지 않고 힘의 논리로 전략을 세운 것과 언약 공동체 내부문제로 전체의 위기를 맞게된다. 언약의 하나님으로 충분합니까?

1. 언약의 하나님, 언약을 반드시 이루시는 하나님

1) 내가 주는 언약의 땅으로 가라 (창 12:1~3, 수 1:3)

2) 언약의 백성, 광야에서도 세심하게 챙겨주시는 의식주 (신 8:4, 29:5)

3) 더 많은 공급을 약속하시는 하나님 (신 8:7~9)

4) 반드시 언약을 이루시는 하나님 (수 1:6)

2. 아이성 정복의 실패

1) 수 7:1, 2~6 | 하나님의 진노, 제동이 걸린 정복 여정

리더십의 절망감, 불안하고 혼란한 상태, 놓치고 있는 언약 (수 7:6~9, 1:3)

2) 정복의 실패 원인 | 정복 원리에 대한 실수 (수 7:11, 15) 명령, 범위, 원리

(1) 수 7:16~18 | 직접적인 원인은 아간 한사람의 범죄 때문에

(2) 전리품에 대한 하나님의 명령 (수 6:18~19, 7:16~18)

(3) 아간의 장막 안에 있는 문제 (수 7:20~21, 골 3:5~6, 행 5:3~4, 9, 11)

(4) 죄가 파고든 경로 | 아간 한 사람의 탐욕으로 (21)

결과 | 언약 공동체에 가져온 큰 피해와 고통과 슬픔 (수 7:4~5, 24~25, 26)

언약 공동체는 거룩성과 순결성을 지켜야 한다. 공동체의 아픔, 내 장막 안에 있는 문제 아닌가? 은밀히 비밀리에 할 수 있는 일은 세상에 없다. 아간의 범죄를 하나님께서 온 천하에 드러내셨다. 하나님의 기소장 → 하나님의 언약을 어기고 (11, 15)

3) 매 순간 그리스도가 필요한 이유를 언약 잡아야 한다 (호 2:14~15, 마 16:16)

3. 언약의 하나님으로 충분합니다

1) 언약을 반드시 이루시는 하나님 (요 19:30)

2) 부요하신 하나님, 축복과 사명의 땅 가나안에서 (롬 16:1~23, 전 6:3, 6, 12:13)

3) 언약을 반드시 이루시는 하나님으로 충분합니다 (행 1:1~14, 시 23:1)

언제든지 문제는 당연히 온다. 가장 중요한 시간표에 온다. 절대적인 이유를 가지고 온다.

문제를 이길 수 있는 유일성의 해답을 가지라.

가나안 땅의 비밀 그리스도, 그러므로 하나님으로 충분합니다. (마 16:17~19)

두려워하지 말고 일어나 올라가라

수 8:1~2

아간 [한 사람] 때문에 언약공동체에 큰 고통이 왔다. 지도자 여호수아는 굴욕적이고 절망적인 패배를 경험했다. 큰 충격과 혼란 가운데 있는 지도자 여호수아에게 하나님께서 말씀하신다. "백성을 거룩하게 하라, 내 일을 위해 스스로 거룩하게 하라(수 7:13)" 문제는 아간의 장막 안에 있었다. 아간의 문제를 제거하자 다시 말씀하신다. 두려워하지 말라, 놀라지 말라, 일어나 다시 아이성으로 올라가라!

1. 변함없으신 하나님

1) 언약에 변함없으신 하나님 (수 8:1, 7, 18, 24)

2) 사랑에 변함없으신 하나님 (신 7:6~7, 8)

3) 우리의 실패와 아이성의 비극을 미리 보고 계신 하나님 (시 37:23~24)

유일성의 해답으로 광야의 삶을 끝내는 믿음, 복음체질화 될 때까지 다루시는 하나님의 손길을 깨달아야

2. 실패보다 크신 그리스도의 복음

1) 진리이신 그리스도 (요 14:6, 행 4:12, 롬 8:1~2)

2) 두려워하지 말고 일어나 올라가라 (신 8:1, 눅 15:18, 20, 22~24)

3) 하나님의 음성에 귀 기울이라 (수 8:1~2)

아이성 첫 번째 공격 아이 성 두 번 째 공격

정보 - 정탐꾼들의 말을 듣고 하나님의 말씀을 듣고

여호수아 - 현장에 나가지 않았고 현장에서 진두지휘

군대 - 3,000명 출전 용사 30,000명 동원

전략 - 정탐꾼들의 말대로 하나님이 주신 전략을 따라

4) 두 번째 기회를 주시는 하나님의 은혜 (눅 5:1~11)

과거에 묶이지 말고 지금 하나님의 계획을 언약 잡으라. 따르라. 광야를 끝내는 믿음의 결단으로 일어나 올라가라. 그리스도와 함께 그리스도 안에서 다시 도전하라. 실패를 통해 배운다면 사실상 실패자가 아니다. 믿음으로 다시 도전하라. 하나님의 말씀을 따라 순종하자 대승을 거둔 언약 공동체의 아이성 정복. (수 8:1~29)

3. 두려워하지 말고 일어나 올라가라

1) 허다한 증인들의 응원이 있다 (히 12:1)

2) 이들은 명예의 전당에 기록된 인물들 (히 11:1~40)

3) 두려워하지 말라, 놀라지 말라, 일어나 올라가라 (수 1:2, 7:13, 8:1~2)

4) 아침에 일찍이 일어나라 (수 3:1, 6:12, 15, 7:16, 8:10)

*영적으로 무장하는 기도와 함께 복음증인의 삶을 살라. 흑암의 현장을 정복하는 전도제자, 선교제자의 삶을 살라. (창 26:12, 사 60:1~62:12) 일찍이 일어나 먼저 언약잡고 기도하라. 하나님 아버지가 앞서가시며 준비 하신다. (신 1:31, 33)

순종을 다짐하는 기념비

수 8:30~35

하나님께서는 요단강을 마른 땅으로 건넌 후 기념비를 세우라 하셨다. 이유는 후대들에게 하나님의 능력을 설명하고 하나님을 항상 경외하도록 하심이었다(수 4:19~23). 순종으로 경험하게 된 기적체험이다(수 4:8~9). 둘째, 아간 사건으로 아이 성 정복에 실패한 이후 크게 쌓은 돌무더기인데 이것은 불순종으로 경험하게 된 불행한 징계의 기념비이다(7:26). 셋째, 아이성 함락 이후에 세운 기념비는 큰 돌들로 세운 기념비인데 이는 언약백성이 하나님 앞에서 온전히 순종하는 삶을 다짐하는 기념비이다. 하나님께서는 왜 정복의 원리로 [순종]을 말씀하시는가? 그리고 왜 모세와 장로들은 순종을 다짐하는 기념비를 세우라 명령하는가? (신 27:2)

1. 순종, 축복의 원리

1) 절대 주권적인 구원의 계획 (창 12:1, 요 3:16)

2) 절대 주권적인 축복의 계획 (창 12:2~3, 요 10:10)

3) 순종하는 자에게 주시는 구원과 축복의 누림 (신 28:1~68 / 신 27:11~26)

인생의 황금기는 우리가 좋은 선택을 내릴 때 시작된다.

반대로, 어리석은 선택을 내리면 삶이 무진장 피곤해 진다.

2. 순종, 사명의 원리

1) 아브라함 (창 12:1~3, 22:16~18)

2) 이삭 (창 26:1~5, 12~13, 22)

3) 야곱 (창 35:1, 10)

4) 요셉 (창 41:40, 57)

선교적인 교회, 선교적인 삶, 세계선교는 순종의 신학이다. (행 13:2~3)

3. 십자가의 그리스도, 그 순종의 유산은 구원과 축복

1) 광야의 삶을 끝내는 결단은 [내가] 해야 한다 (빌 2:5~8)

2) 믿음으로 사는 삶, 요단 앞에서의 순종 결단, [내가]해야 한다 (행 1:13~14)

3) 순종으로 사는 삶, 온전한 순종을 다짐하는 기념비를 세우라 (겔 36:25~27)

이제는 [선택]만 남아 있다.

번제와 화목 제사를 드리는 제단이 에발산에 있음을 기억하라. (30~31)

에발 산과 그리심 산 左, 右 중심에 그리스도가 계신다. (32~33)

*누구든지 언약 공동체 안에 들어올 수 있다. (33, 35) 좋은 선택을 하라. 생명의 선택, 축복의 선택을 하라, 그리고 열방과 세계 가운데 이 기쁜 소식을 전하라. 온전한 순종의 삶을 다짐하는 기념비. 오늘, 이 시간, 내 안에 먼저 세우자.

그래도 하나님께 물어야 합니다

수 9:1~15

하나님께 묻고 결정해야 할 중요한 일을 하나님께 묻지 않고 섣부른 결정을 내림으로 나중에 큰 문제가 되는 경우가 있다. 여호수아와 족장들이 하나님께 묻지 않고 내린 섣부른 결정으로 그 결과 골치 아픈 일에 휘말리게 된다. 중요한 결정을 할 때는 하나님께서 말씀하실 때까지 기다리는 것이 올바른 순서이다. 순간적 충동으로 성급하게 행동하지 않도록 영적 안테나를 세워 민감하게 반응해야 한다. 모든 상황이 딱 맞아 떨어질 때 [그래도 하나님께 물어야 합니다].

1. 하나님이 주신 5대 비전

1) 교회비전 (마 16:16~19)　　2) 선교비전 (마 28:19~20)

3) 제자비전 (롬 16:1~23)　　4) 성령비전 (행 1:8)

5) 축복비전 (창 12:1~3) - 시대를 이기고, 시대 살리는 [남은 자의 언약]이다

2. 여호수아와 족장들의 실수

1) 여호수아를 찾아온 기브온 사람들

(1) 기브온 사람들의 서십발, 화친조약을 요청 (수 9:6, 9)

(2) 완벽한 정황들, 조약을 간청하는 기브온 사람들 (수 9:3~5, 7~13)

2) 여호와께 묻지 않고 조약을 체결한 여호수아 (수 9:14~15)

(1) 기브온 사람들의 계략을 왜 간파하지 못했을까?

(2) 모세와 여호수아의 리더십에는 본질적인 차이가 있다. 모세는 하나님께 직접 교통했지만 여호수아는 대제사장을 통해 하나님께 물어봐야 했다. 그 지시를 어긴 것이다. (민 27:18, 21) 여호수아가 묻지 않고 한 일이 나중에 골치 아픈 일에 휘말리는 계기가 된다.

3. 그래도 하나님께 물어야 합니다

1) 하나님의 음성을 듣는 삶과 예수님 (요 5:19, 30, 8:26, 28, 38)

2) 다윗처럼 (삼상 23:1~2, 4, 삼하 2:1, 3:1, 5:19, 23)

3) 바울처럼 (행 16:6~7, 8~9, 10) 순종, 음성듣기의 열쇠입니다 (시 119:60)

4) 작은 일, 당연한 일, 완벽한 상황 - 그래도 하나님께 물어야 한다

5) 나를 향하신 하나님의 계획은 완벽하다

순종! 음성 듣기의 열쇠

하나님께 [묻고, 듣고, 행하는] 일에 능한 자가 되기 위해 말씀과 기도는 생명이다.

언약백성을 위하여 싸우시는 하나님

수 10:1~15

하나님의 언약은 태양보다 크고 태양보다 더 가치가 있으며, 하나님께서 원하시는 가나안 정복과 세계선교는 태양보다 위대하고 중(重)하기에 태양을 붙잡아 놓는 초자연적인 기적으로 언약 백성 이스라엘에게 압승을 안겨 주셨다. 크고 강력한 족속 기브온 족이 이스라엘과 동맹을 맺었다는 소식이 가나안 전역에 퍼졌다. 이 소식을 들은 가나안 남부 지역의 다섯 왕이 연합을 하여 기브온을 치려할 때 기브온 족은 이스라엘에 도움을 요청한다. 하나님의 말씀을 받은 여호수아는 그들을 돕기 위해 군사들을 데리고 밤새 올라가 40km나 떨어진 기브온에 도착, 그곳에 집결해 있는 가나안 동맹군을 완벽하게 격파한다. 이는 여호와께서 이스라엘을 위하여 싸우셨음이니라(수 10:14).

1. 언약을 이루시는 하나님

1) 출애굽의 기적 (출 12:13)
2) 광야의 기적 (신 1:31)
3) 요단의 기적 (수 3:17, 눅 1:37)
4) 여리고 성의 기적 (수 6:20)
5) 회개하고 다시 언약을 회복함으로 취한 아이 성의 승리 (수 8:28~29)

2. 언약 백성을 위해 싸우시는 하나님

1) 가나안 남부 연합군과의 전투와 이스라엘의 압승 (수 10:1~15)
2) 여호수아 군대를 위해 전쟁의 도구가 된 태양 (수 10:12~14)
3) 태양아 머무르라, 달아 너도 그리 할지어다 (수 10:12)
4) 태양이 멈춘 이적이 오늘 나와 무슨 관계가 있나? (마 28:19~20, 롬 15:4)

3. 의의 태양이신 그리스도를 붙잡는 이적

1) 의(義)의 태양이신 예수 그리스도의 언약잡고 기도하라 (사 9:2, 마 4:15~16)
2) 흑암현장의 심각성, 앞으로의 시대는 예수 그리스도의 빛이 그리운 시대가 된다
   태양이 천만번 멈춘다 해도 인간의 죄, 저주, 지옥문제는 절대 해결할 수 없다. 보다 더 큰 이적은 [예수는 그리스도!]라는 사실을 믿음으로 선포하며 전도제자, 선교제자의 삶을 사는 것이다. (요 1:9, 8:12, 벧전 2:9)
3) 기브온 상공의 태양이 아닌, 의의 태양이신 주 예수 그리스도를 언약잡고 세계선교에 방향 맞추고, 기도의 비밀로 영적전쟁을 하라.
   언약백성을 위해 싸우시는 하나님이 계시다. 승리의 주역은 하나님이시다. (사 60:1~22, 행 1:8)

영영한 기념이 될 기념비를 세우라 수 4:1~24

세상은 인재를 필요로 한다. 좋은 인재를 얻는 것은 미래를 얻는 것이요, 세상을 얻는 것과 같다. 세계인구 2%에 불과한 유대인들은 전 세계 영향력 있는 현장을 거의 장악하고 있다. 본문에서는 미래를 살릴 우리 후대들을 위하여 영영한 기념이 될 기념비를 세우라 하신다.

1. 출애굽과 광야 여정에서 경험한 12대 기적

1) 이스라엘 자손의 집 문설주와 인방에 어린양의 피 바른 날의 기적 (출 7:1~12:37)
2) 홍해가 갈라져 마른 땅이 된 기적 (출 14:15~22)
3) 마라의 쓴물이 단물로 바뀐 기적 (출 15:22~27)
4) 하늘에서 비같이 내린 양식 만나와 메추라기의 기적 (출 16:1~20)
5) 미리암과 아론이 모세를 비방할 때 하나님 반응과 행하신 기적 (민 12:1~16)
6) 고라와 다단과 아비람이 모세를 반역할 때 하나님의 반응과 행하신 기적 (민 16:1~35)
7) 반석에서 솟아나는 생수의 기적 (출 17:1~7)
8) 불 뱀에 물린 자, 놋 뱀을 바라볼 때 일어난 기적 (민 21:4~9)
9) 대적 아말렉을 대파시킨 사선과 여호와 닛시의 기적 (출 17:8~16)
10) 아모리 왕 시혼과 바산 왕 옥을 쳐서 이긴 완승의 기적 (민 21:21~35)
11) 40년 광야 통행 길에 저들의 몸에 옷과 신발이 낡지 아니한 기적 (신 29:5)
12) 요단강이 갈라져 마른 땅이 된 기적 (수 3:1~17)

*창 3:15 - 여인의 후손 메시아가 오실 땅, 가나안을 향하는 언약백성들 앞에 펼쳐진 모든 문제는 하나님의 방법으로 해결 되었고 모든 문제는 하나님의 능력으로 하나님의 기적을 체험하는 기회가 되었다.

2. 영영한 기념이 될 기념비를 세우라

1) 영영한 기념이 될 기념비를 세우라
(1) 요단강을 마른 땅으로 건너게 하신 하나님을 기념하라 (수 4:1~3)
(2) 열두 지파로 열두 돌을 취하여 요단 가운데 기념비를 세우라 (수 4:4~9)
(3) 정월 10일, 여리고 동편 지경 길갈에 기념비를 세우라 (수 4:19~20)
(4) 후일에 너희 자손들에게 영영한 기념이 되게 하라 (수 4:6~7, 21~22)
(5) 홍해를 말리심과 같이 요단을 건너게 하신 하나님을 알게 하라 (수 4:23~24)
(6) 여호와의 손의 능하심을 알게 하며, 영원토록 하나님을 경외하게 하라 (수 4:24)

*언약의 백성이 행진하는 곳에 범람하던 문제의 요단이 흐르기를 멈추고, 마른 땅이 되며 요단을 다 건넌 후에야 여전히 흘러넘치는 요단강의 의미를 아는가? (수 4:15~18)

2) 하나님이 주신 우리 후대들을 위하여 기념비를 세우라

(1) 가장 위대한 신앙고백, 그 큰 의미와 복을 누리도록 가르치라 (마 16:16~19)

(2) 하나님의 비전, 예수님의 비전, 성령님의 비전을 품게 하라 (마 28:16~20)

(3) 세계와 시대 살릴 위대한 꿈을 가진 예배자가 되게 하라 (시 100:1~4)

(4) 만나게 될 다양한 요단강, 그러나 능히 건너게 될 그 당위성을 알게 하라 (수 1:1~9)

(5) 그리스도의 언약 잡은 부모로서 자녀들에게 최고의 멘토가 되라 (출 18:13~27)

3. 그리스도의 언약, 세계복음화의 방향, 정시 무시로 기도하라 (마 16:16, 행 1:1~2:47)

정복을 준비하라

수 5:1~15

이스라엘 백성은 요단강을 마른 땅으로 건넜다. 후대들을 위한 기념비도 세웠다. 가나안의 새로운 주인으로 등장하게 되어있는 이들에게 이제 가나안 정복을 준비하라 하신다. 이스라엘에 더 큰 기적 계획하고 계신 하나님께서는 오늘 우리에게도 정복을 준비하라 하신다.

1. 할례를 받으라 - 신분을 확인하라

*하나님의 역사로 인하여 마음이 녹고 정신을 잃은 사람들 (수 5:1, 출 23:27)

1) 이스라엘 자손들에게 할례를 행하라 (수 5:2~7)

2) 왜 요단강을 건넌 바로 그 이튿날 할례를 행하라 하시는가?

3) 왜 전시상황의 임전태세 가운데 할례를 받으라 하시는가?

4) 행동해야 하는 바로 그 때에 행동할 수 없게 만드시는 하나님의 의도는 무엇인가?

5) 가장 위험한 순간에 언약 백성을 이렇게 노출시킴으로써, 이들을 보호하시는 하나님의 능력을 크게 나타내시고, 또한 자기들을 안전하게 지켜 주시는 하나님의 보호와 인도와 역사에 대하여 신뢰를 선포하는 백성들, 과연 이들은 누구인가?

6) 신분을 확인하라, 언약의 백성 곧 임마누엘의 신분임을 확인하라 (출 19:5~6, 수 5:2~7)

7) 애굽에서의 노예 신분, 수치를 다 굴러가게 하셨다. 그러므로 길갈의 신분 (수 5:8~9)

"Pro는 날마다 기초를 다진다. 기초는 항상 높은 수준과 함께 만난다."

성도의 신분과 권세를 바르게 알고 누리며 사용함은 영적전쟁에서 가장 큰 무기이다.

2. 유월절을 회복하는 이스라엘 - 메시야의 언약을 잡으라

1) 첫 번째 유월절 - 애굽에서 출애굽 직전에 (출 12:3~38)

2) 두 번째 유월절 - 시내 광야에서 시내 산을 떠나기 직전에 (민 9:1~5)

3) 가데스바네아 사건 - 하나님을 청종치 아니한 자들을 멸절하신 광야 40년 (민 14:32~38)

4) 세 번째 유월절 - 할례 없는 광야 38년, 언약을 회복하고 가나안 정복준비 (수 5:10)

5) 하나님의 기적으로 공급받은 광야의 의식주

이제 가나안 땅의 소산을 취하라 (수 5:11~12, 신 11:10~12)

[그 무엇과도 비교할 수 없는 그리스도, 위대한 일을 하려면 그리스도의 언약부터]

3. 여호와의 군대장관으로 오신 예수 그리스도 - 가나안 정복을 위하여

1) 여호와의 군대 장관이 여호수아에게 나타남 (수 5:13~14)

2) 네 발에서 신을 벗으라 (수 5:15)

3) 그대로 행하는 여호수아 (수 5:15)

4) 여호와의 군대를 친히 돕기 위해 온 군대장관 (수 5:15)

5) 이는 여호와의 군대 장관으로 오신 예수 그리스도 (수 5:13~15)

(1) 창 3:15

(2) 창 6:14

(3) 창 12:1~9

(4) 사 7:14

(5) 마 16:16

6) 가나안 정복을 준비하라, 가나안 정복을 시작하라 (수 5:15, 사 43:18~21)

7) 세계복음화의 역사를 계속하라, 성령의 능력으로 (마 28:19~20, 행 1:8)

*새로운 정복의 역사를 위하여 언약잡고 순종하며 성령님의 역사를 기도하라.

축복의 땅을 향하여

수 5:1~15

여호와 이레, 여호와 닛시, 에벤에셀의 하나님, 임마누엘의 은혜를 감사드립니다. 이제 주님의 몸 된 교회를 하나님이 주신 축복의 땅으로 이끄시는 하나님께 모든 영광과 찬송을 올려드립니다. 하나님 홀로 영광 받으소서. 아멘.

1. 하나님의 사랑과 은혜를 기억하라

1) 축복의 기념비를 세우라 (수 4:1~3)

2) 후대들에게 설명하는 기념비의 의미 (수 4:19~23)

3) 그러므로 너희는 하나님 여호와를 항상 경외하라 (수 4:24)

2. 축복의 땅을 향하여

1) 먼저 준비, 확인해야 할 것들 - 승리가 보장된 싸움

(1) 할례를 행하라 - 신분확인 - 이제는 마음의 할례를 행하라 (수 5:2~9)

(2) 유월절을 지키라 - 피 언약 - 주님의 승리를 찬양하라 (수 5:10~12)

(3) 칼을 든 여호와의 군대장관 - 대장되신 주님을 따르라 (수 5:13~15)

2) 하나님이 주신 축복의 땅을 향하여

(1) 언약의 땅, 약속의 땅 (창 12:1~3)

(2) 인생의 모든 문제해결자 메시야가 오실 땅을 향해 (창 3:15, 사 61:1~3)

(3) 죄, 저주, 심판, 사단, 지옥에서의 구속자 그리스도 (요 19:30)

3) 세계복음화를 향하여

(1) 십자가의 복음 운동 (고전 1:18, 롬 1:16)

(2) 그리스도의 제자운동 (마 4:19, 마 28:19~20)

(3) 성령의 역사로 세워지는 교회운동 (마 16:16~19)

3. 감사, 감사, 감사

1) 주신 은혜 감사 (시 50:23)

2) 주실 은혜 감사 (신 16:10, 15)

3) 범사에 감사 (살전 5:18)

믿음으로 순종할 때 무너지는 여리고

수 6:15~21

가나안 중부지역 최대의 장애물 여리고 성이 무너졌다. 믿음으로 순종할 때 무너졌다. 하나님의 말씀을 그대로 믿고 순종하면 기적이 일어난다. 오늘도 동일한 역사는 계속 되고 있다.

1. 하나님의 언약은 반드시 성취된다

1) 떨기나무 불꽃 가운데서 모세에게 주신 언약 (출 3:1~12)

2) 내가 이스라엘 자손에게 주는 땅으로 가라 (수 1:2)

3) 너희 발바닥으로 밟는 곳을 다 너희에게 주었노니 (수 1:3)

4) 광야와 온 땅과 대해까지 너희 지경이 되리라 (수 1:4)

5) 내가 정녕 너와 함께 있으리라 (출 3:12, 수 1:9)

언약의 땅을 향하여 행진하는 언약 백성 앞에 장애물로 등장한 모든 사건은 하나님이 참 하나님 되심을 체험하게 하고 확신하게 하는 거룩한 하나님의 사건들이었다.

2. 믿음으로 순종할 때 무너지는 여리고

1) 가나안 땅의 언약으로 하나 된 이스라엘이 거룩하다

(1) oneness를 이룬 제사장들 (수 3~6장)

(2) oneness를 이룬 무장한 군사들 (수 4:13~14, 6:9)

(3) oneness를 이루어 온전히 순종하는 백성들 (수 3~6장)

2) 하나님의 말씀을 그대로 순종하는 일주일

(1) 성을 돌아라, 매일 한 번씩 엿새 동안 그리하라 (수 6:3)

(2) 제7일에는 성을 일곱 번 돌며 제사장들은 나팔을 불어라 (수 6:4)

(3) 마지막 날, 양각 나팔 소리가 길게 들릴 때 큰 소리로 외쳐 부르라 (수 6:5)

(4) 제사장들은 언약궤를 메고, 일곱 제사장은 일곱 양각 나팔을 잡고 언약궤 앞에서, 무장한 자들은 나팔 부는 제사장들 앞에서, 후군은 그 뒤를 따르라 (수 6:6~9, 13)

(5) 질서를 강조하시는 하나님, 하나님의 말씀 그대로 순종하는 일주일 (수 6:1~27)

3) 믿음으로 순종할 때 무너지는 여리고

(1) 제7일 새벽에 그들이 일찍 일어나서 여전히 언약을 잡고 (수 6:2, 15)

(2) 입에서 아무 말도 내지 않고 순종하며 성을 도는 사람들 (수 6:10, 15)

(3) 제7일 제사장들이 나팔을 길게 불 때 크게 소리질러 외치는 백성들 (수 6:5, 20)

(4) 믿음으로 순종할 때 무너지는 여리고 (수 6:20~21, 히 11:30)

(5) 진멸 당하는 여리고, 붉은 줄의 언약으로 구원받은 라합의 집 (수 2:21~25, 히 11:31)

3. 믿음을 돌아보자, 순종을 돌아보자 - 하나님의 관점과 나의 관점

1) 하나님의 관점인 가나안 땅의 언약과 아브라함의 믿음과 순종 (창 12:1~3)

2) 하나님의 관점인 방주의 언약과 노아의 믿음과 순종 (창 6:14~22)

3) 하나님의 관점인 그리스도와 마가 다락방 공동체의 믿음과 순종 (행 1:1~14)

4) 하나님의 관점인 복음의 비밀과 영적 문둥병시대에 교회의 본질 회복 (마 16:16~19)

5) 하나님의 관점인 세계복음화와 남은자의 사명과 축복 (마 28:19~20, 행 1:8)

*하나님의 관점에서 믿음으로 순종하면 기적이 일어난다. 하나님의 관점은 인간구원이다.

여리고 성이 무너질 때 살아남은 자

수 6:15~27

하나님께서는 사람이 능히 생각하지 못하는 방법으로 하나님의 뜻을 이루시곤 하신다. 놀랍게도 말씀에 순종할 때 여리고 성은 함락되었고 성읍의 모든 것은 진멸되었다. 여리고 성이 무너지고 진멸될 때 마지막까지 살아남은 자가 있다. 어떻게 살아남을 수 있었을까?

1. 5대 비전은 남은자의 언약이다

1) 교회비전 (마 16:16~19) 2) 선교비전 (마 28:19~20) 3) 제자비전 (롬 16:1~27)
4) 성령비전 (행 1:8) 5) 축복비전 (창 12:1~3)

2. 여리고 성이 무너질 때 살아남은 자

1) 가나안 정복의 첫 관문도시 여리고를 정복하라
(1) 강하고 견고하며 심히 큰 성읍 (민 13:28)
(2) 하나님이 가르쳐주신 함락 방법 - 제사장을 따라, 언약궤를 따라 (수 6:1~11)
(3) 말씀대로 무너지는 여리고 성 - 히브리서 기자의 증언 (수 6:12~13, 히 11:30)
2) 여리고성이 무너질 때 살아남은 자 - 어떻게 살아남을 수 있었는가?
(1) 정탐꾼을 보호해 준 기생 라합, 숨겨준 이유는? (수 2:1~7, 히 11:31)
(2) 하나님의 계획과 행하신 역사를 알고 있는 기생 라합의 고백 (수 2:8~11)
(3) 라합의 증표 요구, 정탐꾼의 붉은 줄 언약 (수 2:12~21)
(4) 붉은 줄의 증표, 살아남은 라합과 그 일가족 (수 6:17, 22~23)
(5) 구속사의 족보에서 빛나는 이름 라합 (마 1:5) *붉은 줄의 의미는 무엇인가?
3) 예수 그리스도의 십자가 보혈의 능력을 믿음으로
(1) 죄에서 100% 완전 해방 (히 10:10, 12, 14)
(2) 저주에서 100% 완전 해방 (롬 8:1~2, 엡 2:1~8)
(3) 사단과 지옥의 운명에서 100% 완전 해방 (요 5:24, 요일 3:8, 고후 5:17)
(4) 저주의 십자가에 못 박히신 예수 그리스도 "다 이루었다" (요 19:30)

3. 선교시대, 시대를 살리는 남은 자의 언약으로

1) 오직 복음의 능력으로 (롬 1:16, 고전 1:18)
2) 오직 성령의 권능 받아 땅 끝까지 (행 1:8)
3) 오직 하나님의 영광을 위하여 (고전 10:31)
4) 오직 언약잡고 기도에 힘써야 한다 (행 1:13~14)

거룩한 공동체와 아간의 운명

수 7:1~26

Think Like Jesus, "예수처럼 생각하라." 사실 오늘날처럼 세속화가 광풍처럼 일어나고 쾌락이 일상화된 사회에 살면서 "예수처럼 생각하라"라는 명령은 오래된 구호처럼 느껴질 수 있다. 하지만 결코 피해 갈 수 없는 주님의 절대명령, 예수제자가 되지 않으면 세상이 우리를 제자 삼는다. 거룩한 언약 공동체, 절대명령 앞에 절대 순종함이 최고의 성공이다.

1. 본질을 회복하자

1) 사역이전에 본질회복이 중요하다 (행 1:1~14)

2) 본질을 회복하면 삶과 사역은 되어 진다 (행 2:1~47)

3) 신앙의 본질회복, 복음의 본질회복이 우선이다 (마 16:16~19)

*복음의 본질을 회복한 공동체는 거룩한 공동체, 복된 공동체다.

2. 거룩한 공동체와 아간의 운명

1) 아간의 범죄 (수 6:17~18, 7:1)

2) 아이성 전투의 패배 (수 7:1~5)

3) 공동체에 큰 고통을 몰고 온 아간 (수 7:5~9)

(1) 마음이 녹아 물같이 된 백성의 마음 (수 7:5)

(2) 아이성 전투의 패배로 언약궤 앞에 엎드려 통곡하며 기도하는 여호수아 (수 7:6~9)

4) 일어나라 하시며 문제의 원인과 해결책을 말씀하시는 하나님 (수 7:10~15)

5) 거룩한 공동체와 아간의 운명 (수 7:16~26)

(1) 거룩한 공동체, Oneness의 순종을 원하시는 하나님 (수 1~6장, 롬 12:5)

(2) 밝혀진 범죄자 아간, 아간의 자백, 그 탐욕의 결과 (수 7:16~23, 창 3:6, 행 5:1~11)

(3) 아간의 아들들과 딸들과 장막과 그 모든 소유의 최후 (수 7:24, 딤전 6:10)

(4) 거룩한 공동체에 고통을 준 아간의 운명과 아골 골짜기의 돌무더기 (수 7:25~26)

(5) 여호와께서 그 극렬한 분노를 그치시니 (수 7:26)

*수 4장의 기념비와 7장의 돌무더기는 서로 대조를 이룬다. 순종과 불순종의 결과이다.

*복음에 뿌리 내리지 아니하면 아간처럼 유혹을 못 이긴다. 복음은 모든 것을 이긴다.

3. 복음의 본질을 회복할 때

1) 교회의 본질 회복 - 지역, 민족, 세계를 살리는 복음공동체 (마 16:16~19)

2) 제자의 본질 회복 - 복음, 문화, 경제의 주역이 되는 제자공동체 (롬 16:1~27)

3) 선교의 본질 회복 - 흑암 문화를 복음으로 정복하는 선교공동체 (행 11:19~30)

4) 복음의 본질 회복 - 언약잡고 기도하는 성령공동체 (행 1:1~2:3)

5) 축복의 본질 회복 - 세계선교를 위한 축복공동체 (사 60:1~22)

*본질을 놓치면 세속화, 쾌락, 맘몬에 빠진다. 본질을 회복하여 기도하자. 복음의 뿌리에서 거룩한 공동체가 일어난다. 하나님의 비밀이신 복음 안에 모든 것이 다 있다.

예상 밖의 실패와 예정된 승리

수 8:1~35

상위 1% 이내의 뛰어난 리더들에게는 한 가지 공통점이 있다고 한다. 바로 좋은 인재를 발굴하여 그를 자신의 주위에 두는 일이다. 인재경영의 법칙이 모두에게, 그리고 늘 맞는 것은 아니다. 여호수아 리더십에 예상 밖의 실패가 발생했다. 그러나 하나님의 말씀대로 순종했을 때 승리는 다시 주어졌다. 그것은 하나님께서 언약하신 예정된 승리였다.

1. 날마다 영적 전쟁, 영적인 눈으로 보자

1) 종말로 주안에서 그 힘의 능력으로 강건하여 지고 (엡 6:10~13)

(1) 우리의 싸움은 정사와의 싸움 - 국가의 근본적인 방향을 결정하는 결재 권력의 배후

(2) 우리의 싸움은 권세와의 싸움 - 특정 지역의 영향력 있는 결재권의 배후에서 역사

(3) 어두움의 세상 주관자들과의 싸움 - 하나님을 대적하는 사상, 종교, 문화 등의 배후

(4) 하늘에 있는 악의 영들과의 싸움 - 개인 삶을 미혹과 파멸로 이끄는 거짓의 배후

2) 마귀의 궤계를 대적하기 위하여 하나님의 전신 갑주를 입으라 (엡 6:11, 13)

*영적 전쟁의 훌륭한 방법은 마귀를 주목하는 것이 아니라 하나님을 주목하는 것이다.

2. 예상 밖의 실패와 예정된 승리

1) 예상 밖의 실패

(1) 너무나 뜻밖(Surprise)의 결과 (수 7:5)

(2) 큰 싸움에 이기고 작은 싸움에서 실패한 이스라엘 (수 6:20~21, 수 7:4)

(3) 아이 성을 정탐한 자들의 말 그대로 (수 7:2~3)

(4) 아간의 범죄 (수 7:1)

(5) 예상 밖의 실패를 경험한 사람들 (민 20:12, 수 7:1~5, 삼하 11:1~27, 왕상 11:4~9)

2) 문제 해결을 위한 하나님의 지침

(1) 범죄한 것을 다 멸하라 (수 7:12)

(2) 백성들을 성결케 하라, 내일을 기다리라 (수 7:13)

3) 예정된 승리

(1) 아이로 올라가라 "그 땅을 다 네 손에 주었노니" (수 8:1)

(2) 전리품들은 스스로 취하라, 필요를 아시는 하나님 (수 8:2, 26)

(3) 말씀으로 진두지휘하시는 이스라엘 공동체의 하나님 (수 8:1~2, 18, 26)

(4) 아이성을 점령한 이스라엘 공동체 (수 8:7, 17~19)

(5) 순종으로 결론 내리고, 다시 순종을 다짐하는 언약 공동체 (수 8:27~35, 신 29:11)

*사단은 정하신 때에 필요를 채워 주시는 하나님을 신뢰하지 못하도록 역사한다.

*순종여부에 달려있는 가나안 정복, 순종 여부에 결정되는 그리심 산과 에발 산의 축복과 저주, 언약 백성에게 주어진 완전한 축복의 Guide-line은 하나님의 말씀이다.

3. 예정된 승리의 길을 가는 자, 그 정체성으로 축복을 정복한다

1) 언약적인 축복 (창 12:1~3)

2) 때가 되면 나 여호와가 속히 이루리라 (사 60:1~22)

3) 반석의 복을 주심 (마 16:16~19)

4) 하나님의 비전을 언약 잡은 자에게 (마 28:19~20)

그들을 살리리라

수 9:3~27

자신들의 생명보존을 위하여 속임수로 이스라엘과 화친을 맺은 기브온, 거짓이 탄로 나고 정체가 드러난 기브온, 그러나 "그들을 살리리라" 언약을 맺은 까닭에 여호수아는 "그들을 살리리라"하고 택하신 곳에서 하나님의 집과 회중을 섬기게 하였다. 가나안의 진멸 대상에서 제외된 이들을 통하여 오늘 우리를 향하여 주시는 주님의 메시지는 무엇인가?

1. 불가항력적인 하나님의 계획

1) 불가항력적인 하나님의 계획 - 구원계획 (요 3:16)

2) 불가항력적인 하나님의 은혜 - 무조건적인 은혜 (창 12:1~3, 롬 3:19~31)

3) 불가항력적인 은혜 위에 세워진 복음공동체 - 만세반석 그리스도 (마 16:16)

4) 불가항력적인 세계선교 - 지상 최고의 언약 (마 28:19~20)

5) 불가항력적인 하나님의 나라 - 다시 오실 예수 그리스도 (살전 4:16~18, 눅 17:20~21)

*중단 될 수 없는 하나님의 계획, 그 누구도 막을 수 없는 하나님의 역사, 정확한 시간표를 따라 성취되고 있는 하나님의 언약은 어떤 방해에도 막힘이 없이 진행되고 있다.

2. 그들을 살리리라

1) 기브온의 속임수 (수 9:3~13)

2) 여호와께 묻지 아니하고 동맹을 결정하는 이스라엘의 실수 (수 9:14)

3) 그들을 살리리라 언약을 맺고 맹세를 하는 여호수아와 족장들 (수 9:14)

4) 3일 후 속임수가 탄로 난 기브온 (수 9:16~17)

5) 여호와로 맹세한 맹약을 인하여 "그들을 살리리라" (수 9:18~20)

6) 기브온 족속으로 종을 삼아 나무패며 물 긷는 자가 되게 함 (수 9:21)

7) 곧 생명의 구원함을 얻고 택하신 곳에서 하나님의 집과 회중과 여호와의 단을 위하여 섬기는 자가 된 기브온 족속, 이 사건 속에 드러나는 하나님의 선교 사상 (수 9:23, 27)

*속임수를 써서라도 이스라엘 공동체 안으로 들어오려고 생명 걸고 구원을 요청했던 기브온 족속을 향하여 오늘도 하나님께서는 "그들을 살리라" 하신다.

*이스라엘의 종이 되었으나 하나님의 집과 회중과 여호와의 단을 섬기는 자가 되고 예배자가 된 이들이 누리는 자유보다 더 복되고 소중한 가치가 있을까.

*자신들의 생명을 위하여 구원을 요청하는 현대판 기브온 족속은 누구인가?

3. 결코 중단되지 않는 하나님의 계획

1) 복음이해로 축복의 대열에 (마 16:16~19)

2) 복음 체험으로 응답의 자리에 (창 12:1~3)

3) 복음적인 삶의 방법으로 정복의 자리로 (롬 16:1~27)

4) 결코 중단 되지 않는 하나님의 계획 (마 28:19~20, 행 1:8)

5) 실수에도 불구하고 결코 중단되지 않고 진행되는 하나님의 계획 (수 9:1~27)

6) 말씀, 기도, 전도의 완전 축복 속으로 (행 1:1~2:47)

7) 불가항력적인 임마누엘, 신분과 권세를 세계선교와 함께 누리는 자에게 (마 28:20)

아모리 전투에서

수 10:1~14

이스라엘을 대적하기 위해 형성되었던 아모리 동맹군이 목표를 바꾸어 자신을 배반한 기브온을 공격하였다. 위기에 몰린 기브온은 이스라엘에 지원을 요청하고, 여호수아와 그 군대가 참전하게 되었다. 하나님께서는 이 전쟁을 이스라엘이 가나안 남부지역을 한꺼번에 정복 할 수 있는 결정적 계기로 만들어 주신 것이다. 언약이 있는 싸움은 승리한다.

1. 언약이 있는 싸움은 승리한다

1) 애굽과 바로를 이긴 여호와의 유월절 (출 12:31~42)

2) 홍해에서 수장 당한 애굽 군대 (출 14:26~31)

3) 아말렉 전투에서 이스라엘의 여호와 닛시 (출 17:1~16)

4) 언약 잡은 사람들이 마른 땅으로 건너는 기적의 요단 강 (수 3:1~13)

5) 언약 잡고 순종하는 자들 앞에서 무너지는 여리고 성 (수 6:1~20)

6) 아이 성 제 2전투에서의 승리 (수 8:1~29)

2. 아모리 전투에서

1) 아모리 전투에서

(1) 아모리 연합군의 기브온 공격 (수 10:1~5)

(2) 위기에 봉착한 기브온, 여호수아 군대의 지원요청 (수 10:6)

(3) 이 전투에서 실패한다면 가나안 입국에 큰 문제 (수 10:1~6)

(4) 그러나 그들을 여호수아의 손에 붙였다고 말씀하시는 하나님 (수 10:8)

(5) 큰 덩이 우박으로 아모리 연합군을 파괴하시는 하나님의 특별한 역사 (수 10:11)

2) 태양아! 머무르라!

(1) 하나님께서 아모리 사람을 이스라엘에게 붙이시던 날에 (수 10:12)

(2) 절박한 상황 속, 여호수아의 기도 "태양아! 머무르라" (수 10:12)

(3) 기도에 응답하신 하나님, 이스라엘을 위하여 싸우신 하나님 (수 10:13~14)

(4) 다섯 왕을 정복하고 7도시를 말씀대로 완전 진멸하여 취한 승리 (수 10:16~40)

3) 아모리 전투의 결과

(1) 남쪽 연합군대를 단번에 정복하게 된 이스라엘 (수 10:42~43)

(2) 완전정복의 표현을 7번 반복하고 결론 절에서 한 번 더 반복함으로 가나안 정복이 하나님의 약속대로 여전히 진행되고 있음을 보여 준다 (수 10:28, 30, 32, 33, 35, 37, 39, 40)

(3) 결론적으로 강조하는 부분 - 승리의 이유는 하나님의 명령에 순종했기 때문이요, 이스라엘의 하나님께서 이스라엘을 위하여 싸우셨기 때문이다. (수 10:40~42)

3. 언약이 있는 싸움은 반드시 승리한다

1) 방해하는 사람과 사건을 하나님은 하나님의 방법으로 막으신다

2) 위기 상황에서는 기적을 베푸시는 하나님이시다

3) 하나님의 계획은 그리스도 안에서 중단 없이 진행되고 있다

4) 기도의 능력이 기적의 동력이다 (행 1:1~14)

태양아 머무르라

수 10:12~15

여호수아서의 중심 사상은 "하나님은 반드시 언약을 이루신다"이다. 언약하신 땅에 들어가 싸워서 정복, 분배, 정착한 내용이다. 오늘 본문의 기적은 사실인가? 왜 이런 기적이 필요한가? 언약백성이 나가는 길에 무너진 모든 위기의 상황들은 오늘 나와 무슨 상관이 있는가? 여호수아는 구약의 사도행전이다. [요절 - 11:23, 21:45]

1. 성도의 5대 확신

1) 구원의 확신 (요 5:24)
2) 기도응답의 확신 (요 15:7)
3) 인도의 확신 (시 23:1~3)
4) 사죄의 확신 (히 10:12, 14)
5) 승리의 확신 (요 16:33)

2. 태양아 머무르라

1) 여호수아서
   (1) 가나안 땅 정복 7년 (수 1:1~12:24)
   (2) 가나안 땅 분배 약 10년 (수 13:1~21:45)
   (3) 가나안 정착을 위한 교훈 (수 22:1~24:33)
2) 가나안을 향하여 가는 사람들 - 무너지는 모든 위기의 상황들
   (1) 가나안 땅의 언약 (창 12:1~3)
   (2) 홍해 밑에 대로를 여시는 하나님 (출 14:13~14)
   (3) 광야 40년 동안의 삶의 문제를 해결해 주신 하나님 (신 29:5)
   (4) 요단강을 마른 땅으로, 기념비를 세우라 (수 3:17, 19~24)
   (5) 하나님의 말씀대로 무너지는 여리고城, 회개의 아이城 (수 6:15~20, 8:28)
   (6) 태양아, 머무르라, 언약백성을 위하여 역사하시는 하나님 (수 10:12~14)
3) 정복의 절대 준비 세 가지 (수 5:2~15)
   (1) 할례를 받으라 → 신분을 확인하라 (수 5:2, 요 1:12)
   (2) 유월절을 지키라 → 피 언약 잡으라, 십자가 보혈 (수 5:10, 요 19:30)
   (3) 군대장관의 등장 → 그리스도, 모든 문제의 해결자 (수 5:13~14, 마 16:16)

3. 말씀과 기도로 세상 이길 힘을 소유하라

1) 메시야(그리스도) 언약, 복음의 은혜에 감사, 감사하는 삶 (엡 6:10~18)

2) 올바른 기도 - 행 1:1, 3, 8, 14, 2:42~46 / 누리는 기도

예수생명, 예수능력, 예수권세, 예수축복으로 세계 복음화! (사 60:1~22, 롬 16:1~23)

언약하신 그대로 성취되는 정복의 역사

수 11:1~15

로마가 주변국을 정복하고 하나의 제국을 이루어 1,000년의 영광을 누렸던 원동력은 무엇인가? 단순한 군사력으로 1,000년의 제국을 유지하는 것은 불가능하다. 로마가 강했던 이유는 그들의 '사고와 개념'이 주변국을 압도했기 때문이다. 중국은 방어를 위하여 5,000km의 만리장성을 쌓았다. 반면에 로마는 개방을 위하여 150,000km의 도로를 닦았다. 바로 이런 차이다. 하나님께서 언약하신 그대로 성취된 가나안 정복의 역사는 거룩한 '사고와 개념'으로 세상이 이해 할 수 없는 '위대한 정복'을 경험하게 하시는 하나님의 방법이었다.

1. 성도에게는 완전 승리의 언약이 있다

1) 하나님의 자녀의 신분과 권세 (창 1:27~28)
2) 아브라함의 유업을 이을 자 (갈 3:28~29)
3) 하나님의 유업을 이을 자 (갈 4:7)
4) 자녀이면 후사 곧 하나님의 후사 (롬 8:7)
5) 복의 근원의 복 (창 12:2)
6) 선교축복의 언약을 잡은 자에게 항상 임마누엘 (마 28:20)
7) 신분과 권세 속에 있는 임마누엘 언약 (고전 3:16, 고전 2:12)

2. 언약이 성취되는 정복의 역사

1) 중부 가나안 정복 - 여리고 성, 아이 성 함락 (수 6:1~8:35)
2) 남부 가나안 정복 - 아모리 다섯 왕 정복 (수 9:1~10:43)
3) 북부 가나안 정복 - 해변의 모래와 같은 북방 연합군을 점령 (수 11:1~15)
   (1) 여호수아에게 임하신 하나님의 말씀, 그들을 인하여 두려워 말라 (수 11:6)
   (2) 진멸당하는 북부 가나안과 성읍들의 가축과 재물들을 취하는 이스라엘 (수 11:7~14)
   (3) 여호와께서 명하신 그대로 행하는 여호수아 (수 11:15)
   (4) 온 땅을 취하여 지파의 구별을 따라 기업으로 분배받는 이스라엘 (수 11:16~23)
4) 이스라엘의 하나님은 어떤 하나님이신가?
   (1) 약속하시는 하나님, 그 약속을 이루시는 창조적인 축복의 하나님 (창 12:2~3)
   (2) 하나님의 약속과 성취의 과정 속에 살아가고 있는 우리에게 요구하시는 것 (수 1:1~9)
   (3) 우리의 미래는 열려있는 미래, 신뢰와 순종을 통하여 (수 14:6~15)

*가나안 정복 준비 속에 있는 정복의 열쇠 - 할례, 유월절, 군대장관 (수 5:1~15)

*이것이 세계를 정복(세계선교)하는 거룩한 '사고와 개념'의 완전한 언약이다.

3. 지금도 성취되고 있는 정복의 역사를 위하여

1) 복음 속에서 '나'를 찾으라 (창 1:27~28)

2) 말씀의 파수꾼으로 일어나라 (사 60:1~22, 마 16:16)

3) 기도의 파수꾼으로 일어나라 (사 62:6~12, 행 1:12~14)

4) 전도와 선교로 빛의 파수꾼으로 일어나라 (벧전 2:9, 마 28:19~20)

전도의 축복, 선교의 축복

수 12:1~24

자신의 생애 가운데 일어났던 가장 중대한 사건은 무엇이라 생각하는가? 그것은 하나님의 자녀가 된 사건이다. 그렇다면 다른 사람에게 베풀 수 있는 최고의 선물은 전도이다. 전도는 어려운 것이 아니다. 전도는 생명 운동이요, 능력 운동이다. 전도는 하나님 나라 확장 운동이며 축복 운동이다. 전도의 축복, 선교의 축복을 어떻게 누릴 수 있나?

1. 먼저, 왜 전도해야 하는가?

1) 마 4:19의 결과로 전도의 일이 일어나는 것이다
2) 행 1:8의 결과로 되어지는 것, 성령의 능력이 구체적으로 나타나는 일이 전도이다
3) 요 15:5~8의 포도 열매는 가지가 등치에 붙어 있다는 증거이다
4) 전도는 인간에게 최악의 상태를 제공한 사단을 꺾는 일이다 (행 10:38, 요일 3:8)
5) 전도는 하나님의 최대의 관심사다 - 하늘 문이 열림, 주님이 서 계심 (행 7:56~60)
6) 전도는 예수님이 세상에 오신 목적이다 (막 1:38, 요 14:6)
7) 전도는 주님께서 구체적으로 동행하시는 비밀통로이다 (마 28:20, 막 16:20)
8) 전도는 세계를 변화시킬 수 있는 유일한 길이다 (롬 1:16)
9) 전도는 하나님의 참 복을 받는 길이다 (사 60:1~22, 막 10:29~30)
10) 전도는 하나님 나라에 면류관을 예비하는 것이다 (딤후 4:1~2)

*예수님의 최후명령은 전도이다. (마 28:19~20) 바울은 이 일을 위해서는 목숨도 귀중히 여기지 않는다고 고백 하였다. (행 20:23~24) 전도의 중요성을 발견했기 때문이다.

2. 전도의 축복, 선교의 축복

1) 모세가 정복한 요단 동편 땅 - 두 지파 반에게 기업으로 나누어 주는 땅 (수 12:1~6)
2) 여호수아가 정복한 요단 서편 땅 - 각 지파에게 기업으로 나누어 줌 (수 12:7~8)
3) Oneness 공동체 이스라엘을 이길 수 없었던 분열된 7족속과 31왕 (수 12:1~24)
4) 찬란한 번영의 길목으로 등장하는 사람들, 퇴장하는 사람들 (수 12:9~24)
5) 남부지역 16왕과 북부지역 15왕을 정복한 사건은 무엇을 의미하는가? (수 12:24)

6) 전도의 축복, 선교의 축복에 참여하라

(1) 가나안 종교는 다신론 사상, 가나안은 신들의 집합소

(2) 원주민들이 섬기던 신들 - 아세라 여신, 바알, 아낫, 아스다롯, 얍, 못, 몰렉 등

(3) 사단문화, 흑암문화의 현장을 복음문화로 개혁하라 (벧전 2:9)

(4) 지역 문화와 세계 문화를 바꾸는 길은 전도와 선교 (행 1:8)

(5) 전도의 축복, 선교의 축복 속에 모든 것이 다 있다 (마 28:19~20)

3. 전도자가 사실적으로 누리는 세 가지

1) 구원 받은 자의 감격과 감사 (요 1:12)

2) 구원 받은 자의 축복 (창 1:27~28) (회복)

3) 예수가 그리스도이심을 날마다 누리며 전도 선교 (마 16:16~19)

*하나님의 절대 계획은 복음을 중심으로, 복음의 사람을 통하여 지금도 진행되고 있다.

하나님의 경제와 축복계획

수 13:32~33

하나님의 구원계획 속에는 경제축복 계획도 분명하게 포함되어 있다. 이것은 단순한 이유에서가 아니라, 우리를 부르신 부르심 속에 세계선교를 위한 완벽한 계획이 있기 때문이다. 하나님의 경제와 하나님의 축복 시간표 안에서 자신의 정체성을 바르게 하라.

1. 경제의 주인이신 하나님

1) 천지를 창조하신 하나님 - 태초에 하나님이 천지를 창조하시니라 (창 1:1)

(1) 만물이 그로 말미암아 지은 바 되었으니 (요 1:3)

(2) 우주와 그 가운데 있는 만유를 지으신 하나님은 천지의 主宰시니 (행 17:24)

(3) 하늘과 땅, 보이는 것들과 보이지 않는 것들, 만물이 다 그로 말미암아 (골 1:16~17)

(4) 능력의 말씀으로 만물을 보존하시고, 다스리시며, 통치하시는 하나님 (히 1:3)

2) 경제의 주인이신 하나님 - 천지에 있는 것이 다 주의 것이로소이다 (대상 29:11~12)

(1) 경제언약을 이루시는 하나님 - 4족장과 복음 공동체를 보라 (창 12:1~3, 사 60:1~22)

(2) 하나님의 경제 흐름 - 복음, 제자, 교회, 세계선교의 방향을 따라 (롬 16:1~23)

2. 하나님의 경제와 축복 계획

1) 기업을 분배 받지 못한 레위 지파

(1) 하나님께서 그들의 기업이 되심 (수 13:32~33, 신 10:9)

(2) 하나님을 섬기는 직무에 전념토록 (민 18:1~7)

(3) 십일조와 첫 예물을 레위 지파에게 (민 18:8~24)

2) 하나님의 경제와 축복 계획 - 십일조 언약

(1) 아브라함의 십일조 (창 14:20)

(2) 온전한 십일조와 헌물을 드리라 (말 3:7~12)

(3) 만군의 여호와가 이르노라 (말 3:7, 10, 11, 12)

(4) 예수님의 십일조 선언 (마 23:23)

3) 십일조를 드림으로 - 하나님께 영광을 돌리라

(1) 하나님을 신뢰함으로 맘몬과의 전쟁을 선포하고 영적 권세를 꺾으라 (엡 6:12)

(2) 맘몬의 노예가 아니라 그리스도 안에서 경제의 주인임을 선포하라 (창 1:27~28)

(3) 사단에게 잡혀있는 산업부분과 경제부분을 자유하게 하라 (막 5:9~10)

(4) 복음 경제의 창조적인 축복 비전을 선포하며 기도하라 (창 12:1~3)

*맘몬(mammon)은 고대 아람어로 '황금의 신'으로 섬겨지던 영적인 실체이다.

3. 자신의 정체성을 깨닫고 큰 믿음으로 기도하라

1) 말씀 축복의 모델 (창 12:1~3)

2) 기도 축복의 모델 (행 1:1~14)

3) 전도 축복의 모델 (행 5:42)

4) 헌신 축복의 모델 (롬 16:1~27)

5) 경제 축복의 모델 (사 60:1~22)

*잃어버린 복음을 회복하고 하나님의 시대적인 계획 속으로 들어가면 기적이 일어난다. 그리스도 안에서 부요한 자화상을 가지고 창조적 축복 비전을 믿음으로 기도하라.

제자의 Model이 되는 참 제자

수 14:6~15

이 시대의 문제는 원리의 흔들림이라고 한다. 기본이 흔들리고 있다는 것이다. 이럴 때일수록 원리와 핵심을 바로 잡는 게 중요하다. 지난 45년간 시대를 관통하는 비법으로 흔들림 없이 승리한 믿음의 사람, 제자의 모델이 되는 참 제자가 본문에 등장한다.

1. 교회 공동체의 축복을 아는 제자

1) 교회 공동체의 기초 - 위대한 신앙고백 위에 (마 16:16~19)

2) 교회 공동체의 시작 - 마가 요한의 집에 임한 성령강림의 역사 (행 1:12~14, 2:1~3)

3) 교회 공동체의 가치 - 하나님의 피 값, 하나님의 선교로 세워진 교회 (행 20:28)

4) 교회 공동체의 신비 - 지상교회의 승리와 천상에서 누릴 교회의 영광 (계 1:1~22:21)

5) 교회 공동체의 축복 - 영광이 대대로 영원무궁하기를 (엡 3:21)

*교회는 하나님의 역사가 이루어지는 곳이다. 하나님은 언제나 중요한 일, 큰일을 위해 교회의 축복을 알고 있는 제자를 통하여 일하고 계신다.

2. 제자의 Model이 되는 참 제자

1) 언약 공동체 안에서 하나님을 온전히 좇은 갈렙

(1) 하나님의 인정 (민 14:24, 민 32:12, 신 1:36)

(2) 모세의 인정 (수 14:6)

(3) 여호수아의 인정 (수 14:14)

(4) 갈렙 자신의 고백 (수 14:8)

*평범하고 단조로운 임무들에 대한 우리의 순종이, 하나님께는 보다 역동적인 사건들에 관한 순종만큼 중요하다. 여호와의 명령은 어떤 것도 결코 사소하다고 할 수 없다.

2) 제자의 Model이 되는 참 제자 '갈렙'

(1) 때를 알고 원리와 핵심을 붙들고 있는 비전의 사람 (수 14:6)

(2) 완전 언약과 해답과 결론의 소유자 - 이방인 그니스 사람 여분네의 아들 (수 14:6, 출 3:18)

(3) 높은 자존감의 소유자 - 신분과 권세를 당당히 누리고 있는 자 (수14:6, 창 1:27~28)

(4) 공동체의 권위를 세우며 섬기는 탁월한 영적 에너지의 사람 (수 7:1~12, 9:14)

(5) 하나님을 신뢰함으로 엄청난 장애물도 과감하게 도전하는 개척자 (수 14:12)

(6) 하나님의 말씀에 신앙의 닻을 내리고 있는 참 제자 (수14:5, 7, 9, 10a, 10b, 12a, 12b)

3) 이 산지를 내게 주소서 - 나의 산지는 무엇인가?

(1) 비전의 사람이 보게 되는 언약의 성취 (수 14:12)

(2) 믿음의 사람에게 응답되는 정복의 성취 (수 14:12~15)

*오늘 우리에게 요구되는 것은 하나님에 대한 '위대한 믿음'이라기보다 '위대하고 크신 하나님'에 대한 우리의 믿음이다. (Leon Morris)

3. 이런 제자가 되게 하소서

1) 교회 공동체와 선교 공동체의 복을 누리는 제자 (마 16:16~19, 마 28:19~20)

2) 제자 공동체와 성령 공동체의 복을 누리는 제자 (롬 16:1~27, 행 1:8)

3) 축복 공동체와 미래 공동체의 복을 누리는 제자 (창 12:1~3)

*제자의 Model이 되는 참 제자로 일어나기를 원합니다.

이 산지를 내게 주소서

수 14:6~15

이스라엘의 아홉 지파 반이 가나안 땅을 분배받기 위해 제비뽑는 일을 시작하려는 무렵에 갈렙이 유다 자손들과 함께 그의 기업을 요구한다. 갈렙은 45년 전 모세로부터 헤브론 땅을 기업으로 약속을 받은 적이 있다(민 14:26~30). 갈렙은 그 약속을 내세워 제비뽑지 않고 [이 산지를 내게 주소서]라고 헤브론 땅을 당당하게 요구한다. 왜 이 산지를 요구하는가? 그 이유는 무엇인가?

1. 가나안 정복의 주역들

1) 모세 (출 7:1)　2) 여호수아 (수 1:1~2)　3) 갈렙 (수 14:6~15)

*이들이 생명 걸고 잡은 언약 (출 3:17~18, 5:1~12:46)

2. 언약의 사람 갈렙

1) 가데스바네아에서 - 가나안 정탐보고와 그 결과 (민 13:31~33, 14:1~4)

2) 위기 때마다 등장하는 갈렙 (민 13:30, 수 1:1~10)

(1) 언약 잡은 가문배경의 사람 (민 13:6)

(2) 언약적 확신에 넘치는 믿음의 사람 (민 14:4~8, 9)

3) 아낙 산지에서

(1) 갈렙의 기업 요청 (수 14:10, 12)

(2) 갈렙의 정체성, 하나님의 절대 계획에 생명 건 삶 (수 14:12, 수 15:13~18)

(3) 충성 - 하나님 언약 성취에 대한 충성심 (창 13:14~15, 마 28:19~20)

(4) 충성된 사람을 쓰시는 하나님 (민 12:6~8, 32:12, 14:24, 신 1:36, 수 14:8~9, 14, 시 101:6, 잠 25:13)

세상은 능력보고 맡기지만 하나님은 충성보고 맡긴다.

3. 세계복음화의 주역들 - 이 산지를 내게 주소서!

1) 그리스도 안에서 정체성 회복과 누림 (창 1:26~28, 마 16:16~19)

2) 복음능력을 체험하라 (행 1:1~14, 수 1:1~9, 행 2:1~47)

3) 나의 기럇아르바에 승부를 걸어라 (수 14:6~15, 15:13~19, 시 2:8, 행 1:8)

*헤브론 땅을 정복한 후 원주민을 다 쫓아낸 사건, 드빌성을 정복하여 이방신을 섬기는 원주민을 다 쫓아내는 자에게 약속대로 딸을 내어준 사건은 세계복음화에 중요한 메시지를 준다. (수 15:13~19) 그 이유 때문에 [이 산지를 지금 나에게 주소서]라고 하는 것이다. 나의 기럇 아르바는 무엇인가?

기업의 분배에는 원칙이 있다

수 15:1, 20

하나님의 시급한 요청이 있다. 우리가 전도 제자, 선교 제자로 일어 나는 것이다. 자신의 존재 자체가 복음전도와 세계선교의 의미가 된다면 시대를 초월하여 보장되는 영원한 기업분배의 전수자가 된다. 기업의 분배에는 원칙이 있다.

1. 한국 사회의 7가지 문제 - 일곱 가지 오명 공화국

1) 도박 공화국 - 1년 12조 규모, 전국 15,000개의 도박장, 320만명의 도박 중독자가 있다.
2) 마약 공화국 - 상류 사회에 심각하게 확산되고 있는 마약 실태는 규명조차 할 수 없다.
3) 음주 공화국 - 인구의 84%, 연간 10조 규모의 시장을 자랑한다. 술에 취한 사회이다.
4) 음란 공화국 - 심각한 성 범죄, 연간 24조에 이르는 성 매출, 연령은 낮아지고 있다.
5) 폭력 공화국 - 연간 가정 상담 13만 건 중에 6만 건이 폭력에 관한 상담, 학교폭력 등
6) 낙태 공화국 - 미혼 여성의 낙태 율 42%, 연간 35만 건, 신생아 10명 중 8명이 낙태
7) 부패 공화국 - 포르노 사이트 접속 세계 1위, 고아 수출 세계 1위, 음주 소비량 세계 1인당 1위, 양주 수입 세계 1위, 암 사망률 세계 1위, 산업 재해 세계 1위, 40~50대 남녀 자살 세계 1위, 성폭행 세계 2위, 뇌물 공여 세계 2위, 교통사고 사망률 세계 3위이다. 한국의 도덕적 수준이며, 우리 국민의 자화상이다. 가장 심각한 것은 거짓말이다. (2006년, 목회와 신학 12월호, p74를 인용)

*이 위기의 현장에 필요한 것은 과연 무엇일까? 복음으로 현장에 해답을 가지고 나가는 제자, 그에게 약속하신 기업이 있다.

2. 기업의 분배에는 원칙이 있다

1) 가족의 명수대로 땅을 나누어 주어 기업을 삼게 하라 (민 26:53~54)
   (1) 가나안 땅에 들어 온 가족을 따라서 (수 13:15, 24, 29)
   (2) 그 가족의 수를 따라 나누어 주는 기업분배 (수 15:12, 20)
   (3) 이스라엘의 구체적인 기업, 가나안 땅은 천국의 그림자 (수 13:1~24:33)
   (4) 영원히 주와 함께 복락을 누릴 가족 공동체를 준비하라 (살전 4:16~17, 눅 23:43)
3) 그 기업을 제비를 뽑아 나누어 줄찌니라 (민 26:55~56)
   (1) 제비뽑기를 통해 분배 되는 땅 (수 13~21장)
   (2) 개념이나 사상이 아닌 현실적으로 누리는 구체적인 땅이다 (수 15:21~62, 계 21~22장)
   (3) 제비뽑기는 친히 하나님이 주관하시는 작정된 역사이다 (잠 16:33)
   (4) 이스라엘의 예배 공동체에 주시는 영적 메시지는 무엇인가? (딤후 3:16~17)

3. 흑암의 현장을 정복하라, 그 후에 분배가 있다

1) 하나님을 만나는 길, 참 선지자 예수 그리스도를 말하라 (요 14:6, 딤후 4:1~2)

2) 죄, 저주, 심판, 지옥 문제를 해결하신 대 제사장 예수 그리스도를 말하라 (히 4:14)

3) 사단의 권세를 꺾어 멸하신 만왕의 왕 예수 그리스도를 말하라 (계 19:16)

4) 흑암의 현장에 복음의 빛을 비추는 전도제자, 선교제자에게 주신 축복을 보라 (사 60:1)

세계선교와 복음경제

수 16:5~17:13

이스라엘 지파 중에서 유다 지파가 정치적 축복을, 레위 지파가 종교적 축복을 받았다면 요셉 지파는 경제적인 축복을 받았다. 요셉의 경제축복은 세계선교와 관계가 있으며, 세계선교의 역사가 진행되는 곳에는 언제든지 하나님의 복음경제가 함께 간다.

1. 먼저 하나님께 감사

1) 하나님의 자녀 - 구원받은 자의 영화로운 신분 (창 1:27) (회복)

2) 자녀에게 주신 위대한 자산 - 신분의 누림과 권세의 사용 (창 1:28) (회복)

3) 복음의 비밀을 알게 하신 은혜를 감사 - 모든 문제 해결 (마 16:16~19)

4) 세계복음화의 축복 - 하나님의 최고의 계획을 선택 (마 28:19~20)

5) 이미 주어져 있는 승리 - 완벽한 준비를 하고 계신 하나님께 감사 (수 3~12장)

2. 세계선교와 복음경제

1) 요셉의 과거

(1) 야곱이 가장 사랑했던 아들 (창 37:3)

(2) 극심한 기근 가운데 있는 가족을 구원한 구원자 (창 45~47장)

(3) 야곱의 예언과 축복 (창 48:1~6, 49:22~26) *언약가문의 장자권이 요셉에게 전수

(4) 모세의 예언과 축복 (신 33:13~17) *세계선교의 축복

2) 요셉 지파의 현재

(1) 에브라임 지파, 므낫세 지파의 기업 차지 (수 16:5~17:13)

(2) 가나안 땅의 심장부, 가장 비옥한 땅을 차지한 요셉 지파 (수 16:5~17:13)

(3) 언약하신대로 장자의 축복을 분배받는 요셉 지파 (대상 5:1~2)

*경제의 주권은 하나님께 있다. 올바른 경제관, 소유관, 헌금관 확립이 중요하다.

3) 세계선교와 복음경제

(1) 요셉과 세계선교 (창 39:3, 41:16, 38, 45:5~15)

(2) 요셉 지파에 그대로 성취된 하나님의 언약 (수 16:5~17:13)

*하나님 구원계획이 진행되는 세계선교의 방향 따라 하나님의 경제도 함께 움직인다.

3. 세계선교와 복음경제 응답을 위하여 기도하라

1) 창조시대의 노아 (창 6:14~20)

2) 족장시대의 4족장 (창 12~50장)

3) 왕정시대의 다윗 (대상 29:28)

4) 길르앗 사람 거부 바르실래 (삼하 19:31~33) *마하나임에서 다윗을 공궤한 거부

5) 아합의 궁내대신 오바댜 (왕상 18:1~4) *100인의 선지자를 보호하고 공궤함

6) 대선지 이사야의 예언 (사 60:1~22)

7) 초대교회 (행 13:1~3)

8) 전도제자, 선교제자를 위해 예비해 놓으신 하나님의 경제를 기도하라 (롬 16:1~27)

9) 세계복음화는 하나님의 계획이다, 하나님의 영광을 위하여 복음경제를 기도하라

10) 맘몬의 영향력 아래 있는 현장과 문화와 경제를 정복하는 자가 되도록 많이 기도하라

어느 때까지 지체하겠느냐

수 18:1~10

설교학과 목회학에서는 '구속사적 설교신학', '구속사적 목회신학'이라고 하는 대목을 가르친다. 이는 '세계사의 중심은 구속사다. 구속사의 중심은 예수 그리스도, 그리스도의 구속운동은 그의 몸된 교회를 통하여 이루어 가신다. 주님의 몸된 교회운동은 바로 케뤼그마, 즉 메시지 선포를 통하여 전개되며 케뤼그마 운동의 목적은 구령(救靈)과 하나님의 영광에 있다'라는 내용이다. 그래서 '교회는 설교와 함께 서고 설교와 함께 쓰러진다'라는 말이 있다. 그렇다면 강단 메시지를 언약 잡고 기도함이 얼마나 복된 일이 되겠는가?

1. '이미'의 하나님과 '아직'의 사람들

1) '이미' 주신 자녀의 신분과 권세 (요 1:12)

2) '이미' 결박된 사단의 권세 (요 19:30, 눅 10:19)

3) '이미' 주어진 성도의 배경 (빌 3:20)

4) '이미' 주어져있는 성도의 축복 (고전 2:12)

5) '이미' 결정되어 있는 천국 (계 21:1~22:5)

6) '아직'도 이를 믿지 못하거나 '아직'은 아니라는 종교인들 (행 2:36~37)

2. 어느 때까지 지체하겠느냐?

1) '이미' 그들의 앞에 돌아와 복종한 땅 앞에서 (수 18:1)

(1) 영향력 있는 요셉지파의 불평 (수 17:14~18)

(2) 실로에 회막을 세우게하는 여호수아 (수 18:1)

(3) 기업을 분배 받는 일에 소극적인 7지파 (수 18:2)

*요셉 자손의 항의 사건으로 기업 분배에 있어서 연합과 열심히 약화될 것을 우려한 조치로 하나님의 언약을 새롭게 할 필요가 있음을 알았던 것이다. 실로는 389년 동안 종교, 정치, 군사, 행정의 중심지가 되었다.

2) 어느 때까지 지체하겠느냐 (수 18:3) - '언제까지 늦추며 게으름을 피우겠느냐'

(1) 매 지파에 3인씩, 21명을 선정하라 (수 18:4)

(2) 일어나 그 땅에 두루 다니며 그 기업에 상당한 그림을 그려 가지고 오라 (수 18:4)

(3) 내가 여호와 앞에서 제비 뽑으리라 (수 18:5~6)

(4) 책에 그려 온대로 제비 뽑아 땅을 분배하는 여호수아 (수 18:7~10)

3. 무엇을 어떻게 해야 하는가

1) 그리스도의 완전한 그 언약을 회복하라 - 성전회복 (마 16:16, 계 1:5~6)

2) 구원받은 자의 감사와 감격으로 예배의 열정회복을 기도하라 (시 51:10~12)

3) 마귀는 게으름을 좋아한다, 게으름을 대적하라, 마귀를 대적하라 (수 18:3, 벧전 4:7)

4) 이미 주신 분배 받을 땅의 지도를 그리라, 상당하게 (수 18:1~10)

5) 창조적 축복을 기도하라, 이것이 세계선교의 위대한 방법이다 (창 12:1~3)

여호수아의 분깃 딤낫세라

수 19:49~51

분배작업 맨 마지막에 여호수아도 분깃을 받았다. 에브라임 산지 딤낫세라가 주어지는데 그는 중건해야 할 파괴된 성을 구했다. 백성들은 이미 건축된 성을 분배하였으면서도 자신은 불평없이 황무지를 선택한 것이다. 파괴된 성을 '빛나는 땅'으로 만들었던 여호수아를 통하여 최고 지도자 상(像)을 배운다.

1. 흔들리지 않는 확신의 사람 여호수아

1) 눈의 아들 여호수아, 가나안 땅 40일 탐지 (민 13:16)
2) 가데스 바네아에서 만난 공동체의 위기, 그러나 여호수아의 확신 (민 13:30, 14:8~9)
3) 모세를 원망케 한 10정탐꾼의 죽음과 여호수아와 갈렙의 생존 (민 14:37~38)
4) 여호와를 온전히 순종한 사람 여호수아 (민 32:12)
5) 모세의 시종이었던 여호수아 (수 1:1)
6) 모세의 후계자로 임명되는 여호수아 (신 31:6~8)
7) 여호수아 군대의 출전, 가나안 정복, 기업의 분배 완료 (수 1~19장)

자기의 사명을 다하고 열조에게로 돌아간 모세, 하나님께서는 이미 준비된 지도자 여호수아를 세워 새 시대를 이어 나가게 하셨다. 여호수아의 강하고 담대한 지도력은 하나님의 언약에 대한 확신과 온전한 순종 그리고 흔들리지 않는 믿음이었다.

2. 여호수아의 분깃 딤낫세라

1) 모든 분배가 다 끝난 뒤 자신의 분깃을 요구하는 여호수아 (수 19:49)
2) 황폐한 성읍 딤낫세라를 요구하는 여호수아의 겸손한 인품 (수 19:49~50)
3) 파괴된 성읍을 '빛나는 성읍'으로 만든 최고 지도자 (수 19:50)
4) 딤낫세라에서 살다 딤낫세라에서 생을 마친 여호수아 (수 24:29~30)
5) 우리의 현장에 있는 딤낫세라, 우리가 가야하는 딤낫세라
   (1) 흑암이 정복한 현장, 무너진 성읍들 (창 3:1~14, 16~19)
   (2) 흑암의 그늘에 앉아 신음하고 있는 자들에게 (마 4:16)
   (3) 하나님의 계획을 선택한 여호수아처럼 (마 28:19~20)
   (4) 파괴된 성읍을 중건하여 '빛나는 성읍'으로 (겔 37:1~10)
   (5) 그리스도의 언약, 세계복음화의 방향, 기도의 비밀 누림으로 (수 1~24장)
   (6) 구원과 회복과 치유를 주실 영원한 참 지도자 예수 그리스도 (마 16:16)

3. 완전한 언약, 복음의 능력으로

1) 언약적인 축복을 기도하라 (창 12:1~3)

2) 창조적인 축복을 기도하라 (수 3, 5, 6, 8, 10장, 겔 47:1~12)

3) 시대 살릴 복음, 문화, 경제의 주역들이 일어나도록 (사 6:13)

4) 매년마다 전무한 영광을 하나님께 (학 2:1~9)

영원한 도피성 예수 그리스도

수 20:1~9

폴 틸리히는 '죄는 인간으로 소외감을 느끼게 한다. 불신앙으로서의 소외, 교만으로서의 소외, 욕망으로 인한 자기 집착에 빠짐으로 오는 소외'를 말하였다. 참으로 인간은 연약한 존재다. 가나안 정복전쟁 후, 그리고 땅 분배 그 이후, 하나님께서는 도피성을 택정하라 하신다. 예수 그리스도는 연약한 우리에게 영원한 도피성이 되신다.

1. 도피성 제도를 명령하시는 하나님

1) 도피성을 택정하라 (수 20:1~2)

2) 도피성에 들어 갈 수 있는 자

(1) 원한없이 사람을 죽인 자 (민 35:22)

(2) 우연히 사람을 밀쳐서 죽인 자 (민 35:22)

(3) 우연히 무엇을 던져서 죽인 자 (민 35:23)

(4) 부지중 오살한 자를 위하여 (수 20:2~3)

*우발적으로 살인한 자를 보복자의 손에서 구하라

*도피성으로 들어 갈 수 없는 자 (민 35:16~21)

3) 피하려는 자는 성문 어귀에서 자신의 사고를 알리라 (수 20:4, 행 3:19)

4) 대 제사장이 죽기까지 거하다가 그 후에 자기 집으로 돌아가라 (수 20:6, 히 9:12)

5) 요단 서편 성읍 중에서 선정된 3개의 도피성 - 게데스, 세겜, 헤브론
요단 동편 성읍 중에서 선정된 3개의 도피성 - 골란, 길르앗 라못, 베셀

6) 재빨리 도피성으로 피할 수 있도록 가는 도로를 닦아라 (신 19:3, 요 14:6)

7) 그런데 왜 정복 전쟁과 땅 분배 후 살인이 있을 것을 예고하시는가?

(1) 창 3장의 타락한 인간의 본성을 아시는 하나님 (창 3:1~6, 렘 17:9)

(2) 네게 기업으로 주시는 땅에서 무죄한 피를 흘림이 없게 하라 (레 17:11, 신 19:10)

(3) 연약한 인간임을 늘 고백하며 메시야 언약을 굳게 붙들도록 (창 3:15, 사 61:1~3)

*하나님의 보호와 구원의 은혜가 없이는 존재가 불가능하다는 사실을 늘 기억해야 한다.

2. 영원한 도피성 예수 그리스도

1) 참 대 제사장 예수 그리스도 - 도피성, 제단 뿔, 십자가의 보혈 (히 4:14, 왕상 1:5)

2) 죄와 저주, 사단과 지옥 문제를 완전히 청산하신 그리스도 (요 19:30)

3) 인생의 근본 문제 모든 문제를 해결하신 예수 그리스도 (마 16:16)

3. 영원한 도피성이신 예수 그리스도 안에서

1) 구원의 축복으로 '끌어들이는', '아리 미끌라트' (수 20:1~9)

2) 영원한 도피성 예수 그리스도, 무거운 짐진 자 그리스도께 피하라 (마 11:28)

3) 당당히 성도의 신분과 권세를 누리며 예비하신 은혜를 믿음으로 기도하라 (고전 2:12)

4) 높은 자존감으로 강하고 담대하게 보장된 미래를 기도로 열어 나가라 (사 43:4, 습 3:17)

5) 도피성과 같은 전도제자, 선교가정, 복음공동체로 일어나자 (행 1:13~2:47)

사방에 안식을 주신 하나님

수 21:43~45

하나님은 약속을 지키시는 분이다. 아브라함, 이삭, 야곱에게, 그리고 이스라엘에게 주신 언약을 다 이루셨다. 지금까지 이스라엘을 인도하신 하나님께서는 그들의 사방에 '안식'을 주셨다. 약속이 성취되는 곳에는 참된 '안식'이 있다. '안식'은 하나님께서 주시는 선물이다.

1. 하나님은 언약을 반드시 이루신다

1) 아브라함에게 주신 언약 (창 12:1~3)
2) 이삭에게 주신 언약 (창 26:2~3)
3) 야곱에게 주신 언약 (창 28:13)
4) 이스라엘에 주신 언약 (신 7:1~26)
5) 모세에게 주신 언약 (출 3:8)
6) 여호수아에게 주신 언약 (수 1:2~4)
7) 언약을 다 이루시는 하나님 (수 21:43)
8) 언약하신 천하 만민의 참 구원자 (마 1:21~23)
9) 성경대로 죽으시고 성경대로 부활하신 예수 그리스도 (고전 15:3~4)
10) 초대교회에 주신 언약 (행 1:1~14)
11) 세계 열방교회에 주신 언약 (마 16:16~19)
12) 오늘 우리에게 주신 언약 (행 1:8, 마 28:19~20)

2. 사방에 안식을 주신 하나님

1) 약속의 땅 가나안에서
   (1) 하나님께서 맹세하신 땅에서 (수 21:43)
   (2) 이스라엘에게 다 주시고 거하게 한 땅에서 (수 21:43)
   (3) 일찍이 열조에게 맹세하신 땅에서 (수 21:44)
2) 맹세하신대로 사방에 안식을 주신 하나님 (수 21:44 상)
3) 모든 대적을 이스라엘의 손에 붙이신 하나님 (수 21:44 하)
4) 순종하는 이스라엘에게 언약의 말씀을 다 이루신 하나님 (수 21:45)

*언약의 말씀을 근거로 한 진정한 힘을 소유한 여호수아, 영혼이 외로운 기생 라합, 그러나 생명을 건 순종으로 일가와 친척을 살렸던 여인. 하나님의 사람으로 하나님의 전쟁에 능하였던 갈렙, 하나님의 참 안식 속으로 들어간 자들을 통하여 온전한 순종을 배운다.

3. 그리스도 안에 있는 참 안식과 평안

1) 가나안을 향하여 - 세계 복음화를 향하여 (마 28:19~20)

2) 언약의 말씀을 붙잡고 - 완전 복음의 언약 붙잡고 (마 16:16~19)

3) 순종함으로 정복하는 땅 - 성령의 능력으로 권능 받아 (행 1:8)

4) 항상 하나님께 먼저 묻고 행하는 겸손 - 정시 무시 기도의 비밀로 (엡 6:18)

5) 참 안식을 누리는 땅 - 전도와 선교로 현장정복, 문화정복, 경제정복 (롬 16:1~27)

후대를 위해 기념단을 쌓는 어른들

수 22:1~34

세계를 경영하시는 하나님의 역사는 교회를 위해 움직인다. 현대 역사는 곧 선교 역사이기 때문이다. 복음으로 문명사 전체를 조망하며 하나님께서 우리에게 맡기신 위대한 사명, 완전한 언약을 후대에게 전달하고, 걸맞는 창조적 축복을 언약 잡고 기도해야 한다.

1. 바른 세계관 확립이 중요하다

1) 일반적인 세계관

2) 기독교 세계관

3) 성경적으로 세상을 보는 눈

(1) 모든 주권이 하나님께 - 역사의 주인이신 하나님 (대상 29:11~12)

(2) 세상을 바로 보는 눈 - 구원이 필요한 세상, 구원이 필요한 사람들 (요 3:16)

(3) 해답되신 주 예수 그리스도 - 복음의 유일성, 완전성, 영원성 (마 16:16, 요 5:24)

(4) 성경 기준으로, 성경의 방향 따라 (딤후 3:16~17)

(5) 하나님을 아는 지식이 온 땅에 충만해 질 때까지 - 세계복음화 (요 17:3, 합 2:14)

(6) 하나님의 나라 확장을 위하여 - 교회에 위임하신 위대한 명령 (마 28:19~20, 계 7:9~10)

(7) 교회 공동체의 축복 - 역사의 알파와 오메가 (계 1~22장) 구원과 회복과 치유의 복음

2. 후대를 위하여 기념 단을 쌓는 어른들

1) 르우벤, 갓, 므낫세 반지파를 축복하며 길르앗으로 보내는 여호수아 (수 22:1~9)

(1) 모세와 여호수아의 말을 다 지키며 청종한 자들 (수 22:1~2)

(2) 오래도록 공동체를 떠나지 않고 책임을 다 한 자들 (수 22:3)

(3) 이미 안식을 주셨으니 모세가 준 요단 동편 소유지로 돌아가라 (수 22:4)

(4) 크게 삼가 여호와를 사랑하라, 친근히 하라, 마음과 성품을 다하여 섬기라 (수 22:5)

(5) 그들을 축복하고 전리품을 나누어주는 여호수아 (수 22:6~9)

2) 요단 언덕 가에서 후대를 위하여 볼만한 큰 기념 단을 쌓는 어른들 (수 22:10)

3) 이스라엘 자손들의 오해, 다가 온 위기, 필요한 대화 (수 22:12~29)

4) 경건한 두려움과 언약 공동체에 대한 사랑으로 풀린 오해 (수 22:30~33)

5) "오직 여호와만이 하나님이 되신다" 증거의 단으로 "엣(증거)"이라 칭함 (수 22:34)

*요단을 건너올 때 세운 축복의 기념비, 돌아갈 때 쌓는 증거의 기념 단을 언약 잡아야 한다.

3. 후대를 위하여 볼만한 큰 기념 단을 준비하라

1) 하나님의 절대 주권을 인정하는 하나님의 사람으로 세우라 (대상 29:11~12)

2) 참 예배자의 모범으로 복음, 교회, 선교의 축복을 가르치라 (시 100:1~4, 사 60:1~22)

3) 성경적인 경제관과 헌금관을 바르게 심어주라 (대상 29:1~9, 13~19)

4) 복음가진 성공자로 현장, 문화, 경제의 주역이 되도록 언약기도를 하라 (창 39:1~6)

5) 구원의 확신, 임마누엘의 자부감, 담대함과 겸손, 높은 자존감을 갖도록 하라 (창 1:27)

*영원히 없어지지 않는 참 가치 기준으로 후대를 위하여 볼만한 큰 기념 단을 준비하라.

믿음으로 얻은 아름다운 땅

수 23:1~16

출애굽 1세대인 믿음의 용장 여호수아는 가나안 땅을 정복하고 그 땅을 백성들에게 분배하기까지 수십년의 세월을 지나 그는 이제 죽음을 목전에 둔 노인이 되었다. 백성을 대표하는 지도자들을 불러 고별사를 하는 가운데 "아름다운 땅을 믿음으로 지키라" 유언을 한다.

1. 여호수아의 고별사

1) 하나님은 언약 백성의 하나님

(1) 여호와 그는 우리를 위하여 싸우신 분이시다 (수 23:1~4)

(2) 그 땅의 원주민을 우리 목전에서 떠나게 하실 것이다 (수 23:5)

(3) 한 사람이 천을 쫓듯 모든 싸움에서 능히 이기게 하실 것이다 (수 23:9~10)

2) 여호수아의 권고

(1) 하지 말아야 할 것들

① 우상숭배를 하지 말라 (수 23:7)

② 이방인과 통혼하지 말라 - 올무와 채찍과 가시가 되어 멸절하리라 (수 23:12~13)

(2) 해야 할 것들

① 그러므로 말씀을 다 지켜 행하라 (수 23:6)

② 하나님을 친근히 하라 (수 23:8) *다바크 - 착 달라붙다, 굳게 매달리다, 바짝 뒤쫓다.

③ 스스로 조심하여 하나님을 사랑하라 (수 23:11)

2. 믿음으로 얻은 아름다운 땅

1) 아름다운 땅에 대한 모세의 유언 (신 32:46~47)

2) 아름다운 땅에 대한 여호수아의 유언 (수 23:1~16)

3) 남아 있는 족속을 완전히 쫓아내라 (수 23:9~13)

4) 믿음으로 얻은 아름다운 땅을 믿음으로 지키라 (수 23:14~16)

*만일 퇴보하여 언약을 범하면 언약 안에서 하나님은 진노하신다.

3. 영적 전쟁에서 승리함으로 누리게 되는 아름다운 땅

1) 사단의 전략을 미리 알아야

(1) 복음의 광채가 비치지 못하도록 마음을 혼미케 하는 존재 (창 1:3, 고후 4:4)

(2) 겨우 피하여 구원 받은 자를 음행에 빠뜨리게 하는 악한 영 (벧후 2:18)

(3) 모든 일을 행한 후에 넘어지게 하는 존재 (엡 6:13)

(4) 온갖 거짓 메시지로 착각하게 하는 사단의 전략 (고전 10:12, 요 8:44)

(5) 도적질, 죽이고, 멸망시키는 존재 (요 10:10 상)

2) 정체성을 분명히 하고, 임마누엘의 축복을 깊이 누리라 (요 14:16~17)

3) 교회와 복음, 전도와 선교, 5대 비전의 축복을 기도하라 (롬 16:1~16)

4) 그리스도의 지상명령, 바울의 마지막 메시지를 기억하라 (마 28:19~20, 딤후 4:1~8)

본론 인생의 행복

수 24:1~33

독일 출신 유대인 에리히 프롬은 "인간의 근본 문제는 소유에 집착하는 삶의 방식에 있다. 행복은 재산, 지식, 사회적 지위, 권력 등의 소유에 있지 않고 '존재'에 있다"라고 하였다. 본문은 여호수아의 마지막 메시지로써 참 성공자, 참 행복자로서의 '존재모델'을 보여 준다.

1. 그리스도 안에서 누리는 존재의 영화로움

1) 하나님의 형상대로 창조된 남자와 여자 (창 1:27)

2) 하나님께서 명하신 복 (창 1:28)

3) 하나님의 안식, 에덴동산의 풍요를 누리며, 다스리며, 지키라 (창 2:1~15)

4) 실낙원(失樂園)과 복낙원(復樂園), 그리고 여인의 후손 안에서 (창 3:1~7, 15, 롬 5:8)

5) 회복된 신분, 영화로운 존재 (습 3:17, 대상 29:13, 요 17:1~5)

6) 삼위일체 하나님께서 빚으신 영화로운 작품, 그 정체성의 누림 (엡 1:3~14, 2:10)

*그리스도 안에서 날마다 누려야 할 존재의 영화로움을 지금 누리고 있는가? (요 1:12)

2. 본론 인생의 행복

1) 언약의 사람이 보아야 할 여호수아

(1) 여호수아의 청년기 - 피 언약의 유일성 발견 (출 12:1~14)

(2) 여호수아의 중년기 - 광야의 기적들 체험 (출 12:1~수 4장)

(3) 여호수아의 장년기 - 완전한 언약의 성취 (수 5~12장)

(4) 여호수아의 노년기 - 오랜 날 가나안 땅에서 누린 안식 (수 13장~23:1)

(5) 여호수아의 고별사 - 우상숭배 및 통혼을 하지 말고 여호와만 섬기라 (수 23~24장)

(6) 여호수아의 장례식 - 자기 기업의 경내, 딤낫세라에서 (수 24장)

2) 본론 인생의 행복

(1) 그리스도의 유일성 발견, 체험, 누림 (마 16:16~19)

(2) 성(聖)삼위일체 하나님, 보좌의 배경을 누림 (빌 3:20, 계 3:20)

(3) 현장에서 전도와 선교의 축복을 누리는 弟子道 (행 1:8, 마 5:1~12)

(4) 변화된 삶, 성숙한 그리스도인으로 모든 영광을 하나님께 (행 11:26, 고전 10:31)

*늘 갈등하고 방황하는 서론인생이 아니라 언약의 사람으로 완전 복음에 뿌리 내리고 하나님의 필요를 따라 쓰임 받는 본론인생의 행복, 최고의 영광은 하나님께, 그 이후엔 영화로운 면류관 상급 받고 천국에서 영생 복락을 누리는 결론 인생을 기도해야 한다.

3. 교회 비전, 민족을 살리는 공동체, 열방을 살리는 공동체로 일어나야

1) 여호수아 이후에 전달되지 못한 후대 사역 (수 24:29~31, 삿 2:6~10)

2) 찾아오게 된 영적암흑기, 사사시대의 혼란, 언약전달에 실패한 결과 (삿 3~21장)

3) 미래의 주역, 다음세대를 위하여 사람과 사역을 준비하는 교회비전 (사 60:1~22)

4) 선교비전, 제자비전, 성령비전, 축복비전으로 (겔 37:1~10, 겔 47:1~12, 행 2:1~47)

*예수 그리스도를 전하고 자랑하는 '참 제자'의 교회, 민족과 열방을 살리는 위대한 복음 공동체로 온 교회가 꿈을 꾸게 하소서. 하나 되어 기도하게 하소서. (롬 16:1~27)

성령님이 운행하시는 가정

수 24:14~18

하나님을 경외함으로 오늘을 살고 미래가 있는 가정이 절실하게 요구되는 시대에 우리는 살고 있다. 우리 집은 하나님을 경외하는 가정이 맞는가? 하나님의 꿈과 비전이 있는 언약 잡은 가정이 맞는가? 성령님이 운행하시는 가정.

1. 가정예배의 중요성

출애굽 역사의 대장정은 여호수아의 죽음과 더불어 막을 내린다. 여호수아가 세상을 떠날 날을 앞두고 이스라엘 자손에게 전하는 마지막 메시지가 오늘 본문이다. 세월이 흘러 출애굽 2세대들도 다 죽고 가나안에서 태어난 2세대들, 출애굽의 경험도 없는 그들에게 110세가 된 여호수아가 선포한다. (수 24:14~15) 하나님을 어떻게 섬기라고 하는가?

[온전함](타미임, 흠이 없음)으로 섬기라고 한다.

[진실함](에메트, 불변성, 확고함으로)으로 섬기라 한다.

가정에서 어떻게 이 언약 전달이 가능할까? 가정예배의 중요성이 여기에 있다. 가정예배는 자녀에게 언약을 전달하는 신앙훈련의 최선의 방법이다. (신 6:4~7, 잠 22:6, 마 16:16~19)

2. 가정예배의 목적

1919년 독일에서 시작된 발도르프 교육의 철학은 삶의 목적과 본질을 스스로 찾게 하고, 자신의 재능을 발견, 그 재능을 세상을 위해 어떻게 쓸지 스스로 발견하게 하는 교육이다. 하나님을 알고 하나님을 경외하는 예배문화가 가정을 주도한다면 그 부모와 자녀는 어떻게 될까? 기독교적인 세계관으로 자기 정체성과 함께 믿음과 신념 체계를 세우고 절대가치에 시간, 재능, 물질, 삶을 드리는 행동양식을 가진 복음 엘리트들이 일어나지 않겠는가? 수직문화와 수평문화를 구별하고 다음세대를 잘 준비하는 언약잡고 방향 맞춘 성령의 사람, 시대적인 인물이 일어나지 않겠는가? 하나님의 오늘이 되기를 소원한다. 하나님의 미래를 가정에서 준비하라. (창 12:7~8, 13:18, 24:63 / 롬 3:1~2)

3. 성령님의 운행하심이 있는 가정

여호수아는 모든 백성에게 결단을 촉구한다. (수 24:14~15, 16~18) 그러나 사단은 가정 예배가 규칙적으로 지속되지 못하게 방해하며 중단시키려 한다. 지속하라. 영적 분위기를 조성하여 인내하며 지속하라. 왕, 제사장, 선지자적인 삶을 살게 된다. (벧전 2:9) 더디 되는 것 같이 느껴져도 가장 빠르면서도 확실한 언약전달의 지름길이다. 시대 살리고 시대를 이기는 지름길이다. 성령님이 운행하시는 가정, 이 땅의 소망이다. 하나님의 큰 기쁨이 될 것이다. (시 37:4)

마지막 싸움의 승리자

삿 2:1~3

사사기 2장은 본서 전체를 요약한 축소판이라 할 수 있다. 하나님께서 사랑하는 자녀에게 고통을 주시는 것은 고통 그 자체가 목적이 아니라 회개하고 돌아와 이미 받은 원래의 복을 제대로 누리게 하기 위함이다.

1. 영화로운 존재, 원래의 복

1) 창 1:27~28 - 위대하고 놀라운, 아름답고 완벽한 존재

2) 창 2:8~17 - 창설하신 인간의 주소 에덴동산

3) 창 2:18~25 - 하나님의 걸작품

4) 엡 2:10 - 예수 그리스도 안에서 선하신 목적을 위하여 지으심을 받은 자들

*문화명령과 지상명령은 정복명령이다. 축복정복, 흑암정복

2. 가나안 땅을 정복하라 (수 1:1~9)

1) 가나안 땅 정복과 분배 (수 1:1~13:7 / 13:8~24:33)

2) 왜 이스라엘은 완전 정복에 실패했나? (삿 1:1~36)

(1) 유다 지파 [illegible] 골짜기 거민들 - 쫓아내지 못함 (삿 1:19)

(2) 베냐민 지파 - 예루살렘에 거한 여부스 사람 - 쫓아내지 못함 (삿 1:21)

(3) 므낫세 지파 - 분배받은 땅의 마을들과 주민들 - 쫓아내지 못함 (삿 1:27)

(4) 에브라임 지파 - 게셀에 거한 가나안 사람들 - 쫓아내지 못함 (삿 1:29)

(5) 스불론 지파 - 기드론 거민과 나할론 거민들 - 쫓아내지 못함 (삿 1:30)

(6) 아셀 지파 - 악고, 시돈, 알랍 등 7거민들 - 쫓아내지 못함 (삿 1:31)

(7) 납달리 지파 - 벧세메스 거민과 벧아낫 거민 - 쫓아내지 못함 (삿 1:33)

(8) 단 지파 - 아모리 사람에 의해 - 산지로 쫓겨 남 (삿 1:34)

3) 원인 : 가나안 원주민을 진멸하라 - 약간 남겨놓고 종료된 전쟁 (수 11:22, 삿 2:2)

4) 완전 정복 실패의 결과 - 훗날 이스라엘을 괴롭히는 화근이 됨 (삿 2:3)

5) 완전 정복하지 못한 땅에서 일어난 일들 (삿 16:1, 삼상 17:4, 삼상 5:1)

3. 마지막 싸움의 승리자

1) 마지막 싸움은 자신과의 싸움, 생각의 전선이다 (잠 4:23, 요 14:26, 롬 8:6)

2) 정시 무시로 누리는 예수는 그리스도, 성령인도, 성령충만 (마 16:16~19, 엡 5:18)

3) 이미 승리가 확정된 신분, 온전히 누려야 할 성도의 축복 (고전 2:12)

4) 흑암의 현장, 문화, 경제의 완전정복을 위해 (행 1:1~14, 렘 33:1~9)

5) 신사도행전적인 꿈과 비전, 미전도종족 선교를 위한 WMTC (행 1:8)

악순환의 역사, 어떻게 끊을 수 있나?

삿 13:1

사사기에 등장하는 사사는 이스라엘의 정치적, 군사적 통치를 겸한 영적 지도자들이었다. 이스라엘의 역사는 악순환의 역사로(타락과 배반 → 징계와 고통 → 각성과 회개 → 용서와 구원 → 은혜를 망각, 재 타락) 점철되어 있다. 전 시대에 걸쳐 반복되고 있는 이 악순환의 고리를 어떻게 끊을 수 있을까? 이 악순환의 역사에서 어떻게 해방될 수 있는가? 중심사상은 [하나님이 왕이시다]이며, 요절은 [2:16~17, 21:25] 이다.

[사사기]

1) 사사시대의 배경 (1:1~3:6) - 가나안의 완전정복 실패 / 백성의 타락

2) 사사를 통한 구원의 역사 (삿 3:7~16:31) - 12명의 사사

3) 사사시대의 혼란상 (17:1~21:25) - 우상숭배, 동족상잔, 지파간의 내분

1. 정복하지 못한 지파들, 그 결과

1) 가나안 땅에 대한 하나님의 적극적인 명령 - 전멸 (신 20:10 → 삿 2:2)

2) 그러나 다 쫓아내지 못하였더라 (삿 1:19, 21, 27, 29, 30, 31, 33~34)

3) 원주민과의 불길한 공존, 악순환의 화근이 되는 불씨 (삿 2:3, 3:1~13:1)

4) 흑암 문화에 동화된 언약 백성들, 그 이유 (삿 2:11~12, 3:6, 17:6, 21:25)

5) 하나님의 징계, 대적의 손으로 넘어가는 언약백성 (삿 2:14~15, 20)

6) 그러므로 계속되는 악순환의 고리 (삿 2:11, 3:7, 12, 4:1, 6:1, 10:6, 13:1)

2. 구원자를 보내시는 하나님

1) 사사는 신정정치의 집행자, "구원자" (삿 3:11, 30, 5:31, 8:28, 16:31)

2) 세계 역사는 시종여일 하나님의 손에 (삿 21:25, 대상 29:11~12)

3) 그 누구도 해결할 수 없는 영적배경의 문제 - 구원자 절대 필요 (창 1:2)

4) 해결되지 않는 인생의 근본 문제가 있다, 그 구원자 (창 3:1~6, 마 16:16)

3. 참 구원자 우리 주 예수 그리스도 - "복된 순환의 역사" 중심에는 그리스도가 계신다

1) 복음의 비밀 체험 (그리스도)

2) 복음의 능력 체험 (집중기도)

3) 복음의 축복 체험 (전도, 선교)

4) 성도의 행복 체험 (임마누엘)

- 성삼위일체 하나님으로 왕이 되게 하라, 복된 순환의 역사를 후대에게

[결론]

하나님을 왕으로 인정하고 하나님의 명에 순복하며 살아갈 때 악순환의 역사는 끊어진다. "자기 방식대로" 살아간다면 악순환의 역사는 계속된다. [자기소견]은 에덴에서 타락하게 했고 세상의 노예가 되지 않았는가? 하나님만이 우리의 왕이시다. 순복하자.

신분이 상승된 사람들

룻 4:13~17

독일의 시인 괴테는 룻기를 가리켜 "작지만 가장 감미롭고 완전한 작품"이라고 격찬하였다. 비참했던 이방 여인 룻은 보아스와 만남을 통해 아프고 괴로운 과거를 청산하고 부귀를 얻을 뿐 아니라 신분이 놀랍게 상승된다. 룻은 신분 상승의 최고의 자리에서 오늘 우리에게도 동일한 신분 상승의 길을 보여주고 있다. 무엇인가?

1. '룻'은 누구인가?

1) B.C 1390년 - 사사시대 모압 지방의 이방 여인 (룻 1:4)
2) 유다 사람 엘리멜렉과 나오미의 며느리 (룻 1:4)
3) 흉년을 피해 베들레헴에서 모압으로 가는 엘리멜렉 가속들 (룻 1:1~2)
4) 엘리멜렉 가정의 몰락 - 모압에서 비참하게 된 나오미와 룻 (룻 1:3~5)
5) 다시 베들레헴을 향하여 - 룻의 위대한 선택과 결단 (룻 1:15~21)

2. 신분이 상승된 사람들

1) '보아스'와 만남 - 우연히 보아스의 밭에서 (룻 2:1~3)
   (1) 기업 무를 자로 권리를 가진 사람 (친족)
   (2) 기업 무를 의지를 가진 사람 (자원)
   (3) 기업 무를 능력이 있는 사람 (대 부호)

*보아스보다 더 가까운 친족이 있었으나 그에게는 능력이 없었다. (룻 4:6)

2) 놀라운 결합으로 신분이 상승된 사람들
   (1) 새로운 결합 (룻 4:10~11 → 요 1:12, 요 14:16~17)
   (2) 기쁨의 결합 (룻 4:13~14 → 고전 3:16, 계 3:20)
   (3) 목적이 있는 결합 (룻 4:14, 22 → 마 1:1, 창 3:15, 마 16:16)
   (4) 룻을 통해 오신 그리스도를 보라 (마 1:5, 창 1:27~28, 고전 10:31)

*그리스도를 통해 상승된 신분과 권세를 사실적으로, 적극적으로 누리는 자를 사단이 두려워 한다.

3) '기업 무를 자'로 오신 예수 그리스도 안에서

(1) 예수님을 영접하는 순간 하나님의 자녀 (요 1:12) *전도의 축복이 크다.

(2) 말씀 따라 살 때 주시는 은혜 (신 28:1~14) *순종의 축복이 크다.

(3) 전도제자, 선교제자의 삶 (마 28:19~20) *임마누엘의 축복이 크다.

(4) 상승된 영화로운 신분의 정체성 (빌 3:20) *영원한 천국 시민

3. 하나님의 은혜로 신분이 상승된 자들에게

노블레스 오블리제 (엡 2:1~8, 마 5:13~16, 마 28:19~20)

안식을 갈망하는 사람들

룻 1:15~22, 3:1

룻기서의 중심 언약은 "기업 무를 자"이다. 그리고 본서에 간과할 수 없는 또 하나의 중요한 언약이 있다. 그것은 룻기서 전체에 스며들어 있는 안식, 바로 안식이다. 안식을 잃어버린 사람들, 안식을 갈망하며 안식을 찾는 사람들, 그리고 안식을 회복한 사람들의 그 여정이 오늘 우리에게 중요한 메시지를 준다. 참 안식을 누리고 있는가? - 요절은 [룻 1:16~17] 이다.

[룻기]

1) 헌신적인 룻의 사랑 (1~2장)

(1) 룻의 결심 (1:1~22)

(2) 룻의 헌신적 사랑 (2:1~23)

2) 보상받는 룻의 사랑 (2~4장)

(1) 기업 무를 자 (3:1~18)

(2) 하나님의 상급 (4:1~22)

1. 잃어버린 안식

1) 사사시대, 안식을 찾아 베들레헴을 떠나는 엘리멜렉의 사람들 (룻 1:1)

2) 하나님이 주신 기업의 땅을 떠나 모압 지방에서 거류하는 사람들 (2)

3) 그곳에서 만난 낭패들, 잃어버린 안식의 10년 세월 (룻 1:3~5)

4) 그러나 남아있는 희망의 불씨, 언약의 땅으로 돌아가자 (룻 1:6~14) / 8~10

2. 안식을 갈망하며 다시 베들레헴으로

1) 안식을 위해 권면하는 *始母*, 오르바는 그의 神들에게로 (룻 1:9~10, 14~15)

2) 하나님을 붙좇는 룻의 결단, 생을 거는 언약적 결단 (1:16~18)

3) 룻과 함께 돌아온 나오미, 하나님의 놀라운 구속의 역사 시작 (1:22)

4) '우연히'와 '마침'의 절묘한 만남, 그 배후에 계신 하나님 (2:1~4)

5) '기업 무를 자' 보아스, 난관을 극복하는 순수한 사랑 (3:1, 4:1~15) / 14~15

6) '기업 무를 자' 보아스를 통해 안식을 얻은 사람들 (4:11, 16~17)

7) 유력하고 유명하게 된 가문, 세계복음화의 주역으로 (4:18~22, 마 1:5~6)

3. 안식을 갈망하는 사람들에게

1) 극적인 만남, 하나님 만나는 길 예수 그리스도 (요 14:6)

2) '기업 무를 자' 예수 그리스도, 안식으로의 초청 (창 1:27~28, 마 11:28)

3) 십자가 구속의 은혜를 잊지 말아야 한다 (마 27:45~46, 요 19:30, 히 3:1)

4) 부활의 주님, '너희에게 평강(안식)이 있을 지어다' (요 20:19, 요삼 2)

*'기업 무를 자'로 오신 그리스도와의 연합 없이는 절대 참 안식은 없다. (아 2:10~13) 그러므로 가만히 있을 수 없는 전도, 선교는 이 안식을 주신 그리스도를 누리는 자의 축복이다.

기도가 결정합니다

삼상 1:1~20

하나님의 놀라운 역사는 말씀과 기도에 의해 이루어진다. 사무엘의 어머니 한나, 그녀는 하나님과 소통하는 깊은 기도를 통해 큰 응답을 받았다. 하나님과 소통이 이루어질 때 하나님의 놀라운 사랑과 깊은 은혜를 체험할 수 있다. 기도로 소통하라. 결국은 기도로 결정된다.

1. 건강하고 복된 신앙생활을 위해

1) 하나님 중심 2) 말씀 중심 3) 교회 중심 4) 강단 중심

2. 결국은 기도로 결정된다

1) 사무엘의 출생 배경

(1) 아버지 엘가나와 매년제 (1)

(2) 자식이 없는 한나의 우울과 슬픔 (2~8)

(3) 브닌나와 자식들 (2, 7)

2) 결국은 기도로 결정된다

(1) 여호와의 집으로 올라가 제사를 드리는 가족들 (3)

(2) 화목제물과 한나, 한나를 격동하여 번민케 하는 브닌나 (4~8)

(3) 결단을 하고 자리에서 일어나 여호와의 전으로 가는 한나 (9)

(4) 한나의 서원기도, 통곡하는 눈물의 기도 (10~11)

(5) 내면의 상처와 아픔, 고통을 만군의 하나님께 토설하는 한나 (12~16)

(6) 제사장의 축복을 믿음으로 아멘하고 하나님께 맡기는 한나 (17~18)

(7) 한나를 생각하시는 하나님, 아들을 낳아 사무엘이라 이름하였으니 (19~20)

3) 하나님의 계획과 통하는 믿음의 기도로 결정된다

(1) 언약 잡은 기도 (창 3:15, 출 3:18, 사 7:14, 마 16:16~19, 마 28~20)

(2) 하나님의 계획과 통하는 기도 (삼상 1:11, 행 1:8)

(3) 끝까지 낙심하지 않는 믿음의 기도 (눅 18:1~8)

*기도를 과소평가하지 말라, 한 여인의 기도가 역사를 바꾸었다. (삼상 3:19)

3. 날마다 그리스도 안에서 - 하나님의 계획과 통하는 기도를

1) 정시기도 (단 6:10, 행 3:1) - 깊은 기도

2) 무시기도 (엡 6:18) - 성령 안에서

3) 24시 기도 (마 16:16, 살전 5:17) - 24시간 주님을 바라봄으로

선지자, 제사장, 왕

삼상 2:1~10

'생명(Life)'과 '삶(Lifestyle)'은 분명 서로 연결된 단어이며 따로 뗄 수 없다. 모든 그리스도인은 예수 그리스도를 통해 새로운 생명을 얻었다. '전환'이다. 그렇다면 어떤 삶이 그리스도인에게 적합한가?

1. 전환

1) 엘리 → 사무엘 : 왕을 세운 사무엘 (삼상 1:1~7:17)

2) 사무엘 → 사울 : 왕으로 선정된 사울 (삼상 8:1~15:36)

3) 사울 → 다윗 : 왕으로 인정된 다윗 (삼상 16:1~31:13)

*사무엘상의 핵심단어는 '전환'이다.

2. 선지자, 제사장, 왕

1) 한나의 기도

(1) 하나님의 이유를 서원하는 기도 (삼상 1:9~10)

(2) 서원을 이행하는 한나, 시대적인 영적 지도자 사무엘 (삼상 1:19~28)

(3) 여호와를 인하여, 주의 구원을 인하여 (삼상 2:1~9)

(4) 성경 최초로 등장하는 '기름부음을 받은 자' (삼상 2:10)

*한나의 기도는 예언적이고 구속사적인 성격을 지닌 계시의 찬양이요 성령의 감화시였다.

2) 선지자, 제사장, 왕

(1) 선지자 : 신 18:18 → 행 3:23 → 눅 13:33 → 요 6:14, 마 21:11

(2) 제사장 : 창 14:18~20 → 히 7:1~3 → 히 4:14

(3) 왕 : 요 18:37 → 마 28:18 → 계 17:14, 19:16

*주는 그리스도시오, 살아계신 하나님의 아들이시니이다 (마 16:16)

3) 참 선지자, 참 제사장, 참 왕으로 오신 예수는 그리스도

(1) 하나님을 만나는 길 - 참 선지자 - 요 14:6

(2) 하나님을 누리는 길 - 참 제사장 - 요 19:30

(3) 흑암을 정복하는 길 - 참 왕 - 엡 1:22, 빌 2:10~11, 요일 3:8

*단 한 번뿐인 인생을 허비하지 말고 오직 십자가의 그리스도만 자랑하며 하나님께 영광을 돌리는 단 하나의 열정으로 살라. (존 파이프의 '삶을 허비하지 말라' 중에서)

3. '기름부음을 받은 자' 그리스도 안에서

1) 하나님의 이유를 붙들고 기도를 하라 (행 1:1~11)

2) 하나님 앞에서 약속을 이행하라 (삼상 1:21~28)

3) 세계복음화를 위해 하나님의 방법이 되라 (행 1:8, 롬 16:1~23)

4) 정시 무시로 마 16:16~19, 벧전 2:9을 선포하고 누리며 기도하라

영의 사람 - 사무엘

삼상 3:19

지도자, 영적 지도자에게 가장 중요한 것은 미래에 관한 예측이 아니라 미래에 대한 증거이다. 이 힘이 없으면 지도자가 될 수 없다. 무속인은 미래를 얘기하고 현재 것도 얘기한다. 귀신들린 자도 미래를 얘기하는데 하물며 성령의 사람이랴. 하나님은 언약이 확실하고 분명한 사람에게 어떤 은혜를 주시는가? 미래를 향해 주신 말씀이 성취되는 현장, 어떻게 성취될 미래의 축복을 알 수 있는가?

1. 사무엘 (B.C 1075~1017)

1) 마지막 사사 (삼상 7:15)   2) 선지자 (삼상 3:20)   3) 최고의 영적 지도자 (삼상 16:1~13)

2. 하나님이 준비하신 영의 사람

1) 언약이 있는 가정 (삼상 1:1~11)
2) 언약을 가진 부모 (삼상 2:1~10)
3) 언약적인 교육과 삶 (삼상 2:26, 3:1~4)

3. 영의 사람의 준비

때는 이스라엘 민족이 사사정치에서 군주 정치 제도의 체제 이동을 시작할 무렵이다. 이 전환 시기에 이스라엘의 마지막 사사로 역할을 함과 동시에 모세의 뒤를 잇는 대선지자로서 사울 왕과 다윗 왕 2대에 걸친 기름 부음을 단행하여 왕조 국가로의 길을 열어 놓았다. (삼상 10:1, 16:1~13)

4. 미래의 증인들

1) 언약의 사람이 알아야 할 미래 (마 23~25장, 계 22:11) - 종교, 재난, 육신, 불의
2) 미래 증거, 미래 증인은 영의 사람 (삼상 3:1~18, 히 11:1~40)
3) 땅에 떨어지지 않는 하나님의 말씀 (삼상 3:19, 마 16:16, 행 1:8, 마 24:14)

[결론] 영의 사람이 갖추고 누리는 것
1) 자신의 정체성 - 임마누엘 (창 1:27~28, 고전 3:16, 6:19)
2) 예배의 축복 - 선지자, 제사장, 왕 / 그리스도인 (삼상 3:1~18, 벧전 2:9)
3) 자기 일에 성공 - 각 영역을 변화시킬 영적 리더들로 잘 준비 (롬 16:1~27)

*세계복음화의 축복을 누리며 5대 비전, WMTC, V&DC의 시간표를 따라가며 기도해야 한다.

새 시대의 지도자 사무엘

삼상 7:3~10

사무엘은 사사시대가 끝나고 왕정시대가 열리는 전환기에 이스라엘을 이끌었던 새 시대의 지도자이다. 마지막 사사로서 신앙적, 정치적, 사회적 혼란을 수습하고 새 시대를 위하여 기초를 다진 이스라엘 역사에 위대한 선지자이다. 당시 유대인 남자가 맡을 수 있었던 지도자 역할(선지자, 제사장, 사사, 예언자, 군대 지휘관)을 모두 맡은 인물로 등장한다. 사무엘이 새 시대의 위대한 지도자로 성공할 수 있었던 그 비결은 무엇인가?

[사무엘상]

1) 마지막 사사 사무엘 (삼상 1:1~7:17)

2) 초대 왕 사울 (삼상 8:1~15:35)

3) 버림받은 사울, 택함받은 다윗 (삼상 16:1~31:13)

1. 사무엘의 출생 - 어머니의 기도

1) 고통과 번민을 기도로 승화시키는 믿음의 여인 (삼상 1:10, 시 42:3)

2) 시대를 보는 깊은 통찰력, 어머니의 서원기도 (삼상 1:11, 민 6:2)

3) 응답의 시간, 사무엘의 출생, "하나님께서 들으셨다" (삼상 1:19~20)

4) 서원을 실행하는 한나, 사무엘을 '나실인'으로 (삼상 1:26~28)

5) 한나의 기도, 하나님의 성전에서 자라는 사무엘 (삼상 2:1~10, 18, 21)

2. 새 시대의 영적 지도자 - 사무엘의 기도

1) 사사, 선지자, 제사장으로서의 영적 지도자 (삼상 3:19, 4:1)

2) 영적 대 각성(회개) 운동을 주도하는 영적 지도자 (삼상 7:3~4)

3) 이스라엘은 미스바로 모이라, 내가 기도하리라 (삼상 7:5)

4) 기도로 나라를 살린 새 시대의 지도자, 청년 사무엘 (삼상 7:8~10)

5) 승리의 기념비 '에벤에셀', 국가적 영웅이 된 이후에 (삼상 7:12, 12:23~24)

6) 이스라엘을 가장 찬란한 영광의 시대로 이끈 위대한 킹메이커 (삼상 16:13)

3. 시대 살릴 미래의 지도자들에게

1) 하나님의 영역주권을 선포하라 (삼상 2:7~8, 마 16:16~19, 마 28:19~20)

2) 반드시 성취되는 하나님의 언약, 세계복음화 (사 60~62장)

3) 새로운 역사가 시작된다. 기도의 비중을 절대 늘리고 높이라 (행 1:1~14)

4) 역사의 주인은 하나님이시다 (삼상 2:1~10)

*역사의 전환기, 오늘도 하나님은 말씀과 기도의 사람에게 그 영역의 주도권을 부여하신다.

영의 사람 - 다윗

삼상 16:13

우리는 다윗을 배워야 할 이유가 있다. 꼭 배워야 할 다윗의 어린 시절, 소년 시절, 청년 시절, 임금 시절을 통해 하나님이 주시고자 하시는 메시지는 너무나 풍성하다. 오늘 우리에게 주시는 메시지는 무엇인가?

1. 성령은 꿈과 비전의 영이다

1) 성령은 꿈을 꾸게 하신다 (욜 2:28~29)

2) 성령은 비전을 품게 하신다 (행 1:8)

3) 언약적인 꿈과 비전은 반드시 이루어진다 (사 11:10)

*꿈이 없는 백성은 망한다. (잠 29:18)

2. 영의 사람 다윗

1) 다윗의 어린 시절 (시 78:70~72)

2) 다윗의 소년 시절 (삼상 16:13, 23, 17:1~54)

3) 다윗의 청년 시절 (시 23:1~6)

4) 다윗의 임금 시절 (삼하 2:4, 5:3)

*영의 사람 다윗이 잡은 평생의 언약이 무엇인가? (삼하 7:1~17, 대상 29:10~19)

*하나님의 주권 (대상 29:11, 마 1:1)

3. 하나님의 영에 크게 감동된 사람 - 정상에 도전하라

1) 재난시대를 언약으로 도전하는 영의 사람 (창 6:8, 행 11:27~30, 마 24:14)

2) 현장의 정상에 담대하게 도전하는 영의 사람 (삼상 17:36, 41~49, 50)

3) 말씀과 기도와 전도가 삶이 되는 영의 사람 (롬 16:1~23)

*정상의 자리에서 하나님을 말하는 영의 사람 - 창 45:7~8, 대상 29:11~12

*언약 잡고 24시간 생각, 보는 것, 문제, 모든 일들을 기도로 연결시키라.

그리스도 안에서 가능하다. 그리스도의 십자가의 능력을 믿음으로 도전하라. 하나님의 영으로 가능하다. (슥 4:6)

대한민국, 시급한 기도제목

삼상 23:1~5

본문은 실패로 치닫고 있는 사울의 왕정 체제하에서 미리 앞날을 위하여 신정왕국에 합당한 왕으로 예비하신 다윗에게 닥치는 시련과 사울 왕가의 몰락에 대해 전개해 나가는 역사의 한 부분이다. 다윗의 도피 생활은 약 10년간 계속된다. 하나님의 계획과 그의 나라를 방해하는 사단의 음모와 책동, 그러나 궁극적인 승리는 누구에게 있는 것인가? 시급한 기도의 제목 언약잡고 기도하자(삼상 17:47, 잠 21:31, 30).

1. 시급한 기도제목 (고후 2:4, 11:28)

지금 한국교회는 1938년 상황과 비슷하다. 9월 9일~10일 양일간 장로교 27회 총회가 [평양 서문 밖] 교회에서 진행되었다. 이 가을 총회에서 신사참배가 기독교 신앙에 배치되지 않는다고 총회장은 결의를 했다. 부회장은 임원을 대표하고 각 노회장이 총회를 대표해서 평양신사에 절을 했다. 그날 총회장 취임 설교는 "내가 복음을 부끄러워하지 아니하노니" … 한국 교회사의 오점이다.

"개신교 - 프로테스탄트(Protestant) - 저항하는 사람들"

진리가 불법화 되고 불법이 합법화로, 불의가 정의가 될 때 저항하는 것은 그리스도인의 의무이다. 구원의 유일성 진리의 복음을 믿으며 신앙의 자유를 지키기 위함이다.

2. 하나님께 물으라 (23:1~5)

1) 다윗이 여호와께 묻자와 이르되 (2) - 가라! 치라! 구원하라

2) 다윗의 추종자들의 출전 반대 (3)

3) 다윗이 여호와께 다시 묻자온대 (4)

4) 다윗의 승리, 언약의 사람과 함께하시는 하나님의 능력 (5)

*10월 3일 오후 1시 - 광화문(한기총 주관), 한국교회 하나 되어 기도해야!

3. 반드시 응답하시는 하나님

1) 기도의 비밀이 크다, 하나님께 물으라, 기도하라!
(렘 33:3, 삼하 2:1, 5:19, 23~25, 삼하 3:1, 8:6, 14, 수 9:14~15)

2) 무엇을 어떻게 기도해야하나? (삼상 7:5~6, 렘 5:1, 대하 7:14)

3) 성도들이여, 일어나, 함께 기도하자 (요 15:7, 16, 14:13~14, 16:23)

4) 언약잡고 정시기도, 무시기도, 더 깊은 기도 속으로 (행 1:1~14)
재난시대, 흑암시대, 세상을 이기는 사람, 복음 가진 기도의 사람 (계 14:4~6)

영원한 언약

삼하 7:16

사무엘하의 내용은 다윗이 통일 이스라엘의 왕위에 올라 신정왕국을 세우는 것이 중심주제이다. 다윗 언약은 하나님의 구속사에 대단히 중요하다. 다윗 언약에는 "영원히 견고하리라"는 말씀이 반복적으로 강조되어 있다. 영원히 망하지 않고 영원히 견고히 서게 될 나라는 어떤 나라인가? 그 언약이 우리와 무슨 관계가 있으며 오늘 나에게 주시는 메시지는 무엇인가? 본문은 본서의 요절이다.

[사무엘하 내용 개요]
1) 다윗 왕의 부흥기 (삼하 1:1~10:19)
2) 다윗 왕의 범죄 (삼하 11:1~12:35)
3) 다윗 왕의 침체기 (삼하 12:16~24:25)

1. 하나님을 향한 사랑과 열정 - 신정왕국을 세우는 다윗

1) 다윗의 예루살렘 점령, 예루살렘 언약에 대한 열정 (삼하 5:4~5, 시 78:68)
2) 법궤의 예루살렘 입성, 몸과 마음을 다하여 기뻐 춤을 추는 다윗의 열정, 신정왕국 선포 (삼하 6:14~15, 시 24:7~10, 47:6~8)
3) 성전 건축에 대한 뜨거운 열정 (삼하 7:1~2, 시 132:1~9, 시 18:1)
4) 인간의 연약함, 선지자의 책망, 즉각적인 회개의 배경 (삼하 12:13)

2. 영원한 언약

1) 다윗을 위대하게 만들어 주리라 (삼하 7:9)
2) 아들을 통해 성전을 건축하리라 (삼하 7:12~13)
3) 네 나라가 영원히 보존되고 네 왕위가 영원히 견고하리라 (삼하 7:13, 16)
*언약의 궁극적인 성취는 다윗의 자손으로 오신 예수 그리스도, 그리스도는 영원한 만왕의 왕 영원한 만주의 주 (단 2:44, 눅 1:31~33, 계 19:15~16)
*영원한 언약은 바로 오늘 은혜 언약 안에 있는 성도가 누릴 영원한 축복 (마 16:16~19)

3. 다윗의 기도

1) 주께서 말씀하셨사오니, 말씀하신대로 행하소서 (삼하 7:18~21, 25)
2) 하나님의 이름을 크게 높이게 하옵소서 (삼하 7:26, 마 6:9, 빌 1:20~21)
3) 주의 종의 집이 영원히 복을 받게 하소서 (삼하 7:29, 롬 8:17)
4) 모든 나라 모든 족속이 주를 예배하게 하소서 (시 22:27~28, 행 1:8)

*다윗의 통일왕국은 신정왕국이었다. 그에게 하나님은 영원히 견고하게 설 집으로 약속하셨고 (창 3:15), 다윗은 성전 건축을 기도했으나 하나님은 영원한 왕국으로 응답하셨다. 그리스도 안에서 우리가 받은 복이다. (계 21:3~4, 6) 그러므로 다윗의 기도가 내가 매일 드리는 오늘의 기도가 되어야한다. (사 60~62장)

영원한 언약을 감사

삼하 7:18~29

이스라엘의 번영과 다윗의 영화는 인간의 지략이나 이스라엘의 잠재력에 의한 것이 아니었다. 하나님의 '언약' 때문이었다. 하나님께서는 당신의 '언약'을 반드시 이루신다(왕상 8:56). 사무엘하의 핵심 단어는 '언약'이다.

1. 감사할 수밖에 없는 사람들

1) 진동하지 않는 나라를 받은 사람들 (히 12:28)

2) 주신 은혜 감사 (신 16:10)

3) 주실 은혜 믿음으로 감사 (신 16:15)

2. 영원한 '언약'을 감사

1) 하나님의 '언약'에 감사하는 다윗의 기도

(1) 다윗의 집에 대한 언약 (삼하 7:8~13, 16)

(2) 하나님의 집에 대한 언약 (삼하 7:13)

(3) 하나님의 근일을 삼사 (삼하 7:18~24)

(4) 다윗의 큰 기도 (삼하 7:25~29) *약속과 언약의 차이점은 무엇인가? (엡 2:12)

2) 영원한 '언약'을 감사

(1) '언약'하신 창 3장의 문제 해결자 (창 3:15)

(2) 성취된 '언약' 그리스도 (마 16:16~19)

(3) 위대한 언약 The Great Covenant (마 28:19~20)

(4) 성도의 축복, 성도의 능력 (벧전 2:9, 행 1:8)

3) 반드시 '그 언약'을 이루시는 하나님

(1) '언약하신대로' (삼하 7:25~29)

(2) '예수 그리스도 안에서' (엡 1:3)

(3) '언약'잡고 기도하는 자에게 (행 1:13~14)

(4) 반드시 '언약'을 이루시는 하나님 (창 12:1~3, 갈 3:28~29, 고후 8:9)

3. 그러므로 항상 감사, 날마다 감사 (시 50:14~15, 23, 살전 5:16~18, 빌 4:6~7)

완전한 치유자

삼하 12:1~15

“인간은 양서류다. 반은 영이고 반은 동물이지 … 그러니까 인간은 영적 존재로서 영원한 세계에 속해 있는 한편 동물로서 유한한 시간 안에 살고 있다. 인간의 영혼은 영원한 대상을 향하고 있지만 그 육체와 정욕과 상상력은 시시각각 변한다는 게야. 시간 안에 있다는 건 곧 변한다는 뜻이니까.” - C. S. 루이스의 ‘스쿠루테이프의 편지’ 중에서

1. 다가오고 있는 종말과 재난시대

1) 음란하고 패역한 세대 (마 16:4, 17:17, 막 8:38)

2) 노아의 때와 같이 (눅 17:28~30)

3) 롯의 때와 같으리니 (눅 17:28~30)

4) 종말의 징조, 재난 시대 (마 24:1~12)

*노아의 가정, 아브라함의 가정의 남은 자들 (창 7:6~24, 19:23~29)

2. 완전한 치유자

1) 다윗과 밧세바

(1) 전시(戰時)에 찾아온 성적 유혹, 다윗의 범죄 (삼하 11:1~5)

(2) 범죄 은폐를 위한 용의주도한 다윗의 또 다른 음모 (삼하 11:6~25)

(3) 결과적으로 “간음 + 살인 + 한 가정의 파괴”를 불러온 다윗 (삼하 11:1~27)

2) 다윗에게 나단을 보내시는 하나님

(1) 다윗을 찾아온 선지자 나단의 책망 (삼하 12:1~12)

(2) “내가 여호와께 죄를 범하였노라” 즉각적인 회개 (삼하 12:13)

(3) 용서를 구하는 참회의 기도, 서원하는 기도 (시 51:1~19)

(4) 회개하는 인생을 고치시고 낫게 하시는 완전한 치유자 (시 103:3, 렘 17:14)

3) 완전한 치유자가 계신다

(1) 영혼 치유 (시 68:1~35)

(2) 마음 치유 (마 11:28~29)

(3) 육신 치유 (마 8:1~3) *복음, 기도, 전도에 뿌리 내려야 (마 16:16~19, 행 1:8)

(4) 과거, 현재, 미래치유 (창 3:15, 요 19:30)

3. 하나님의 말씀과 기도로 거룩하여짐이라 (딤전 4:5, 벧전 1:16)

축복의 정상에서

왕상 8:53~61

입으로 하는 말에는 가부간(可否間) 놀라운 힘이 있다(잠 18:21). 말이란 창조적인 능력을 현실화하는 역할을 한다. 그리스도인들은 우주를 주관하시는 창조주 하나님을 믿기에 창조적 시인, 언약적인 축복을 시인(是認)해야 한다. 본문은 성전건축 후 축복의 정상에서 백성들을 위해 비는 솔로몬의 축사이다.

1. 언약적인 축복을 시인하라

1) 하나님이 설계하고 디자인하신 "영화로운 자기 정체성" 시인 (창 1:27, 엡 2:10)

2) 세계선교를 위해 다 준비해 놓으신 "문화 명령"의 축복 시인 (창 1:28, 엡 1:3)

3) 그리스도 안에서 누리게 하신 언약적인 축복 시인 (창 12:1~3, 갈 3:7~9)

2. 축복의 정상에서

1) 임마누엘을 비는 축복 - 흥망성쇠의 열쇠는 하나님의 손에 있다

(1) 무릎을 꿇고 손을 펴서 하늘을 향한 솔로몬의 기도 (왕상 8:22~54)

(2) 큰 소리로 축복하는 솔로몬 "여호와를 찬송할지로다" (55~56 상)

(3) 전에 하신 말씀을 빠짐없이 다 이루시는 하나님께 (56 하)

(4) 우리와 함께 하소서, 떠나지 마소서, 버리지 마소서 (57)

2) 순종을 비는 축복 - 흥망성쇠의 열쇠는 하나님의 손에 있다

(1) 말씀에 순종할 수 있는 은혜 주시기를 (58)

(2) 주야로 하나님과 가까이 있게 하시기를 (59)

(3) 주의 종의 일과 백성의 일에 날마다 필요한 대로 은혜 베푸시기를 (59)

*임마누엘은 순종의 생활을 가능하게 하는 동력이며 순종 생활은 임마누엘에 대한 응답이다.

3) 세계선교를 비는 축복 - 하나님의 전체적인 계획은 세계선교

(1) 땅에 있는 만민이 하나님을 알게 하소서 (43)

(2) 세상 만민이 오직 한분, 살아계신 하나님(하엘로힘, The God)을 알게 하소서 (60)

(3) 마음을 온전히 바쳐 순종하게 하소서 (61)

3. 언약적인 축복의 정상을 미리 내다보며 창조적으로 시인하라

언약잡고 기도하라 (창 12:1~3, 마 28:19~20, 행 1:8)

언제든지 참 축복의 정상에는 예수 그리스도가 계신다. (골 1:15~18)

신정정치와 황금시대

왕상 8:54~61

솔로몬의 신정정치의 행적 중 가장 큰 업적은 성전건축이다. 이는 구속사의 한 획을 긋는 영적 대 사건이다. 7년간의 건축역사를 마무리, 성전을 완공한 솔로몬이 봉헌식을 하기 전 백성들을 축복하는 내용이 오늘의 본문이다. 말씀 속에 주님의 큰 음성이 있다. 그 음성을 언약잡고 기도하자. 진동이 일어난다.

[열왕기상 대단원 내용]
1) 솔로몬의 통일왕국 시대 (왕상 1:1~11:43)
2) 분열왕국 시대 (왕상 12:1~ 22:53)
[요절] 9:4~5, 11:11

1. 솔로몬의 신정정치와 황금시대

1) 솔로몬의 왕위계승, 지혜와 부와 영화 (왕상 4:24~25)
2) 성전건축을 위한 준비, 시작, 7년 공사 마무리 (왕상 5:4~5, 왕상 6:1, 37~38)
3) 언약궤를 성전으로 메어 올리는 솔로몬, 성전 안에 가득한 여호와의 영광 (왕상 8:1~11)
4) 솔로몬의 설교와 기도와 축복, 그리고 성전 봉헌식 (왕상 8:12~66)
5) 솔로몬의 건축사업과 무역, 부와 명성이 온 세상에 (왕상 9:10~10:29)
6) 솔로몬의 신정정치와 황금시대, 영광의 절정 (왕상 1:1~10:29)
7) 언약을 이루시는 하나님, 역사의 주인이신 하나님 (대상 29:28)

*솔로몬의 신정정치와 황금시대는 성전과 직접적인 관계가 있다. 성전을 재건하라. (학 2:9~11) 그리스도께서 다스리는 그곳에 회복이 시작된다. 인생의 최고 황금기는 바로 그 때부터 시작이다.

2. 황금시대의 축복기도

1) 그 모든 좋은 약속을 다 이루신 하나님을 찬송할지어다 (왕상 8:56)
2) '순종의 삶'을 가능케 하는 動力 '임마누 + 엘'을 축복하는 솔로몬 (57)
3) 하나님을 사랑하라, '율법에의 순종'을 당부하는 솔로몬 (58~59, 신 6:4~5)
4) 온 천하와 열방 가운데 엘로힘 하나님의 유일성이 선포되도록 (60)
5) 순종과 헌신으로 불타오른 / 하나님 사랑을 / 오늘과 같이 (61)

후일 왕과 백성들이 우상숭배의 죄악에 빠지고 말았다는 사실은 인간의 본성이 누구나 죄악된 본성을 지니고 있음을 깊이 깨닫게 한다. '그래서 주님이 필요합니다'의 고백과 함께 늘 깨어 있어야 한다. (벧전 5:8, 엡 6:24)

3. 그리스도의 유일성과 세계복음화 - 영원한 언약의 성취, 진동을 품고 기도하라

마 16:16~19, 사 60:1~5, 61:4~7, 62:8~10

갑절의 영감을 주소서

왕하 2:1~18

21세기의 특징 중 하나는 영성(靈性)이다. 그래서 영성의 시대라고 한다. 문화전쟁, 문화충돌이라 함은 근본적으로 영적 충돌이다. 종교적인 표현이다. 특히 심각한 도전에 직면하고 있는 영성은 미혹의 영성이다. 이러한 영적 혼미와 혼돈 속에 교회와 가정을 지킬 수 있는 길은 무엇인가? 과연 그 길은 무엇인가?

1. 성경으로 돌아가는 은혜

1) "말씀"이신 하나님 (요 1:1)

2) "말씀"하시는 하나님 (창 1:1~계 22:21)

3) "그 말씀"의 능력으로 만물을 붙드시며 (히 1:1~3)

4) 반드시 성취되는 하나님의 말씀 (왕하 1:1~18) - 1:17

2. 영의 사람 - 갑절의 영감을 주소서

1) 혼미한 시대 - 하나님이 숨겨놓은 영의 사람들

(1) 영의 사람 엘리야와 성령의 능력 (왕상 17:1~왕하 2:11)

(2) 영의 사람 엘리사와 성령의 능력 (왕하 19:19~21)

(3) 각 지역의 선지 생도들과 성령의 능력 (왕하 2:3, 5, 15~16, 4:38~41)

2) 갑절의 영감을 주소서

(1) 지도자들에게 (창 41:38, 출 7:1, 삼상 16:13, 단 4:8~9, 왕상 17장~왕하 13장)

(2) 부모들에게 (눅 2:25~27, 36~38)

(3) 자녀들에게 (눅 1:41~44, 욜 2:28~29)

(4) 역사의 주인이신 하나님 (대상 29:11)

남은 자(숨겨놓은 자)를 통해 역사하시는 하나님 (사 6:13)

3) 성령과 능력을 기름 부으시는 하나님 - 그리스도 안에서

(1) 십자가에서 완성하신 전인구원 (요 19:30)

(2) 완전한 언약 잡고 간절히 기도할 때 (마 16:16~19, 행 1:13~14, 2:1~47)

(3) 전도제자, 선교제자의 삶을 살 때 (마 28:19~20, 행 10:38, 롬 16:1~27)

3. 영의 사람 공동체 - 갑절의 영감을 주소서 (왕하 2:1~18, 행 13:1~4)

더 놀라운 은혜를 기도하라

왕하 5:1~14

하나님의 선지자 엘리사는 아람 왕의 군대장관 나아만의 문둥병을 치유해 준다. 이방인 나아만은 하나님을 믿고 순종하므로 놀라운 이적을 체험한다. 어제나 오늘이나 영원토록 동일하신 하나님, 더 놀라운 은혜를 기도하라.

1. 크고 존귀한 자, 큰 문제 문둥병 (1)

1) 크고 존귀한 군대장관 나아만, 한 가지 문제 (1)
2) 북이스라엘에서 사로잡혀 온 어린소녀, 나아만 아내의 여종 (2)
3) 장군의 [문둥병]을 알고 있는 소녀, 어린 소녀의 권면 (3)
4) 복잡하게 얽히는 일, 순조롭지 못한 위기 상황 속에서의 순종 (4~13)
5) 그 결과 (14) - 하나님이 은혜는 낮은 곳으로 흐른다

2. 어린 여종의 권면

1) 어린 여종의 외로움과 괴로움, 그럼에도 불구하고 (3, 시 25:16)
상처, 원수를 사랑하는 마음, 두려움, 원망, 매일낙심, 자기연민, 미움, 분노 등 이것들을 이길 수 있었던 힘은 무엇이며 어디서 온 힘일까?
2) 상처보다 더 큰 무게, 하나님을 경외하는 믿음의 무게 (대하 20:20, 갈 2:20)

*분노의 원인은 자신이 작아 보일 때(무시당함, 비교, 열등감, 우울) 분노한다. 자기 존중감이 있는 사람, 자기를 고통스럽게 한 사람, 배려, 용서, 마음으로 껴안는다. 마음의 휴식은 용서한 자에게 찾아온다.

3) 이 집안을 움직이고 있는 주인공은 누구인가?
본문 속의 진정한 주인공은 누구인가? 하나님의 관점에서
4) 기쁜 소식의 전달자 어린 소녀 (3, 마 16:16~19, 요 20:31, 고전 1:27, 롬 15:4)
하나님의 주권적인 섭리를 신실하게 믿는 믿음으로 하나님을 신뢰하라.

3. 더 놀라운 은혜를 기도하라! (15, 17, 마 4:23~24, 눅 18:1~8)

이방인에게 베푸신 이적, 하물며 언약백성 이스라엘이겠는가?
응답, 그 이후의 하나님께서 받으실 영광을 위해 기도하라 (딤후 4:2)

전도 - 불가항력적인 그 은혜

왕하 5:1~17

아람 왕의 군대 장관 나아만이 받은 은혜는 전적으로 불가항력적인 은혜이다. 이스라엘 여종이 가지고 있는 해답도 불가항력적인 은혜이다. 우리가 받은 구원의 은혜 또한 사람의 힘으로 저항하거나 막아낼 수 없는 불가항력적인 은혜 아닌가? 이 은혜를 얼마나 바르게 알고 누리며 증거하는 삶을 살고 있는가?

1. 크고 존귀한 자의 숨은 문제와 마음의 상처 (왕하 5:1)

1) 아람왕의 군대장관 나아만
2) 왕의 특별한 총애를 받고 국민들에게 존경을 받는 사람
3) 나라를 구원한 그는 큰 용사
4) 크고 존귀한 자, 그러나 숨은 문제와 마음의 상처
- 그는 큰 용사이나 나병환자더라 (왕하 5:1 하)

2. 문제의 해답을 가지고 있는 어린 소녀

1) 사로잡혀 온 이스라엘의 어린 소녀 (왕하 5:2)
2) 어린 소녀를 통해 전파되는 하나님의 절대주권 (5:3)
3) B.C 845년경, 북 이스라엘의 9대 왕 여호람(요람)과 선지자 엘리사 (5:4~8)
4) 선지자의 즉각적인 순종 명령, 완전한 순종에 대한 불가항력적인 은혜 (5:9~14)
'솨바' - '완전하다' - '만족시키다' - '일곱'을 나타내는 용어 (수 6:3~5, 왕상 18:43)
5) 회개한 나아만, 새로운 신앙을 소유한 나아만 장군의 고백 (5:15~17, 17)
- 불가항력적인 은혜로 받은 구원, 치유된 숨은 육신의 문제와 마음의 상처

3. 전도 - 불가항력적인 하나님의 은혜

1) 차별이 없는 십자가의 복음, 구원의 은혜 (롬 10:11~12)
2) 바르게 보고, 진단하고, 복음(그리스도)을 말하라 (왕하 5:1~2, 마 16:16)
3) 그 때 하나님의 속성을 다 열어 놓으시는 하나님의 은혜 (사 60:1~22)
4) 우리는 복음이 필요한 세상(현장, 사람들)에 해답 주는 사람들 (롬 16:1~23)
사람의 힘으로 저항하거나 막아 낼 수 없는 불가항력적인 하나님의 은혜를 체험하라.
전도 - 불가항력적인 하나님의 은혜 체험의 지름길입니다.

여호와의 열심이 이 일을 이루시리라

왕하 19:29~37

열왕기하는 분열왕국의 멸망 과정을 세밀히 기록하고 있다. 많은 선지자들의 역할에도 불구하고 결국 포로로 끌려가는 것으로 왕정역사는 막을 내리게 된다. 그러나 '남은 자'를 통해 하나님의 계획은 중단 없이 진행되며 하나님의 역사는 계속된다. '남은 자'는 도대체 누구이며 오늘 우리에게 '남은 자'의 의미는 무엇인가?

[열왕기하 대단원개요]

1) 분열왕국 (왕하 1:1~17:41) 2) 유다왕국 (왕하 18:1~25:30)

[요절] 19:31이다.

1. '남은 자'의 언약

1) '남은 자'는 누구인가? (창 7:23, 출 12:37~38)

2) '남은 자'의 의미 (왕상 19:18, 사 6:13)

3) '남은 자'의 사명 (스 2장, 7장, 수 2:1~21, 룻 1:4, 마 1:1~17, 계 22:16)

4) '남은 자'의 축복 (롬 9:27, 슥 8:12, 왕하 19:29~31)

2. 여호와의 열심이 이를 이루시리라

1) 남 유다의 13대 왕 히스기야의 선정 (왕하 18:3~4, 5~6, 7)

2) 앗수르의 2차 침략과 산헤립의 교만 (왕하 18:33~35)

3) 예루살렘의 위기, 히스기야의 기도 (왕하 19:14~16, 19)

4) 하나님의 응답, 반드시 예루살렘을 보호할 것이다, 그 징조 (왕하 19:29)

5) 하나님의 시온 방어, 다시 번영하게 될 것을 예언 (왕하 19:30)

6) '남은 자' 언약, 하나님의 열심이 이 일을 이루리라 (왕하 19:31)

7) 산헤립의 최후, 역사의 주인이신 하나님 (왕하 19:32~33, 34, 35, 37, 사 37:38)

3. 지금도 은혜로 택하심을 따라 남은 자가 있느니라 (롬 11:5)

1) 바른 신앙고백의 사람, '남은 자'의 축복 (마 16:16, 17~19)

2) 겸손히 하나님을 신뢰함으로 기도하는 성령의 사람 (행 1:13~14)

3) 세계복음화의 비전으로 전도제자, 선교제자의 삶을 사는 자 (사 9:6~7)

4) 하나님의 열심이 이 일을 이루시리라 (마 28:19~20, 행 1:8, 사 60:1~22)

*전 세계가 무너지는 시대(붕괴), 실패시대(흑암), 재난시대(재앙), 남은 자의 언약으로 세계복음화!

기도와 치유

왕하 20:1~11

본문은 히스기야의 사적인 기사이다. 히스기야의 발병과 그의 간절한 기도, 이에 치유로 응답하시는 하나님을 통해 생사화복의 주관자이이며 자연 만물의 주관자이신 하나님은 기도에 응답하시는 분이심을 말씀 하신다. 어떤 기도에 응답하시는가?

1. 기도의 특권을 누리는 자, 그 배경이 다르다

1) 천국배경 (빌 3:20)

2) 하나님 아버지의 배경 (롬 8:14~15)

3) 하늘 보좌의 배경과 영적비밀 (시 103:19~22)

- 그러므로 반대 응답 속에서도 유일성의 해답을 보는 사람들

2. 응답하시는 하나님

1) 히스기야의 기도와 응답하시는 하나님

(1) 남 유다 13대 왕 히스기야의 신앙 (왕하 18:3~8)

(2) 선지자 이사야가 전달한 절망적인 메시지 (왕하 20:1)

(3) 히스기야의 간절한 기도, 통곡하는 기도 (왕하 19:14~19, 20:3)

(4) 응답하시는 하나님, 아하스의 해시계 표징 (왕하 19:35, 20:5~11)

2) 기도와 치유

(1) 문둥병 환자의 간청 (마 8:1~3)

(2) 맹인 바디메오의 부르짖음과 그리스도 (막 10:46~52)

(3) 나면서 앉은뱅이 된 자의 운명치유 (행 3:1~10)

(4) 구체적이며 사실적인 영적인 과학 (단 6:22, 행 27:23)

3) 전천후 치유자 예수는 그리스도 (막 6:53~56)

(1) 근본치유(흑암)

(2) 삶 치유(실천)

(3) 특별치유(집중기도)

3. 이렇게 기도하라

1) 갈 2:20

2) 빌 3:1~20

3) 빌 4:13

4) 렘 33:1~9

요시아의 종교개혁

왕하 23:21~23

언약의 백성이 하나님을 거역함으로 다가오고 있는 위기를 안 요시아는 종교개혁을 단행한다. 모든 우상을 제거하며 유월절을 지켰다. 사무엘 이후 처음으로 유월절을 지킨 왕이며 유다의 최후의 선한 왕으로 31년간 통치했다(왕하 23:24~25).

1. 역사의 주인이신 하나님

1) 하나님의 주권 (구원계획)

2) 예수 그리스도를 중심으로 (구원성취)

3) 성령의 능력으로 (구원적용)

2. 요시아의 종교개혁

1) 가장 위대한 발견 - 다시 찾은 하나님의 말씀

(1) 성전수리 (왕하 22:3~6, 22:2)

(2) 율법책 발견 (왕하 22:8)

(3) 왕의 겸손한 회개 (왕하 22:11)

2) 백성에게 말씀을 선포하는 왕 - 종교개혁 단행

(1) 언약갱신 (왕하 23:1~3, 대하 34:29~32)

(2) 우상제거 (왕하 23:4~20, 대하 34:3~7)

(3) 요시아가 사는 날 동안에 (대하 34:33)

3) 규례대로 지킨 유월절 - 메시아 언약 회복

(1) 피 언약 회복 (왕하 23:21~23)

(2) 제사장들을 격려하는 왕 (대하 35:2)

(3) 솔선수범하는 헌신으로 (대하 35:7~9)

*하나님을 기쁘시게, 많은 사람을 하나님께로 돌아오게 한 요시아는 영의 사람이었다. (단 12:3)

*하나님의 은혜로만 가능한 요시아의 종교개혁, 그것은 곧 하나님의 주권적인 계획이었다. (왕상 13:2)

3. 누가(어떻게) 이 시대에 하나님의 거룩한 필요에 쓰임 받는 자가 될 수 있나?

1) 그루터기의 언약 (사 6:13)

2) 남은 자의 언약 (롬 11:4~5)

3) 임마누엘의 언약 (창 39:1~6, 시 1:1~6)

4) 완전한 언약 (마 16:16~19)

5) 십자가의 보혈로 완성하신 그리스도의 사역, 전인구원의 언약 (요 19:30)

6) 위대한 언약 세계복음화 (마 28:19~20)

7) 성령의 능력으로 (행 1:8)

하나님 나라의 용사들 I

대상 11:1~9

사울의 죽음 이후 다윗이 이스라엘 통일왕국의 2대 왕으로 즉위한다. 본문은 온 이스라엘이 헤브론에서 다윗에게 기름을 부어 왕으로 삼는다. 온 우주를 통치하시는 하나님, 하나님의 대행자로 부르심을 받은 다윗은 이스라엘의 통치자로 세워졌다. 우리는 하나님 나라의 귀한 용사들을 만난다.

1. 이스라엘 통일왕국의 세 왕

1) 사울 (삼상 10:1) - B.C 1050~1010

2) 다윗 (삼상 16:13, 삼하 2:4, 5:3) - B.C 1010~970

3) 솔로몬 (왕상 1:39) - B.C 970~930

2. 하나님 나라의 용사 다윗

1) 역사의 주인이신 하나님의 섭리와 다윗의 탁월한 능력

(1) 온 이스라엘의 지지 아래 통일왕국의 왕이 된 다윗 (1~2)

(2) 사울의 지휘 아래에서도 대단했던 다윗의 지도력 (삼상 18:5~7)

(3) 이 지도력은 어디서 왔나? 언제부터인가? (삼상 16:13)

(4) 다윗은 다방면에서 탁월했다 (삼상 16:23)

2) 모든 장로의 충성 서약을 받고 왕위에 오른 다윗, 언약의 성취 (3)

3) 다윗이 왕으로서 먼저 한 일은 시온 산 정복 (대상 11:4~8)

(1) 헤브론의 7년 행적보다 시온 산 성 정복을 부각시키는 이유, 무엇일까?

(2) 통일왕국의 정치적인 수도, 신정왕국의 기틀을 마련한 다윗

(3) 무질서한 나라를 통합하여 백성에게 비전을 주었던 다윗은 그리스도의 예표

4) 만군의 여호와께서 함께 하심으로 점점 강성하여 가는 다윗 (대상 11:9)

3. 하나님 나라의 용사들 - 지금도 남은 자가 있다 (롬 11:5)

1) 하나님의 언약은 반드시 성취 된다 (사 60:1~21, 22, 61~62장)

2) [시작]이 다르다 - 완전한 복음, 절대복음 (마 16:16, 삼하 6:14~16, 17)

3) [하나님의 이유]를 언약 잡으라 (삼상 17:29, 45, 47, 마 12:28, 행 1:3)

4) [성령충만과 세계복음화]로 증인의 삶을 (행 1:13~14, 2:1~47, 갈 6:14)

계 7:9~10의 그 날을 위해 오직 그리스도로 사는 자, 임마누엘이다. (9)

하나님 나라의 용사들 Ⅱ

대상 11:10~19

다윗은 통일왕국의 2대 왕으로 즉위하였다. 먼저 여부스 원주민이(400년) 거주하고 있는 예루살렘을 정복하고 다윗 성을 쌓았다(9). 그 이후에도 다윗은 크고 작은 전쟁을 치루면서 신정왕국 이스라엘을 견고하게 세워나갔다. 그의 곁에는 다윗의 정예용사들이 있었다. 중추적인 역할을 한 30인의 용사들이 있었다. 지상 교회는 전투적인 교회이다. 영적전쟁의 현장에서 교회는 어떤 영적용사들이 필요한가?

1. 다윗에게 있는 용사들

1) 가장 뛰어난 다윗의 용사 세 명 (삼하 23:8~12, 대상 11:11~14)

(1) 다윗을 힘껏 도와 왕으로 세우고 나라를 세운 사람들 (10)

이들이 헌신한 이유는 무엇인가? 하나님의 말씀 때문에 (삼상 16:1, 11:10 하)

(2) 유명 삼총사 중의 우두머리 야소브암 (11, 삼하 23:8)

(3) 패색이 짙은 전시의 상황에서 다윗을 지킨 역전의 용사 엘르아살 (12~14)

(4) 여호와께서 큰 구원으로 구원하심이었더라 (14, 삼하 23:10, 12, 잠 21:31)

2) 하나님 나라를 위하여 자기 생명을 돌아보지 않는 용사들 (15~19)

(1) 다윗의 고향 베들레헴, "베들레헴 성문 우물물을 누가 내게 마시게 할꼬?" (17)

(2) 생명을 돌아보지 않고 적진을 뚫고 물을 길어온 용사들 (18)

(3) 그 물을 마시지 않고 하나님께 관제로 부어드리는 다윗 (19, 시 145:1~2)

(원문) 내가 어찌 목숨을 건 이 사람들의 피를 마시겠는가? 그들이 목숨을 걸고 가지고 온 것인데 (19) 하나님, 이 용사들의 이 충성이 그 어떤 경우에도 다윗 개인의 영광이 아니라 자신을 돌아보지 않고 생명을 걸고 바치는 이 충성과 용맹스러운 헌신이 오직 하나님의 영광을 위해 쓰임 받도록 해야 하겠습니다. 개인의 영광이 아닌 하나님의 영광과 이스라엘의 영광을 위해! 하나님의 나라를 위해!

2. 다윗과 다윗에게 있는 용사들

이들은 참 왕, 메시야가 오시는 길을 예비하는 하나님 나라의 용사들, 이는 영웅전이 아니다. 하나님께서 진행해 나가시는 하나님의 주권적인 계획(구속사)을 강조하고 있는 것이다. (창 12:1~2, 3, 마 1:1)

3. 먼 훗날의 영광을 잘 준비하는 하나님 나라의 용사 (계 7:9~11, 합 2:14, 갈 6:14)

하나님 나라의 용사들이 되어야 한다. 역대기의 기록자 에스라의 주된 관심은 [신정왕국]이다. 이 왕국을 통해 참 기름부음 받은 자 그리스도가 오시고 자신의 피 값으로 교회를 세우셨다. 교회를 통해 역사를 주도하고 계신다. 그러므로 교회는 어떻게 하나님께 충성해야 하는가를 늘 기도하며 하나님의 나라를 위해 자신을 드리는 진정한 용사들로 일어나야 한다.

하나님 나라의 용사들 Ⅲ

대상 11:20~47

다윗의 왕국을 세우는데 꼭 필요한 용사들의 명단을 기록한 본문이다. 가장 돋보이는 첫째 용사 3인 다음가는 용사 3인 외에 30명의 정예용사들이다. 이들은 하나의 꿈과 비전으로, 한 목적으로 하나님의 나라를 세우는데 역량껏 함께 하였기에 다윗왕국 건설이 가능하였다.

1. 역사의 주인은 하나님이시다

1) 한 나라의 흥망성쇠, 절대주권은 하나님께 있다 (단 2:20~22)

2) 한 개인의 생사화복, 주관자는 하나님이시다 (삼상 2:6~8)

3) 정치, 경제, 문화등 세계의 모든 영역주권은 하나님께 있다 (롬 11:36)

4) 역사의 주인이신 하나님을 신뢰하라, 하나님께 기도하라 (대하 7:13~14)

*흔들리는 국가 정체성, 자유민주주의 대한민국, 자유 시장경제를 기반으로 한 대한민국의 헌법적 가치가 흔들리고 있다. 이 때 교회와 그리스도인의 역할은 무엇인가? 그리스도인들이여, 잠에서 깨어 일어나라. 믿는 자들의 정체성과 본질적 가치를 먼저 회복하라.

2. 하나님 나라의 용사들

1) 혁혁한 공을 세운 용맹스러운 장군 아비새 (20)

2) 훗날 다윗의 시위대장이 된 브나야 (22~23)

3) 그런데 명단에 빠져있는 '한 사람', 그의 이름은 왜 기록되지 못했을까? (21, 행 1:13, 딤후 4:9~11)

4) 하나님께서 귀하게 쓰시는 사람들은 [충성]된 사람들 (시 101:6, 민 18:19)
나는 누구인가? (민 12:7~8, 느 9:7~8, 눅 16:10~13, 잠 25:13, 고전 4:1~2)

3. 교회와 천국에서 존귀한 자로 호명되는 이름이 되도록

1) 밧세바 사건 이후에도 다윗에게 나아오는 하나님 나라의 용사들 (삼하 23:39 / 26~47)

2) 놀라운 것은 율법에 들어오지 못하도록 규정된 자, 암몬 출신의 셀렉(39), 모압 출신의 이드마의 이름이 들어있다는 것이다. (39, 46, 신 23:3)

3) 언약공동체 안에서 예배자가 된 임마누엘의 사람들 (출 12:37~38, 수 24:15~18)

4) 그 무엇에도 제한받지 않는 예수 그리스도의 복음, 하나님의 은혜와 긍휼하심을 믿으라

*두려워말고 언약잡고 [오직]으로 기도하라. (행 1:1~2:47) 그리스도가 [오직]이고 하나님의 나라가 [오직]이고 성령이 [오직]이다. 틀림없다. 이 땅의 희망은 복음가진 언약공동체, 남은 자들에게 있다. 언약잡고 기도하라. 반드시 하나님의 뜻은 이루어진다. 응답이 따라온다.

하나님 나라의 용사들 Ⅳ

대상 12:1~15

지금까지 소개한 다윗의 용사들과는 다른 소수의 정예용사들을 소개한다. 다윗이 왕이 되기까지 왕정 수립 과정에 공헌한 자들의 명단이다.

1. 인생의 겨울을 만난 다윗을 찾아와 도운 용사들 (1~7)

1) 다윗이 사울의 추격을 피해 블레셋의 시글락에 머물고 있을 때 (1)

2) 사울의 핍박을 피해 다닌 13년 중 유대 땅에서 약 12년, 시글락에서 1년 4개월을 보낸다. 12년은 말씀만 믿고 유대 땅에서 도망 다녔는데 연단이 다 끝날 무렵 다윗이 큰 실수를 한다. (삼상 24:16~17, 18~19, 20~25:1, 27:1)

3) 그럼에도 불구하고 이때 다윗을 돕기 위해 나아온 베냐민 지파의 용사들 (1)

(1) 전쟁을 승리로 이끌 수 있는 잘 준비된 용사들 (2)

(2) 동족 관계보다 하나님의 뜻으로 세워지는 하나님 나라가 더 중요하다고 믿었던 사람들, 오로지 신정국가를 건설할 하나님의 계획은 다윗에게 있음을 믿는 사실 하나만을 붙들고 나온 사람들이다. (대상 11:1~2, 3) 위험을 무릅쓰고 국경 넘어 시글락까지 찾아 온 용사들, 이 들은 자기의 이익보다 진리를 추구하는 사람들이다. 이 용사들은 사울의 권력을 아는 사람이 아니라 하나님의 뜻이 누구에게 있는지 하나님의 계획을 살필 줄 아는 언약의 사람들이었다.

4) 민망스러운 형편에 처해있는 다윗, 이때 이스라엘 역사상 가장 위대한 왕으로 기반을 다지도록 다윗을 도우시는 하나님 (3~7, 엡 2:7~8, 롬 5:20)

2. 광야의 아둘람 굴에 숨어 있는 다윗을 도운 갓 지파의 용사들 (8~15)

특별히 헐몬 산의 눈이 녹아 요단강이 범람할 때 위험을 무릅쓰고 그 강을 건너 사울의 군대를 뚫고 나아온 용사들 (삼상 22:1~2, 시 142:1, 4, 5~6) 지방은 요단 동편의 길르앗으로 토지가 비옥, 나무가 많아 목축하기 좋고 아름다운 곳, 그러나 다윗의 사역에 동참하기 위해 용사들은 자신의 비옥한 땅, 아름다운 고향을 버리고 거칠고 메마른 싸움터를 선택하였다. 그 이유는 무엇인가?

3. 하나님의 뜻을 따라가는 하나님 나라의 용사들 (1~15)

1) 하나님의 뜻은 구원입니다 (요 17:4, 요 6:38, 39, 40)

2) 하나님의 뜻은 하나님의 나라이다 (행 1:3, 마 25:34, 요 18:36, 히 12:28)

3) 하나님의 뜻을 따라 사는 언약의 사람에게 (삼하 8:6, 14, 대상 11:9)

*복음기준으로 하나님의 뜻을 따라 선택, 판단, 결정, 순종하는 하나님 나라의 용사들이 되기를 주님의 이름으로 축원한다.

성령에 사로잡힌 한 사람

대상 12:16~22

다윗의 마음이 매우 심약해져 있을 때이다. 하나님은 성령에 사로잡힌 한 사람을 통해 하나님께서 다윗과 맺은 언약을 상기시켜 주시며 언약공동체와 다윗에게 평안과 확신을 주신다. 언약 잡은 하나님의 사람이 성령에 사로잡힐 때 역사는 일어난다.

1. 성령님, 지극히 크신 하나님의 영

1) 창조주 하나님의 영 (창 1:2)
2) 전능자 하나님의 영 (욥 33:4)
3) 삼위일체 하나님의 영 (롬 8:14~17)
4) 성령내주, 인도, 역사의 사람 (요 14:16~17)

신앙생활과 종교생활은 결국이 다르다. (삼상 23:2, 4, 30:8, 삼하 2:1, 수 9:14~15)

2. 성령에 사로잡힌 한 사람

1) 때 - 다윗이 유다 광야에 있을 때, 혈족 유다에게 두 번이나 배신당한 다윗을 찾아온 베냐민과 유다 사람들, 다윗의 선언 (17)
2) 내용 - 성령에 사로잡힌 한 사람, 30인의 두목 아마새의 입술을 통해 다윗은 위로와 확신과 평안을 얻었다. 그것은 하나님의 뜻에 따라 성령의 감동으로 다윗과 언약 공동체를 도우시는 하나님의 평안이었다. (18) (행 9:26~27, 28, 31 / 4:31, 37)

*언약공동체 다윗의 왕국, 그 나라는 세워질 수밖에 없는 나라이다. 성령님이 보증하시는 성도의 기업 또한 마찬가지이다. (엡 1:13~14, 17~18)

3) 아말렉을 소탕한 므낫세의 용사들 (21~22)

*위기 상황 가운데서도 언약의 사람을 위해 주권적으로 일하고 계시는 하나님의 은혜, 때를 따라 돕는 하나님의 은혜를 확신하고 기도하라. (히 4:14~16, 사 41:10, 요 14:18, 막 16:19~20)

3. 언약의 사람, 성령에 사로잡힌 한 사람을 기도하자

1) 체험적인 신앙, 꿈과 비전의 사람이 된다 (행 2:16~17, 창 41:38, 삼상 16:13, 단 4:8~9)
2) 역사의식, 사명의식, 소명의식이 분명하다 (행 20:23~24, 사 6:8)
3) 복음의 담대한 증인이 된다 (행 5:42)
4) 순종으로 응답과 축복의 사람, 기념비를 세우라 (행 5:32, 수 4:19~22, 23~24)

*자신을 위해, 가정을 위해, 미래를 위해, 영원한 영광을 위해, 성령에 사로잡힌 그 한 사람을 기도하자. 반드시 그렇게 하자.

그리스도 안에서 누리는 축제

대상 12:23~40

다윗의 모든 용사들이 전열을 갖추고 다윗 왕의 즉위식을 거행한다. 너도 나도 자원하여 음식을 많이 준비하고 밀가루 과자, 무화과 과자, 건포도, 포도주, 기름, 소와 양도 많이 실어와 온 이스라엘 가운데 삼일동안 큰 잔치가 있었다(39~40). 역사상 이처럼 큰 기쁨의 축제가 있는 왕의 즉위식이 있었는가? 영광스러운 다윗 왕의 즉위식이다. 그리스도의 언약 잡은 사람이 누리는 기쁨이다.

1. 다윗

1) 청소년 시절 (삼상 17:29)

2) 청년 시절 (시 23:1~6)

3) 임금 시절 (대상 29:10~12, 시 145:1)

4) 노년 시절 (대상 29:27~28)

다윗의 엄청난 범죄(삼하 11장), 그러나 나단 선지자의 지적 앞에 철저히 회개하며 순종하는 사람이다. (삼하 12:13~14) 그의 인격은 온유하고 겸손하다. (삼상 22:2) 어떤 경우에도 흔들리지 않는 완전한 언약(메시아)을 잡았다. 영적세계에 깊은 통찰이 있고 성령의 임재를 늘 사모하며(시 51:11~14) 기도하는 사람이다. (삼상 30:6, 시 57:1, 7~8, 9~11 / 시 22장)

2. 그리스도를 기다리는 자의 행복

1) 헤브론에 나아온 각 지파 용사들 소개와 숫자 - 특징 (23~37)

2) 특히 잇사갈 지파를 주목하여 보라 - 역사의식, 사명의식, 소명의식 (32)

3) 다윗 왕의 즉위식을 축하하는 온 이스라엘, 큰 기쁨의 축제 (38~40, 삼상 22:2)

다윗 왕조는 하나님의 초자연적인 섭리에 의해 탄생된 완벽한 신정국가이다.

모두가 전쟁에 나가 잘 싸울 수 있는 훈련된 군사들, 다른 지파에 비해 숫자가 적었던 유다 지파, 시므온 지파는 다윗 왕조의 막강한 지지 세력이었다. 이스라엘 종교 지도자들인 레위 사람들과 제사장들도 가세하여 다윗을 위해 기도하였다. 사울 왕의 지파인 베냐민 지파, 과거에 이스라엘의 주도권을 장악했던 에브라임 지파와 북쪽의 모든 지파들, 요단 동편의 지파들까지 … 다윗은 모이지 못한 백성들에게까지 온 이스라엘의 지지를 받는 왕이 되었다. 언약하신 대로 실제의 역사 속에서 인물과 사건을 주도하시며 하나님의 나라를 세워 나가시는 하나님의 거룩한 역사를 본다. 자신도 모르게 창세기 3장의 문제해결자 그리스도가 오시는 길을 준비하는 사람들이다. 얼마나 복된 자들인가? (전체 340,822명)

3. 그리스도 안에서 누리게 될 큰 기쁨의 축제를 위하여!

우리는 만왕의 왕 만주의 주 예수 그리스도와 하나님 나라의 영광을 위해 사는 자들이다. 위하여 복음 엘리트들로 일어나자. 다윗을 위해 생명 건 용사들처럼 복음결론 내린 산업선교인으로, 문화 사역자로, 치유사역자, 이 시대의 남은 자, 복음의 용사들로 일어나야 한다. (마 16:16) 바른 역사의식, 사명의식, 소명의식으로 하나님 나라와 그 영광을 위해 싸우자. (사 60:1~2) 이미 예정되어 있는 그날의 축제를 위해 그렇게 해야 한다. (계 7:5~10) 영적 싸움에 능한 하나님 나라의 용사로 그 날의 축제를 위해 승리의 기(旗)를 땅 끝까지. 큰 소망의 언약을 잡고 힘써 기도하자. 그리스도 안에서 누리게 될 큰 기쁨의 축제를 위하여! (삼상 30:6)

신앙 명가의 축복

대상 26:1~9

역대기는 제사장 관점에서 씌여진 의도된 역사서이다. 역대기는 주로 성전예배와 제사장과 레위족속에 관한 내용이다. 기록목적은 바벨론 포로기를 보내고 돌아온 언약백성에게 다윗이나 솔로몬 시대 같은 나라를 만들어 보자는 의도이다. 즉 영적 개혁을 위한 다윗과 솔로몬의 선정(善政)에 대한 내용이 담겨 있다.

[역대기 상 대단원 내용]
1) 아담부터 다윗까지의 족보 (대상 1:1~9:44)　　2) 다윗의 통일왕국 통치 (대상 10:1~29:30)
[요절] 대상 17:8

1. 성도의 족보를 확인하자

1) 성도의 정체성과 족보 (대상 1:1, 눅 3:38, 갈 3:28~29, 고후 5:17)
2) 그러므로 영화로운 신분 (창 1:27)
3) 그러므로 복된 권세의 소유자 (창 1:28)
4) 경건한 후손을 이어갈 (죽음의 세력을 극복함) 족보의 계승자들 (창 4:26, 마 1:1)

2. 신앙 명가의 축복

1) 다윗 이후 가장 위대한 명성을 얻게 된 레위지파 (23:1~16:32)
2) 레위지파 중 하나님의 특별한 복을 받은 한 사람 오벧에돔 (5)
(1) 간증이 있다 : 법궤가 3개월간 오벧에돔의 가족과 함께 (대상 13:13)
(2) 오벧에돔의 집과 그의 모든 소유에 복을 내리신 하나님 (대상 13:14, 삼하 6:12)
(3) 법궤가 무엇이기에 - 말씀 → 예수 그리스도 → 교회예표 (마 16:16~19, 대상 15:14~15)
3) 오벧에돔의 자녀들 - 탁월한 Leader, 능력 있는 큰 용사 (6)
4) 오벧에돔의 자손들 - 다 능력이 있어 그 직무를 다 잘하는 사람들 (7)
5) 오벧에돔의 온 집에 복을 주시는 하나님 (8)
- 성전 문지기의 반장으로 활약한 62명의 자손들 (공통점 - 다 능력을 주셨다.)

3. 왕 같은 제사장의 족보, 신앙 명가의 축복을 날마다 선포하라

1) 가장 위대한 명성을 얻은 레위지파처럼 (벧전 2:9)
2) 정직하고 의로운 성품을 가진 신분, 권세 (대상 26:8) / '하일' - 힘, 능력 포함
3) 새 수레의 편리주의를 버리고 언약궤를 어깨에 메고 가라 (요 2:1~11, 행 1:8)
4) 언약이 전수되는 가문, 하나님 나라 프로젝트에 적극 참여하는 가정 (마 25:21, 23)

하나님께 큰 복을 받은 자여

대상 29:10~13

본문은 하나님 앞에서 큰 은총을 입은 자, 큰 복을 받은 자의 감사기도다. 하나님께 큰 은총을 입은 자의 감사의 우선은 조건적이 아니다. 존재적이다. 그리스도 안에서 감사할 수밖에 없는 존재적인 이유, 그것은 무엇인가?

1. 여호와는 나의 목자시니 (시 23:1~6)

1) 곤고한 도피와 망명 생활 속에서

2) 인생의 가장 고달프고 힘든 위기 가운데서 (시 23:1~4)

3) 흔들리지 않고 미래를 확신하며 감사하는 다윗, 그 이유는 무엇일까? (시 23:5~6, 대상 29:10)

2. 모든 주권이 하나님께 있음을 고백 (대상 29:11~12)

1) 광대하심과 권능과 영광과 이김과 위엄이 다 주께 속하였사오니 (11)

2) 천지에 있는 것이 다 주의 것이로소이다 (11)

3) 주권도 주께 속하였사오니 (11)

(1) 영역주권(The Sphere of Sovereignty) 인간생활의 모든 영역 (롬 11:36, 시 96:10)

*만물의 시작이요, 진행이요, 마침이 되는 분이시기 때문이다. 오직 그것의 창조자이시며 통치자이신 하나님만이 모든 영역에 대한 주권을 가지고 계신다.

(2) 정치에 대한 영역 주권 (롬 13:1)

(3) 경제에 대한 영역 주권 (전 5:19, 신 8:18, 잠 22:19)

(4) 문화에 대한 영역 - 문화를 선도하는 그리스도인 (창 1:26, 28)

4) 개인의 생사화복을 주관하심이 하나님께 있음을 아는 자 (삼상 2:6~8, 대상 29:12)

- 이것을 아는 자는 진실로 큰 복을 받은 자

3. 예수 그리스도 안에서, 예수 그리스도를 통하여 (엡 1:3, 19~20, 골 2:3, 요 17:11~12)

4. 그러므로 하나님께 큰 복을 받은 자여 감사하라 (대상 29:13)

1) 뒤돌아보니 에벤에셀의 은혜 (삼상 7:12)

2) V & DC의 축복은 여호와 이레 (창 22:14)

3) WMTC로 여호와 닛시 (출 17:15)

4) 하나님의 Vision, 하나님의 Time Schedule을 따라 가는 교회됨을 감사 (마 24:14)

5) 성취 될 수 밖에 없는 완전한 언약 잡게 하심을 감사 (마 16:16~19)

6) 되어 질 수 밖에 없는 5대 비전으로 나가게 하심을 감사 (마 28:19~20)

7) 결론을 알고 가는 길이기에 새 일을 행하실 하나님께 감사 (요 19:30, 사 43:18~21)

하나님께 큰 은총을 받은 사람들이 해야 할 일은 오직 한 가지, 최고의 영광을 하나님께! 최고의 감사를 하나님께!

성전 언약을 잡은 자에게

대상 29:10~13

하나님의 요청과 필요를 따라 움직이는 사람, 하나님의 계획이 성취되는 현장에 있는 사람은 세상이 감당할 수 없는 사람이 된다. 하나님의 전천후 아주 특별한 은혜와 응답은 언제, 누구에게 일어나는 것인가.

1. 영혼 속에 깊이 예수는 그리스도

1) 마 16:13~20 | 시간이 갈수록 응답으로 확인 됨

2) 마 17:1~9 | 시간이 갈수록 현장에서 체험 됨

3) 마 28:19~20 | 시간표를 따라 확인되는 언약의 성취

*Postmodernism 시대, 탈 중심사고와 탈 이성적 사고로 종교다원주의의 공격을 자연스럽게 받아들이도록 역사하는 배후 조종자 사단의 전략을 알아야 한다.

2. 성전 언약을 잡은 자에게

1) 하나님의 언약궤가 다윗 성으로 들어올 때

(1) 삼하 6:1~23 | 돌아온 언약궤 때문에 춤추는 다윗, 업신여기는 미갈

(2) 삼하 7:1~2 | 성막 속에 있는 언약궤를 어떻게 생각하나?

(3) 대상 29:1~25 | 무엇이 이토록 기쁘고 즐겁게 하나님을 감사, 찬송하게 하는가?

2) 성전 언약을 잡은 자에게

(1) 다윗에게 주신 3대 언약 (삼하 7:8~16)

(2) 어디로 가든지 이기게 하셨더라 (삼하 8:14)

(3) 하나님의 절대 주권을 인정하는 이스라엘의 왕 (대상 29:10~12)

① 존귀케 하리라

② 평안케 하리라

③ 견고케 하리라 하신 언약의 성취 (대상 29:28)

(4) 성막, 성전 언약은 곧 그리스도의 언약 (요 2:19~22, 골 1:18)

*하나님의 집을 건축 하려고 준비한 다윗에게 하나님은 다윗의 집을 영원히 견고케 하리라는 언약을 주심.

3) 지금도 그리스도의 언약을 잡은 자에게 주시는 동일한 복 (마 16:16~19)

*교회공동체 - 복음공동체 - 예배 공동체 - 선교공동체 - 축복공동체

*만민을 위하여 기를 들고 나가는 전도제자, 선교제자 공동체 (사 60~62장)

3. 완전한 언약, 완전한 축복을 붙잡고 기도하라

1) 교회언약은 만세반석의 언약 - 전천후 축복 언약 (마 16:16~19)

*중심에 계신 그리스도

2) 지상명령은 주님의 선교와 교회의 선교를 이어주는 교량적 말씀이다

부활하신 이후 그리스도는 선교 이외의 다른 부탁은 없으셨다. (마 28:19~20)

3) 중직자 - 세계선교의 시스템(목회의 동역자, 세계선교의 동역자)

4) 렘넌트 - 미래의 주역들로 규모를 갖추어야 한다(5대 규모)

하나님의 주권을 믿는 신앙

대상 29:11~13

인간의 언어나 문자적 표현으로 하나님에 대하여 모두 나타내기는 사실상 불가능하다. 문자적 한계성 때문이다. 그럼에도 성경에 가장 잘 표현된 하나님에 대한 문자적 표기는 '하나님의 주권(The Absolute Sovereignty of God)'이라고 할 수 있다. 하나님의 주권은 무엇이며 하나님의 주권을 믿는 신앙이란 무엇인가?

1. 하나님의 주권적 선택의 신비

1) 창세 전에 (엡 1:4)

2) 만세 전에 (골 1:26)

3) 영세 전에 (롬 16:25)

4) 모든 민족이 믿음으로 구원 얻는 신비의 계시, 그 주역들 (롬 16:26)

2. 절대 주권 신앙

1) 역대상의 핵심 메시지

(1) 핵심 메시지 - "그럼에도 불구하고 언약은 유효하다." (대상 17:1~27)

(2) 주요 큰 사상 - 하나님의 절대 주권 (대상 29:11~13, 시 31:15)

(3) 역대상의 요절 - 대상 29:11~13

*하나님의 주권이란 인간을 포함하여 이 세상 모든 만물에 대한 그 최고의 권세, 독립된 권세, 절대적인 권세가 하나님께 있음을 의미한다. (롬 11:36)

2) 하나님의 주권과 영역 주권

(1) 정치에 대한 영역 주권 (롬 13:1, 4)

(2) 경제에 대한 영역 주권 (학 2:8, 신 8:18)

(3) 문화에 대한 영역 주권 (창 1:26, 28)

3) 믿음의 선진들의 고백

(1) 아브라함의 고백 (창 13:14~18, 롬 4:19~21)

(2) 다윗의 고백 (대상 29:11~12)

(3) 바울의 고백 (행 17:24~26, 사 64:8, 딤전 4:4)

3. 하나님의 주권적인 계획 속에 삶을 담으라

1) 마 16:16~19 | 그리스도의 언약

2) 마 28:19~20 | 세계복음화의 방향

3) 행 1:1~14, 렘 33:1~9 | 기도의 비밀을 누리는 자

불이 하늘에서 내려오는 기도

대하 6:12~21, 7:13

열쇠, 어떤 문이라도 여는 열쇠, 그 열쇠를 받아서 하나님 나라에 아무런 제약 없이 자유롭게 드나들게 되는 길이 있다. 불이 하늘에서 내려오는 '쉐키나' 곧 하나님의 영광의 임재와 응답의 삶을 사는 길이 있다. 과연 그 열쇠는 무엇인가?

1. 불로 응답하시는 하나님

1) 하나님과 아브라함의 언약체결시 (창 15:8~21)

2) 엘리야의 제단에 (왕상 18:37~40)

3) 솔로몬의 제사장적 중보기도 (대하 7:1~3)

2. 불이 하늘에서 내려오는 기도

1) 솔로몬의 봉헌기도 (대하 6:12~21)

2) 솔로몬의 제사장적인 기도

(1) 자세 - 제단 앞에서 무릎 꿇은 왕, 하늘을 향해 손을 펴고 (대하 6:12~13)

(2) 신앙관 고백 - 하나님의 유일성, 완전성, 편재성 고백 (대하 6:14, 18)

(3) 솔로몬의 제사장적 중보기도의 내용 (대하 6:14~42)

3) 불이 하늘에서 내려오는 기도

(1) 하나님의 이름을 위하여 (대하 2:1, 3:1, 5:1, 6:10 / 마 6:9)

(2) 언약적인 기도, 하나님의 약속과 성품에 근거하는 믿음 (대하 6:14~42)

(3) 세계 만민이 여호와를 경외하도록 - 세계선교 (대하 6:33 / 계 7:9~10)

(4) 성전을 향하는 기도, 기도를 들으시고 들으시는 하나님 (요 2:21, 마 7:7~11)

3. 그리스도의 언약, 그 열쇠를 사용하여 기도하라

1) 불가항력적인 은혜를 입은 자, 언약에 근거하여 기도 (엡 1:4, 롬 8:31~38)

2) 우주의 왕, 창조주의 친자(親子)로 신분과 권세를 사용하는 기도 (요 1:12~13)

3) 그리스도의 언약, 그 열쇠를 사용하라 (마 16:16~19, 요 14:13~14)

4) 불같은 성령을 기도하라, 놀라운 응답을 체험하라 (행 1:1, 2:1~47, 렘 33:1~9)

내가 그들의 땅을 고칠지라

대하 7:14

역대하는 이스라엘의 최고 융성기부터 쇠퇴기까지의 역사를 총 망라하고 있다. 예루살렘에 성전을 건축한 후 세계 최강의 힘을 자랑하게 되고, 세계에서 가장 뛰어난 국가가 된다. 그러나 솔로몬 이후 분열왕국은 지도적 자질에 따라 국가의 영적, 윤리적, 군사적 상황이 융성하기도, 쇠퇴하기도 한다. 몇몇의 의로운 통치자들이 있었지만 결국은 언약을 놓친 결과 하나님의 심판이 임하고 적군의 침입, 패배로 포로가 되고 있다. 이 슬픈 역사의 땅에 회복의 역사는 무엇으로 가능한가?

[역대하 대단원 내용]
1) 솔로몬의 통일왕국 (1:1~9:31)
2) 분열과 유다 포로 (10:1~36:23)
[요절] 대하 7:14

1. 왕정정치, 열왕 시대의 비참

1) 북 이스라엘의 실패. 앗수르의 포로 (B.C 930~722 / 208년)
2) 남 유다의 갈팡질팡, 바벨론의 포로 (B.C 930~583 / 344년, 잔존 136년)
3) 그 이유는 ? (왕상 16:29~33, 왕하 21:2~6, 9, 12)

2. 회복의 가장 빠른 길 - 회개

1) 솔로몬의 기도, 응답의 불 (대하 6:18~42, 7:1~3)
2) 성전봉헌식이 끝난 날 밤에 주신 계시의 말씀 (대하 7:12, 15~16)
3) 내가 그들의 땅을 고칠지라
(1) 언약의 백성들에게 (출 19:5~6, 벧전 2:9)
(2) 악한 길에서 떠나 (출 20:3~5, 골 3:5, 고전 10:20)
(3) 겸비(兼卑)하여 죄를 인정하고 고백하라 (시 51:10~12, 눅 15:17~19)
(4) 기도함으로 하나님을 찾으라 (대하 6:24~25)
(5) 내가 듣고, 죄를 사하고, 땅을 고칠지라 (사 1:18, 마 3:2, 4:17, 행 2:38, 3:19)
- 땅의 회복은 용서받은 백성에게 주어지는 큰 축복 (창 2:9, 3:17, 신 26:15)
4) 역사의 주인이신 하나님은 생사화복의 주관자 (대상 29:11~12)

3. 예수 그리스도, 십자가 보혈의 능력을 믿음으로

1) 나라와 민족, 한국교회를 위해 기도해야

2) 나의 삶, 하나님 중심, 말씀 중심, 교회 중심으로

3) 자신 성전을 건축(Build)하라, 복음으로 자신을 살리라 (학 2:5~9)

4) 임박한 재림의 주님을 준비하는 전도제자, 선교제자 공동체로 (사 60~62장)

하나님이 아끼시는 가치를 따라

대하 7:14, 20:20

역대기는 자신보다 하나님의 영광을 앞세우는 왕이 진정한 역사의 영웅이며 축복을 받게 된다는 것을 명쾌하게 전해주고 있다. 역대하는 이스라엘의 최고 융성기부터 최저 쇠퇴기까지의 역사를 총 망라하는데 그 중심에는 성전이 있다.

1. 최고의 가치를 발견한 사람

1) 보화 비유 (마 13:44)

2) 진주 비유 (마 13:45~46)

3) 하나님의 비밀을 발견한 사람 (마 16:16~19, 골 1:27, 2:3, 고전 4:1)

2. 하나님이 아끼시는 가치를 따라

1) 역대하의 핵심 요절

(1) 대하 7:14 - 성전을 통해 응답, 인도, 보호, 축복 하시는 하나님

(2) 대하 20:20 - 하나님 여호와를 신뢰하라 그리하면 견고히 서리라

(3) 대하 20:20 - 그의 선지자들을 신뢰하라 그리하면 형통하리라

2) 하나님이 아끼시는 가치를 따라 - 역사의 영웅이 된 남 유다의 왕들

(1) 3대 왕 아사 (41년) - 종교개혁 (대하 14:1~7)

(2) 4대 왕 여호사밧 (25년) - 율법 교육과 신앙개혁 (대하 17:7~19)

(3) 13대 왕 히스기야 (29년) - 성전수리, 유월절, 종교개혁 (대하 29:3~31:33)

(4) 16대 왕 요시야 (31년) - 성전수리 및 종교개혁 (대하 34:1~35:27)

*역대하는 왕들의 종교개혁이 성전을 중심으로 한 개혁임을 강조하고 있다.

3) 하나님이 아끼시는 가치는 성전, 곧 그리스도의 언약

(1) 마 12:6　(2) 요 2:13~22　(3) 계 21:22~24

3. 하나님의 절대 가치를 따라 나는 무엇을 어떻게 해야 하나?

1) 하나님이 자기 피로 값 주고 사신 교회의 방향 따라 (행 20:28)

2) 교회에 위탁하신 지상지고의 언약 중심으로 (마 28:19~20, 욘 4:10~11)

3) 더 큰 믿음, 더 큰 순종, 더 큰 축복, 더 큰 헌신으로 (대하 20:20)

*다음 시즌을 위해 전성도가 영적고지를 점령, 긍정 200%의 믿음으로 (렘 33:1~9)

전쟁 소문과 성도의 자세

대하 20:20

한국전쟁은 일어날 것인가? 과연 일어날 것인가? 남북한 전쟁에 대한 소문이 공공연히 확산되고 있는데 그 근거는 무엇인가? 심지어 해외 도피자들이 증가하고 있는 상황, [한국전쟁 일어난다, 반드시 일어나야 한다]는 미디어에 쏟아지는 다양한 전쟁 메시지 앞에 성도는 어떻게 반응해야 하는가? 확신에 넘치는 전쟁 예언들 앞에서 언약 잡은 그리스도인들은 어떤 자세로 기도해야 하는가?

1. 전쟁은 과연 일어날 것인가?

1) 이런 소문이 왜, 어디서부터 시작되었나? - 국내외 약 10명의 예언자들
2) 한국 전쟁 꼭 일어날 것인가? - 1992년 10월 28일 휴거사건, Y2K 사건 등
3) 전쟁은 언제 일어났는가? - 언약 놓칠 때, 우상숭배, 음란 등의 영적 암흑기
4) 이스라엘의 전쟁역사 - B.C 2115년 사해 남단의 싯딤 골짜기에서 시작된 다섯 나라 동맹국의 침략, 아브라함의 승리 (창 14:1~12 / 13~16) 사건부터 B.C 484년 까지 130회의 전쟁과 쿠테타, 피 흘리는 싸움, 언약백성 유대인 멸절을 위한 음모가 (에 9:1~13) 있었다. 전쟁의 원인과 승리에는 공통점이 있다.
5) 전쟁의 주권자, 전쟁 승리자에게는 공통점이 있다 (삼상 17:46~47)

2. 한국전쟁 소문과 성도의 자세

1) 연합군의 침입과 여호사밧의 기도 (대하 20:1~13)
   (1) 연합군의 침입, 왕의 두려움과 금식기도 선포 (20:1~2, 3~4)
   (2) 열방의 왕, 하나님의 절대주권에 대한 고백 (20:6)
   (3) 언약에 기초한 기도
      ① 아브라함 언약 (20:7)
      ② 성전언약 (8~9)
   (4) 언약적 관계를 끊으려는 사단의 공격, 오직 구원은 하나님께! (12~13)
2) 하나님의 응답
   (1) 놀라지 말라, 전쟁은 하나님께 속한 것, 두려워하지 말라 (대하 20:15, 17)
   (2) 너희는 너희 하나님 여호와를 신뢰하라, 그리하면 견고히 서리라 (대하 20:20 상)
   (3) 그의 선지자들을 신뢰하라, 그리하면 형통하라라 (대하 20:20 하, 삿 7:1~8:28)
3) 여호사밧의 승리 - 믿음으로 거룩한 예복을 입고 / 찬양하며 / 감사하며 / 하나님께 영광을 돌릴 때 / 여호와의 복병을 통해 승리하게 됨 (20:21, 22, 30)

3. 전쟁보다 더 시급한 하나님의 필요를 따라가라

1) 나라와 민족의 죄, 한국교회의 죄를 나의 죄로 동일시 회개하라 (대하 7:14)

2) 복음을 전파하라, 선교적 남북통일을 위해 기도하라 (사 60:1~22, 62:6~12)

3) 임마누엘의 신분과 권세를 사실적으로 누리며 선포하며 기도하라 (시 23:1~6)

새로운 역사의 시작

스 1:1~4

하나님은 언약 백성에게 다가온 새로운 역사의 시작을 보여 주신다. 솔로몬 성전에 비하면 보잘 것 없는 규모이지만 이전보다 더 큰 영광을 받으실 것을 선포하시는 스룹바벨 성전, 우리에게 주시는 메시지는 무엇인가?

1. 심령 성전 건축을 먼저 하자

1) 그리스도 안에서 회복된 신분과 권세 (요 1:12)

2) 거룩한 성전인 '나' (고전 3:16)

3) 절대적인 축복의 소유자 (롬 8:14~17, 요 14:16~17)

4) 주님을 주인으로 모신 삶 (마 16:16, 요 2:1~11)

5) 예배 중심의 삶, 삶의 예배자 (롬 12:1~2)

2. 하나님의 일은 하나님이 하신다

*때 - B.C 539 바사국 고레스 왕이 바벨론을 정복한 해 (스 1:1, 렘 29:10~14)

*왕의 칙령 - B.C 538 예루살렘으로 돌아가라, 성전을 건축하라 (스 1:1~4)

*상황 - 1차 귀환사 49,697명 (스 2:1~67)

*고레스 왕의 정책입안 과정에 개입하신 성령님 (스 1:1~6, 단 6:28)

1) 성전 건축 시작 - 다양한 사람들의 다양한 고백 (스 3:8~13)

2) 성전 건축 중단 - 사마리아인들의 방해 (스 4:23~24, 학 1:1~11) *16년간

3) 성전 건축 재개 - 유브라데 건너편 총독 닷드네의 상소 (스 5:1~2, 3~5)

4) 다리오 왕의 조서 - 성전공사를 막지 말라 (스 6:6~7)

5) 성전 건축 경비 - 그 경비는 다 왕실에서 내리라 (스 6:4, 8~10)

6) 신속한 역사와 형통한 진행 (스 6:12~13 / 14, 슥 4:6)

7) 성전 건축 완공 - 봉헌식, 속죄제, 유월절 (스 6:15~22)

*이스라엘의 정체성 회복 - 약속의 땅 / 다윗 왕조 언약 / 예루살렘 성전

*하나님의 언약은 반드시 성취 된다 - 하나님의 주권적인 계획 (사 44:28, 학 1:14, 학 2:5~9)

3. 모든 영광을 하나님께 - 참 성전이신 예수 그리스도와 지상명령 (마 28:19~20)

[결론] 참 성전이신 예수 그리스도 (요 2:19~21)

기쁨으로 섬겨야 할 우리의 사명은 너무나 복되고 영화롭다.

열방을 향하신 주님의 계획, 세계선교의 언약은 반드시 성취된다.

그 안에 모든 것이 다 있다. (마 16:16~19)

하나님께서 친히 행하시고 이루실 결과를 미리 내다보며 함께 기뻐하며 기도하라. 이 사람이 영의 사람이다.

하나님의 말씀을 주목하라

스 1:1~4

에스라서는 언약을 놓쳤던 백성이 하나님의 말씀대로 포로 귀환하여 무너진 성전을 재건하고 신앙을 개혁하는 내용이다. 중요한 메시지는 종교적, 사회적 및 일반 생활에서 명확하게 하나님의 말씀의 위치와 능력을 제시하고 있다. 하나님의 말씀을 주목하라.

[에스라서 대단원 내용]

1) 예루살렘 성전 재건 (스 1~6장)

2) 에스라의 신앙개혁운동 (스 7~10장)

[요절] 스 7:10

1. 하나님의 말씀을 주목하라

1) 하나님의 말씀의 성취 - 포로 귀환 언약 성취 (스 1:1, 렘 25:2~3, 11)

(1) 고레스 왕의 칙령 - 하나님의 시간에 이루시는 하나님의 말씀 (스 1:1~4)

(2) B.C 537년 1차 귀환 - 인솔자 : 스룹바벨, 여호수아 / 49,697명 (스 1~6장)

(3) B.C 458년 2차 귀환 - 인솔자 : 에스라 / 1,758명 (스 7~10장) 합 : 51,455명

2) 하나님의 말씀 순종 - 참된 예배의 회복, 언약 관계의 회복 (스 3:2 / 3:1~7)

3) 하나님의 말씀 순종 - 성전재건, 학개, 스가랴의 사역 (스 6:14)

4) 하나님의 말씀을 따라 - 성전봉사, 직무담당 (스 6:18 / 15~22)

5) 하나님의 말씀을 연구, 준행, 가르치기로 - 에스라의 결심 (스 7:6, 10)

6) 하나님의 말씀을 듣고 - 우상숭배와 통혼, 큰 떨림 (스 9:5~6 / 9:1~15)

7) 하나님의 말씀을 통해 - 회개와 신앙개혁 운동 (스 10:10~12 / 10:1~44)

- 하나님의 말씀에 의해 언약 백성의 정체성이 회복되고 언약백성의 영적권위가 다시 회복됨을 통해 자신을 보아야 한다.

2. 하나님의 말씀의 위치와 능력

1) 고레스 왕에 대한 예언과 성취 (스 1:1~4, 사 44:28, 45:1, 렘 29:10)

2) 하나님의 말씀의 위치 - 최고의 권위 (창 1:1, 요 1:1~4)

3) 하나님의 말씀의 능력 - 창조의 능력 (창 1:1~31, 눅 1:37)

3. 하나님의 말씀은 반드시 성취된다

1) 하나님의 말씀을 붙들고 기도하라 (마 16:16~19, 행 1:1~14)

2) 하나님의 말씀으로 사는 생활을 연습하라 (사 60:1, 요 14:15~16)

3) 자신성전 회복, 교회사랑(헌신), 성도의 5대 실천, 전무한 3체험 (학 2:5~9)

*범사에 하나님의 말씀을 주목하라. 말씀으로 돌아가자. 그대로 살자. 복음의 증인이 된다. (행 1:8)

모든 나라가 진동하리라

스 6:13~18

솔로몬 성전과는 비교할 수 없는 초라한 스룹바벨 성전이지만 이 성전의 나중 영광이 이전 영광보다 크리라고 말씀하신다. 하늘과 땅과 바다와 육지를 진동시킬 것이며 또한 모든 나라를 진동시킬 것이라고 하신다. 하나님께서는 왜 이런 일을 행하시는가? 하나님께서는 무엇으로 모든 나라를 진동케 하시는가?

[성경속의 대표적인 헌당예배]

솔로몬 성전 봉헌예배 (왕상 8:62~66)

1) 성전부지 - 오르난의 타작마당 (대상 21:23~26) / 이삭을 바친 모리아 산 (대하 3:1)

2) 설계자 - 하나님의 영이 다윗에게 임하여 (대상 28:11~12, 19)

3) 건축자 - 솔로몬 (대상 29:1)

4) 건축기간 - 7년 (왕상 6:38)

5) 동원된 인력 - 총책임자 1명, 중간관리자 3,300명, 담군 70,000명, 채석공 80,000명

6) 봉헌축제 - 14일간 계속되는 헌당과 절기축제 (왕상 8:65)

7) 봉헌제물 - 소 22,000마리, 양 12,000마리, 왕과 모든 백성들이 함께 (왕상 8:62~66)

*참 성전은 예수 그리스도 (요 2:20~21)

*내 집은 만민이 기도하는 집이라 (막 11:17)

1. 모든 나라가 진동하리라

1) 장로들이 선지자 학개와 스가랴의 권면을 따랐으므로

(1) 학개에게 임한 하나님의 말씀 (학 1:1~2:19)

(2) 고레스, 다리오 왕의 조서가 큰 도움이 된 성전건축 (스 6:14~15)

(3) 성전 봉헌식과 함께 드리는 이스라엘 전체를 위한 속죄제 (스 6:16~18)

(4) 제2성전 봉헌식과 함께 언약 공동체의 새로운 회복의 시작 (스 6:19~22)

2) 모든 나라가 진동하리라

(1) 조금 있으면 하늘, 땅, 바다, 육지가 진동하리라 (학 2:6)

(2) 모든 나라의 보배가 이르리니, 그는 영광의 회복자 (학 2:7~9)

(3) 열방이 그를 통해 영화롭게 될 만민의 旗幟 (사 11:10)

(4) 열방을 놀라게 하며 열왕이 입을 다물게 될 비천한 종 (사 52:13~15)

(5) 만국의 보배이신 그리스도를 통해 (왕상 8:41~43, 마 16:16~19, 행 1:8)

3) 나 여호와의 말이니라 - 모든 나라를 진동시키실 하나님 (학 2:1~9)

전천후 굳게 잡아야 할 언약 - 신, 구약의 지상명령 (신 6:3~9, 마 28:19~20)

*땅의 축복은 단순히 물질적 축복에 그치는 것이 아니라 선교적인 결론으로 마무리 될 때 참 복이 된다.

*변함없는 은혜를 기도해야 한다. (왕상 11:9~10, 계 22:21)

2. 내가 이곳에 평강을 주리라 (학 2:8~9)

국가적 위기 우리는 무엇을 할 수 있는가

느 1:1~11

본문에는 환란 가운데 있는 자기 민족을 위해 눈물로 기도하는 하나님의 사람이 있다. 조국 대한민국을 위해 우리는 지금 무엇을 할 수 있는가?

1. 느헤미야

1) 바사(페르시아) 제국 왕실의 중요한 고관 (1:1, 11)

2) 강력한 페르시아, 127도 중 한 도(道)로 편입되어 있던 자기 민족 유다 (에 1:1)

3) 느헤미야에게 들려온 고국의 소식 (느 1:2~3)

4) 하나님 앞에서 눈물로 금식하며 기도하는 느헤미야 (느 1:4~5)

5) 남은 자(remnant), 그들을 위한 느헤미야의 간절한 회개기도 (느 1:6~11, 스 9:5~15)

- 자신의 영달에 안주하지 않고 동생 하나니(1:2)의 소식에 먼저 하나님께 기도하는 느헤미야

2. 선구자 느헤미야의 기도

1) 남은 자들을 위한 기도 (느 1:5)

2) 민족의 미래가 "남은 자(remnant)"에게 있음을 알고 있는 느헤미야 (사 10:20~23)

3) "남은 자(remnant)"와 마음을 같이하는 느헤미야의 기도 (느 1:6~11)

   - 시공을 초월하는 언약 공동체의 연속성과 유기성 (출 2:24, 신 5:2~3, 갈 3:7)

4) 그 후에 왕 앞에 선 느헤미야, 왕의 마음을 주관하시는 하나님 (느 2:1~3)

5) 느헤미야의 귀환 요청, "나의 조상들의 성읍을 중건하게 하옵소서" (느 2:4~5)

6) 행정적(7), 군사적(9), 경제지원(8) 으로 예루살렘 귀환을 허락하는 왕 (느 2:6~9)

7) 역사의 주인이신 하나님 (잠 21:30~31)

- 선구자 느헤미야의 리더십과 리더십 보다 앞서는 영성(말씀과 기도와 실천의 사람)
- 개인문제를 위한 기도가 아니라 교회와 제사장 나라로서의 조국과 세계복음화를 위한 특별 기도가 있어야 한다.

3. 국가적 위기

우리는 무엇을 해야 하는가? - 바른 역사의식, 사명의식, 소명의식으로 (대하 7:14)

무너진 성벽을 다시 세우라

느 6:15~16

하나님께서 어떤 일이 성취되기를 원하실 때는 하나님의 뜻이 있는 사람에게 손을 펴신다. B.C 537년에 스룹바벨과 여호수아는 49,697명의 남은 자들을 이끌고 돌아와 성전을 건축하였다. B.C 458년에는 에스라의 주도 아래 신앙 부흥운동이 있었으며, B.C 44년에 느헤미야를 통해 무너진 성벽 재건으로 성의 안정과 질서를 회복함과 동시에 함께 언약갱신의 역사를 행하신다. 무너진 성벽을 다시 세우라. 성벽은 오늘 나에게 무엇을 의미하는가?

[느헤미야 대단원 내용]
1) 예루살렘 성벽의 재건 (느 1~7장)
2) 언약갱신과 신앙개혁 부흥운동 (느 6:15~16)

1. 역사의 주인이신 하나님 (삼상 17:47, 대상 29:11, 잠 19:23)

2. 거룩한 성 예루살렘, 무너진 성벽 재건의 역사

1) 밤에 홀로 무너진 성벽의 상황을 확인하는 느헤미야 (느 2:12~13)
2) 무너진 성벽을 재건하자 독려하는 느헤미야, 백성들의 반응 (느 2:16~18)
3) 성벽 재건을 방해하는 사람들, 여섯 가지 형태의 반대
  (1) 심히 근심 (2:10)
  (2) 업신여기고 비웃음 (2:19)
  (3) 크게 분노 (4:1)
  (4) 조롱 (4:1)
  (5) 요란하게 함, 다툼 (4:7~8)
  (6) 음모×4 (6:2~3, 4)
  - 내부로부터 오는 반대(낙심), 가난한 자들의 원성도 (4:10, 14, 5장) 있었다.
4) 그러나 하나님의 뜻대로 진행되는 역사, 싸우며 일하는 사람들 (느 4:16~20, 21~23)
5) 52일 만에 완공된 성벽 재건, 성벽 봉헌식 (느 6:15~16, 12:27~43)
6) 역사의 주인이신 하나님, 하나님께서 이루신 성벽 재건의 역사 (느 6:16, 8:10)
- 하나님의 가능을 이끌어 와 [진정으로 현실이 되시는 하나님]을 예배하는 눈(영적)을 가져야 한다. (욥 42:5)

3. 무너진 마음의 성벽을 다시 세우라

1) 성도의 영화로운 정체성 확인 (잠 16:32, 창 1:27~28, 요 19:30, 롬 12:1)

2) 영원한 임마누엘, 임마누엘의 신분에 맞는 누림 확인 (사 60:1~22, 마 16:16)

3) 무너진 마음의 성벽을 다시 세우라, 그리스도 중심으로 (잠 4:23, 갈 5:22~24)

4) 인식, 단절하라(사단), 전쟁(영적)과 사역을 계속하라 (눅 10:19, 계 12:11, 마 4:1~11)

5) 참 왕과 함께 열방을 다스리고 통치하는 "남은 자"로 도전하라! (행 1:8, 롬 16:1~27)

악을 선으로 갚는 일은 하나님다운 일이요, 선을 선으로 갚는 일은 인간다운 일이다. 선을 악으로 갚는 일은 마귀다운 일이요, 악을 악으로 갚는 일은 짐승다운 일이다. (찰스 스펄전)

*성벽은 자신의 마음이다. 마음을 다시 영화롭게 세우라. 그 후에 다른 사람을 살릴 수 있다. 그리스도 중심으로.

슬픔이 변하여 기쁨이 된 날

에 9:17~32

그리스도인은 십자가 구속의 은혜를 통해 십자가 부활의 승리가 곧 나의 승리임을 확신해야 한다(요 16:33). **때문에 어떤 위기 상황에서도 낙심하지 말고 하나님의 도우심을 간절히 기도해야 하는 것이다. 위기에 빠진 유대인, 그러나 하나님의 숨은 손길에 의해 승리를 얻은 유대인, 슬픔이 변하여 기쁨이 되고, 애통이 변하여 길(吉)한 날이 되고, 이 놀라운 하나님 손길(섭리)을 보라. 오늘 우리에게 주시는 메시지는 무엇인가?**

[에스더서 대단원 내용]
1) 유다인의 위기 (에 1:1~4:17)
2) 유다인의 승리 (에 5:1~10:3)
[요절] 에 4:16

에스더서 : B.C 538년 1차 포로 귀환과 B.C 458년 2차 포로 귀환 사이에 일어났던 사건으로 유대인의 부림절의 기원을 기록하고 있다. 에스더서는 에스라서의 6장과 7장 사이에 있었던 역사적 사건이다.

1. 하나님의 놀라운 섭리를 찬양합니다

섭리(攝理, Providence)란 하나님께서 친히 창조하신 세상이 하나님의 선하신 목적대로 유지되도록 보존하고, 협력하고, 통치하시는 일을 의미한다. (느 9:6, 히 1:3, 시 37:28, 요 10:28, 잠 16:4, 딤전 6:15)

2. 슬픔이 변하여 기쁨이 된 날

1) 바사제국의 강력한 왕 아하수에르의 127도(道) 통치와 연회 (에 1:1, 3~8)
2) 왕후 와스디의 폐위, 새 왕후로 간택된 에스더의 즉위 (1:9~2:18)
3) 왕을 해치려는 음모를 밝혀낸 모르드개, 궁중 일기에 기록 (2:19~23)
4) 모르드개의 대적자 하만, 하만의 음모, 유다인들에 대한 중상 모략
모든 유다인을 죽이고, 도륙하고, 진멸하고 재산을 탈취하라 (3:1~15)
5) 에스더에 대한 모르드개의 간청, 전 유다인과 에스더의 금식기도 (4:13~14, 16~17)
6) 에스더의 첫 번째 잔치, 하만의 음모, 왕의 잠 못 이루는 깊은 밤 (5:1~6:14)
7) 에스더의 두 번째 잔치, 하만의 몰락, 새로운 조서 반포 (7:1~8:14)
8) 슬픔이 변하여 기쁨이 된 날, 후손에게 전달하는 기쁘고 즐거운 부림절 (9:17~32)
- 언약 백성을 향하신 하나님의 숨은 손길(섭리)이 얼마나 크고 놀라운가? (10:3)

3. 위기 가운데서도 돌보시는 하나님의 손길(섭리)을 믿음으로 기도하라

1) 바르게 누리는 성도의 정체성 (창 12:1~3, 갈 3:7, 9, 29, 마 16:16~19)

2) 자자손손에게 전달해야 할 우리의 부림절 (히 9:12, 행 4:9~12, 1:1~11)

3) 그리스도, 복음, 세계복음화는 막을 수 없는 하나님의 주권적인 계획 (행 1:8)

*시련, 결국 언약의 자녀에게 슬픔이 변하여 기쁨이 되게 하시는 하나님의 손길(섭리)를 믿고 기도하라.

시가서

내가 가는 길을 그가 아시나니

욥 23:10

욥기서는 내용의 전부가 수난자의 고백이다. 인간의 고통이 무엇인가? 무엇으로부터 고통이 오는가? 의로운 사람도 고난을 당하는가?(재산, 자녀, 건강, 가정, 친구, 명예, 마지막으로 의(義)가 없어짐) 하나님 앞에 인정받는 온전한 사람, 정직한 사람, 하나님을 경외하는 사람, 악에서 떠난 사람, 동방의 의인이 왜 고난을 당하는가? 그것도 인간이 겪을 수 있는 최악의 고통을. 그럼에도 불구하고 확신과 기대감이 절정에 이른 신앙의 고백, 어떻게 이런 고백이 가능할 수 있는가?

[욥기서의 대단원 내용]

1) 욥의 고난 (1:1~2:13)

2) 욥과 친구들의 논쟁 (3:1~37:24)

3) 욥의 회복 (38:1~42:17)

[요절] 23:10

1. 사단의 정체와 목적

1) 정체

(1) 타락한 천사 (사 14:12~17, 계 12:9)

(2) 혼돈, 공허, 흑암의 세력 (창 1:2)

2) 목적

(1) 창 3:1~20

(2) 창 4:1~24

(3) 창 6:1~20

(4) 창 11:1~8

*사단의 가장 큰 목적은 성도를 공격하여 하나님과의 관계를 이간, 단절시키는 것 (창 3:1~6, 요 10:10)

3) 결과

(1) 종교

(2) 우상

(3) 엡 6:12, 행 13:1~12, 16:16~18, 19:8~20

2. 내가 가는 길을 그가 아시나니

1) 사단의 1차 시험, 네 번에 걸친 재난, 욥의 소유관 (1:20~22)

2) 사단의 2차 시험, 절망의 끝에서, 욥의 구원관 (2:9~10, 13:15~16, 19:25~26)

3) 친구들의 고소로 범죄자로 몰릴 때 확신하고 기대하는 욥의 神觀 (23:10)

4) 자신의 우둔함을 깨달은 욥의 회개, 부어진 갑절의 축복 (42:1~17, 롬 15:4)

5) 창조주 하나님만이 인생의 해답을 갖고 계신다, 임재를 기다리라 (욥 23:13~15)

3. 인생의 중대한 문제, 십자가에서 다 이루었다 (요 19:30)

1) 복음시대, 사단은 성도를 고소할 수 없게 되었다, 속지 말아야 한다 (롬 8:31, 33)

2) 사단은 연약한 부분을 공격한다, 복음에 뿌리 내려야 한다 (욥 3:25, 마 16:16)

3) 나를 향하신 하나님의 주권적인 계획은 방해 받지 않는다 (사 11:10, 60~62장)

4) 그가 나를 단련하신 후에는 내가 정금같이 나아오리라 (마 28:19~20, 신 6:4~9)

*사람의 제일 되는 목적은 하나님을 영화롭게 하고 그를 영원토록 즐거워하는 것입니다.

복이 있는 사람은

시 1:1~6

이 시는 시편의 서론으로 시편 전체의 내용을 요약하고 있다. 시편 기자의 관심은 우리에게 축복 받는 길을 가르쳐 주면서 악인은 반드시 망할 것이라는 사실을 경고하고 있다. 복이 있는 사람, 행복한 사람은 어떤 사람인가?

1. 누가 복을 받은 사람인가?

1) 이스라엘아 너는 행복자로다 (신 33:29)

2) 그리스도 안에서 칭의(稱義)함을 얻은 자의 행복 (롬 4:6~7)

3) 하나님의 그늘 아래 살아가는 자 (시 91:1)

4) 사명을 좇아 증인의 삶을 사는 자 (마 28:19~20)

2. 복이 있는 사람은

1) 하나님과 바른관계에서 근본적인 복을 받은 사람 (1)

(1) 악인의 꾀를 좇지 않고도 능히 성공할 수 있는 복된 사람

(2) 죄인의 길에 서지 않고도 죄인을 이기는 복된 자

(3) 오만한 자리에 앉지 않고도 오만한 사람을 이길 만큼 복을 받은 자

*그리스도 안에서 본질적으로 악한 생각, 의지, 계획, 동기와 목적, 음모에 참여하지 않는 자이다.

2) 하나님의 말씀으로 승리하는 사람 (2)

3) 시냇가에 심은 나무처럼 (3)

(1) 저절로 과실을 맺고 시간표를 따라 열매를 맺음 (행 2:1~47)

(2) 잎사귀가 시들지 아니함 (렘 17:5~8)

(3) 모든 행사가 다 형통하게 됨 (신명기 28장의 70가지 복)

*복 있는 사람은 하나님의 개입하심이 마침내 드러나는 하나님의 결과를 보게 된다. (4~6)

3. 영혼의 뿌리를 확인하라 - 행복한 사람은 "뿌리"가 다르다

1) 삶의 원천적인 뿌리를 하나님께 (시 18:1~2, 30~31)

2) 우리의 모든 기준이 말씀이어야 한다 (시 119:105, 고전 15:3~4)

3) 율법, 종교가 아닌 복음에 영혼의 뿌리를 - 언약의 유일성 (마 16:16, 요 19:30)

4) 정시기도, 무시기도로 복음만 남는 성령 충만으로 전도제자의 삶을 (요삼 1:2)

아! 나의 조국 대한민국

시 2:1~12

시편의 모든 시들은 주제에 따라서 다양한 신앙적 형식들을 갖추고 있다. ① 신앙공동체의 시, ②개인적 신앙고백의 시, ③찬양의 시(창조주 하나님의 위대하심, 시온의 아름다움, 하나님의 왕국, 율법을, 오실 메시야), ④왕의 시(Royal Psalm) 등 크게 4가지 유형으로 구성되어 있다. 본문은 Royal Psalm, 또는 메시야 시(Messianic Psalm)에 속한다. 하나님의 통치를 받을 것인가? 아니면 사람의 통치를 받을 것인가? 장차 온 세상을 통치하실 왕으로 오시는 메시야의 영광을 예언한다.

1. 역사를 기억하라 (신 32:7)

지금 우리나라는 을사조약과 6.25사변 이래 최대의 위기라고 한다. 이유는 나라가 공산주의자들에게 넘어가기 직전이라는 것, 구한말에 을사조약(乙巳條約, 1905.11.17)을 반대한 한규설(참정대신), 민영기(탁지부대신)같은 우국지사가 안 보이기 때문이다. 을사조약과 6.25사변을 알고 있는가? 다시 반복해서는 안 될, 절대 안 되는 교훈을 우리는 역사를 통해 배워야 한다.

2. 어찌하여 민족이 허사를 경영하는고 (1)

1) 하나님의 통치에 반역하는 지도자들의 통치 (1~3)

- 대하 18:1, 19:1~3, 20:35~37, 왕상 22:2~4, 52~53

2) 하나님의 반 (4~6, 삼하 7:14)

3) 기름부음 받은 자의 통치, 질그릇 같이 부수리라 (7~9, 계 2:27, 12:5, 19:15)

4) 세상의 왕들을 향한 하나님의 경고 (10~12)

(1) 여호와의 통치를 대행하는 메시야와 입 맞추라, 그 진노가 급하심이라(12)

(2) 여호와를 의지하는 자는 다 복이 있도다 (12 하)

교만한 자들에 대한 책망, 그러나 여호와께 피하는 모든 사람은 다 복이 있도다 (시 46:1~3)

3. 아, 나의 조국 대한민국의 미래는 (12, 벧전 2:9)

1) 교회가 대안이다, 참된 회개 있어야 한다 (마 16:16~19, 삼하 7:14)

2) 세계선교는 위대한 명령이요, 위대한 언약이다 (마 28:19~20, 행 1:8)

교회가 선교사를 파송하지 않으면 하나님은 [자유]를 가져가신다. (랄프윈터)

6/14 UPBS TV

3) 하나님의 부르심이 있는 나라, 제사장의 사명이 있는 나의 조국 대한민국!

통일 → 복음통일 → 통일한국 → 선교한국 → 세계중심 → 세계일류국가 → 제사장나라 → 그리스도의 재림말씀과 기도에 생명 걸라(복음본질 회복, 전도, 선교제자, 맘몬숭배, 자기중심 신앙생활 회개)

4) 그리스도인 답게, 복음의 증인답게 성경대로 살아내자! (시 2:10~12, 3:8)

살리라 - 입술의 고백

시 8:3~5, 92:5, 신 8:2~4

시 136편은 전통적으로 유대인의 3대 절기인 유월절, 맥추절, 장막절 큰 절기에 특별히 선정되어 공식예배에 사용된 대 할렐시다. 왜 이 말씀을 주시는가? 이제 가상과 현실이 인간의 삶과 융합되는 4차 산업혁명시대가 우리 곁으로 왔다. 딤후 3:1(너는 알라, 말세에 고통하는 때가 이르러) 말씀대로 고통하는 시대, 이 고통의 시대에 절대주권자 하나님께서 우리에게 주신 언약은 시 136편이다. 큰 기회이다.

1. 감사하라 하나님께, 그 인자하심이 영원함이로다 (1~3)

1) 크신 하나님, 지극히 크신 하나님 (스 5:8, 느 4:14, 단 2:45, 시 95:3, 딛 2:13)

2) 만유보다 크신 하나님 (요 10:28~29)

3) 위대하신 하나님 (시 48:1, 96:4~5, 대상 16:25, 29:11)

만유보다 크신 하나님 → 태양은 지구의 130만 배, 지구 같은 행성이 130만개 들어갈 수 있는 엄청난 크기, 은하계(Galaxy)는 태양을 포함한 2,000억 개의 별들이 1천억개가 넘는다. 사람이 1초에 20개씩 센다면 십만(100,000)조 년이 결려야 셀 수 있는 숫자다. (렘 33:22, 시 147:4, 사 40:26) 빛은 1초에 지구를 일곱 바퀴 반을 돈다. 초속 30만Km 속도이다. 지구와 태양까지는 빛의 속도로는 8분 걸린다. 시속 900Km 비행기로 쉬지 않고 날아가면 19년, 1광년은 시속 100Km의 자동차로달리면 약 1천만 년이 걸린다. 그런데 별들 사이의 거리가 5광년 정도, 은하와 은하 사이의 평균거리는 약 200만 광년이니 우주의 광대함을 어찌 설명 할 수 있겠는가? (암 5:8, 욥 9:9~10, 26:14, 마 16:26, 히 1:3, 시 136:1)

2. 창조주 하나님께 감사하라, 그 인자하심이 영원함이로다 (4~9)

언약의 백성을 향한 한결같은 사랑, 언약에 기초한 사랑, 역사 가운데 보이신 역동적이고 실제적인 사랑이다. 연초부터 연말까지 감사와 찬양을 주도하는 삶을 살리라!

- 입술의 고백 (신 8:2~4, 시 8:3~5, 92:5)

3. 구원의 하나님께 감사하라, 그 인자하심이 영원함이로다 (10~25)

1) 유월절 어린양의 피 언약 (10~11)

2) 죄, 저주, 사단, 지옥에서 구원 하신 십자가의 그리스도 부활하신 그리스도 (12)

3) 언약적 사랑으로 절망을 가르시는 하나님의 구원을 감사 (13~14)

4) 가나안 정복을 방해한 사단의 역사를 멸하신 하나님께 감사하라 (15~20)

*사단의 계획, 그 목적을 무산시키시는 하나님께 감사 찬양 (수 1:6~9, 엡 6:13~18)

*바른 재물관, 바른 소유관, 바른 헌금관으로 재정문제 돌파 - 주일헌금, 십일조, 선교

4. 언약의 자녀의 기업에 복 주시는 하나님께 감사하라 (21~26)

1) 아브라함의 복, 당연히 누려야하는 근원적인 복 (21~25)

2) 복음으로 자신을 살리라 - 영적문제에서 환경문제까지 (창 2:15, 3:18, 암 7:7, 마 16:16, 요 19:30)

3) 이미 승리한 신분, 하나님의 최고봉 거룩한 빛을 발하라 (사 60:1~2, 3~22)

4) 세계선교를 위해 준비하신 언약적인 복을 기도하라 (26, 행 1:1~2:47, 행 1:8)

*만유보다 크신 하나님, 하나님께 드리는 감사의 수준과 깊이가 미래를 결정한다. (시 136:1~3, 26) 아멘.

성도의 절대 감사

시 23:1~6

십자가를 통과한 그리스도인의 삶은 이미 승리한 삶입니다. 결론도 승리입니다. 때문에 지금의 고난과 문제는 그리스도 안에서 응답입니다. 하나님께서 완벽하게 준비해 놓으신 승리의 길을 가는 자에게 절대 감사가 있습니다. 무엇입니까?

1. 성도의 절대 축복

1) 성도의 영화로운 신분 - 복음의 능력 (창 1:27, 요 1:12)

2) 성도의 보배로운 권세 - 세계 정복권 (창 1:28, 행 1:8)

3) 그리스도 안에서 누리는 존귀한 하나님의 상속자 (롬 8:16~17)

2. 성도의 절대 감사

1) 여호와는 나의 목자

(1) 부족함을 돌보시는 하나님 (시 23:1 → 80:1, 95:7, 100:3)

(2) 푸른 초장, 쉴만한 물가로 인도하시는 하나님 (시 23:2 → 시 68:19, 48:14)

(3) 자기 이름을 위하여 앞시가며 인노하시는 하나님 (시 23:3 → 신 1:33)

(4) 두려워하지 않아도 되는 하나님의 인도와 보호 (시 23:4 → 사 43:2)

2) 다윗의 감사와 확신

(1) 원수들 앞에서 베푸시는 잔칫상, 높이 세우시는 하나님 (시 23:5, 벧전 2:9)

(2) 하나님의 가족으로 하나님의 집에서 영원토록 임마누엘 (시 23:6)

- 목자와 양 / 주인과 손님 / 가족의 관계로 상승하는 관계의 발전을 보라

3. 그리스도 안에서 신분과 권세를 누리면서

1) 부족함이란 단어를 잊게 하시는 하나님을 경험 (요 10:3, 5, 10)

2) 모든 상황 속에서 절대 감사로 유일성의 응답을 (신 33:29, 마 28:19~20)

3) 언약에 근거한 확신과 감사로 세계복음화의 기수(旗手)로 나가야 (행 1:8)

*십자가에서 흘리신 보혈로 완성하신 그리스도의 은혜를 마음껏 누리며 24시간 응답받는 기도를 누리자.

세 가지 큰 감사

시 23:1~6

한 해를 뒤돌아볼 때 하나님께서 교회에 베푸신 은혜와 복이 참으로 크다. 하나님의 주권적인 계획 속에 하나님께서 행하신 일들의 의미와 역사가 실로 복된 해였다. 세 가지 큰 감사로 하나님께 영광을 돌리자.

1. 친히 목자가 되신 하나님께 감사

1) 내가 부족함이 없으리로다 (1)

(1) 인도하시는 하나님 (2)

(2) 보호하시는 하나님 (3)

(3) 지키시는 하나님 (시 121:1~8)

(4) 공급하시는 하나님 (시 104:14~15)

이는 전문적으로 인도, 보호하시고, 지키시며, 공급하시는 분을 의미한다.

2. 전천후 임마누엘의 은혜를 감사

1) 사망의 음침한 골짜기에서 (4)

2) 주의 지팡이와 막대기로 위로하시는 하나님

3) 악한 것들에게서 지키시고 보호하시는 하나님

3. 축복의 상을 차려주시는 하나님께 감사 (시 23:5~6)

1) 원수의 목전(目前)에서 큰 잔치 상을 배열하시는 하나님

2) 높이 세우시고 머리에 기름을 부으시는 하나님

3) 계속하여 부음으로 잔을 넘치게 하시는 하나님

4) 내 평생에 선하심과 인자하심이 반드시 나를 따르리니 - '따르다'라는 말은 '추적하다'의 의미를 갖는데 이제까지 원수들이 시인을 추적 하며 생명을 위협했다면 이제는 선(善)과 인자(仁慈)만 그를 좇는다. 목자와 양 / 주인과 손님 / 여호와의 가족의 관계로 상승시키는 축복을 보라.

*절대 한 가지를 붙잡으라. 복음에 뿌리 내리라. 다른 것은 따라오는 것이다. 저절로 되어지는 것이다. 이 의미를 모르면 실패할 뿐 아니라 영적 문제가 온다. 시 23편은 복음이 모든 문제의 해결임을 결론내린 사람만이 고백할 수 있는 내용이다.

[결론] 시 23편은 언약의 자녀에게 평생의 신앙고백이 될 것이며, 평생의 감사로 고백 될 것이다. 모든 영광을 하나님께 올려 드립니다.

마음이 힘들고 지칠 때

시 42:1~11

고라 자손은 레위인으로서 회막이나 성전 입구를 지키는 문지기였다. 성가대의 찬양대원이기도 했다. 성전 봉사의 특권을 누리고 있는 자들이었기에 이들의 자부심은 대단했다. 특별한 하나님의 은혜를 누리는 자들. 그러나 시인은 지금 마음이 너무 힘들고 지친 가운데 있다. 더구나 비방하는 자들에게 둘러싸여 있다, 하나님을 능멸하는 소리까지 듣고 있다(3). 낙심과 슬픔 가운데 마음이 너무 힘들고 지쳐있는 시인이다. 더구나 성전을 멀리 떠나 방황하고 있는 자신의 모습이 [너무 힘들고 지친 상태]에 처해 있음을 자각하고 비참한 심정으로 쓰게 된 [개인적인 비탄 시]이다. 이 시인은 누구인가? 나에게 주시는 메시지는?

1. 낙심하지 말라

1) 낙심 중에 있는 시인 (5, 6, 11, 43:5)

2) 믿음조차 불안하게 흔들리고 있는 상태 (시 42:9, 43:2)

3) 혼란한 마음에 지쳐있는 시인 "어찌하여×10" (시 42:5, 9, 11, 43:2, 5)

4) 그러나 하나님을 갈망하는 자, 내 영혼아, 네가 어찌하여 낙망하며 불안해 하는가? (시 42:5, 11, 43:5)

5) 스스로 위인과 용기를 삿는 시인, 하나님을 갈망하는 내적인 은혜, 극한 상황 속에서도 하나님의 신실함을 믿음으로 (왕상 18:37~38, 19:18, 갈 6:8~9)

*재난, 재앙, 환란시대, 이 믿음으로 무장해야 한다.

2. 하나님께 소망을 두라

1) 하나님을 향한 갈망, 그러나 마음이 힘들고 지쳐있는 자 (1~2, 4)

2) 도우시는 하나님께 소망을 두라 (시 23:1~6, 시 42:11, 43:5)

3) 나의 얼굴을 도우시는 하나님께 소망을 두라 (사 60:4~5)

4) 하나님의 사랑, 하나님의 은혜, 하나님의 마음, 그 놀라운 십자가 십자가에서 완성하신 그리스도의 사역을 생각해 보라 (요 19:30, 요 20:19~20)

5) 그 사랑 때문에 여기에 있는 나, 주님 한분으로 충분하지 않은가? 그러므로 그 은혜를 베푸신 하나님께 소망을 두라 (히 4:14, 15~16, 13:6)

하나님을 위하여 위대한 일을 기대하라. (윌리엄 케리)
하나님을 위하여 위대한 일을 시도하라!

3. 하나님께 소망을 두고 기도하라

1) 그리스도 안에 있는가? 십자가 보혈을 의지 하는가? (마 11:28)

2) 여전히 희망으로 가고 있다. 기도하라, 언약잡고 기도하라 (행 1:1~14)

3) 말씀과 기도로 문제를 풀어가라 (렘 33:1~3, 겔 36:37, 눅 18:1)

4) 결국 사단의 계획은 무너지고 하나님의 언약은 반드시 성취됨으로 (시 45:17)

*마음이 힘들고 지쳐있는 때에라도 낙심하지 말고 하나님께 소망을 두라. 하나님께 소망을 두고 기도하자. 언약잡고 기도하라. 하나님의 언약은 반드시 성취된다. 하나님께서 우리의 얼굴을 도우신다.

감사하는 영성으로

시 50:14~15, 23

성령의 사람 R. A 토리(R. A Torrie) 박사는 “감사 충만이 곧 성령 충만”이라 했다.

하늘을 향한 감사, 그 자체가 기도이다. (스펄전)

감사로 제사를 드리는 자가 나를 영화롭게 하나니.

1. 입술의 열매를 창조하시는 하나님 (사 57:19)

2. 감사하는 영성으로

1) 감사로 제사를 드리는 자

(1) 감사로 하나님께 예배하라, 그 이유는? (시 50:14, 시 100:1~5)

(2) 감사함으로 예배하는 자가 나를 영화롭게 하나니 (시 50:23)

(3) 환란 날에 나를 부르라 내가 너를 건지리라
네가 나를 영화롭게 하리라 (시 50:15)

2) 그럼에도 불구하고 감사하는 영성으로

(1) 감사 이후에 일어난 오병이어의 기적 (요 6:11)

(2) 감사 이후에 일어난 나사로의 부활

(3) 고통의 십자가를 앞에 두고 감사하신 그리스도 (고전 11:24)

(4) 최고의 목회자, 선교사인 바울의 전천후 감사 (살전 3:9, 5:16~18)

*단 6:10, 대상 16:7~8, 욘 2:1~10을 묵상해 보라.

3) 오늘 우리는 무엇을 감사해야 하는가?

(1) 기이한 구원을 베푸신 하나님께 감사 (시 98:1)

(2) 그리스도 안에서 회복된 신분과 권세를 감사 (창 1:27~28)

(3) 성삼위 일체 하나님의 보좌의 배경을 감사 (빌 3:20)

(4) 돌이켜 감사, 내다보며 감사, 범사에 감사 (창 45:5, 8, 수 1:3, 6, 살전 5:16~18)

3. 완전한 해답, 영원한 해답이신 그리스도 안에서 (마 16:16~19)

주여, 정직한 영을 새롭게 하소서

시 51:1~19

시편 51편은 하나님과 사람 앞에 큰 죄를 범한 다윗이 그 죄를 고백하며 회개하는 참회시이다. 자신의 죄를 고백하며 하나님께 용서를 간구하고 [주여, 내 안에 정직한 영을 새롭게 하소서], [주의 구원의 기쁨을 회복시켜 주소서]라고 간구한다. 입을 열어 구원의 하나님을 찬양하고 자신과 같은 죄인들이 회개하고 주께 돌아오는 일에 통로가 되기를 기도한다. 주여, 정직한 영을 새롭게 하소서!

1. 회개는 하나님의 은혜로 시작한다

1) 회개 자체가 하나님의 은혜로 출발한다 (시 51:1, 창 3:9)

2) 선지자를 통해 회개로 이끄시는 하나님의 은혜 (삼하 12:9~10)

3) 숨겨진 죄를 통회하는 겸손한 마음 (삼하 12:13, 잠 22:4)

- 구멍 난 거룩. (케빈 드영), 회개는 영혼의 구토다. (토머스 부룩스)

2. 주여, 정직한 영을 새롭게 하소서

1) 죄를 인정하고 회개하는 다윗의 간구 (시 51:1~9)

(1) 주여, 내 죄악을 지워 주소서, 씻어 주소서, 정결케 하소서 (1, 2, 7, 9)

(2) 주여, 내 죄과를 내가 아나이다 (3)

(3) 주여, 내가 주께 범죄하였나이다 (4)

*죄악(구부러짐, 뒤틀려져 있는), 죄(과녁을 빗나감), 죄과(배반, 권위자의 뜻을 거스림, 고의적으로 반역, 배반)

2) 관계회복을 위한 간절한 기도, 겸손한 용기

(1) 주여, 내 안에 정직한 영을 새롭게 하소서 (10, 6)

(2) 주여, 내 안에 주의 성령을 거두지 마소서 (11 / 삼상 16:13, 14)

(3) 주여, 내 안에 구원의 기쁨과 즐거움을 회복시켜 주소서 (8, 12)

(4) 궁극적인 이유는 자신의 간증을 통해 많은 사람들이 주께 돌아오도록 (13)

(5) 궁극적인 목표는 구원의 하나님을 [전파] 하도록 (14~15)

(6) 궁극적인 목적은 관계회복을 통한 [예배회복] (17, 계 7:9~10)

3. 제한성이 없는 하나님의 사랑과 은혜

1) 회개를 가능하게 하는 하나님의 은혜 (요 3:16, 롬 4:25)

2) 회개 이전에 먼저 십자가의 구속 안에 있는 자기 정체성 (계 1:5 하, 계 1:6)

3) 회개 이전에 먼저 아버지의 용서와 사랑이 기다리고 있었다 (눅 15:11~32)

4) 죄의 무서움은 합리화, 변명, 정당화, 숨기는 데 있다 (요일 1:9)

*[너는 복의 시작이 될지라]

성령의 기름 부으심, 근본적인 새 힘, 주여, 정직한 영을 새롭게 하소서.

선교사의 기도

시 67:1~7

하나님의 세계경영의 중심은 세계 선교다. 세계선교의 시간표 속에는 하나님의 모든 것이 동원된다(사 60:1~22). 때가 되면 나 여호와가 속히 이루리라. 나의 때가 아닌 하나님의 때이다. 기도하라, 선교사의 기도를 하라, 선교사의 기도는 무엇인가?

1. 제사장적인 기도

1) 만복의 근원이신 하나님 (시 67:1)

2) 그의 은혜로만이 존재 가능한 인생임을 고백 (시 67:1)

3) 모든 나라들(All Nation)에 주의 구원이 임하게 하소서 (시 67:2)

2. 선교사의 기도

1) 선포되는 주의 구원을 통해 열방에 하나님의 통치가 이루어지도록 (시 67:4)

2) 우주적이며 주권적인 하나님의 통치를, 이방선교에 대한 비전 (시 67:4)

3) 하나님이여 모든 나라들이 주를 찬송하며 예배하게 하소서 (시 67:3, 5)

(1) 십자가를 통해 완성된 그리스도의 사역, 그리스도의 복음 (요 19:30)

(2) 성령강림 이후 보게 된 찬란한 빛, 그리스도의 빛이 온 세상에 (행 2:1~28장)

(3) 세계와 열방 가운데 비추게 된 - 생명의 빛, 유일한 빛, 기이한 빛 (요 8:12, 행 4:12, 벧전 2:9, 계 7:9~10)

3. 이유 있는 축복을 기도하라 - 복을 구하는 이유, 복을 주시는 이유

1) 하나님이 주시는 현실적인 복 (시 67:6)

(1) 구약 - 물질적이며 육신적인 복의 개념 (신 28:1~14)

(2) 신약 - 십자가 구속을 통한 칭의(稱義)의 은혜 개념 (롬 4:6~8)

2) 현실적인 축복의 진원지 - 하나님의 관심과 배려가 전제될 때 주어지는 은혜 (시 67:6)

3) 복을 구하는 이유, 복을 주시는 이유 - 선교적인 동기와 목적에서 (시 67:2, 7)

제사장적인 기도를 하라, 선교사의 기도를 하라, 쉬지말고 기도하라 (살전 5:17)

*하나님의 주권적인 계획이 성취되는 현장, 그 속에서 선교사적인 삶을 살라. 선교사적인 삶과 더불어 선교사의 기도를 하라. 선교적인 동기와 목적으로 부르짖는 제사장적인 기도, 선교사의 기도에 하나님은 관심을 가지시며 귀한 은혜로 배려하신다. 성도가 누릴 수 있는 최상의 축복이며 특권이다.

여호와께 감사하라

시 136:1~26

시 136편은 전통적으로 유대인의 3대 절기인 유월절, 맥추절, 장막절 큰 절기에 특별히 선정되어 공식예배에 사용된 대 할렐시다. 왜 이 말씀을 주시는가? 이제 가상과 현실이 인간의 삶과 융합되는 4차 산업혁명시대가 우리 곁으로 왔다. 딤후 3:1(너는 알라, 말세에 고통하는 때가 이르러) 말씀대로 고통하는 시대, 이 고통의 시대에 절대주권자 하나님께서 우리에게 주신 언약은 시 136편이다. 큰 기회이다.

1. 감사하라 하나님께, 그 인자하심이 영원함이로다 (1~3)

1) 크신 하나님, 지극히 크신 하나님 (스 5:8, 느 4:14, 단 2:45, 시 95:3, 딛 2:13)

2) 만유보다 크신 하나님 (요 10:28~29)

3) 위대하신 하나님 (시 48:1, 96:4~5, 대상 16:25, 29:11)

만유보다 크신 하나님 → 태양은 지구의 130만 배, 지구 같은 행성이 130만개 들어갈 수 있는 엄청난 크기, 은하계(Galaxy)는 태양을 포함한 2,000억 개의 별들이 1천억 개가 넘는다. 사람이 1초에 20개씩 센다면 십만(100,000)조 년이 걸려야 셀 수 있는 숫자다. (렘 33:22, 시 147:4, 사 40:26)

빛은 1초에 지구를 일곱 바퀴 반을 돈다. 초속 30만Km 속도이다. 지구와 태양까지는 빛의 속도로는 8분 걸린다. 시속 900Km 비행기로 쉬지 않고 날아가면 19년, 1광년은 시속 100Km의 자동차로 달리면 약 1천만 년이 걸려야 한다. 그런데 별들 사이의 거리가 5광년 정도, 은하와 은하사이의 평균거리는 약 200만 광년이니 우주의 광대함을 어찌 설명 할 수 있겠는가? (암 5:8, 욥 9:9~10, 26:14, 마 16:26, 히 1:3, 시 136:1)

2. 창조주 하나님께 감사하라, 그 인자하심이 영원함이로다 (4~9)

언약의 백성을 향한 한결같은 사랑, 언약에 기초한 사랑, 역사 가운데 보이신 역동적이고 실제적인 사랑이다. 연초부터 연말까지 감사와 찬양을 주도하는 삶을.

하늘의 하나님께 감사하라

시 136:1~26

영혼이 감사로 충만한 사람이 있다. 성숙한 영혼은 감사하는 영혼이다. 한 사람의 성숙도는 그 사람이 얼마나 감사하는 삶을 살고 있는냐에 의해 측정 할 수가 있다. 감사하는 사람은 행복한 사람이다. 원망하고 불평하면서 행복한 사람은 없듯이 행복에는 감사가 있다.

1. 한 해를 돌아보며 감사로 영광을

1) 세계선교의 본론사역으로 들어가게 하신 하나님의 은혜를 감사합니다
   - 서진을 향하여(이슬람 선교와 무슬림 가정교회 개척)
2) 신학교 사역 통해 제자 삼는 사역을 지속하게 하신 하나님의 은혜를 감사합니다
   - 미전도 종족을 향한 전방 개척 선교
3) 교회 부흥을 주신 하나님의 은혜를 감사합니다 - 각 기관 부흥
4) 사회복지 선교로 지역 사회에 영향력 있는 교회로 성장하게 하신 은혜를 감사합니다
   - 100회차 사역 진행 중
5) 국내외 많은 선교현장을 섬길 수 있도록 힘을 주신 하나님의 은혜를 감사드립니다
   - 2006년 11월 매월, 개척교회, 선교기관, 12개국 선교사, 구제사역 등 50여 군데
6) 임마누엘 축구 선교단을 창설케 하신 하나님의 은혜를 감사드립니다 - 회원 50명
7) 건축 준비를 위한 여호와 이레의 축복으로 시설을 갱신하게 하시는 하나님께 감사와 영광을 돌립니다

2. 하늘의 하나님께 감사하라

1) 모든 것들 보다 선하시고 우월하신 하나님께 감사하라 (시 136:1~3)
2) 우주 만물을 창조하시고 주관하시는 능력의 하나님께 감사하라 (시 136:4~9)
3) 지난날, 언약의 백성을 친히 인도, 축복하신 하나님께 감사하라 (시 136:10~22)
4) 비천한 데서 기억하시고, 대적에게서 건져주신 하나님께 감사하라 (시 136:23~24)
5) 모든 육체에 식물을 주신 하나님께 감사하라 (시 136:25)
6) 하늘의 하나님께 감사하라, 그 인자하심이 영원함이로다 (시 136:26)

3. 더 큰 감사와 영광을 하나님께

1) 하나님을 만나는 길 예수 그리스도를 전도하고 선교하는 교회 (요 14:6)

2) 성도의 축복을 누리며 복음, 문화, 경제의 주역으로 일어나 빛을 발하는 교회 (사 60:1)

3) 지역, 민족, 세계 살릴 후대들과 다음 세대의 주역들이 일어나는 교회 (롬 16:1~27)

4) 예배가 축제가 되고 예배 가운데 회복과 치유, 응답과 축복이 일어나는 교회 (계 7:9~12)

여호와께 감사하라 그는 선하시며 그 인자하심이 영원함이로다

시 136:1~26

1. 찬양과 감사를 드려야 하는 구체적인 이유

1) 神들 중, 主들 중, 유일하신 하나님, 절대주권자 하나님 (1~3)
2) 만유보다 크신 하나님, 광대하신 하나님 (4~9, 요 10:28~29, 대상 29:11)
3) 구원의 하나님, 이스라엘의 역사를 인도하신 하나님 (10~22)
4) 한결같은 사랑, 변함없는 사랑, 언약적 사랑으로 역사하시는 하나님 (23~26)
   그는 선하시며 그 인자하심이 영원함이로다.
   이스라엘과 맺은 언약을 성실한 사랑으로 이행하시는 하나님은 2018년 속에서도 동일하게 역사하심을 믿는다.

2. 특별한 기회, 자신을 점검하라

1) 점검 1 - 창 1:27~28 회복 - 신분과 권세 (정체성)
2) 점검 2 - 요 19:30, 마 16:19~20 - 믿음의 기반과 바른 신앙고백 (M.key)
3) 점검 3 - 마 28:19~20 주님의 부활메시지, 王命 (사명으로 연결되는 전도, 선교)
4) 점검 4 - 행 1:1~14 언약, 방향, 기도의 비밀 누림 (오직 성령의 능력)
   나를 향하신 하나님의 절대계획, 세상에 주어야 할 해답, 제대로 언약 잡고 기도, 증인의 삶을 살라. 복음은 세계 공통어다. 복음만이 해답이다. 복음으로 [오직]하라. (창 3:15, 골 1:27)

3. 일어나라! 빛을 발하라! (사 60:1~3)

1) 복음의 본질 그리스도로 완전 결론을 내리라 (마 16:16~19)
2) 원죄문제해결이 구원이다 - 참된 신앙생활 (창 3:15, 요 19:30, 고전 15:3~4)
3) 구원의 축복을 누리라 - 임마누엘 (사 7:14, 요 14:16~17)
4) 참된 응답 속으로 들어가라 - 어두움, 캄캄함 속의 사람들을 빛으로 (사 60:1~3)
   이 언약 잡은 뵈뵈, 가이오, 브리스가, 바울이 어디 있느냐에 따라 하나님은 모든 역사를 움직여 나가신다. 지금 복음의 흐름은 미전도 종족이다. (최고의 응답)

*만유보다 크신 하나님을 제대로 경험하는 참 신앙생활을 기도하자.
하나님께 드리는 감사의 수준과 깊이가 한 해를 결정한다. 감사하라 여호와께!
그는 선하시며 그 인자하심이 영원함이로다 (시 136:1~3, 26)

특별한 감사

시 136:1~26

시 136편은 이스라엘 3대 절기인 유월절, 맥추절. 수장절 예배에 사용되었던 특별한 감사시(感謝詩)이다. 특징은 예배드릴 때 하나님을 찬양하고 감사하기 위해 만들어진 시(詩)인데 그 어떤 찬양시나 감사 예배시보다 장엄하고 힘이 넘치는 시이다. 그 이유는 언약의 자녀로서 하나님의 절대성과 창조자로서의 권능과 위엄, 베푸신 구원의 역사를 주관하시는 하나님 존재 자체를 감사 찬양하고 있기 때문이다.

1. 상천하지에 유일하신 하나님께 감사하라 (1~4)

예배받기에 합당하신 오직 한 분, 유일하신 하나님은 나 자신 존재의 시작이시다. 언약의 자녀로 승리가 보장된 삶을 살아가게 하시는 하나님이시다. 오늘 이 시간의 생명을 주신 분도 하나님이시고 장차 천국에서 누릴 복락도 하나님이 주신다. 때로는 배은망덕하여 하나님을 실망시켜드릴 때도 있지만 그래도 여전한 사랑과 은혜로 간섭하시는 하나님, 이방인인 우리가 그리스도 안에서 언약에 근거한 사랑으로 사랑하시는 하나님은 상천하지에 유일하신 하나님이시다. (신 4:39, 6:4~5)

2. 창조주 하나님께 감사하라 (5~9)

물질세계의 하드웨어를 만드시고 하나님의 지혜로 소프트웨어까지 만드셔서 우주를 작동하시는 창조주 하나님(시 139:14, 17), 신묘막측하신 하나님의 창조의 절정은 인간창조이다. (창 1:26~28, 31, 마 16:26, 사 43:18~20, 히 1:3)

3. 구원의 하나님께 감사하라 (10~22)

유월절 어린양의 피, 출애굽의 과정에 대한 은혜를 감사, 종 되었던 애굽에서의 구원은 언약적 사랑 때문이다. 예수 그리스도를 통해 죄, 저주, 지옥으로부터 구원받게 된 그 큰 구속의 은혜를 하나님께 감사하라. (엡 1:1~14)

4. 하나님께서 베푸신 은혜를 감사하라 (22~26)

비천한 가운데서 기억해 주신 하나님께 감사하라. 애굽에서 노예됨의 비천함, 바벨론 포로로 끌려갔을 때의 비천함, 비천함 가운데 던져진 언약백성, 그러나 그 언약을 결코 잊지 않으시는 하나님께 감사하라. (창 17:7~8, 수 21:43~45, 출 19:5~6) 대적에게서 이스라엘을 건지신 하나님께 감사하라. 갖가지 대적이 앞길을 막아도 하나님이 용납지 않으시고 물리치시며 승리를 주시는 하나님께 감사하라. (행 1:1, 3, 8) 모든 육체에 먹을 것을 주시는 하나님, 언약백성에게 친히 공급하시는 하나님께 감사하라. 이렇게 은혜를 베푸시는 이유는 순전히 언약적 사랑 때문이다.

*감사가 우선하는 신앙을 회복, 범사에 전도제자, 선교제자의 삶을 살며 하반기에 주실 특별한 응답, 특별한 감사를 언약잡고 24시 기도하라. (창 12:1~3, 행 2:1~4)

감사, 감사, 감사

시 136:23~26

여호와께 감사하라 그는 선하시며 그 인자하심이 영원함이로다(시 136:1).

1. 한 해를 돌아보며 감사해야하는 이유는 (시 136:1)

자녀와 맺은 언약을 영원히, 성실히, 이행하시는 하나님께서 나의 아버지이시기 때문이다.
유일하신 하나님, 창조주 하나님은 우리 아버지이시다. 출애굽 하여 광야를 통과할 때처럼, 한 해를 지나오는 길에도 아버지 하나님께서 우리를 품에 안으시고 우리를 여기까지 인도하셨다. (신 1:31, 32:6) 우리 하나님 아버지는 인자하신 하나님(1~3), 창조주 하나님(4~9), 구원의 하나님(10~15), 영원한 기업을 주신 하나님이시다. (10~15) 아버지의 헤세드는 언약적 사랑, 변함없는 사랑, 언약을 지키시는 사랑이다. 거짓이 없는 영원한 사랑이다. 우리를 사랑하시는 그 인자하심은 [그럼에도 불구하고] 드리는 감사이다.

2. 감사, 감사, 감사 (23~25)

1) 우리를 비천한데서 기억해 주신 하나님께 감사 (23)
'비천한데서'가 구체적으로 무엇인가? 10~22절의 내용과 관련 된다. 현재의 찬송 시점까지의 과정]에서 겪었던 언약백성의 모든 고통스러운 상황을 포함하는 표현이다.
여호와 이레, 여호와 닛시, 에벤에셀의 하나님께 감사하자.

2) 우리를 대적에게서 건지신 하나님께 감사 (24)
우리를 건지신 이에게 감사하라(파라크)는 사로잡힌 것(압제)으로부터, 누군가를 강한 힘으로부터 구원하다, 회복하다의 의미이다. 구원의 하나님께 감사하자.

3) 필요를 채우시는 공급자 하나님께 감사 (25)
유월절, 맥추절, 수장절의 은혜를 베푸신 우리 하나님은 어제나 오늘이나 영원토록 동일하신 우리 하나님이시다. 참으로 좋으신 아버지 (시 31:15, 전 9:11)

3. 하늘의 하나님께 감사하라 그 인자하심이 영원함이로다 (26)

전체 내용을 정리하며 1년을 정리할 때 궁극적인 결론은 하나님께 감사의 찬양이다.
이 노래는 이스라엘만 부를 수 있는 구원과 감사의 노래가 아니다. 모든 성도가 오늘 힘차게 불러야 하는 찬양이며 매순간 감사와 감격으로 하나님께 드려야 할 감사의 찬양이다. 할렐루야 (시 136:1, 26)

내가 전심으로 주께 감사하리이다

시 138:1~8

우리는 전심으로 하나님께 감사로 예배드리기를 원한다. 다윗의 감사 시를 통해 참 감사를 배운다. 오늘 우리는 무엇으로 하나님께 감사를 드리겠는가?

1. 오늘의 감사

1) 전심으로 감사와 찬양을 하나님께!

구원받은 은혜, 가장 큰 은혜에 감사 (시 138:1, 신 33:29)

2) 재앙시대를 이길 수 있는 유일한 길

교회의 축복, 말씀의 축복을 감사 (시 84:10, 100:1~5, 138:2)

3) 성전이신 예수는 그리스도

바른 신앙고백의 축복을 감사 (시 122:6~7, 요 2:21, 마 16:16)

4) 고난 중에도 우리 영혼에 힘을 주시고 강하게 하신 하나님께 감사 (시 138:3)

2. 내일의 감사

1) 창조주 하나님의 영원한 임마누엘을 확신하며 감사 (시 138:6~7, 8)

(1) 확신의 근거 - 주의 인자하심이 영원하오니 (시 138:8 중)

(2) 확신의 촉구 - 내게 관계된 모든 것을 온전케 하소서 (시 138:8 하)

2) 그러므로 낙심하지 말라. 하나님께 소망을 두라 (시 139:17~18)

(1) 시 42:5 - 무신론자들 앞에서

(2) 시 42:11 - 외로움과 고독, 심한 고난 속에서

(3) 시 43:5 - 성숙한 신앙고백의 자리에서

3) 세상 질서를 회복, 완성시키실 메시야, 언약 잡은 다윗의 감사 시 (시 138장)

삼하 7:1~29 / 대상 17 : 언약의 성취 → 감사와 찬양, 승리 확신의 이유 (마 16:16~19, 행 4:12)

감사를 찾으라. 참 감사의 내용이 많을 것이다. 감사는 영적전쟁에 강력한 공격용 무기이다. (창 3장)

3. 영원한 감사를 위해 기도하라

1) 구원의 복음을 열방에 전파하게 하소서 (시 67:1~2, 행 16:31)

2) 모든 민족이 하나님을 예배하게 하소서 (시 67:3~5, 계 7:9~10)

3) 이 일을 위하여 우리에게 복을 주소서 (시 67:6~7, 마 28:19~20)

대대로 송축하리이다

시 145:1~21

본문의 시인은 "주를 송축하리이다"라는 말을 무려 다섯 번씩이나 반복함으로써 자신의 단호한 결심을 표현하고 있다. 행복할 때 뿐만 아니라 찬양하기 어려운 상황 속에서도 동일하게 하나님을 찬양하며 "대대로 송축하리이다"라고 다짐한다. [송축하리이다]의 '바라크'는 '무릎꿇다', '경배하다', '찬양하다'라는 뜻으로 창조주 하나님께 피조물인 인간이 찬양과 경배 드림을 말한다.

· 구원받은 하나님의 자녀 (요 1:12, 시 144:15, 신 33:29)
· 천국 시민권과 천국배경 누림 (빌 3:20)
· 천사 동행과 사단 결박 (시 103:20~22, 눅 10:19)
· 문화 명령과 세계복음화의 축복 (창 1:28, 행 1:8)

1. 시인의 감사

1) 왕이신 나의 하나님이여 (시 145:1)
2) 위대하신 하나님의 구원을 감사 (1~6)
3) 하나님의 구원의 은혜가 나에게 (7~10, 14~16)
4) 반드시 누려야 할 구원의 감사와 축복 (11~13)

2. 어떻게 송축할 수 있나?

1) 허상이 아닌 실상을 보아야 - 신분 (17~18)
2) 영적인 눈을 열어야 - 기도 (19)
3) 큰 고난 속에서 - 사단결박 (20)
4) 가슴 속에 묻혀있는 깊은 감사 - 세계복음화 (21)

3. 대대로 송축하리이다

1) 자자손손에게 전수되는 언약되게 하소서 (4, 사 6:13, 마 16:16~19)
2) 주의 나라와 영광을 온 세계와 열방 가운데 (11~12)
3) 거룩한 이름을 영원히 송축하게 하소서 (21, 시 146:1)

*위대하신 하나님, 왕이신 하나님이 행하시는 일을 날마다, 대대로 크게 찬양 하며 주의 능한 일을 선포하리로다. 아멘.

할렐루야 합창

시 150:1~6

호흡이 있는 자마다 여호와를 찬양할지어다. 할렐루야(시 150:6). 시편 150편은 할렐루야로 시작하여 할렐루야로 끝나는 위대한 찬송시의 결론이다. 왜 찬양해야 하는가? 어디서, 어떻게 찬양해야 하는가? 무엇으로 찬양해야 하는가? - '할렐루'(너희는 찬양하라, 명령문) / '야'(야웨의 약자) (× 13)

[시편 대단원 내용]

1) 제1권 : 시 1~41장 (41편) 다윗 - 예배 송 / 41:13

2) 제2권 : 시 42~72장 (31편) 다윗과 고라자손 - 민족적인 찬양 시 / 72:18~19

3) 제3권 : 시 73~ 89장 (17편) 아삽 - 민족적인 찬양 시 / 89:52

4) 제4권 : 시 90~106장 (17편) 무명인 - 찬양 송 / 106:48

5) 제5권 : 시 107~150장 (44편) 다윗과 무명인 - 찬양 송 / 150:6

1. 구원의 축복을 아는 자, 참 기쁨이 있다 (시 16:11, 35:9, 사 53:3~5, 시 51:10~12)

2. 구원의 축복을 아는 자, 참 감사가 있다 (창 3:15, 출 3:18~20, 사 7:14, 마 16:13~20, 시 103:17~18, 19~22)

3. 구원의 축복을 아는 자, 찬양할 수 밖에 없다 (150:1~6)

1) 찬양의 장소 (1)

(1) 성소에서 하나님을 찬양하라

(2) 권능자의 궁창에서 찬양하라

*하늘과 땅, 모든 곳으로부터, 어디에서나, 하나님은 찬양을 받으셔야 한다.

2) 찬양해야 하는 이유 (2)

(1) 창조주 하나님의 능력을 인하여

(2) 크고 광대하신 하나님의 구원을 인하여

(3) 창조하신 세상을 하나님의 목적대로 섭리하심을 인하여

3) 어떻게 찬양해야 하는가? (3~5)

노래와 춤과 악기와 심지어 우리의 호흡을 통하여 (눅 24:44, 계 7:9~10)

4. 모든 민족들이 주를 찬양하도록, 하나님의 축복을 기도하라 (시 67:1~7)

세계복음화를 위해 선교적인 목적과 선교적인 동기에서 (요 20:21~22, 마 28:19~20)

*호흡이 있는 자마다 여호와를 찬양할 지어다. 할렐루야!

세상을 움직이는 힘의 비밀

잠 8:22~36

잠언에서 '지혜'는 본서의 핵심적 단어이다. 언약 백성의 성공적인 삶을 위한 '힘'의 실체를 깨닫게 해 주는데 의미가 있다. 세상을 움직이는 힘은 어떤 물질적인 힘에 의해서가 아니라 '하나님의 지혜'라고 불리는 힘으로 세상을 움직인다. '하나님의 지혜'는 하나님이 창조하신 세상의 운영원리이다. 하나님의 그 질서 안에서 우리가 어떻게 살아야 할 것인가를 말씀하신다. 왜 '하나님의 지혜'가 세상을 움직이는 힘의 비밀인가?

[잠언 대단원 내용 개요]

1) 아들을 향한 잠언 (1~9장)

2) 솔로몬의 잠언 (10~24장)

3) 기타 잠언의 말씀들 (25~31장)

[요절] 잠 9:10

1. 시대의 시간표를 보는 지혜가 있어야

1) 노아의 때와 같이 (마 24:37~39)

2) 롯의 때와 같으리니 (눅 17:28~30)

3) 사람이 절대 해결할 수 없는 문제들이 늘어나고 있다

(1) 점점 더 악해지고 타락하는 사람들의 마음 (딤후 3:1~5)

(2) 깊어지는 영적문제 - 자살, 동성애, 동성혼, 성폭력, 중독, 음란, 흑암문화 (영화, 만화, 음악, 뮤지컬, 연극, 패션, 상품, 음식, 게임, 휴대폰, 컴퓨터)

(3) 혼란이 일어나고 있는 영적세계, 해답은 무엇인가?

2. 세상을 움직이는 힘의 비밀 - 하나님의 '지혜'

1) 잠언의 목적과 가치 - 지혜와 지식의 근본이신 하나님을 경외하라 (잠 1:7, 9:10)

- '경외'(fear)는 두려움을 뜻하는 것이 아니라 '충성'과 '예배'를 뜻하는 단어이다.

2) 교회에서 예배하고 삶으로 예배함으로 하나님께 충성하고 하나님을 사랑함이 바로 지혜와 명철의 근본이다 (신 6:4~9, 시 111:10)

3) 세상을 움직이는 힘의 비밀은 바로 창조주 하나님의 '지혜'이다 (잠 8:1, 22~36)

(1) 가족 (23:22, 24~25)

(2) 재물 (8:17~18, 22:4, 1, 10:22)

(3) 언어 (18:20~21, 4:23~24)

(4) 음녀 (6:26~28, 22:14)

(5) 성공 (22:29)

(6) 자녀 징계 (13:24, 20:30, 22:6, 23:13~14, 29:17) 등

3. 세상을 움직이는 힘의 비밀, 그 실체는 예수 그리스도

1) 하나님의 지혜, 그리스도 중심으로 세계는 움직인다 (고전 1:24, 30, 잠 3:14~18)

2) 재림시대, 선교시대, 증인의 삶을 사는 자 참 지혜자 (행 1:1~14, 마 28:19~20)

3) 제사장, 왕, 선지자의 언약잡고 무시로 기도하라 (행 1:1~14. 마 28:19~20)

4) 세상을 움직이는 힘, 하나님의 능력을 기도하라 (행 1:8, 롬 16:1~27)

죽고 사는 권세

잠 18:20~21

마음은 지, 정, 의(知情意)의 좌소(座所)이다. 마음이 건강한 사람은 거기에 반듯한 자기 정체성, 높은 자존감, 긍정적인 자아상을 가지고 있다. 마음이 건강한 사람의 "말"을 살펴보라, "말"이 살아 있다. 죽고 사는 권세는 "말"에 있다.

1. 사람은 입술의 열매로 산다 (20)

1) 입에서 나오는 열매로 배부르게 되나니

2) 입술에서 나는 것으로 만족하게 되느니라 (잠 12:18~19)

3) 말의 비밀

(1) "태초에 말씀이 계시니라" - 말씀의 원어는 Logos, 영어는 Word

(2) "말씀"과 "말"의 구분 - "태초에 '말'이 계시니라 이 '말'이 하나님과 함께 계셨으니 이 '말'이 곧 하나님이시라"가 된다 (요 1:1)

(3) 하나님의 본질에 속한 '말'은 피조 세계를 지배하는 권능이다 (창 1:1~31)

2. 죽고 사는 권세가 '말'에 있다 (21)

1) 예수님과 무화과 나무 비유 (막 11:12~14)

2) '누구든지' (막 11:20~23)

3) 죽고 사는 권세가 '말'에 있다 (잠 18:21, 민 14:27~28, 민 14:8~9)

4) 너희에게 이른 '말'은 영이요 생명이라 (요 6:63)

5) '말'은 행동을 지배한다 (잠 6:2, 막 9:23, 빌 4:13)

3. 말은 생각과 마음을 변화 시킨다

1) 마음대로 할 수 없는 자기 마음과 자기 생각 (롬 7:24~25)

2) 마음과 생각을 지배 할 수 있도록 주신 하나님의 은총 '말' (롬 10:17)

3) 운명을 바꾸는 복음의 '말', 원래의 복을 회복하는 '말' (마 16:16~19)

4) 마음과 생각을 지켜 주시는 하나님, 언약적 감사 기도의 힘 (빌 4:6~7)

*인생의 가장 큰 의미와 가장 큰 가치를 가르쳐 주시는 하나님의 '말씀' (행 1:8)

부모여 자녀를 제자 삼으라

잠 22:6

부활하신 그리스도께서 주신 지상명령은 세계선교요, 언약은 임마누엘이다. 주님의 지상명령을 언약 잡은 교회와 성도가 놓치지 말아야할 것은 구약의 지상명령, 곧 "쉐마 이스라엘"이다(신 6:4~9). 이것을 후대들에게 가르쳐 자녀를 가정에서 제자 삼으라고 하신다. 어떻게 자녀를 제자 삼을 수 있는가?

1. 아브라함의 하나님, 이삭의 하나님, 야곱의 하나님 (출 3:6, 15)

1) 선민을 대표하여 하나님과 언약을 맺은 3대 족장
2) 언약에 근거하여 자신을 계시하시고 보호하시는 하나님
3) 하나님과 1:1 관계 속에 후손과 기업에 대한 약속을 받은 자들
4) 언약의 불변성과 지속성을 강조하시는 살아계신 하나님 (마 22:32)

2. 부모여 자식을 제자 삼으라

1) 구약의 지상명령 - 쉐마 이스라엘 (잠 22:6, 신 6:4~9)
   *성경말씀 중심보다 세상방법 위주로 자녀들을 가르친 것 회개합니다.
2) 신약의 지상명령 - 세계 복음화 (잠 22:6, 마 28:19~20, 행 1:8)
   *세계복음화를 위해 교회, 우리, 나에게 하나님이 원하시는 것이 무엇인가?
3) 부모여, 자녀를 제자 삼으라
   (1) 말씀의 전수자로 (신 6:4~9, 마 7:21~27, 신 10:13)
   (2) 언약의 전달자로 (출 13:14~16, 요 14:15, 21)
   (3) 항상 하나님을 경외하는 후손들이 되도록 (수 4:21~24)
   (4) 각 분야 하나님의 영역주권 속에 세워지는 주역들이 되도록 (7R~T)
4) 순간도 놓치지 말아야 할 십자가와 부활과 재림의 복음 예수는 그리스도
   *신, 구약의 중심 언약은 메시야 (그리스도)
   *오직 성령이 너희에게 임하시면 (겔 36:26~27, 행 1:8)

3. 쉐마 Rem School

1) 정체성 확립 (창 1:27~28, 갈 3:28~29)
2) 교회와 교회의 축복 (마 16:16~19, 계 22:16)
3) 시대를 제대로 읽고 미래 준비 (마 16:13~14, 사 60:1~22, 62:1~12) (8th R~T)
4) 유일성의 해답가진 영역 주권의 주역들 (사 6:13, 마 16:16, 마 28:19~20)

인생 최고의 가치 있는 삶

전 12:1~14

전도서는 욥기, 시편, 잠언, 전도서, 아가서와 함께 시가서로 분류된다. 모든 성경이 영감 받은 저자들에 의해 기록된 하나님의 계시로 특히 시가서는 각기 실제적인 체험에서 우러나온 기도와 찬양, 고백과 교훈을 통해 역동적인 메시지를 전달한다. 전도서는 솔로몬이 인생 황혼기에 젊은 시절을 회고하면서 쓴 책으로 인생 최고의 절대가치, 그 가치 있는 삶에 대해 원숙한 지혜로 가르치고 있다.

[전도서 대단원 내용]

1) 대 논제 - '허무한 인생' (전 1장 서론)

2) 대 논제의 증거들

(1) 경험을 통한 증거 (1~2장)

(2) 관찰을 통한 증거 (3~6장)

3) 헛된 인생에 대한 조언

(1) 악한 세상을 이기는 지혜 (7~9장)

(2) 불확실한 삶에 대한 조언 (10~12:8)

(3) 결론 (12:9~14)

[요절] 12:13

*'전도서'란 - 히) 코헬렛 - 전도자, 설교자 (회중에게 종교적 진리 전달하는)

*기록연대 - 솔로몬 왕(B.C 970~931)의 생의 말기인 B.C. 935년경으로 본다.

*목적 - 인간 이성과 철학에 대한 한계를 보여줌으로 하나님 중심의 세계관(인생관)을 갖게 하기 위해

1. 허무와 무의미로 가득찬 세상 - 모든 것이 헛되도다 (전 1:1~2)

1) 인간의 지혜 (1:16~17)

2)쾌락 (2:1~2)

3) 술 (2:3)

4) 건축 (2:4~6)

5) 거대한 富 (2:7)

6) 처첩들 (2:8, 왕상 11:3)

7) 음악과 문학 (왕상 4:32)

8) 자연과학 (왕상 4:33)

9) 군사력(造船) (왕상 4:26, 9:26)

10) 세계적 명성 (왕상 10:6~7)

*해 아래서 행하는 모든 일의 헛됨 / 중심단어 - 해 아래 (29), 헛되다 (37), 하늘 아래 (3), 땅 위에 (7)

*하나님을 떠난 삶, 그리스도 밖의 삶은 죄와 허무요, 사단과 무의미라는 진리를 역설적으로 강조하고 있다.

2. 너의 창조주를 기억하라

1) 곤고한 날이 이르기 전에 (전 3:11, 12:1~8)

2) 진리의 말씀을 들으라 (전 12:9~12, 요 14:6)

3) 창조주 하나님을 경외하라, 심판이 있다 (전 2:13~14, 요 5:28~29)

3. 인생 최고의 가치 있는 삶을 위해

1) 창조주 하나님을 만나야 한다 (행 4:12, 요 1:12, 요일 3:8, 골 2:2~3)

2) 유일하신 창조주 하나님을 예배하고 하나님께 충성하는 삶 (전 2:13)

3) 그리스도의 지상명령을 따라 세계 복음화의 주역으로 (롬 16:1~27, 행 16:31)

4) 전도제자, 선교제자의 삶, 하나님의 모든 것을 회복하는 길 (막 1:38, 행 1:8)

일어나 함께 가자

아 2:8~14

솔로몬은 젊은 날에 아가서를, 중년기에 잠언을, 노년기에 전도서를 집필했다. 아가서는 그가 노래한 '가장 아름다운 노래(Song of Songs)'이다. 솔로몬은 그가 사랑하는 술람미 여인에게 '나의 사랑, 나의 어여쁜 자야, 일어나 함께 가자' 라고 청혼하고 있다.

1. 아가서의 삼중적 의미

1) 솔로몬과 술람미 여인의 사랑이야기 (아 1~8장)

2) 하나님과 나와의 관계 (롬 8:31~39)

3) 예수님과 교회의 관계 (엡 5:22~33)

2. 일어나 함께 가자

1) 솔로몬의 사랑 고백

(1) 연인 : 술람미 여인, 평범한 신분 (아 1:5~6)

(2) 고백 : 여인 중에 어여쁜 자야, 나의 완전한 자야 (아 1:8, 5:2, 6:9)

(3) 사랑 : 사랑하는 이를 위해 잔치를 베푸는 왕 (아 2:4)
산과 산을 넘어 찾아오는 왕 (아 2:8)
창살 틈으로 엿보며 지켜보는 왕 (아 2:9)

(4) 청혼 : 일어나 함께 가자 (아 2:10, 13)

2) 일어나 함께 가자

(1) 달려오는 사랑, 산을 넘어오는 사랑 (요 3:16, 눅 15:20, 롬 5:8)

(2) 벽과 창살 틈으로 엿보는 왕의 사랑 (아 2:9~13, 요 14:1, 빌 4:7~9)

(3) 서로에게 속한 사랑 (아 2:16, 7:10, 창 2:24, 고전 7:2~5, 고전 6:20)

(4) 그러므로 일어나 함께 가자 (아 2:13, 마 26:46)

3) 하나님의 사랑, 하나님의 프러포즈, 그리스도의 신부

(1) 창세전, 만세전, 영세전에 구원 계획 (창 3:15, 엡 1:4, 골 1:26, 롬 16:25)

(2) 하늘 보좌를 버리고 평범한 나를 찾아오신 그리스도 (빌 2:6~11)

(3) 하나님의 사랑, 그리스도의 프러포즈 (롬 3:23, 6:23, 계 3:20~22, 아 6:8~9)

(4) 십자가를 향하여 나아가시는 예수님 - 일어나라 함께 가자 (마 26:46, 아 2:14)

*일어나라 함께 가자 - 개인적 묵상(사순절기간)

3. 복음의 향기, 그리스도의 향기를 날리라 (아 4:16, 행 5:42)

신랑을 사모하는 신부

아 2:16, 6:3, 7:10

아가서는 '가장 아름다운 노래', '노래 중의 노래(Song of Songs)'라는 칭호를 가지고 있다. 이는 "모든 노래 중에서 가장 훌륭한 노래"라는 뜻이다. 가장 오해가 많은 책이기도 하지만 유대인들은 잠언을 성전에, 전도서를 성소에, 아가서를 지성소에 비유할 정도로 매우 귀하게 여겼다. 특히 매년 유월절 8일째에 아가서를 노래하는 사실로 보아 그리스도를 유월절 어린 양으로 아는 사람만이 아가서를 이해 할 수 있음을 의미하기도 한다.

[아가서 대단원 내용]

1) 사랑의 시작 (1:1~3:5)
2) 사랑의 성취 (3:6~5:1)
3) 사랑의 위기 (5:2~6:1)
4) 사랑의 성숙 (6:2~8:14)

[요절] 아 2:16, 6:3, 7:10

1. 성경을 주신 목적

1) 성경은 세상이 將亡城임을 알리고 있다 (3, 6, 11장)
2) 성경은 구원이 무엇인지 알리고 있다 (창 3:15, 6:14, 12:1~9 = 마 16:16)
3) 성경은 구원자가 누구인지 밝히고 있다 (요 5:39, 행 4:12, 요 14:6, 요 1:12, 5:24)
4) 성경은 인간을 사랑하신 하나님의 Love Story를 전하고 있다 (요 3:16)

2. 솔로몬 왕과 술람미 여인의 러브스토리

신랑 솔로몬은 그리스도를, 신부 술람미 여인은 교회와 성도를 의미한다.

1) 사랑의 시작 (아 2:16) - 예속된 사랑, 그러나 자기중심적 사랑 (마 16:24)
2) 사랑의 위기 (아 5:6, 8) - 일시적인 이별, 신랑으로 인해 병이 듦 (아 5:2~3)
3) 사랑의 성취 (아 6:3) - 희생적 사랑, 헌신적 사랑으로 (막 16:1~2)
4) 사랑의 성숙 (아 7:10) - 온전한 연합, 성숙한 사랑 (계 3:20, 빌 1:21)

3. 교회와 성도는 신랑을 기다리는 신부

1) 신랑 예수님은 다시 오신다 (살전 4:16~17, 계 19:11~16, 요 14:1~6)
2) 사랑하는 신부여 깨어라, 근신하라 (마 25:13, 벧전 5:8, 히 10:24)
3) 그리스도 재림의 시간표는 세계선교의 시간표 (마 24:14)
4) 이미 승리한 싸움, 100%를 주신 그 사랑을 누리며 (사 60~62장, 행 1:8)

대선지서

그럼에도 불구하고 그루터기는 남아 있다

사 6:1~13

세계사는 하나님의 구속사의 역사이다. 꽃같이 떨어지고 풀같이 마르고 시드는 인간 흥망성쇠의 역사, 세계사는 결국 하나님의 구속사의 경륜을 성취해 나가는 무대이다. 하나님의 위대한 구속사는 "남은 자"를 통하여 진행되고 있다. 남은 자의 언약을 잡고 기도하라.

1. 하나님의 계획 속에 있는 영광스러운 미래

1) 원래의 인간, 원래의 축복 (창 1:27~28)
2) 예수 그리스도 안에서 회복된 신분과 권세 (요 1:12)
3) 위대한 신앙고백 - "이 반석"의 복을 받은 신분과 권세 (마 16:16~19)
4) 구원의 축복은 은혜로 된 믿음으로 (엡 2:8)
5) 세계 선교의 축복과 완전한 언약 (마 28:19~20)

2. 하나님께서 주신 약속

1) 높은 보좌의 하나님이 성전에 앉으심을 보이심 (사 6:1)
2) 천사들의 거룩 송(song), 찬양의 결과로 나타난 여호와의 임재 (사 6:2~4)
3) 입술이 부정한 사람이라 고백하는 이사야, 성결케 된 이사야 (사 6:5~7, 57:19)
4) 누구를 보낼꼬, 나를 보내소서 (사 6:8)
5) 유다의 무서운 죄, 그 죄악을 심판하시겠다는 하나님 (사 6:9~12)
6) 그루터기, 남은 자의 약속을 하시는 하나님 (사 6:13)

3. 그럼에도 불구하고 그루터기는 남아 있다

1) 그럼에도 불구하고 그루터기는 남아 있다. 원색 복음의 언약 (사 6:13, 7:14)
2) 남은 자를 통해 오시는 메시야, 만민의 기치로 서게 될 메시야 (사 11:1~16)
3) 그 통로가 된 자에게 약속하신 하나님의 축복 (왕하 19:30~31, 사 37:31~32)
4) 남은 자들을 위해 앞서 행하시는 하나님의 구원을 보라 (사 43:14~21, 사 45:2~3)
5) 신약 교회시대에 성도가 회복해야 할 남은 자의 모델 (행 1:13~14)

4. 남은 자는 이때 무엇을 해야 하나?

1) 일어나라, 빛을 발하라

2) 여호와의 구원의 축복과 회복을 증거하라

3) 나 여호와가 속히 이루리라 (사 60:1~22)

*언약잡고 집중적으로 기도하라. (그리스도, 하나님의 나라, 성령 충만)

거룩한 비전으로 I

사 6:1~13

하나님께서는 세계 곳곳에 하나님의 사람들을 숨겨놓으시고(영역주권) 시대적인 사명을 감당하게 하신다. 이 사람들은 하나님의 거룩한 비전을 품은 자들이다. 지금도 하나님은 거룩한 비전의 사람을 통해 일하고 계신다. 거룩한 비전이 무엇인가?

1. 시대를 보는 눈

1) 지금은 고통하는 때 (딤후 3:1~5)

2) 마지막 때 Sign을 분별해야 - 정치통합, 경제통합, 종교통합, Cyber 세계, 뉴에이지, 동성연애, 프리메이슨, 눈에 보이지 않게 세상을 움직이며 하나님을 대적하는 바벨탑 운동(예술, 문화, 우상들을 통해) (계 13:11, 16~18)

3) 갈수록 더해지는 재난과 재앙, 기록된 대로 응하여 가는 역사 (계 6:1~17)

4) 세계선교의 시간표를 봐야한다 - 그리스도의 재림의 시간표 (마 24:14)

2. 거룩한 비전

1) 웃시야 왕이 죽던 해 - 환상, 사죄, 소명 (1~8)

(1) 이스라엘의 우상숭배, 완고함 - 주여, 어느 때까지니이까? (9~11)
주여, 이 백성의 눈먼 상태가 언제까지 지속되겠습니까?

(2) 그 중의 십분의 일이 남아 있다 할지라도 다 황폐하게 됨 (12~13 상)

(3) 그러나 [그루터기] [남은 자] 언약을 비전으로 주시는 하나님
더 이상 벨 수 없는 [밑둥치] → [남은 자] 마체베트 / 생명력을 담고 있는 밑둥치
거룩한 비전은 남은 자의 언약 (13 하, 37:31~32) / 히) 샤아르, 헬) 레이마, 영) Remnant
*파괴적인 무서운 재난에서 살아남은 공동체, 그 공동체의 미래를 책임지고 이끌게 될 "남은 자" 거룩한 씨 - 제라 코데쉬 - 거듭되는 심판 속에서도 끝까지 살아남을 [남은 자]

(4) 반드시 성취되는 하나님의 언약 (창 3:15, 창 12:1~3, 사 7:14, 마 16:16, 행 1:8)

2) 거룩한 비전 - 지금도 남은 자를 통해 구속사의 역사를 진행하시는 하나님 (롬 11:3~5)

3. 거룩한 비전의 사람 - 붙잡아야 할 세 가지

1) 언약 - 그리스도 (마 16:16~19)

2) 방향 - 세계복음화 (마 28:19~20)

3) 비밀 - 기도의 비밀 (행 1:1~14)

*하나님의 언약은 반드시 이루어진다.

영원이라는 시간표, 천국배경을 두고 멀리 내다보라.

지금의 아픔이 하나님께 은혜 받을 최고의 시간이다. 거룩한 비전으로 기도하라.

거룩한 비전으로 Ⅱ

사 6:13

그 중에 십분의 일이 아직 남아 있을지라도 이것도 황폐하게 될 것이나 밤나무 상수리 나무가 베임을 당하여도 그 그루터기는 남아 있는 것 같이 거룩한 씨가 이 땅의 그루터기니라 하시더라(사 6:13).

남은 자 - 히) 샤아르, 헬) 레이마, 영) Remnant / [남은 자]의 언약은 우리의 거룩한 비전이다.

1. [남은 자]의 거룩한 비전

1) 교회비전 (마 16:16~19)

(1) 교회의 가치 (행 20:28)

(2) 교회의 영광 (엡 3:21)

(3) 교회의 축복 (마 16:18~19)

(4) 교회의 위대함 (엡 1:21~23)

인류역사 → 구속사 중심 → 교회 → 교회의 중심에는 그리스도가 계신다.

2) 선교비전 (마 28:19~20)

'교회는 당신의 생각보다 큽니다' (패트릭 존스톤 / 지도자 필독서)

1부 [우리에게 주어진 비전]의 결론 - 교회(유, 무형)가 세계복음화의 비전을 잃어버리지 않아야 한다. 선교는 교회가 존재하는 이유이다.

3) 제자비전 (롬 16:1~27)

4) 성령비전 (행 1:8, 겔 37:1~10, 47:1~12, 36:26~27)

5) 축복비전 (창 12:1~3, 갈 3:28~29)

*하나님의 절대주권 - 의지 계획 (사 55:8~9, 단 4:35), 적용 (시 27:1, 엡1:11), 성취의 자유 (창 1:3~31)

2. [남은 자]의 언약

1) 무너지는 시대, 무서운 재난에서 살아남는 [남은자] (창 6:18, 7:23, 6:19)

2) 한 시대를 위해 준비된 하나님의 [남은 자] - 4족장 (행 1:1~14, 롬 16:1~23)

3) 종말론적인 [남은 자]의 언약 (창 3:15, 사 37:31~32, 계 12:17, 롬 11:3~5)

*남은 자를 식별하는 신학적 코드는 (1) 말씀을 지키며 (2) 복음증거의 특징이다.

영원한 복음으로 재림을 준비하는 자들이다. (계 14:6, 행 13:1~4)

하나님의 가라사대 - 전 피조세계의 그대로 되니라 - 그대로 된 결과 - 하나님 보시기에 좋았더라

3. 유일성의 해답, 완전한 해답, 영원한 해답

1) 오직 예수는 그리스도 (창 3:15, 행 4:12, 요 14:6, 요 1:12)

2) 오직 말씀과 기도로 거룩한 신부, 신부 공동체 (딤전 4:5)

3) 오직 전도제자, 선교제자의 삶으로 세계복음화! (행 1:8, 1~28장)

다가오는 미래를 위하여

사 6:1~13

지금 세계는 큰 혼돈 속에 있다. 신앙생활을 회복, 갱신해야 한다. 개인, 가정, 교회, 국가들이 대책 없이 무너지고 있는 이 시대에 우리는 어떻게 하면 되겠는가? 개인, 가정, 교회, 국가를 어떻게 살릴 수 있나?

1. 임마누엘이 먼저 되어야 한다

1) 전도보다 더 중요한 임마누엘 (마 4:19)

2) 전도보다 우선 되어야 할 임마누엘 (막 3:14)

3) 그러므로 지상명령과 항상 임마누엘 (마 28:19~20)

4) 지금 현장에서 체험되어지는 임마누엘 (막 16:20, 사 41:10, 시 23:1~6)

2. 다가오는 미래를 위해

1) 자녀 - 남은 자의 언약, 그루터기 비전을 품고 잘 준비해야 한다

(1) 바른 역사의식 (사 6:1, 사 60:1~2)

(2) 바른 사명의식 (사 6:13, 막 16:15, 마 28:29~20)

(3) 바른 소명의식 (사 6:8, 행 1:8)

2) 부모 - 남은 자의 언약잡고 기도해야 한다 (창 3:15, 6:14, 12:2, 롬 16:1~23)

3) 교회 - 남은 자의 언약잡고 선교해야 한다 (행 13:1~4)

3. 복음만이 유일성의 해답 / 희망 / 올인하라

1) 말씀 - 피 언약, 그리스도의 복음 (요 5:39, 요 19:30, 골 2:2~3, 4:3~4, 1:27, 마 16:16~19, 20:31)

2) 기도 - 깊은 기도, 행복한 시간 (행 1:13~14, 행 2:1~47, 딤전 4:5)

3) 전도 - 현장 회복, 전도 제자의 삶 (행 1:8, 행 5:42)

[결론] 다가오는 미래를 위하여 '남은 자'의 언약잡고 그루터기의 비전 가지고 기도하라. 말씀과 기도와 전도는 축복의 통로다. 유일성의 해답, 피 묻은 그리스도의 복음으로 세상을 살리고 미래를 밝히는 자, 영의 사람이다.

그러나 남은 자가 있다

사 6:13

미국에서 시작된 금융위기에 대해 "현재 금융위기의 비극적인 결과는 종교 부재 현상 때문이다.(타르치시오 베르토네)"라고 했다. 지금 우리는 총체적으로 무너지는 시대에 살고 있음을 성경적으로 통찰해야 한다. 시대마다 하나님은 "남은 자"를 통해 주권적으로 구원사역의 역사를 진행하셨고 지금도 그러하시다. 과연 이 시대에 남은 자는 누구이며 어떤 사람인가?

1. 역사는 성경에 기록된 대로

1) 재난의 시작 (마 24:1~8)

2) 이미 돌입한 재앙시대 (눅 21:10~28)

3) 재앙시대의 대표적인 현상들을 분별해야 (마 16:1~4, 계 6:4~8)

2. 그러나 남은 자가 있다

1) 무너지는 시대

(1) 다 무너지는 남 유다 (사 6:9~12)

(2) 남아있는 십분의 일 (13)

(3) 그러나 그것마저 황폐하게 됨 (13)

(4) 왜, 무엇 때문에 황폐하게 되는가? 그 결과는? - 사 1:2~3

2) 그러나 남은 자가 있다.

(1) 마지막까지 살아 남아있는 밑둥치, 그루터기, 남은 자 (13)

(2) 나라와 민족, 세계와 열방 살릴 거룩한 씨 (사 11:10)

(3) 하나님의 주권적인 계획에 따라 민족을 회복시킬 남은 자 (사 37:31)

(4) 남은 자를 위해 예비하신 복 - 후대에게 전달해야 할 언약 (사 10:21~22, 사 28:5)

3) 우리는 남은 자의 길을 간다

(1) 유일성의 해답 - 바른 신앙고백으로 (마 16:16~19)

(2) 세상을 섬기는 자 - 바른 신앙자세로 (마 5:1~12)

(3) 증인의 삶을 사는 자 - 바른 기도제목으로 (마 6:9~13, 마 28:19~20)

(4) 우리는 남은 자의 길을 간다 (행 6:1~7, 롬 16:1~27, 고전 16:18)

이 시대에 남은 자는 과연 누구인가? - 십자가의 복음으로 자신과 다른 사람을 살리고 세우는 그리스도의 제자

3. 역사의 이정표 예수 그리스도를 따라

1) 5대 비전으로 ~ 교회, 선교, 제자, 성령, 축복비전으로

2) WMTC - Window Missionary Training Center (파송, 복음전파, 교회개척)

3) V & DC - 사회복지, 문화센터, 세계선교 센터, 미래비전 센터(후대)

4) 말씀, 기도, 전도가 완전 누림이 되는 전도제자, 선교제자 (사 60:1~22)

*그런즉 이와 같이 지금도 은혜로 택하심을 따라 남은 자가 있느니라 (롬 11:5)

크리스마스의 언약

사 9:1~7

하나님의 백성구원을 위해 탄생하실 그리스도를 강력하게 예언하고 있는 임마누엘 예언이다. 예수 그리스도를 통하여 임하게 될 구원의 기쁨과 자유와 흑암의 땅에 비추게 될 광명의 빛을 선포하고 있다. 크리스마스의 위대한 언약이다.

1. 낮아진 신분으로 오신 그리스도

1) 성육신(成肉身, incarnation), "말씀이 육신"(道成人身)된 성탄을 말한다 (요 1:14)

2) 고난(苦難, Suffering), "그는 실로 질고와 슬픔의 사람이었다" (사 53장)

3) 죽으심(死亡, Death of Crucifixion) (요 19:30, 빌 2:8~9)

4) 장사(葬事, Burial) (마 12:40)

십자가의 수난은 낮아지신 신분의 최종 수치였다. 부끄러운 그 십자가는 나를 위한 것이었으며 또한 우리를 사랑하시는 하나님 아버지의 사랑의 확증이었다. (롬 5:8)

2. 만왕의 왕 만주의 주

1) 부활(復活, Resurrection) (고전 15:14~17)

2) 승천(昇天, Ascension) (눅 24:50~51)

3) 하나님 우편에 앉으심(右便在位, Session) (엡 1:20, 히 8:1, 2:7~8, 10:12)

4) 재림(再臨, Second Coming) 예수 그리스도의 재림은 육체적이요 가시적이다 (행 1:11)

부활은 기독교 복음의 근본 진리이며, 부활은 십자가와 더불어 복음의 핵심이 된다.

그리스도께서는 하나님 우편에서 성도와 교회를 다스리시며 보호하시며, 대제사장적 중보기도를 계속하고 계신 만왕의 왕, 만주의 주가 되신다. (히 9:11~12, 계 19:16)

3. 크리스마스의 언약

1) 모든 불행, 모든 저주에서 구원하실 메시야가 오신다 (사 9:1~5)

2) 스스로를 낮추신 한 아기의 모습으로 (사 9:6)

3) 높이 들리우신 전능자 하나님으로 (사 9:6~7)

(1) 그 어깨에는 정사를 메었다 (결코 양도될 수 없는 통치권자임을 의미 한다)

(2) 기묘자(Wonderful)이다, 위대하고 놀라운 일을 계획하시고 또 성취시키신다

(3) 모사(Counselor)이다, 모든 문제의 해결자이시다

(4) 전능하신 하나님이시다

(5) 영존하시는 아버지이시다

(6) 평강의 왕이시다, 영원토록 공평과 정의로 그 나라를 보존하실 왕이시다

(7) 여호와의 열심이 이를 이루시리라

4) 크리스마스의 언약은 성취되었다 (마 1:21~23)

5) 크리스마스의 주인공은 예수 그리스도이시다

오시리라 예언되었던 창세기 3장 15절의 예언이 예수님의 탄생으로 (마 1:25) 완전히 성취 되었다. 그리스도의 탄생은 사망의 그늘진 땅에 거하던 자들에게 비췬 구원의 빛, 소망의 빛, 축복의 빛이 되었다.

임마누엘의 기적

사 9:1~7

흑암과 사망의 그늘에 행하던 백성에게 비췰 큰 빛, 곧 장차 평강과 공의로 다스릴 메시아 탄생의 예언이다. 예언대로 성탄하신 예수 그리스도는 지금 우리와 함께 계신다.

1. 기적의 하나님

1) 창조주, 말씀으로 천지를 창조하신 하나님 (창 1:3~31)

2) 하나님이 육신이 되어 - 성육신하신 하나님 (요 1:14)

3) 성령으로 잉태, 여인의 후손으로 (마 1:18~20)

4) 예수님의 생애, 십자가에서 완성하신 그리스도의 사역, 부활, 승천, 재림 (행 1:1~11)

5) 영원한 임마누엘 (계 21:3)

2. 임마누엘의 기적

1) 흑암의 땅에 비췬 큰 빛으로

(1) 흑암으로 멸시 받던 땅, 큰 빛으로 영화롭게 된 지경(地境) (사 9:1~2)

(2) 회복된 창성함과 즐거움 (사 9:3)

(3) 하나님의 초자연적인 능력으로 (사 9:4~5)

*메시아는 인생의 모든 문제를 종결하는 자로서 초자연적인 역사로 뜻을 이루신다.

2) 한 아기가 우리에게 났고 한 아들을 우리에게 주신 바 되었는데

(1) 그 어깨에는 정사를 메었고 - 통치권을 가진 왕으로 오신 메시야 (사 9:6)

(2) 그 이름은 기묘자(Wonderful) - 놀랍고 경이로운 기적을 행하시는 분

(3) 모사(Counselor) - 완전한 지혜로 가르치시고 인도하는 자

(4) 전능하신 하나님 - 메시아의 신성

(5) 영존하시는 아버지 - 부양하는 사람들을 돌보는 후원자, 보호자(히브리 인식)

(6) 평강의 왕이라 할 것이니라 - 그가 다스리는 나라는 평화의 나라, 다스림도 평화로

3) 임마누엘의 기적

(1) 출 3:12 (2) 수 1:9

(3) 삿 6:16 (4) 사 41:10

(5) 시 23:4 (6) 렘 1:8

(7) 사 7:14 (8) 마 1:21~23

(9) 고전 3:16, 6:19 (10) 계 21:3

*임마누엘의 신분과 권세를 감사 찬양하며 하나님께 영광과 경배를 드립니다.

3. 지금도 계속되고 있는 하나님의 기적

1) 마 28:20의 언약

2) 빌 4:13의 성취

3) 막 9:23 - 믿음회복

4) 막 16:20 - 참된 증인으로

왕, 평강의 왕

사 9:6~7

1. 그리스도를 경배하라

1) Christ + MAS = 그리스도 + 축일

2) Christ + Mass = 그리스도 + 경배

2. 평강의 왕으로 오신 그리스도

1) 초라한 모습, 그러나 그는 왕

(1) 비천한 모습으로 오신 왕의 탄생 (눅 2:6~7)

(2) 연한 순 같고 모양도 풍채도 없는 왕 (사 53:2)

(3) 멸시를 받아 사람들에게 버림받은 왕 (사 53:3)

(4) 세족노의 모습으로, 섬기는 왕으로 (요 13:1~11, 막 10:45)

(5) 하나님께 버림받고 십자가에서 절규하는 왕 (마 27:46)

*그 이유는?

*과연 그리스도는 어떤 왕이신가?

2) 평강의 왕으로 오신 그리스도

(1) 어깨에 정사를 메신 평강의 왕 - 최고 통치자 (엡 1:21~22)

(2) 기묘자, 모사, 전능하신 하나님, 영존하시는 아버지 (요 17:21)

(3) 그 정사와 평강의 더함이 무궁한 평강의 왕 (사 9:7)

(4) 동방박사들의 경배와 선물이 주는 메시지 (마 2:2, 11)

(5) 목자들이 들은 크리스마스의 메시지 (눅 2:8~11)

(6) 왕, 평강의 왕으로 성탄하신 예수 그리스도 (마 1:21, 요일 3:8)

3) 마지막 날 만왕의 왕, 만주의 주

(1) 십자가의 그리스도, 부활하신 그리스도 (요 19:30, 고전 15:3~4)

(2) 요한에게 계시하신 그리스도의 모습 (계 1:13)

(3) 왕의 진노에서 두려워 떨게 되는 사람들 (계 6:15~16)

(4) 다시 오시는 만왕의 왕, 만주의 주 (계 19:16, 22:5)

(5) 다시 오실 그리스도를 대망하는 성탄절의 축제 (히 9:28)

3. 진정한 크리스마스의 축복을 누림으로 하나님께 영광을

큰 빛으로 오신 평강의 왕

사 9:6

오늘 본문은 역사적으로 히스기야 왕의 개혁으로 누리게 될 유다의 소망을, 궁극적으로는 장차 오실 메시아의 탄생을 예언하신다. 메시아가 오심으로 온 나라가 기쁨에 차게 될 것이며 하나님의 백성들은 모든 굴레에서 해방 될 것을 말씀하신다.

1. 고통 받던 자들의 해방

1) 소외된 이방 나라를 영화롭게 하겠다 (1)
2) 추수의 즐거움, 승리의 즐거움, 주 앞에서의 즐거움, 자유와 평화를 회복시켜 주실 것 (3)
3) 우리가 겪는 모든 고통의 짐을 해결하실 것 (4~5)

2. 한 아기로 나신 메시아는 어떤 분이신가?

1) 어깨에 정사를 메었고 - '미스라' 통치권자 (6)
2) 기묘자(Wonderful)라 모사(Counselor)라 - 기묘한 모사(Wonderful Counselor)
   이사야는 "어느 누구도 감히 생각지 못했던 놀라운 일을 계획하시는 분, 그 일을 이루시는 분, 그 어떤 전쟁에서도 승리로 이끄시는 분이시다"라고 부름.
3) 전능하신 하나님, 영존하시는 아버지 - 메시아의 신성(영존)
4) 평강의 왕이라 - 백성들을 돌보고 책임지는 왕
   사르 - 솰롬 / 그가 다스리는 나라는 평화의 나라, 다스림 역시 평화로움

3. 큰 빛으로 오신 평강의 왕을 경배하는 날

1) 평강의 더함이 무궁하며 그 나라를 굳게 세우실 큰 빛으로 오신 평강의 왕이 한 아기로 오심. 창 3, 6, 11장 - 문제 해결자로 오셨다. 이 사실을 모르면 전도와 선교를 이해할 수 없다. 그러므로 우리에게 "메리 크리스마스!"가 되는 것이다.

완전한 해답

사 11:10, 60:1

세계선교에 대한 하나님의 열정이 불붙듯 일고 있는 이때에 우리는 시대를 향한 하나님의 시간표를 보는 눈이 있어야 한다. "전 세계는 문명의 재편이 일어나고 있다. 지난 19세기는 힘의 재편이 이루어졌고, 20세기는 이데올로기에 의해 재편 되었으며, 21세기는 문명 충돌에 의해 재편 된다." - 사무엘 헌팅턴(Samuel Huntington). 이 시대를 이기고 살릴 수 있는 길은 있는가? 그 해답은 무엇인가?

1. 시대를 보는 눈

이미 재난시대는 시작되었다. (마 24:4~14)

2. 시대를 이기는 완전한 해답

1) 유일성의 해답

(1) 완전한 해답 (사 11:10, 마 1:1, 마 16:16, 행 4:12)

(2) 역사의 중심 기치이신 예수 그리스도 (사 11:10~12, 13:2)

(3) 세계와 열방이 그에게로 (사 11:10, 55:5, 마 24:14)

(4) 네 씨를 통하여 천하 만민이 복을 얻으리라 (창 22:17~18)

(5) 완전한 해답 예수는 그리스도 (마 16:16~19, 요일 5:1~4)

2) 시대를 이기고 살리는 완전한 해답

(1) 창조 시대와 여인의 후손 (창 3:15)

(2) 족장 시대와 가나안 땅 (창 12~50장)

(3) 출애굽 시대와 유월절 어린양 (출 12:1~14)

(4) 정복 시대와 여호와의 군대장관 (수 5:1~15)

(5) 초대교회 시대와 그리스도의 복음 (행 1:1~2:47)

(6) 재림시대와 전도와 선교, 하나님의 시간표 (마 24:14)

(7) 일어나라, 빛을 발하라, 만민을 위하여 기를 들라 (사 60:1~22, 사 62:10)

3) 인생의 모든 문제 해결자 예수는 그리스도 (창 3:15, 마 16:16~19, 행 5:42)

3. 완전한 해답 그리스도의 언약 잡고 (마 16:16~19)

1) 전도제자의 삶으로 - 때를 얻든 못 얻든 (딤후 4:2)

2) 선교제자의 삶으로 - 미전도 종족을 가슴에 품고 (눅 10:1)

3) 완벽한 임마누엘의 축복, 가장 쉬운 길, 가장 복된 이 길을 가라

4) 전도와 선교를 위해 참 성공을 기도하라 (롬 16:1~27, 마 28:19~20)

우리 하나님의 말씀은 영원히 서리라

사 40:3~8

하나님께서 기쁜 소식을 전하신다. 바벨론 포로시대, 그러나 그들의 고통이 마지막 단계에 와 있다는 기쁜 소식이다. 8월 한 달은 각자 신앙의 종합검진을 통해 우리를 고치고 치유하여 낫게 하시는 하나님의 은혜와 더불어 응답의 자리에로 함께 나아가자. 영원한 현재의 시간 속에 세계역사를 만들어 가시고 개혁하시는 영원하신 하나님, 전능하신 우리 하나님께서 "우리 하나님의 말씀은 영원히 서리라"라고 외치라 하신다. 오늘 이 말씀을 우리에게 주시는 이유는 무엇인가?

1. 우리 하나님

1) 사 40:3, 6, 8 (우리 하나님)
2) 사 40:1 (너희의 하나님, 내 백성)
3) 이스라엘의 정체성, 언약적 관계 (창 12:2~3, 4, 출 19:5~6, 시 100:3)
4) 영적 이스라엘의 정체성 (창 1:27~28, 갈 3:29, 시 23:1)
5) 성도의 신분과 권세의 사실성, 실제성, 임마누엘 (요 14:16~17, 시 29:11)

2. 우리 하나님의 말씀은 영원히 서리라 하라

1) 외치는 자의 소리여 말하라, 여호와의 대로를 준비하라 (사 40:3, 마 3:3)
2) 죽음의 땅, 심판의 땅에 하나님이 찾아 오신다 (사 40:3~4, 사 9:1~9)
3) 여호와의 종 메시야, 모든 문제 해결자가 오신다 (사 40:5, 롬 4:25, 요 19:30)
4) 말하는 자의 소리여 외치라, 인간의 연약함을 외치라
   우리 하나님의 말씀은 영원히 서리라 하라 (사 40:6~8)
   - 하나님의 말씀은 인간의 영과 혼과 육을 통째로 다스린다.

3. 우리 하나님의 말씀은 곧 복음입니다

1) 거품 기독교인 60%, 복음으로 사는 삶 회복해야 한다 (벧전 1:24, 행 1:1~14)
2) 복음의 유일성, 완전성, 영원성 (행 4:12, 롬 10:9~11, 단 12:1~3)
3) 하나님을 경외하는 자, 말씀대로 반응하는 생활 (사 6:13, 빌 3:8~9, 시 27:4)
4) 가정에서, 직장에서, 일상에서, 후대교육, 말씀대로 사는 삶을 뿌리 내려야 한다
   (가정예배, 강단메시지 한 주간 포럼, 언약기도, 요 19:30, 마 16:16~19 체험)
5) 재림의 주님과 세계선교, 하나님을 길을 평탄케 하라 (행 1:8, 9~14)

하나님의 말씀

사 40:6~8

이 세상에 하나님을 당할 수 있는 지혜, 명철, 모략은 그 어디에도 없다(잠 21:30). 모든 민족들과 열왕의 계획, 목적 또한 하나님 앞에서는 결코 영원히 서지 못한다. 오직 "하나님의 말씀"만이 영원하다. 반드시 성취되는 하나님의 말씀은 완전하다. 무엇을 붙잡고 있는가? 반드시 성취되는 하나님의 말씀을 붙잡고 기도하고 있는가? 범사에 성경으로 돌아감이 이 시대의 참 지혜요 참 복이다.

1. 하나님의 말씀은 - 시 1편, 19편, 119편의 Torah, 율법 찬미시 중심으로

1) 하나님의 말씀은 완전하여 영혼을 구원하고 소성 시킨다 (시 19:7, 벧전 1:23)
2) 하나님의 말씀은 나를 건지고 변호하고 살린다 (시 119:153~154)
3) 하나님의 말씀이 곧 나의 산업과 기업이 된다 (시 119:56, 111)
4) 하나님의 말씀은 고난 중의 위로와 힘이 된다 (시 119:92)
5) 하나님의 말씀대로 소망은 이루어진다 (시 119:116)
6) 하나님의 말씀을 지키는 자에게 상과 복이 따릅니다 (시 1:1~3, 19:11)
7) 하나님의 말씀은 천천 금은보다 더 좋은 것이다 (시 119:72, 105)
8) 하나님의 말씀은 영원하나 (시 119:160)
9) 그러므로 하나님의 말씀을 사랑합니다 (시 119:127, 140, 165)
10) 그 결과 세계위에 뛰어난 민족이 되고 축복의 사람이 된다 (신 28:1~2)

2. 신구약 성경의 핵심 대 주제는 예수 그리스도 (요 5:39, 눅 24:44, 마 16:16~19)

3. 하나님의 말씀을 감사하라 - 영원한 말씀으로 기도하라

1) 하나님의 말씀의 무한한 능력을 체험하라 (히 4:12, 눅 1:37, 사 40:6~31)
2) 영원 불변의 진리의 말씀이기에 (딤전 3:15~16, 벧전 1:24~25)
3) 하나님을 아는 지식으로 성도의 영광의 기업의 풍성함으로 (엡 1:17~19)
4) 구원의 길, 축복의 길, 상급과 영광의 길을 누리며 선포하며 (계 22:16)

*그러므로 너는 외치라. 풀은 마르고 꽃은 시드나 하나님의 말씀은 영원히 서리라"라고 외치라.

아름다운 소식을 전하는 자에게

사 40:3~11

이사야 40장은 제2부 이사야의 서론이라고 할 수 있다(사 40:1~56:8). 그리고 2부 전체를 요약하고 있으며 그 전체를 관장하고 있는 부분이다. 포로의 비극적인 상황에 처한 백성을 향한 회복 메시지를 통해 죄의 문제가 해결된 이 후에 누리게 되는 안식을 말씀하신다.

1. 복음은 이 세상에서 가장 행복하고 평안한 것

1) 구원이 필요한 사람들에게 (요 1:12, 엡 1:3~14)

2) 수고하고 무거운 짐을 진 자들에게 (마 11:28)

3) 마귀에게 눌린 모든 자들에게 (행 10:38)

4) 우리를 향한 하나님의 생각을 안다면 (렘 29:11)

2. 아름다운 소식을 전하는 자에게

1) 고난 가운데 들리는 희망의 메시지

(1) 너희는 위로하라, 내 백성을 위로하라 (사 40:1~2)

(2) 외치는 자의 소리여, 말하는 자의 소리여 외치라 (사 40:3, 4)

(3) 출 바벨론을 준비하라, 남은 자를 위해 대로는 하나님이 준비하신다 (사 40:3~5)

(4) 바벨론 최고의 전성기, 그러나 무너지게 될 연약한 인간의 왕국 (사 40:6~7)

2) 아름다운 소식을 전하는 자여

(1) 우리 하나님의 말씀은 영원히 서리라 하라 - 영원성, 불변성, 성취성 (사 40:8)

(2) 너는 힘써 소리를 높이라, 두려워하지 말고 소리를 높이라 (사 40:9)

(3) 승리하신 여호와께서 예루살렘으로 돌아오시는 영광스러운 환상 (사 40:10)

(4) 이 말씀은 멀리 그리스도의 오심을 가리키는 서곡이다 (사 40:11)

*언약은 반드시 성취된다. 언약 백성 가운데 남은 자를 통하여.

3) 큰 기쁨의 좋은 소식으로 오신 예수 그리스도

(1) 구원의 소식 (눅 2:10~11, 요 14:6)

(2) 회복과 치유의 소식 (요 10:10, 사 61:1~3)

(3) 축복의 길, 참된 행복의 길 (요삼 1:2, 요 14:27)

3. 아름다운 소식을 전하는 자에게 주시는 복

1) 임마누엘을 누리는 최고의 영성(제자의 기본)

2) 다른 사람으로 임마누엘을 누리게 하는 자 최고의 축복이 있다. (제자의 사명)

창조주 하나님을 예배하라

사 40:12~26

하나님은 신년에 새로운 언약을 주셨다. "보라 내가 새 일을 행하리라" 하신 하나님께 전무한 영광과 찬양을 올려 드리는 한해가 되도록 새해 원단부터 결단하고 출발해야 한다. 새롭게 시작해야 한다. 창조주 하나님을 예배하라.

1. 창조주 하나님의 위대함

1) 자연을 통해 (12)

2) 인간의 지혜와 지식의 관점으로 (13~14)

3) 열방의 권력은 통의 물 한 방울 같음을 (15~17)

2. 그 무엇과도 비교할 수 없는 창조주

1) 형상 우상과 비교하겠느냐? (18~20)

2) 세상의 권력이나 위인들과 비교할 수 있겠느냐? (21~24, 사 37:31)

3) 너희는 눈을 높이 들어 보라, 누가 이 모든 것을 창조하였는가를 (25~26)

3. 그러므로 창조주 하나님을 예배하라

1) 하나님의 유일성 (신 6:4~5)

2) 절대 주권이 하나님의 손에 (대상 29:11~12)

3) 역사의 주인이신 하나님 (단 4:17)

4) 생사화복의 주관자 (삼상 2:6~7)

4. 하나님 만나는 길, 하나님 누리는 길 예수 그리스도 안에서 (요 14:6, 사 40:31)

*기도제목 - 이렇게 승리하라

1) 하나님 중심의 예배자

2) 말씀 중심의 예배자

3) 교회 중심의 예배자

4) 강단 중심의 예배자

5) 전도와 선교 중심의 예배자

*복음(그리스도), 세계복음화 방향(전도, 선교), 24시 기도의 축복 속에서

새 힘을 얻으리니

사 40:27~31

사람들은 자신의 실수로 빚어진 문제와 고난 앞에서 하나님이 나를 버렸기 때문에 고난당하는 것이라 생각할 때가 있다. 자신들의 죄 때문에 바벨론 포로로 끌려간 이스라엘이 그랬다. 그럼에도 불구하고 하나님께서는 모든 의심하는 일을 버리고 한없는 위로와 능력을 공급하시는 하나님을 전적으로 의지하라고 위로하신다.

1. 임마누엘의 신분

1) 하나님의 자녀 (롬 8:16~17)

2) 보좌의 배경 (빌 3:20)

3) 영적 비밀의 누림 (마 18:10, 시 103:20~22)

*성도는 신분과 권세가 아주 특별한 존재이다. 세상과 시대를 이기고도 남음이 있고 세상이 감당할 수 없는 "놀라운 힘, 곧 영적인 힘"이 주어져 있는 탁월한 신분이다.

2. 새 힘을 얻으리니

1) 언약 백성의 불신앙 (27)

(1) 언약 백성의 오해, 돌아보지 않는 하나님

(2) 언약 백성의 의심, 무관심한 하나님

(3) 참으로 하나님은 언약 백성을 돌아보지 않고 무관심한 분이신가?

2) 피곤한 자, 무능한 자를 위로하시는 하나님

(1) 하나님의 전지성, 초월성, 무한성을 언급하시는 이유 (사 40:12~28)

(2) 오해와 의심이 가득한 자들을 위로하시는 하나님 (사 40:29)

(3) 하나님 떠난 삶, 피곤한 삶, 소년이나 장정이라도 (사 40:29)

(4) 그러나 하나님을 의지하는 자에게 새 힘을 주시는 하나님 (사 40:27~30)

3) 오직 여호와를 앙망하라

(1) 독수리가 창공을 날며 비상하듯 새 힘을 얻으리니 (사 40:31)

(2) 두려워하지 말라 내가 너와 함께 함이라 (사 41:10, 43:18~20)

(3) 인간은 의존적인 존재, 하나님을 의지하라 (시 42:11, 시 18:1~2)

(4) 하나님을 의지하고 신뢰하는 자 새 힘을 얻으리니 (렘 17:7~8)

(5) 영원하신 창조자 여호와 하나님을 누리는 길 예수 그리스도 (히 12:1~2)

3. 삶의 방향을 갱신하라

1) 의심하는 불신앙 회개

2) 하나님의 완전한 언약 그리스도

3) 최고의 누림 임마누엘

4) 최고의 보장 전도, 선교 제자의 삶

독수리가 날개 치며 올라감 같이

사 40:27~31

선지자는 이렇게 말한다. "오직 여호와를 앙망하는 자는 새 힘을 얻으리니 독수리의 날개 치며 올라감 같을 것이요 달음박질하여도 곤비치 아니하겠고 걸어가도 피곤치 아니하리로다(사 40:31)"

1. 오직 여호와 그는 새 힘이시다 - 사 40:28~29

1) 오직 여호와는 시간적으로 영원하시다 (출 3:14)
2) 공간적으로 창조자이시다 (사 40:26)
3) 피곤치 아니하시는 분이시다 (사 40:28)
4) 명철이 한이 없으신 하나님이시다 (28)
5) 인간에게 힘을 공급하시는 능력의 하나님이시다 (29)

2. 새 힘을 얻는 방법은 곧 "앙망"이다 - 사 40:31

1) 현재 연약에 빠져있는 이스라엘 - 사 40:30의 상태
2) 극한 자포자기 절망의 상태 - 사 40:27의 정도
3) 믿음의 선진들이 경험한 연약 (창 17:1~8, 출 3:11, 13, 4:1, 10, 13, 시 13:1)
4) 새 힘을 얻는 방법, 힘의 근원이신 여호와를 앙망하라 (사 40:31)
5) 예수 그리스도 안에서 바라보라 (민 21:4~9, 요 3:14~15, 사 42:5, 11)

3. 새 힘을 얻은 자는 올라간다

1) 직접적으로 말하는 새 힘이 무엇인가?
2) 바벨론에서의 해방, 곧 구원, 귀향, 시온에서의 예배회복 비전 (사 40:31)
3) 전제되는 메시야 언약회복, 그리고 예루살렘으로 돌아간다 (사 7:14)
4) 언약 붙잡고 기도하는 공동체에 부어주시는 새 힘 (행 2:1~47, 3:7~10)
5) 재난시대 언약백성의 삶의 방식 - 독수리가 날개치며 올라감 같이 (31)

*새 힘을 얻으리니 - 원문의 뜻은 "새 힘으로 바꿀 것이다" (엡 5:18)

[결론] 새 힘을 받은 자만이 상승한다. 올라간다. 성화한다. 독수리 날개치며 올라감 같이 더 높이 비상할 수 있도록 새 힘을 주시는 하나님을 앙망하라. 여호와를 앙망하는 자에게 독수리 날개치며 올라감 같이 비상할 수 있는 새 힘을 주신다. 그 힘은 성령의 능력이다. 성령의 능력으로 전도자의 삶을 살라. 시대를 살리고 시대를 이기는 유일한 길은 예수 그리스도의 복음뿐이다.

두려워하지 말라

사 41:10

키에르케고르에 의하면 죽음에 이르는 병이란 곧 절망이며, 절망은 곧 자기 상실이다. 그것은 자신을 있게 한 하나님과의 관계를 상실하는 것으로 절망은 죄에 불과하다. 기독교적인 영원한 생명의 상실을 의미하는 이 절망의 두려움에서 빠져나오는 길은 무엇인가?

1. 무엇을 두려워하는가?

실패, 질병, 미래, 거절과 상실, 죽음에 대한 두려움

*이러한 두려움은 어디서 오며 누가 주는 것인가? (딤후 1:7)

2. 두려워하지 말라

1) 고통 가운데 있는 이스라엘에게

(1) 동방의 한 왕을 불러 열국을 굴복시킬 때 두려워 떨게 될 만민 (사 41:1~7)

(2) 바벨론에 포로 잡힌 이스라엘의 궁상 (사 41:14, 17)

(3) 이스라엘 백성들은 안전하게 구원될 것이라는 위로의 말씀 (사 41:8~20)

2) 두려워하지 말라

(1) 두려워하지 말라 (사 41:10)

(2) 놀라지 말라, 그 이유는? (사 41:10, 13, 14)

(3) 나의 택한 야곱아, 나의 벗 아브라함의 자손아 (사 41:8)

(4) 분수에 벗어나는 총애, 부여하신 자녀의 영예, 영원한 사랑 (사 41:8~10)

- 포로중일지라도 하나님의 관계는 영원한 소금 언약의 관계 (대하 13:5)

3) 문제로 고통당하는 자들에게 "두려워하지 말라"

(1) 깊은 밤, 풍랑을 만나 고통하는 자들에게 "두려워하지 말라" (막 6:50)

(2) 십자가를 앞에 두신 주님, 제자들에게 "두려워하지 말라" (요 14:1)

(3) 부활하신 주님, 두려워하는 제자들에게 "두려워하지 말라" (눅 24:38)

(4) 죄와 저주와 심판과 사단과 지옥의 절망적인 두려움에서 완전 자유와 해방과 구원을 주시는 예수 그리스도 (마 16:16, 마 10:28)

3. 이스라엘에게 주신 세 절기의 언약 - 그러므로 감사하라

1) 유월절의 구원을 감사하라 (출 12:1~4)

2) 맥추절의 인도를 감사하라 (신 16:9~12)

3) 수장절의 축복을 감사하라 (신 16:13~17)

보라 내가 새 일을 행하리라 I

사 43:14~21

이스라엘의 구원을 위해 하나님께서는 새 일을 행하시겠다고 하신다. 그것은 현재 바벨론을 멸하고, 한편 이스라엘을 구원하시겠다고 하는 희망의 메시지이다.

1. 하나님이 모든 이에게 주신 위대한 자원

1) "생각" 할 수 있는 자원, "생각"은 하나님이 주신 위대한 자원이다

2) "믿음의 생각"과 "불신앙의 생각"의 차이와 그 결과 (롬 8:5~6)

3) 생각과 마음과 언어를 잘 지켜야 하는 이유 (잠 4:23, 잠 18:21)

2. 보라 내가 새 일을 행하리니

1) 다시 들려오는 희망의 메시지

(1) 나는 이스라엘의 거룩한 자(심판), 창조자(피조물 운명 주관), 왕(자기 백성을 보호하시고 통치)이니라 (사 43:15)

(2) 과거 애굽에서의 큰 구원의 역사를 이적으로 행하신 하나님 (사 43:16~17)

(3) 출애굽의 구원보다 더 큰 이적을 행하실 것이라는 희망의 메시지 (사 43:18)

(4) 이 메시지를 받는 이사야와 백성들의 심정과 형편 (왕하 25장)

2) 보라 내가 새 일을 행하리니

(1) 너는 두려워하지 말라 - 택자를 향한 특별한 사랑으로 역사를 주관 (사 43:1~4)

(2) 너희는 이전 일을 기억하지 말며 옛적 일을 생각하지 말라 (사 43:18)

(3) 보라 내가 새 일을 행하리니 - 그리스도의 사역 암시 (사 43:19)

(4) 반드시 내가 광야에 길을, 사막에 강을 내리니 - 하나님의 방법 (사 43:19~20)

(5) 하나님의 유일성을 세계와 열방 가운데 선포하게 하시기 위한 통로 (사 43:21)

*그 새 일은 궁극적으로 메시야 왕국을 가리키는 것이다. (Calvin)

*하나님이여 주는 주 자신을 위하여 나를 창조하셨나이다. (Augustine)

3) 구원의 유일성 하나님을 만나는 길 누리는 길

(1) 하나님 만나는 길 구원의 길 - 예수 그리스도 (요 14:6)

(2) 하나님 누리는 길 축복의 길 - 예수 그리스도 (요 19:30)

(3) 사단의 운명에서 빠져 나오는 인생의 모든 문제 해결자 예수 그리스도 (요일 3:8)

3. 예수 그리스도를 믿는 자에게 세 가지 축복이

1) 하나님 자녀의 신분과 권세 회복 - 임마누엘의 축복 (창 1:27~28)

2) 언약 잡고 기도할 때 - 기도 응답의 축복 (행 1:13~14)

3) 그리스도의 복음으로 전도 선교 - 세계복음화의 축복 (요 4:29, 39, 행 1:8)

보라 내가 새 일을 행하리라 Ⅱ

사 43:14~21

하나님은 말씀하신다. 너희는 이전 일을 기억하지 말라. 옛날 일을 생각하지 말라. 그 이유는 큰 구원의 새로운 시간표가 오고 있기 때문이다. 하나님께서는 언약의 자녀들에게 전무한 새 일을 행하리라고 말씀하신다. 하나님께서 행하실 새 일을 기대하며 옷깃을 여미고 일어나 주시는 축복 비전을 따라가라.

1. 떠나라 (창 12:1~3)

1) 내가 너에게 보여줄 땅으로 가라 (창 12:1)

2) 너는 복의 근원이 될찌라 (창 12:2)

3) 땅의 모든 족속이 너로 말미암아 복을 받을 것이라 (창 12:3)

아브라함의 결단 - 이에 아브라함이 말씀을 따라 떠났고 … 때에 75세였더라 (창 12:4)

2. 보라, 내가 새 일을 행하리라

1) 하나님의 구원설명

(1) 과거 - 출애굽에서의 구원 (사 43:14~17)

(2) 미래 - 보라 내가 새 일을 행하리라 (사 43:18~21)

(3) 현재 - 언약 잡으라, 믿음을 가지라 (히 11:1~3, 6)

2) 보라, 내가 새 일을 행하리라.

(1) 누가 - "하나님께서" (19)

(2) 언제 - "이제 나타낼 것이라" (19)

(3) 무엇을 - "반드시 광야에 길을, 사막에 강을 내리니" (19)

(4) 어떻게 - "내 백성, 나의 택한 백성으로 마시게 할 것이라" (20)

(5) 목적 - "나의 찬송을 부르게 하려 함이니라" (21)

3) 메시야를 중심으로 진행되고 있는 하나님의 장중한 역사를 보라 (사 42:5~9)

- 그리스도 안에서 회복과 치유를 통해 하나님을 경배하고 찬양하는 꿈을 (엡 1:3~14)

3. 축복비전을 언약 잡고 기도하라

1) 복의 근원의 복 (창 12:1~3)

2) 가정, 자녀의 복 (창 26:1~33, 35:10~12, 39:1~10)

3) 제자의 복 (마 16:16, 24, 롬 16:1~27)

4) WMTC의 복 (사 60:1~22, 61:1~11, 62:1~12, 행 1:8)

보라 내가 새일을 행하리라Ⅲ

사 43:18~21

하나님의 백성들의 믿음과 소망이 매우 침체되어 있기 때문에 강한 위로를 하고 있다. 그 위로를 믿을 수 있도록 하기 위해 자주, 자세히, 반복하면서 하나님은 격려하신다. 보라 내가 새 일을 행하리라.

1. 하나님의 절대 구속의 사랑

1) 성육신의 사랑 (요 1:14)

2) 십자가의 사랑 (롬 5:8)

3) 임마누엘의 사랑 (마 1:23)

2. 보라 내가 새 일을 행하리니

1) 이스라엘의 구원자는 누구인가?

거룩하신 하나님, 창조주 하나님, 왕이신 하나님 (사 43:1, 15)

2) 어떻게 새 일을 행하시는가? 그 이유는 무엇인가?

홍해가 언약 백성에게 길, 곧은 길, 가까운 길이 되게 하시며 하나님의 뜻을 모르는 자들에게는 음부가 되게 하신 하나님

(1) 이스라엘의 구원을 위하여 광야에 길을, 사막에 강을 (사 43:19)

(2) 출애굽과 비교되지 않는 획기적이고 경이로운 일 (사 43:17~18)

(3) 피조계 전체에 미치는 하나님의 은혜의 생수 (사 43:20)

(4) 하나님의 유일성을 만방에 선포하게 될 이스라엘 (사 43:7, 12~13, 21)

3) 지금도 새 일을 행하고 계시는 하나님

(1) 메시야를 통해 내가 새 일을 알리노라 (사 42:5~9)

(2) 죄와 절망과 죽음으로부터 자유를 주시는 예수 그리스도 (사 61:1~3)

(3) 이방 세계에 전파되는 복음 - 구원, 회복, 치유의 복음 (사 60:1~2)

(4) 오직 성령의 능력으로 땅 끝까지 (슥 4:6, 행 1:8)

3. 소망과 확신으로 기도하라

1) 문제, 갈등을 오직 복음, 선교의 이정표를 따라 기도로 바꾸라 (마 16:16~19)

2) 정시기도 (행 3:1~10), 무시기도 (엡 6:18), 집중기도 (행 1:13~14)

3) 하나님의 가슴 속에 있는 삶, 보라 내가 새 일을 행하리니 (사 43:18~21)

내가 택한 여수룬아 두려워하지 말라

사 44:1~8

여수룬은 '야샤르'라는 단어에서 파생된 '의로운 자, 사랑하는 자'라는 의미로 이스라엘에 대한 애칭이다. 하나님은 이스라엘을 향하여 "내가 택한 여수룬아 두려워하지 말라" 하신다. 이스라엘의 왕이신 하나님이 택한 특별한 존재로서의 자부심을 가지라는 것이다.

1. 성도는 아주 특별한 존재

1) 하나님의 영화로운 DNA를 소유한 특별한 존재 (창 1:27~28, 31)
2) 하나님께서 자기를 위하여 특별한 존재로 선택 (시 135:4)
3) 하나님의 특별한 소유가 된 상호소유(相互所有)의 신비 (말 3:17)
4) 하나님의 후사 곧 하나님의 상속자 (롬 8:17)
*특별한 존재로서 자부감이 회복된 이후에 행하실 하나님의 특별 계획을 말씀하신다.

2. 내가 택한 여수룬아 두려워하지 말라 - 44:2

1) 이제 들어라
(1) 나는 창조주, 너를 도와 줄 자가 말하노라 (사 44:1~2)
(2) 모든 것을 알고 계신 하나님, 무엇을 알고 계시나? (시 139:1~6)
2) 내가 택한 여수룬아 두려워하지 말라
(1) 근본적으로 메마른 땅 바벨론에서의 고통을 알고 계신다 (사 44:3)
(2) 육신적인 갈증과 영적인 갈증을 알고 계신다 (사 44:3~5)
(3) 이스라엘의 왕이요 이스라엘의 구원자이신 만군의 하나님 (사 44:6)
(4) 여수룬아 두려워하지 말라, 너희는 나의 증인이라 (사 44:7~8)
3) 상천하지에 홀로 한분이신 하나님을 만나는 길 누리는 길 - 신 4:39, 왕하 19:15
(1) 우상은 허망한 것, 실패의 통로 수치의 통로 (사 44:18~20)
(2) 영생은 곧 유일하신 참 하나님과 그가 보내신 자 예수 그리스도를 아는 것 이니라 (요 17:3)
(3) 창조주 하나님을 만나는 길 누리는 길 예수 그리스도 (마 16:16~19)

3. 그리스도 안에서 여수룬이 된 특별한 존재, 최고의 영광을 하나님께!

1) 성도는 임마누엘이 된 아주 특별한 존재 (고전 3:16)
2) 성도에게만 주어져있는 아주 놀라운 은혜와 축복 (고전 2:9~12)
3) 문제를 갱신의 기회로, 큰 고통은 인생의 큰 전환점의 기회로 (행 16:6~10, 19:21)
4) 전도와 선교를 통해 최고의 영광을 하나님께! (계 7:9~12)

나 외에 다른 신이 없느니라

사 44:1~23

오직 여호와 하나님 외에 다른 하나님은 없다.

1. 다른 종교의 신관들

1) 불교 - 종교로서의 불교는 석가의 제자들이 스승을 신격화하여 숭배의 대상이 됨
2) 힌두교 - 브라만, 이스바라, 만신전(3억 3천만의 남신, 여신들이 있다)
3) 유교 - 上帝, 天(선진유교), 理, 太極, 天, 道(신유학)
4) 회교 - 알라(이슬람 : 순종, 복종의 의미, 복종하는 자는 인종과 관계없이 다 무슬림)
5) 뉴에이지 - 모든 것이 신이다(범신론), 인간은 윤회적인 존재다, 하나님은 없다

2. 나 외에 다른 신이 없느니라

1) 유일한 구원자로서의 하나님
 (1) 이스라엘을 위로하시는 하나님 (사 44:1~5)
 (2) 우상을 숭배하지 말라 (사 44:6~23) *포로 생활의 곤고한 생활을 탈피하는 방법
 (3) 구원자를 보내시는 하나님 (사 44:23~45:8)
2) 나 외에 다른 신이 없느니라
 (1) 나 외에 다른 신이 없느니라 (사 44:1~8, 45:5~7)
 (2) 우상 숭배의 허망함, 우상 숭배하지 말라 (사 44:9)
 (3) 우상 숭배자에게 따라오는 수치, 관계된 자들도 당하는 수치 (사 44:9~11)
 (4) 우상 숭배의 어리석음과 무지 (사 44:12~20)
 (5) 우상 숭배자의 최후 (출 20:4~5, 계 21:8)
 (6) 불신 제사의 기원, 그 결과 (고전 10:20~22)
 (7) 교회 안에 있는 우상의 문제를 경계하라 (골 3:5~6)
3) 하나님을 경외하는 자의 행복
 (1) 상천하지에 홀로 한분이신 창조주, 구원의 하나님 (신 4:39~40, 딤전 6:15)
 (2) 하나님을 경외하는 자들이 받을 축복과 공동체가 누릴 행복 (시 128:1~6)
 (3) 구원의 하나님을 믿는 예배자의 행복 (신 10:12~13, 시 100:1~5, 시 27:4)
 (4) 예수 그리스도 안에서 (엡 1:3, 수 24:15, 행 16:31~34)

3. 우리 민족을 위한 한국 교회와 그리스도인의 기도

1) 복음을 받지 못한 75%, 민족 복음화를 위하여

2) 뿌리 깊은 미신, 점술, 역술, 무속, 흑암문화의 가문과 영적 배경을 위하여

3) 불신 가문의 복음화를 위하여 복의 근원이 되게 하소서

십자가, 그 사랑 때문에

사 53:4~6

그리스도의 대속적 고난과 죽음은 인류 구원의 유일한 근거가 된다. 영의 사람은 십자가, 그 사랑 때문에.

1. 전천후 흔들릴 수 없는 사실들

1) 창 1:27 | 요 1:12 (신분과 권세회복)
2) 창 1:28 | 마 28:19~20 (문화명령와 지상명령은 사명)
3) 마 16:16~19 | 요 19:30 (십자가에서 완성하신 전인구원)
4) 요 10:10 | 행 1:8, 마 28:19~20 (증인의 축복)

2. 십자가에서 완성하신 구원 사역

1) 예수님의 십자가 - 구원의 은혜
   (1) 죄에서 구원 (사 53:5, 계 1:5 하, 계 7:13~14) *근본문제
   (2) 저주에서 구원 (갈 3:13~14, 사 53:4) *모든 저주는 죄의 결과
   (3) 질병에서 구원 (사 53:5 하, 마 8:14~17, 벧전 2:24)
   (4) 가난에서 구원 (요 10:10, 고후 8:9, 빌 4:19)
   *예수 그리스도는 모든 문제의 해답이다.
2) 예수님의 십자가 - 구원의 의미
   (1) 근본문제 해결 (창 3:1~6 , 요 1:12)
   (2) 모든 문제 해결 (창 3:7~14, 16~19, 6:1~4, 11:1~9 , 빌 3:20)
   (3) 전인적인 구원 - 십자가 보혈의 능력 (창 3:15, 요 19:30)
3) 예수님의 십자가 - 구원의 능력 (고전 1:18, 고전 1:23, 마 16:16~19)

3. 영의 사람 - 십자가, 그 사랑 때문에

1) 자아가 죽을 때 (갈 2:20, 고후 5:14 상)
2) 주님을 주인으로 모시는 삶 (요 2:1~11, 창 12:2~3, 갈 3:29)
3) 축복의 통로 3가지 - 말씀, 기도, 전도 (행 1:1~14)
4) 분명한 삶의 이유 - 예수는 그리스도 / 세계선교 / 일어나는 예배자
   (사 6:13, 7:14, 60:1~22, 61:1~11, 62:1~12, 행 1:8, 롬 12:1~2)
5) 무엇을 하든지 하나님의 영광을 위해 (고전 10:31)

세계복음화와 빛의 경제

사 59:21, 60:1~12

하나님께서는 미래를 위한 후대, 시대와 국가를 책임지고 이끌 '남은 자'를 약속하셨다. 이스라엘이 위기를 만날 때마다 하나님은 소수의 '남은 자'들을 통해 이스라엘을 회복시키시는데 이것이 성경 중심부에 흐르는 '남은 자'의 사상이다. 하나님께서는 이들을 통해 세계복음화를 이루시며 이들에게는 빛의 경제를 약속하셨다. 세상이 이해할 수 없는 이 빛의 경제, 어떻게 기도해야 하나?

[이사야서 대단원 내용]

1) 하나님의 심판 예언 (사 1:1~39)

2) 하나님의 구원 예언 (사 40~66장)

[요절] 1:18

1. 그리스도의 유일성을 믿는 자에게는 몇 가지가 보인다

1) 원죄, 사단, 저주, 지옥 (창 3:1~6, 3:1, 7~14, 16~20)

2) 그리스도의 유일성과 보편성 (마 16:16~19, 행 4:12, 마 11:28)

3) 시급한 주님의 계획, 민족 복음화 세계복음화 (마 28:19~20, 딤후 4:2)

4) 임마누엘과 언약 경제 (마 10:5~8, 마 29:20)

2. 세계복음화와 빛의 경제

1) 수직적으로 내려가는 구원의 빛, 수직복음화 (사 59:21)

2) 수평적으로 확산되는 구원의 빛, 세계복음화 (사 60:1~3)

3) 빛을 발하는 자에게 약속하신 빛의 경제 (60:4~9, 11, 13, 16~17)

(1) 빛으로 나아오는 무리들, 아브라함의 복의 혜택이 이방인에게로 (4)

(2) 바다의 풍부와 열방의 재물이 빛으로 (5)

*땅의 재물이 거룩한 용도로 (하몬얍)

(3) 미디안, 에바, 스바, 게달, 느바욧 - 빛으로 나아오는 사람들 (6~7)

(4) 저 구름같이, 비둘기 같이, 먼 곳에서 달려오는 무역선들 (8~9)

(5) 결국 구원의 빛 앞으로 이끌려오는 각 나라들과 이방의 왕들 (11, 16)

(6) 구원, 회복, 치유와 축복의 유일성은 예수 그리스도 (사 11:10, 30:26)

(7) 하나님의 주권, 하나님의 주권적인 가치 속으로 (사 45:2~3, 요 19:30)

3. 하나님의 절대 이유를 언약잡고 기도하라

1) 아브라함을 복 주신 하나님의 목적은 무엇인가? (창 18:17~19, 22:17~18)

2) 이삭을 복 주신 하나님의 목적이 무엇인가? (창 26:2~5, 12~13)

3) 브리스가 부부, 가이오 장로를 복 주신 하나님의 이유는? (롬 16:1~23)

4) 구원의 빛이 목적인가? 至上至高한 王命을 순종하고 있는가? (마 28:19~20)

*하나님의 이유를 언약잡고 말씀을 실천하는 삶으로 기도하라. (행 11:27~30)

빛의 경제

사 60:1~9

장차 있을 예루살렘의 영광을 '빛'에 비유하여 감동적인 예언 메시지를 선포한다. 먼저 예루살렘은 세상의 '빛'이 될 것이며(1~3절), 그 때 누리게 될 바다의 풍부와 열방의 재물을 시(詩)적인 아름다움을 통해 말씀하고 있다(4~9). 이 '빛'의 경제는 언제 보내는 것이며 누구에게 임하는 것인가?

1. 반드시 성취되는 언약

1) 때 - B.C 740~680년 까지(60년)

2) 장소 - 예루살렘에서 유대인들을 향하여

3) 정치적 상황 - 앗수르와 애굽의 유다 위협, 북 이스라엘 멸망

4) 종교적 상황 - 우상숭배 성행, 외식적 예배 만연, 히스기야의 개혁

5) 핵심 메시지 - 남은 자에게 영광스러운 미래를 약속하심, 남은자의 언약

*정치적, 종교적으로 불투명하고 불안한 상황속에 (사 66:3~4) 선포된 이 감동적인 메시지를 받는 그들의 반응은 어떠했을까? 오늘 내가 붙잡고 기도해야 할 언약은 무엇인가?

2. '빛'의 경제

1) '빛'의 경제

(1) '빛'의 역사 - 교회시대를 향한 위대한 메시지 (사 60:1~3)

(2) 바다의 풍부와 열방의 재물 - 하나님이 감추어 놓은 기회 (사 60:4~5)

(3) '빛'의 경제 - 하나님이 보내시는 경제 (사 60:6~9, 창 12:2~3, 잠 13:22)

(4) 남은 자의 경제 언약 - 미리 준비해 놓으신 '빛'의 경제로 (사 60:1~22)

2) '빛'의 경제가 오는 길

(1) 복음으로 하나 될 때 (출 12:51, 사 7:14, 마 16:16)

(2) 말씀으로 충만할 때 (창 1:1~31, 사 40:6~8, 겔 37:1~11, 겔 47:1~12, 행 1:1~14)

(3) 기도로 하나 될 때 - 바울 팀, 예루살렘, 안디옥, 마게도냐 교회의 기도 팀

(4) '빛'을 발하는 개인과 공동체에게 (창 1:3, 마 4:16, 요 1:9, 8:12, 벧전 2:9)

3) 경제영역 주권은 하나님께 속한 것 (창 12~50장, 대상 29:11~12, 학 2:9, 빌 4:19)

3. 그리스도 안에서 (엡 1:21~23, 골 2:2~3, 빌 3:21, 창 1:28, 마 28:18~19)

일어나라! 복음은 정복이다

사 60:1~3

본문은 시온에 임하게 될 최후의 영광을 예표적으로 보여주는 언약의 메시지이다. 우울하고 절망적인 분위기 가운데 있는 시온을 향해 영광이 회복될 것을 말씀하시며 '일어나라' 하신다. 위기시대를 이기는 길이 있는가? 우리는 무엇을 어떻게 해야 하는가?

1. 영적문제 이해 없이 세계선교는 불가능

1) 누구에게나 있는 영적문제 - 사단의 통로 (롬 7:24~25)

2) 드러난 문제는 결단하고, 나만 아는 문제는 복음에 뿌리 내려야 한다 (고후 12:7)

3) 나도 모르는 숨어있는 문제 - 깊은 기도 속으로 (갈 5:19~21)

*문제를 만날 때마다 되살아나는 자기 영적문제를 통해 사단은 삶을 무너뜨린다.

2. 일어나라, 복음은 정복이다

1) 먼저 영적 존재 이해 - 사단의 명칭을 보라 (계 20:2)

(1) 용 - 하나님을 대항하여 하나님의 백성을 핍박하고 박해하는 존재

(2) 옛 뱀 - 창 3장에서 아담과 하와를 속이던 뱀을 상기시키는 '속이는 자' 의미

(3) 마귀, 사단 - 마귀란 별명으로 불리는 사단(마귀는 비방하는 자, 사단은 대적자)

(4) 사단의 운명 - 사단의 결박, 사단의 영원한 멸망 (계 20:10)

- 해결자는 참 선지자, 참 제사장, 참 왕으로 오신 예수 그리스도 (마 28:18, 엡 1:21~23)

2) 일어나라, 복음은 정복이다

(1) 일어나라 - 어두운 땅에 엎드려 지내왔으나 이제는 당당히 일어나라 (사 60:1)

(2) 빛을 발하라 - 이미 임하여 있는 여호와의 임재, 영광의 빛을 발하라 (사 60:1~3)

(3) 복음은 정복이다 - 열방과 열국의 흑암현장, 정치, 경제, 문화정복 (사 60:4~22)

(4) 위대한 전도자 바울의 선교현장 - 행 13:1~12, 행 16:16~18, 행 19:8~20

3) 이 시대 우리는 무엇을 어떻게 해야 하는가?

(1) 성경의 근본적인 언약을 잡아야 - 예수는 그리스도 (마 16:16~19, 요 20:31, 행 5:42)

(2) 하나님 보좌의 계획을 바로 알아야 - 절대적 계획 - 당연성, 필연성, 절대성 (행 1:8)

(3) 모든 시간, 장소, 만남 속에서 빛을 발하라 (창 1:3, 마 4:16, 요 1:9, 요 8:12, 벧전 2:9)

3. 현장, 문화, 경제, 복음의 주역을 정시, 무시로 기도하라 (사 60~62장)

- 시대를 이기고 살리는 복음 제자, 중직자, 그루터기

환난시대에 누리는 전도자의 축복

사 60:1~9, 22

바벨론 포로 상태에 우울하고 절망적인 상태에 있는 이스라엘 백성들에게 상상을 초월하는 놀라운 미래를 제시하며 위로하는 말씀이다. 지금은 고통 중에 있을지라도 머지않은 장래에 해방이 되어 하나님을 자유롭게 섬기게 되리라는 예언이다. 이 말씀은 그리스도 구속의 사역을 동해 완성될 시온의 영광, 곧 복음전파를 통해 누릴게 될 교회와 성도의 영광회복에 대한 언약이다. 전도는 왜 해야 하는가? 환란시대에 누리는 전도자의 축복, 무엇인가? 어떻게 전도해야 하는가?

1. 왜 전도해야하나? (1~3)

누군가가 한국교회를 일컬어 [예배는 있으나 영성은 없고, 인물은 있으나 인격이 없다. 건물은 있으나 교회는 없고, 명성은 있으나 존경이 없다]고 하였다. 교회가 왜 이런 평가를 듣게 되었는가? 복음이 약해졌다. 복음과 기도와 전도가 없어지고 있다. 복음과 기도가 약해지니 자연히 전도까지 연결이 안된다. 개인과 공동체에 큰 위기의 징조이다. 누구의 전략인가? 사단의 핵심 전략이다. 복음의 자리에 복음 아닌 것이 자리 잡게 될 때 큰 재앙이 왔다.

성부, 성자, 성령, 삼위일체 하나님께서 증언하신 증언의 내용이 무엇인가? 무엇을 증언하셨는가? (요 8:12~13, 14, 18, 15:26, 5:39, 20:31) 세상은 지금 이 빛이 필요하다. (사 60:1~2, 고전 1:21) 그리스도만이 세상의 빛, 사람들의 빛이다.

2. 환난시대에 누리는 전도자의 축복 (4~9)

여호와의 영광이 임하는 날이다. 여호와의 영광이 임하면 나라와 왕들이 광명으로 나아온다. 원방에서 아들들이 딸들이 안기어 온다. 회복의 날이 임한다. (3~4) 기쁨의 날이 온다. 얼굴이 화창하게 되는 날, 성령의 능력으로 복음을 전도, 선교함으로 하나님의 나라를 확장해 나가는 자에게 열방에서 필요한 재물을 가지고 모여들게 된다. 동방에서 재물을 가지고 온다. (6 상) 남방 사람들이 금과 유향을 가지고 와서 하나님의 집을 영화롭게 한다. (6 하~7) 서방 사람들이 은, 금을 싣고 와서 하나님께 헌신하게 된다. (8~9) 그리고 정복의 날이 온다. 슬픔이 마치는 날이 온다. 환란시대에 전도자가 누리는 축복이다.

3. 반드시 성취되는 언약 (22)

시온의 영광, 신약교회시대, 교회의 영광은 오직 하나님으로부터 온 빛을 발함으로 기인한다. 이 빛은 부활하신 그리스도, 범사에 세계복음화의 언약을 확실히 해야 한다. 선교는 특권이다. 세계선교는 순종의 신학이다. 이 언약은 반드시 성취된다. 제자들의 삶, 우리들의 삶이어야 한다. (요 15:27, 행 1:8, 마 28:19~20)

교회 비전

사 60:1~22

우리는 교회의 축복을 잘 이해해야 한다. 무엇보다 영광스러운 그리스도의 교회를 통하여 성도가 마땅히 누려야 할 축복의 권리도 회복해야 한다. 이사야 60장의 주제는 영광이다. 영광스러운 그리스도의 교회 회복, 그곳에 여호와께서 영광으로 임재 하신다는 것이다.

1. 하나님이 예비해 놓으신 축복

1) 근원적인 복 (창 12:2, 26:19, 요 1:12)

2) 대표적인 복 (창 12:3, 26:12, 벧전 2:9)

3) 시대적인 복 (창 6:1~20)

4) 기념비적인 복 (신 6:4~9, 수 4:1~15)

5) 불가항력적인 복 (창 12:3, 출 3:15, 사 43:14~21)

2. 영광스러운 그리스도의 교회언약을 잡으라

1) 빛을 발하는 교회 (사 60:1~3)

(1) 여호와의 영광의 임재 - 회복된 교회의 영광 (사 60:1)

(2) 여호와의 영광의 나타남 - 여호와의 임재하심으로 나타나는 영광의 빛 (사 60:2)

(3) 열방과 열왕이 교회를 통하여, 복음을 통하여 구원을 얻게 된다 (사 60:3)

2) 만민이 열방에서 시온으로, 교회로 집결하게 될 것이다 (사 60:4~9)

(1) 사면에서 교회를 통하여 복음을 듣고 구원받는 무리들이 일어난다 (사 60:4)

(2) 세계만민이 시온을 향하여 옴으로 세계 교회는 기쁨이 약동하게 된다 (사 60:5 상)

(3) 열방의 부가 시온으로 몰려온다 - 교회론과 축복론을 잘 이해하라 (사 60:5 하)

첫째 부 - 미디안과 에바의 대상들의 물결치는 약대의 떼가 온다. (사 60:6 상)

둘째 부 - 스바인들은 그들의 부를 가지고 와서 하나님을 예배할 것이다. (사 60:6 하)

셋째 부 - 게달과 느바욧의 유목민들도 하나님께 제물을 바치게 될 것이다. (사 60:6 하)

넷째 부 - 다시스의 배들이 구원을 앙망하는 이방의 많은 선민들과 그들의 재물을 싣고 와서 하나님의 교회를 영화롭게 할 것이다. (사 60:8~9)

*미디안은 아브라함과 그두라의 소생이며, 에바는 미디안의 아들이다. 이들은 아카바만의 동편에서 신반도의 남단에 이르는 지대에 거주하면서 사해 남쪽까지 영향을 준 대상으로 유명하다. 게달과 느바욧은 이스마엘의 자손으로 유목족이다. (창 25:2, 4, 13)

3) 이방인들이 시온에서 하나님을 예배하며 선민을 섬기게 된다 (사 60:10~14)

4) 든든히 서게 될 영광스러운 그리스도의 교회와 새 예루살렘의 영광 (사 60:15~22)

*구원받은 새 예루살렘은 교회를 가리키는 것이며 장차 도래할 신천신지를 의미한다. 영광스러운 그리스도의 교회 회복운동은 종말적인 하나님의 프로그램이다.

3. 교회비전으로 미래를 살린다 - 마 16:16~19

1) 교회가 일어나 빛을 비추는 것은 여호와의 쉐키나(shekinah)운동 (사 60~62장)

2) 교회를 통하여 세계 살리는 그리스도의 복음 운동 (마 16:16~19)

3) 교회의 축복을 누림으로 전도제자 선교제자로 일어나 세계 복음화 (행 1:8, 사 60:22)

빛을 발하는 자에게 주시는 축복

사 60:4~22

하나님의 언약은 반드시 성취된다. 자기 백성에게 주신 언약을 신실하게 이루시는 하나님께서 일어나 빛을 발하는 자에게 주시는 축복의 약속이 있다. 어떤 축복인가?

1. 가장 큰 문제 세 가지

1) 개인 무능 - 내가 안 됨, 개인이 안 되는 문제

2) 교회 무능 - 공동체가 안 되는 문제, 영향력과 힘이 없는 문제

3) 영적 문제 - 그러나 진실하면 보이는 문제

*개인의 무능을 무너뜨릴 수 있는 길은 무엇인가, 왜 무능의 문제가 오게 되었는가?

2. 빛을 발하는 자에게 주시는 축복

1) 무능한 자리에 있을 때 주신 메시지

(1) 왜 무능하게 되었는지 그 이유를 알고 있는가? (사 60:1~3)

(2) 죄 때문에 놓쳐버린 언약, 죄가 있는 곳에 소망은 없다 (사 1:2~31)

(3) 죄 문제 해결 이후에 임하는 소망의 메시지 (사 40:2, 41:10, 43:18~21, 49:6)

무능한 인생으로 붙들어 놓는 죄의 속성, 사단의 전략을 알고 있는가?

2) 빛을 발하는 자에게 주시는 축복

(1) 자신 무능 치유 - 빛이 있는 곳으로 모여드는 사람들 (사 60:4)

(2) 경제 무능 치유 - 빛이 있는 곳으로 집결되는 경제 (사 60:5~9)

(3) 영적 문제 치유 - 돌아오는 이방인들, 확장되는 하나님의 나라 (사 60:10~14)

(4) 진정한 영적 개혁과 더불어 임하게 되는 언약 백성의 영광 (사 60:15~22)

3) 구원의 빛, 회복의 빛, 치유의 빛으로

(1) 혼돈, 공허, 흑암이 물러가는 창조의 빛 (창 1:3)

(2) 사망의 그늘아래 신음하는 자들에게 임한 큰 빛 (마 4:16)

(3) 사람들의 빛, 참 빛, 세상의 빛, 생명의 빛, 기이한 빛 (요 1:4, 9, 8:12, 벧전 2:9)

(4) 오직 여호와의 빛으로, 오직 어린양의 빛으로 구원-회복-치유 (사 60:19~20)

(5) 영원한 빛은 전능하신 하나님의 영광의 빛과 어린양의 빛 (계 21:23~27)

3. 빛을 발하는 자에게 주시는 축복을 위해

1) 오직 빛으로, 오직 예수 그리스도, 오직 성령의 능력으로 (행 9:3, 마 17:8, 행 1:8)

2) 빛을 발하는 자들에게 주시는 축복을 위해 언약적인 기도 속으로 (마 16:16)

3) 성령께서 역사하시도록 24시간 주님을 바라보며 정시 무시로 기도하라 (엡 6:18)

4) 일어나라, 빛을 발하라 - 세계복음화 (사 60:1~22)

하나님의 방법은 사람입니다

사 60:22

주님의 방법은 사람이었다. 지금도 주님의 방법은 사람이다(눅 6:12~13). (로버트 쿨만)
어떤 사람이 하나님의 역사에 쓰임 받는 하나님의 통로, 방법이 될 수 있는가?

1. [빛] 복음의 사람 (1~3)

하나님께서는 시온을 향해 하나님의 구원을 전파하라고 하신다.
어두움이 땅을 덮고 캄캄함이 만민을 가리운 흑암 세상에 구원의 빛을 발하라고 하신다.
하나님은 지금도 이 빛의 사람, 복음의 사람을 통해 일하고 계신다.
(벧전 2:9, 요 8:12, 요 1:1~12, 마 4:16)

2. [빛] 중심으로 집결되는 언약적인 축복 (4~9)

사방에서 언약백성들이 찾아온다. 몰려든다. 빛이 있는 곳으로 집결된다. 바다의 부(富)가 빛으로, 이방 나라의 재물(財物)이 빛으로 나아온다. 먼 곳에서 빛이 있는 하나님의 집을 향해 언약백성들이 모여 든다. 여기에 재물에 해당하는 [헬]의 원형 [하일]은 재물뿐 아니라 육체적인 힘, 정신적인 힘, 지적능력, 정치적 권력 등의 개념을 모두 포괄하는 단어다. 이 재물은 하나님께 드려지게 될 것이며 결국 하나님의 영광을 빛내고 하나님나라 확장을 위해 사용될 것이다. 당시로 보면 가까운 미래는 포로 귀환에 대한 이스라엘의 회복이며 먼 미래는 신약시대 복음의 확산과 교회의 영광을 예언한 것이다. 교회의 부흥은 이스라엘의 회복을 앞당기는 하나님의 방법이다.

3. 이스라엘의 회복과 교회의 확장 (10~14)

4. 교회의 영광스러운 미래와 거룩한 빛의 강자들 (15~21, 22)

사 60:22은 아브라함과 맺으신 언약과 동일하다. (창 12:2~3)
레위기 26:8~9의 축복과 비슷하다. 사 30:17과는 대조되는 예언이다.
작은 개인은 큰 종족이 되고, 연약한 적은 무리는 강국이 된다. (계 7:9, 눅 12:32)
이는 하나님 나라 운동의 급속한 성장을 의미한다. 교회는 약해 보이나 큰 나무가 된다.
때가 되면 하나님은 이스라엘과 교회를 향하신 종말적 프로그램을 속히 이룰 것이다.

“그 작은 자”에 해당하는 [학카톤]은 두 가지 의미가 있다.

(1) 작은 규모

(2) 스스로 지극히 겸손한 태도를 취함을 의미한다

예수님의 죽음과 부활로 세워진 교회, 주님의 구속사역을 기초로 교회가 십자가와 부활의 복음으로 흑암의 나라를 정복할 것을 암시한다. 예나 지금이나 하나님의 방법은 사람이다. [빛]의 사람이다. 거룩하고 건강한 빛의 강자를 쓰신다. (빌 1:20, 3:5~6, 7~9, 12, 14, 20, 21, 롬 16:3~4 등)

크리스마스가 준 위대한 선물

사 61:1~3

"기름부음 받은 자"가 오심으로 자기 백성에게 베푸실 위대한 구원과 은혜를 말씀하신다. "기름부음 받은 자"가 오셨다. 위대한 선물을 가지고 오셨다. 그분은 지금 우리와 함께 계신다. 크리스마스의 위대한 선물은 무엇이며 어떻게 이 복을 누릴 수 있는가?

1. 크리스마스의 의미

1) Christ + Mas - "기름부음을 받은 자" + "예배"라는 의미

2) Merry Christmas! - 왜 메리 크리스마스인가? 그 이유는 무엇인가?

2. 크리스마스의 위대한 선물

1) 가난한 자에게 아름다운 소식을 - 복음 / 구원자 (사 61:1, 눅 4:17~19) *선지자 사역

(1) 억압된 자 - 상처나 억압으로 인해 고통당하는 자

(2) 가난한 자 - 오직 하나님 외에는 소망이 없는 가난한 자 (마 5:3, 약 2:5)

*절대 절망으로 불가항력적인 은혜가 필요한 인생에게 구원의 주로 오신 그리스도

2) 마음이 상한 자를 고치며 - 치유 (사 61:1) *제사장 사역

(1) 죄로 인해 마음이 상하고 죄의식으로 두려워하는 자들에게

(2) 마음의 상처를 싸매며 치료하시는 치유자

3) 포로된 자에게 자유를, 갇힌 자에게 놓임을 선포하며 - 선포자 (61:1) *왕의 사역

(1) 바사 제국을 건설한 고레스의 포고문처럼 - 포로된 유대인을 향해 (스 1:1~4)

(2) 죄의 포로가 된 자에게 참된 자유를 선포하시는 그리스도 (요 8:38, 행 10:38)

4) 여호와의 은혜의 날, 하나님의 신원의 날 선포 - 회복 (사 61:1~2)

(1) 대 사면의 날, 은혜의 날 선포 - 희년 (레 25:10~12, 고후 6:2)

(2) 하나님의 보복의 날 선포 - 죄, 저주, 사단, 죽음, 지옥의 권세 (사 61:2, 히 2:14~15)

(3) "기름부음을 받은 자" 안에서 모든 슬픈 자를 위로하시는 하나님 (사 6:3)

(4) 모든 문제 해결자로 오신 예수 그리스도는 곧 "기름부음을 받은 자" (마 16:16~19)

- 바르게 알고 바르게 누려야 할 완전구원, 완전회복, 완전치유, 완전축복의 길

3. 이 위대한 선물을 누가, 어떻게 누리는 삶 살 수 있나?

1) 기독교는 "하는 것(do)"이 아니라 이미 "해 놓은 것(done)"을 믿고 누리는 것 (요 19:30)

2) 성도의 신분과 권세 안에 이미 주어져 있는 놀라운 지위를 알고 누려야 한다 (엡 2:4~6)

3) 이 축복을 최고로 누린 초대교회를 따라 이 사실을 전하는 복된 삶이 되어야 한다 (행 5:42)

*그러므로 크리스마스의 이 위대한 선물을 기뻐하고 즐거워함이 마땅하다.

내 영혼이 즐거워 하리니

사 61:1~11

이사야는 '여호와의 구원'이라는 뜻이다. 60장은 성경에서 가장 위대한 장중의 하나이며 61장은 메시야의 복된 사역과 그 결과로서 언약 백성이 누릴 영광이다. 본문의 예루살렘은 크게 기뻐하고 즐거워한다. 구원과 의로 단장한 신랑과 신부와 같은 기쁨과 즐거움이 언약의 하나님 앞에선 자신의 모습에 있기 때문이다. 그리고 구원의 결과인 하나님의 의가 주어졌기 때문이다. 오늘 나에게 주시는 주님의 음성, 무엇인가?

1. 회개를 촉구하시는 하나님 [이사야서의 핵심 메시지 - 회개하는 자에게 구원을 베푸신다]

1) 유다 백성들의 죄 (사 1:2~3, 5~6)
2) 회개 없는 예배의 무의미 함 (사 1:11, 15~16)
3) 오라, 우리가 서로 변론하자, 회개하라 (18)
4) 회개하는 자와 회개하지 않는 자의 결국 (사 1:19, 20 / 31)

2. 하나님이 보내신 메시야

1) 메시야의 직무와 그 결과 (왕상 1:34, 출 28:41, 왕상 19:16)
(1) 심령이 가난한 자에게 아름다운 소식(복음)을 전하며 (사 61:1, 마 5:3)
(2) 마음이 상한 자를 고치고 / 죄와 죽음으로 포로 된 자 / 영적으로 눈멀고 갇힌 자들에게 / 자유와 놓임을 선포하며 (사 61:1)
(3) '은혜의 해'와 '보복의 날'을 선포하여 모든 슬픈 자를 위로하시는 메시야 (사 61:2, 레 25:10~11, 21, 눅 4:16~21, 고후 6:2)
(4) 메시야에 의해 선포된 새로운 구원시대, 하나님의 영광을 나타낼 의의 나무로 굳게 서게 될 것이다 (사 61:3~4, 사 53:5~6)

3. 하나님께 복 받은 자손들이 누리는 영광

1) 여호와의 제사장, 여호와의 봉사자에게 경제적 번영과 축복을 (5~7, 벧전 2:9, 10)
2) '의의 나무들'에게 주시는 갑절의 몫과 영원한 기쁨, 영원한 언약 (3, 8)
3) 뭇 나라 가운데서 여호와께 복 받은 자손이라 인정하리라 (9)

4. 하나님으로 인하여 내 영혼이 즐거워 하리니

1) 구원의 옷, 칭의의 겉옷을 입히신 하나님으로 인하여 (사 61:10, 시 51:12)

2) 곡하는 슬픔을 결혼식의 기쁨으로 바꾸어 놓으신 하나님으로 인하여 (3, 10)

3) 단장한 신랑과 신부의 즐거움을 주시는 하나님으로 인하여 (10)

4) 역사 속에 모든 민족으로 하나님을 찬송하게 하실 하나님으로 인하여 (11)

현실화 되는 시온의 영광

사 62:1~12

이사야 62장은 새로운 시온의 영광이 현실화될 것을 예언한다. 땅에 떨어진 예루살렘이 여호와의 손에 들린 왕관이 되어 기쁨이 넘치게 된다. 파괴와 약탈에 시달렸던 예루살렘에 다시 양식과 포도주가 넘치게 된다. B.C 586 완전 버림받았던 예루살렘이 다시 회복되고 재건된 후 '다가올 미래는 어떤 모습일까?'에 대한 해답이 62장이다. 세상을 향해 빛의 사명을 받은 이스라엘, 영광스러운 미래가 펼쳐진다. 만민을 위해 旗를 들고 나간다.

1. 하나님이 회복시키시는 시온의 영광

1) '남은 자'를 회복시키심 (사 6:13)

2) 언약을 회복시키심 (사 7:14)

3) 말씀을 회복시키심 (사 40:6~8)

4) 능력을 회복시키심 (사 43:18~21)

5) 빛, 메시야, 영광과 참 복으로 회복시키심 (사 60~62장)

2. 현실화 되는 시온의 영광

1) 영화로운 새 이름, 시온을 위하여 예루살렘을 위하여 (사 62:1~5)

2) 종말론적인 영적생활, 파수꾼의 사명 (6~7)

3) 그 결과 약속의 땅에서 누리는 하나님의 축복 (8~9)

4) 만민을 위하여 기치를 들라 (10~12)

3. 이미 현실화된 시온의 영광

1) 여호와의 영광의 빛 (사 60:1~22, 마 4:16, 요 8:12)

2) 메시야의 사역, 그 결과 (사 61:1~11, 마 16:16~19)

3) 영화로운 새 이름 그리고 큰 사명 (사 62:1~12, 벧전 2:9)

4) 그러므로 영화로운 미래를 위하여
종일 종야 잠잠하지 말라 (행 1:13~14, 행 2:1~4, 롬 16:1~27)

*너희는 쉬지 말며 여호와로 쉬지 못하시게 하라 (사 62:6~7, 살전 5:16~17, 행 1:8)

가장 안전한 길 완전한 길

사 62:10~12

"만민을 위해 기(旗)를 들라" 말씀하신대로 하나님께서는 그 일을 행하셨다. 앞서 행하시며 가르치시고, 모르는 것을 깨닫게 하시면서 인도하심 따라 순종하게 하셨다. 지금은 우리가 하나님께서 앞서 행하시는 복된 일을 보며 온 교회가 하나 되어 하나님께 영광을 돌려야 할 때다. 우리를 가장 안전한 길 축복의 길로 인도하시기 때문이다.

1. 시대마다 쓰임 받은 하나님의 사람은

1) 시대적인 영적 문제를 알고 있는 자 (딤전 3:1~5)
2) 말씀이 성취되는 시간표 속에 있는 자 (창 26:1~12)
3) 예언이 성취되는 현장 속에 있는 자 (마 24:14, 행 1:8)

2. 가장 안전한 길, 완전한 길, 축복의 길로 인도하시는 하나님

1) 준비하라
(1) 성문으로 나아가라 나아가라 - 성지를 향해 떠나라 (사 61:10)
(2) 바벨론 포로 생활에서 돌아 올 대로를 준비하라 - 방해 될 돌들을 제하라 (사 62:10)
(3) 만민을 위하여 기(旗)를 들라 (사 62:10)

2) 가장 안전한 길, 완전한 길, 축복의 길로 인도하시는 하나님
(1) 어느 날 갑자기 내려 온 조서 (스 1:1~4)
(2) 일어나는 족장들과 제사장들과 사면 사람들 (스 1:5~6)
(3) 포로 귀환한 자들이 드리는 번제와 초막절, 시작하는 성전건축 (스 3:1~7)
(4) 대성통곡하는 레위인들과 제사장들과 나이 많은 족장들, 큰 기쁨의 함성 (3:12~13)
(5) 가장 안전한 길, 완전한 길, 축복의 길로 인도하시는 하나님 (사 62:11~12)
*여기서 '그'란 메시야를 가리키며 메시야께서 완성하실 구속의 사역을 암시한다.

3) 만민을 위하여 기를 들라 - WMTC
(1) 십자가의 은혜가 필요한 자들에게 - 원죄, 자범죄, 죽음의 문제 해결자 (고전 1:18)
(2) 사단의 권세아래 묶여있는 자들에게 - 요일 3:8, 눅 10:19
(3) 하나님 만나는 길 예수 그리스도 - 행 4:12, 요 14:6, 요 1:12, 롬 10:9~10
(4) 빛의 파수꾼으로 부르신 시대적인 축복, 부족함이 없는 은혜 (사 60~62장)
(5) 참된 성공의 근원 - 하나님의 은혜 - 빛을 발하는 인생으로 (사 60:1)
*하나님이 원하시는 현장에 있으면 시대적인 축복의 주역으로 생이 결정된다.

3. 가장 안전한 길, 완전한 길, 축복의 길을 가는 자에게

- 영원한 임마누엘 (마 28:19~20)

내게 능치 못할 일이 있겠느냐

렘 32:27

우리의 영과 마음과 생각이 하나님과 통해야 한다. 하나님과 通하면 痛하지 않는다. 희망과 절망의 갈림길에서 선택한 믿음은 운명을 바꾼다. 하나님과 通하는 믿음을 선택 한 뒤에 痛의 문제를 해결하라. 새로운 역사를 체험하라. 지금 시작하면 된다.

1. 아나돗의 밭을 사라

1) 유다가 바벨론에 멸망하기 직전 (렘 32:1~2)
2) 예레미아야, 하나멜의 밭을 사라 (렘 32:6~7)
3) 밭을 살 수 없는 유다의 사회적 상황, 그 이유 (렘 32:3~5)
4) 그럼에도 불구하고 밭을 사는 예레미야, 그 이유 (렘 32:9~15)

2. 내게 능치 못한 일이 있겠느냐

1) 예레미야의 기도 - 하나님의 능력과 주권을 찬양하는 기도 (렘 32:16~24)
2) 예레미야의 고백 - "주에게는 할 수 없는 일이 없으시니이다" (17)
3) 그러나 이해할 수 없는 예레미아 (렘 32:25)
4) 하나님의 1인칭 자기계시 - "보라, 나는 여호와요, 모든 육체의 하나님이라 내게 능치 못한 일이 있겠느냐" (27)

3. 선택하는 믿음, 새로운 역사를 체험하는 믿음

1) 하나님의 말씀에 귀를 기울이라
   (1) 그날 그 때에 성취될 하나님의 언약 (렘 33:14~18)
   (2) 폐할 수 없는 왕 같은 제사장의 사명 (렘 33:18, 벧전 2:9)
   (3) 잡아야 할 그리스도의 언약, 세계복음화의 사명 (마 16:16~19, 행 1:1~14)
2) 내게 능치 못한 일이 있겠느냐, 너는 내게 부르짖으라
   (1) 누구에게 - 일을 행하는 여호와, 그 일을 지어 성취하는 여호와 (렘 33:2)
   (2) 어떻게 - 너는 내게 부르짖으라 (렘 33:3, 눅 18:1~8)
   (3) 약속 - 크고 비밀한 일을 네게 보이리라 (렘 33:3~9, 막 9:23, 빌 4:13)
   (4) 현실적인 삶에 관여하시는 하나님 (시 91:15, 막 11:24, 시 20:5, 요 2:1~11)
   (5) 역사적인 거시적 안목으로 - 너는 내게 부르짖으라 (렘 33:1~9, 마 24:14)

4. 그리스도 안에서 하나님과 통하는 믿음, 지금 시작하라

너는 내게 부르짖으라

렘 33:1~9

하나님이 주시는 힘으로 회복, 치유, 응답, 축복, 증인의 삶을 살기 위해 기도하라 하신다. 어떻게 기도해야 하는가? 크고 비밀한 일을 준비해 놓으신 후, 일을 행하는 여호와 그 일을 지어 성취하시는 하나님께서 너는 내게 부르짖으라 하신다.

1. 어려운 문제가 있다면

1) 말씀의 근본으로 (시 119:105)

2) 기도의 원리로 (행 1:13~14)

3) 전도의 축복 속으로 (마 16:16, 단 12:3)

4) 예배중심의 삶으로 (시 100:1~5) 돌아가면 된다

2. 너는 내게 부르짖으라

1) 역사적인 배경

(1) 남 유다의 멸망기(B.C 627~587) - 신흥 바벨론 왕국의 부상(浮上)시기

(2) 바벨론과 애굽 사이에서 우왕좌왕 길을 못 찾는 남 유다 (왕하 23:29~24:7)

(3) 이 때에 임하신 하나님의 말씀 - 하나님의 구원과 새 언약의 메시지 (렘 31장)

(4) 두 번째 임하신 하나님의 말씀 (렘 33장)

*예레미야는 요시야왕 13년부터 시드기야왕 11년까지 약 42년 동안 활동한 선지자

2) 너는 내게 부르짖으라

(1) 일을 행하는 여호와, 그것을 지어 성취하는 여호와 (렘 33:1~2)

(2) 너는 내게 부르짖으라, 네가 알지 못하는 크고 비밀한 일을 보이리라 (렘 33:3)

(3) 내가 이 성읍을 치료하며 고쳐 낫게 하고 - 치유의 능력 (렘 33:6)

(4) 포로에서 돌아오게 할 것이며 - 회복의 능력 (렘 33:7)

(5) 모든 죄악을 사할 것이라 - 사죄의 은혜 (렘 33:8)

(6) 세계 열방 앞에서 나의 찬송과 영광이 될 것이요 - 세계선교의 원천 (렘 33:9)

(7) 완전 황폐하여 소망이 없던 땅에 - 회복된 즐거움, 기쁨, 찬양, 감사 (렘 33:11~14)

(8) 메시야 언약의 회복과 다윗 왕가의 번영, 레위 자손을 통한 세계선교 (렘 33:13~22)

*최대의 민족적 위기를 맞은 유다 백성에게 하나님의 명예를 걸고 주시는 회복과 위로의 메시지다. 전제되어있는 것은 메시야 언약회복이다. (렘 31장)

3) 기도하는 자를 격려하시는 주님의 교훈

(1) 구하라, 찾으라, 두드리라 (마 7:7~12)

(2) 항상 기도하고 낙심하지 말라 (눅 18:1~5)

(3) 밤 낮 부르짖는 자의 기도를 오래 참으시겠느냐? (눅 18:6~8)

(4) 바른 기도의 제목과 내용으로 (마 6:9~13)

3. 하늘과 땅의 모든 권세를 가지신 예수 그리스도의 이름으로 (마 28:18)

너는 내게 부르짖으라 I

렘 33:1~3

어느 때보다 세계의 정치, 경제, 종교 분야에 변곡이 많을 한 해, 그 가운데 우리나라를 전 세계가 주목하게 되고 남북통일을 향해 가는 긍정적인 움직임에 많은 변화가 있을 것이다. 큰 변화의 흐름 가운데 우리는 변함없이 완전한 언약, 성취될 언약을 붙잡고 믿음으로 기도해야 한다. 성령인도 속에 확실한 승리와 큰 응답의 새해가 되도록 우리는 기도해야 한다. 너는 내게 부르짖으라, 내가 응답하겠고 크고 비밀한 일을 네게 보이리라. 왜 이 말씀을 주시는가? 어떻게 기도해야 하는가? 무엇을 위해 기도해야 하나?

1. 절대 주권자 하나님을 신뢰하라

1) 창조주 하나님, 만물의 조성자 (렘 10:12~13)

2) 전능자 하나님 (창 17:1, 렘 32:27) - I am the Lord

3) 무한하신 하나님 (시 145:3)

4) 그리스도 안에서 역사하시는 절대 주권자 (대상 29:11~12, 엡 1:19~20)

그러므로 우리의 신앙과 삶에 있어서 하나님의 절대주권의 유일성을 인정하고, 그 주권적인 뜻을 받들어 살아감으로, 하나님을 하나님 되시게 하는 것을 삶의 至上至高의 목적으로 삼아야 한다.

2. 너는 내게 부르짖으라(… Call to me)

1) B.C 587년, 최대의 민족적 위기를 맞은 유다 백성 (렘 32:1, 2)

2) 바벨론 포로직전의 상황, 너는 아나돗에 있는 밭을 사라 (렘 32:6~15)

비상식적인 요구, 자신의 이성적 판단보다 하나님의 말씀을 더욱 신뢰하고 따르는 믿음이 필요한 때, 믿음은 현재의 모순과 반대 상황을 능히 이기고 전무한 응답을 경험하게 한다. (히 11:1~40)

3) 두 번째 선지자에게 임한 메시지 - 회복의 메시지, 소망의 메시지 (렘 33:1)

4) 한이 없으신 창조주 하나님의 생각과 능력을 신뢰하며 (렘 33:2, 시 139:17~18)

5) 너는 내게 부르짖으라, 내가 네게 응답하겠고 (렘 33:3 상, 32:27)

*현재의 고통, 그러나 회복으로 마무리 될 강력한 메시지를 주신 하나님께 부르짖으라. (30:11, 31:17) [부르짖으라(Kara) - 심한 갈증 가운데서 물을 달라고 절규하듯]

3. 크고 비밀한 일을 내가 네게 보이리라

(I tell you great and unsearchable things you do not know)

1) 해방 70년, 남북통일을 위해 집중기도 (렘 33:6~7) - 하나님의 비상섭리가 있다

2) 세계복음화를 위해 선교한국 이루는 한국교회, 우리 교회가 되도록 (렘 33:9)

3) 그리스도 안에서 영권, 인권, 물권 회복을 위해 (렘 33:15~16, 요 19:30)

4) 회복, 치유, 응답으로 민족 복음화, 세계복음화 - 재림신앙으로 (사 61~62장)

"너는 내게 부르짖으라 내가 네게 응답하겠고, 크고 비밀한 일을 내가 네게 보이리라"

너는 내게 부르짖으라 Ⅱ

렘 33:1~3

우리는 창조주 하나님, 유일하신 하나님, 삼위일체의 하나님을 믿는다. 하나님께서는 새해에 우리를 회복과 치유, 응답이 있는 희망과 소망으로 나아가게 하신다. 어떻게 새해를 회복과 치유, 응답의 새해로 약속하셨는가?

1. 구속의 그 이름 여호와

1) 좋으신 하나님, 나의 하나님, 우리 하나님 아버지

(1) 여호와 이레 - 여호와께서 예비하신다 (창 22:14, 빌 4:19)

(2) 여호와 라파 - 여호와께서 치료하신다 (출 15:26, 행 10:38)

(3) 여호와 로이 - 여호와는 나의 목자가 되신다 (시 23:1, 28:9)

(4) 여호와 샬롬 - 여호와는 평강이시다 (삿 6:24, 시 29:11)

(5) 여호와 닛시 - 여호와는 우리 승리의 깃발이시다 (출 17:15~16, 시 20:5)

(6) 여호와 치드게누 - 여호와는 의가 되신다 (렘 23:5~6, 고전 1:30)

(7) 여호와 메카디쉐켐 - 여호와는 거룩하게 하신다 (출 31:13~14, 15~17)

(8) 여호와 삼마 - 여호와께서 거기 계시다, 하늘의 영광과 축복이 거기에 있다 (겔 48:35, 마 28:19~20)

2) 성취하시는 하나님께 너는 부르짖으라 (렘 33:2)

2. 그리스도 안에서 누리는 현재의 복이 되도록 (엡 1:3, 골 1:8~9, 10)

[피, 메시야, 그리스도], [세계선교] 언약 잡으라 - 개인, 가정, 가문, 자녀, 현실문제 해결

3. 너는 내게 부르짖으라

[기도제목]

1) 가정회복 - 가정예배 뿌리 내리기, 자녀에게 언약 전수 (GT 교재)

2) 교회회복 - 전 성도 복음, 기도, 전도 체질화

3) 세계선교 - WMTC, WMTS, UPBS (주님의 재림을 준비하는 하늘나라 프로젝트)

4) 경제회복 - 올바른 재정관과 헌금관

5) 산업선교 - 전문화, 세계화, 복음화 (성령의 기름부으심, 만남의 축복, 전도자의 삶)

[해야 할 것] 성도의 5대 실천 사항

*전무한 응답의 한해(렘 33:3), 회복과 치유와 응답의 역사로 하나님의 영광을 위한 큰 통로 되어야 한다.

너는 내게 부르짖으라Ⅲ

렘 33:1~9

올해는 회복과 치유와 응답이다. 그리스도 안에서 이미 결정되어있는 은혜를 믿음으로 기도하라. 기도는 도전이다. 지속적으로 기도하라. 네가 알지 못하는 크고 비밀한 일을 내가 네게 보이리라 - 무엇을 기도할 것인가?

1. 회복을 위해

1) 죄의 문제를 반드시 다루시는 하나님 (렘 2:13, 22:21)
2) 사랑과 은혜가 무한하신 하나님, 회개하라 (애 3:22~23)
3) 결정되어 있는 필연적인 회복의 역사 (렘 29:10~11, 단 9:2)
4) 2,000년 전에 선포하신 전인구원 메시지 (요 19:30, 히 11:1~2)

2. 치유를 위해

1) 고치시고, 치유하여, 낫게 하시는 하나님 (렘 33:6)
2) 원래대로 고치시고, 치유하여 낫게 하시는 하나님 (렘 33:7)
3) 실패, 좌절, 절망 가운데 있는 모든 이에게 희망의 메시지 (렘 33:8, 애 3:33)
회개는 회복의 선결 조건, 언약관계 회복을 위한 선결 조건으로 그들이 지은 모든 죄의 용서를 약속하신다.
4) 전인 치유자 예수 그리스도의 현재적 사역 (창 3:7~20, 행 3:16, 19, 4:14)

3. 응답을 위해

1) 세계와 열방 가운데 하나님의 기쁜 이름이 될 것이다 (렘 33:9)
2) 회복과 치유의 때, 감사제를 드리며 기뻐하며 즐거워하는 소리 (렘 33:10~11)
3) 이 때 누리게 되는 그리스도의 보호와 인도와 축복 (렘 33:12~13)
4) 그리스도 안에서 누리는 완전 회복, 치유, 응답의 확실한 증인으로 (행 1:8)
5) 그리스도 안에서 무엇이든지 기도하라 (요 14:14, 15:7, 16:23~24, 요일 5:14~15, 겔 36:37)

*현실적 목표와 궁극적 목표를 겨냥하시고 주시는 회복, 치유, 응답의 메시지는 성취되었고 지금도 성취되고 있다. 그러므로 너는 내게 부르짖으라. 내가 네게 응답하겠고 네가 알지 못하는 크고 비밀한 일을 내가 네게 보이리라. (렘 33:2~3)

크고 비밀한 응답

렘 33:1~9

식언치 아니하시는 하나님(민 23:19), 회전하는 그림자도 없으신 하나님(약 1:17), 말씀하신대로 크고 비밀한 일을 행하신 하나님을 찬양합니다(렘 33:1~9). 하나님이 약속하신 크고 비밀한 일, 이것이 하나님이 나타내신 크고 비밀한 응답이다.

1. 크고 비밀한 응답 - 렘 33:1~9의 응답

1) 시위대 뜰에 갇혀 있을 때에 임한 메시지 (렘 33:1~3)
2) 이 성읍을 치료하여 고쳐 낫게 하겠다 (렘 33:4~8)
3) 이 성읍이 세계 열방 앞에서 나의 기쁜 이름이 될 것이다 (렘 33:9 상)
4) 내가 베푼 모든 복, 모든 평안으로 두려워 떨게 될 것이다 (렘 33:9)

2. 더 크고 비밀한 응답 - Window Missionary Training Center

1) 더 크고 비밀한 응답 - 사 55:3~5의 성취
   (1) 결코 변경될 수 없는 언약 영원한 언약, 확실한 언약
   구원의 소망되신 그리스도 (사 11:10,12, 사 55:3, 마 16:16~19)
   (2) 만민의 증거, 만민의 인도자, 만민의 명령자 (사 55:4, 엡 1:21~22)
   (3) 네가 알지 못하는 나라, 너를 알지 못하는 나라가 네게로 달려오는 하나님의 주권적인 계획
   (4) 영화롭게 된 이스라엘, 회복된 이스라엘의 축복 (사 55:5)
2) 하나님의 비밀이신 그리스도 (골 1:26~27, 2:2~3, 4:3, 고전 4:1)
   교회에 위탁하신 세계선교, 세계복음화는 무엇으로 하는가?
3) 하나님의 위대한 초청
   (1) 나아오라 (사 55:1 상)
   (2) 오라 (사 55:1 중)
   (3) 사라 (사 55:1 하~3)
   (4) 들으라 (사 55:3)
   (5) 찾으라 (사 55:6 상)
   (6) 부르라 (사 55:6 하)
   (7) 돌아오라 (사 55:7)
   *주님이 친히 가시려는 각동 각처에 - 하나님의 동역자로 (눅 10:1~20, 행 1:8)

3. 새 시대가 도래 하고 있다 - 크고 비밀한 하나님의 역사는 현재 진행중

*복음, 기도, 전도 이 세 가지를 분명하게 / 먼저 기도의 계획을 세우라.

크고 은밀한 일을 보이리라

렘 33:1~9

복음을 가진 소수의 "남은 자"는 무리와 대중과 다수를 이길 수 있습니다.

[예레미야 대단원 내용]
1) 유다에 대한 예언 (렘 1:1~45:5)
2) 열방에 대한 예언 (렘 46:1~51:64)
3) 예루살렘 패망 (렘 52:1~34)
[요절] 렘 31:33

*예레미야 - 유다의 16대 요시아 왕 통치 13년부터 (1:3) 예언을 시작하여 20대 시드기야 왕의 통치가 끝나고 바벨론 포로가 된 후까지 약 50년에 걸쳐 독신으로 예언 사역을 수행한 선지자

1. 복음의 방향을 따라

1) 비전과 꿈의 사람 요셉 (창 37:1~11)
2) 민족 지도자 모세 (출 3:1~22, 히11:24~26)
3) 영적 지도자 사무엘 (삼상 3:1~21)
4) 영적 정상의 자리에 선 임금 다윗 (삼상 16:13, 시 103:20~22)
5) 구약의 복음 전도자 이사야 (사 6:13, 7:14)
6) 신약의 복음 전도자, 선교사, 목회자, 바울 (빌 3:1~21)
7) 준비된 하나님의 사람 디모데 (딤후 1:3~5)

2. 예레미야의 복음 (그리스도) 증거

1) 생수의 근원 (렘 2:13, 요 7:37~38)
2) 목자 (렘 23:4, 요 10:11~12, 14~15)
3) 의로운 가지 (렘 23:5~6)
4) 치료자 (렘 8:22, 마 4:23~24)
5) 새 언약 (렘 31:31, 33, 눅 22:20)
6) 평안과 소망을 주는 자 (렘 29:11, 요 20:19~20)
7) 사랑 (렘 31:3~5)
8) 구속자 (렘 30:10~11, 50:34, 요 19:30)

3. 복음 가진 자의 기도 - 내가 크고 은밀한 일을 보이리라

1) 회개하라, 돌아오라 (렘 6:19, 7:23, 34)

2) 너는 내게 부르짖으라, 내가 크고 은밀한 일을 네게 보이리라 (33:2~3)

3) 치유, 회복과 더불어 세계 열방 앞에 기쁜 이름이 될 것이다 (렘 33:6~9)

4) 새 언약의 성취, 그리스도 안에서 크고 비밀한 일을 기도하라 (렘 33:10~22, 행 1:8)

크고 비밀한 일을 네게 보이리라 I

렘 33:1~9

많은 사람이 공적이든, 사적이든 간에 기도를 하나님께 드리지 않고 사람을 의식하고 있다. 우리가 기도할 때 하나님은 귀를 기울이신다는 것을 생생하게 알면 거기에 능력이 있다(R. A. Torrey). 기도는 영적인 과학이다. 기도할 때 천사들이 동행되고(히 1:14) 사단이 결박된다. 부르짖어 기도하는 자에게 '크고 비밀한 일을 네게 보이리라' 언약하셨다. 기도하는 자와 하지 않는 자는 생각의 차이점이 있다. 무엇인가? 어떻게 기도해야하나?

1. 응답받는 기도에는 조건이 있다

1) 믿음의 기도 (약 5:13~15, 1:6~8, 막 11:24)

(1) 불신앙의 사람은 결코 구원, 응답에서 제외된다 (광야 40년)

(2) 하나님은 반드시 믿음의 사람에게 역사하신다 (시 23:1, 사 40:31)

(3) 믿음으로 응답받은 사람들 (마 8:5~13, 막 5:25~34, 히 11:6)

2) 회개의 기도 (약 5:16, 습 3:7)

3) 간절한 기도 (약 5:17~18, 왕상 18:42, 45)

2. 너는 부르짖으라, 내가 크고 비밀한 일을 네게 보이리라

1) 전천후 언약백성의 소망은 하나님께만 있다 (33:1)

남 유다의 임박한 멸망을 예고하는 선지자 예레미아, 성전 총감독 제사장 바스훌을 비롯한 여러 지도자들의 폭력과 구금, 핍박과 조롱, 모욕거리가 됨에도 불구하고 소망을 오직 하나님께 두고 말씀을 바르게 외치는 사람, 하나님께서는 언약중심으로 역사를 움직이고 계신다.

2) 놀라우신 하나님의 계획, 언약을 반드시 이루시는 하나님 (33:2~3)

어떤 위대한 인물도, 어떤 선지자도 생각할 수 없는 놀라운 일을 계획하고 계신 하나님, 우상 숭배와 죄악으로 시체가 가득하고 폐허가 된 예루살렘 성읍을 고쳐 치유하고 낫게 하여 축복과 번영의 도시로 만드시겠다는 그 [크고 비밀한 일을 네게 보이리라] (4~8, 요 15:7, 막 11:24)

3) 언약백성의 정체성을 회복시키시는 하나님 (9)

정상적인 삶 그 이상의 놀라운 축복과 큰 평안으로 감사와 찬양이 회복된다. (10~11)

이스라엘의 정체성, 나의 정체성을 회복시키신 하나님 (출 19:5~6, 벧전 2:9)

3. 예수 그리스도 안에서 그 은혜를 오늘, 이 시간, 누리게 하시는 하나님

그리스도로 오신 십자가의 예수님, 십자가에서 완성하신 그리스도의 사역, 믿음으로 회복된 성도의 정체성으로 언약잡고 부르짖으라, 주님의 시간표를 따라 기도하자. 믿음의 기도, 회개의 기도, 간절한 기도로 부르짖으라. (렘 33:3, 6, 9) 크고 비밀한 일을 네게 보이리라.

크고 비밀한 일을 네게 보이리라 II

렘 33:3

세계적으로 불안하고 무거웠던 한 해가 가고 새해는 특별한 회복이 있는 해가 될 것이다. 세계선교하는 우리 교회를 사람들이 주목할 때 불신하는 이들은 침묵하겠지만 하나님을 의지하는 자들의 입에서는 참으로 "하나님의 은혜라"라고 말하는 회복을 주실 것이다. 너는 내게 부르짖으라. 내가 네게 응답하겠고.

1. 하나님의 꿈을 가진 자들이여

1) 그리스도의 언약을 온전히 잡으라 (마 16:16~19)

2) 세계복음화 삶의 방향을 온전히 맞추라 (마 28:19~20)

3) 기도의 비밀을 온전히 누리라 (렘 33:3)

2. 크고 비밀한 일을 네게 보이리라

1) 북 이스라엘과 남 유다의 회복의 메시지

(1) 최대의 민족적 위기를 맞은 유다 백성에게 다시 한번 소망의 빛을 (렘 33:1)

(2) 폐허가 된 예루살렘, 치료하여 고쳐 낫게 하시는 하나님 (렘 33:4~6)

(3) 모든 백성에게 해당되는 회복 메시지와 사죄의 은총 (렘 33:7~8, 10~13)

(4) 모든 민족이 놀라고 두려워 떨게 될 하나님의 주권적 통치 약속 (렘 33:9)

2) 크고 비밀한 일을 네게 보이리라

(1) 하나님의 자기계시 - 일을 행하는 여호와 그것을 지어 … (렘 33:2)

(2) 하나님의 요청과 약속 - 너는 내게 부르짖으라, 내가 네게 응답하겠고, 네가 알지 못하는 크고 비밀한 일을 네게 보이리라 (렘 33:3, 6~9)

(3) 복된 역사의 회복자는 메시야, 곧 예수 그리스도 (사 33:14~26)

3) 너는 내게 부르짖으라

(1) 바른 역사의식으로 부르짖는 언약기도 - 완전한 언약 (행 1:13~14)

(2) 바른 사명의식으로 부르짖는 집중기도 - 제자 (행 1:8, 사 60:1~22)

(3) 바른 소명의식으로 부르짖는 깊은기도 - 業으로 전문화, 세계화, 복음화 (사 6:8)
하나님께서 예비, 계획, 숨겨놓으신, 준비해 놓으신, 크고 비밀한 일 (사 45:3, 학 2:7)

3. 반드시 실천해야 할 다섯 가지

1) 온전한 주일 성수 - 삶의 예배자 (롬 12:1~3)
2) 온전한 십일조 - 바른 경제윤리 (말 3:7~12)
3) 온전한 기도생활 - 새벽기도, 정시기도 (막 1:35)
4) 전도의 생활화로 전도제자, 선교제자의 삶 - WMTC의 동역자 (막 1:38)
5) Tee College 성경공부 - 평신도를 사역자로 세우는 Leader 훈련 (딤후 3:14~17)

다시 들리는 회복의 소리

렘 33:10~16

바벨론의 침입으로 인하여 황폐해진 이스라엘, 그러나 다시 일어나게 하시는 하나님의 은혜로 찬양과 감사의 소리를 다시 듣게 되는 새로운 회복을 선언하고 있다. 復活(부활)은 다시 살아나는 것이다. 復活(부활)은 다시 일어나는 것이다.

1. 다시 들리는 회복의 소리 (렘 33:10~11)

1) 다시 소생하는 황폐한 지역, 도시의 거리
2) 다시 들리는 충만한 기쁨의 소리
3) 다시 들리는 감사제의 소리 (시 126:1~2)
4) 지난 날처럼 회복되는 찬양과 감사 (창 1:27~28, 2:15~25)

2. 다시 풍성해지는 은혜 (렘 33:12)

1) 다시 목자가 거할 곳이 되는 성읍
2) 다시 언약의 땅에서 회복하는 안정과 평화와 번영
3) 반드시 성취되는 언약, 만군의 여호와의 말이니라 (렘 33:14)

3. 그날 그때에 (렘 33:13)

1) 그날 그때에 등장하게 될 의로운 통치자 (렘 33:15)
2) 그리스도를 통해 회복되는 구원과 회복 (렘 33:16)
3) 만민의 기치가 되시는 그리스도 (사 11:10, 55:4~5, 사 60:1~22)
4) 폐기되지 않는 왕권과 제사장 직분 (렘 33:17~18, 벧전 2:9)
5) 구원과 회복을 주도하시는 하나님 (1, 2, 4, 10~12, 14, 17, 20, 25)

4. 너희에게 평강이 있을지어다, 성령을 받으라

1) 다시 살리시는 부활의 역사 - 믿음 (고전 15:3~4)
2) 다시 일어나게 하시는 재창조의 능력 - 확신 (겔 37:1~10)
3) 온 인류의 참 소망이신 예수는 그리스도 - 감사 (마 16:16~19, 요 20:24~31)
4) 너는 내게 부르짖으라 - 24시 하나님은 응답하고 계신다 (렘 33:1~3)

*오직 예수, 오직 전도, 오직 선교 중심으로 모든 것을 움직이시는 하나님

하나님의 본심

애 3:19~33

예레미야 애가는 범죄함으로 황폐해진 예루살렘의 비극적인 결과에 대해 비통함을 표현한 다섯 편의 탄식의 노래이다. 비록 범죄함으로 심판을 받으나 하나님의 본심을 알고 큰 희망, 참 소망을 가져야 한다는 것이 본문의 내용이다. 하나님의 본심은 무엇인가?

[예레미야 애가 대단원 내용]
1) 예레미야의 애통함 (애 1~4장)
2) 회복을 위한 간구 (5장)
[요절] 애 3:22~23

1. 슬픔의 뿌리가 있다

1) 슬픔 해결의 길을 찾지 못하는 사람들 (애 1:1~2, 3~4, 2:1, 4:1)
2) 슬픔의 시작과 뿌리를 찾아야, 시대 속에 나타난 영적 문제들 (창 3, 6, 11장)
그 해결의 길은 무엇인가?

2. 하나님의 본심

1) 진노 당하는 자들의 모습 (창 6:1~20, 19:23~28, 계 6:15~17)
2) 진노 아래 있는 예레미야 시대의 사람들 (렘 19:15, 20:5, 애 2:1)
3) 그러나 소망을 발견한 예레미야 (애 3:19~23, 25~26)
4) 예레미야가 깊은 기도 중에 발견한 하나님의 본심 (애 3:32~33)
5) 이유 1 - 하나님은 언제나 구원을 주시는 하나님 (창 3:15, 6:14, 출 3:18, 사 7:14)
6) 이유 2 - 하나님은 언제나 소망을 주시는 하나님 (렘 29:11, 12~14, 33:1~9)
7) 하나님을 통해 위로받기를 원하시는 하나님의 본심 (애 3:57~58, 요 20:19, 21, 26)

3. 그러므로 아침마다 새롭고 늘 새로우니 날마다 소망이다

1) 성도의 신분과 권세를 바르게 알고 누리는 자 (요 1:12, 창 1:27~28) (회복은 사실)
2) 문제도 하나님의 계획, 응답의 기회임을 알고 하나님께 소망을 두는 자 (애 5:19, 21)
3) 창조의 능력, 재창조, 새 창조의 능력을 믿음으로 (행 2:1~47, 겔 37:1~2, 막 9:23)
4) 시대적 사명에 방향 맞추고 증인의 삶을 사는 자에게 (애 4:3~4, 마 28:19~20)
5) 전문화, 세계화, 복음화를 준비하며 언약잡고 기도하는 자에게 (마 18:10, 행 1:8)

*시대의 영적문제, 개인, 가정, 사회와 민족의 내면을 고치고 치유하여 낫게 하시는 하나님의 본심을 붙잡고 기도하라. 깊은 기도 속으로 들어가라. 언약을 전달하라.

특별하게 임한 하나님의 권능

겔 1:1~3

에스겔은 귀족 출신의 제사장이다(1:1~3). 예루살렘 성전이 무너지기 11년 전 25세 때 바벨론 포로로 잡혀간 후 5년이 지난 30세(B.C 593)에 선지자의 소명을 받았다. 예레미아는 "성부의 선지자", 이사야는 "성자의 선지자"이며 에스겔은 "성령의 선지자"이다. 에스겔에게 특별하게 임한 하나님의 권능, 권능은 왜 필요한가?

1. 특별한 신분과 권세

1) 말씀에 뿌린 내린 삶 (시 1:1~6)

2) 말씀으로 사는 삶 (시 119:105)

3) 말씀의 열매를 결실하는 삶 (눅 6:43~44)

4) 말씀이 곧 하나님이시라 (요 1:1, 4, 6:63)

2. 특별하게 임한 하나님의 권능

1) 에스겔 (B.C 592~570) - 특별하게 임한 말씀, 권능

(1) 에스겔이 본 하나님의 영광 (겔 1장)

(2) 에스겔의 소명 - 그 영이 내게 임하사 (겔 2:1~3:3)

(3) 에스겔의 사명 - 파수꾼의 사명 (겔 3:4~27, 33:1~9)

(4) 하나님의 의도 - 하나님의 영광 회복과 이스라엘의 미래 회복 (겔 20:8)

2) 왜 성령의 권능이 필요한가?

(1) 거짓 선지자들의 거짓 메시지 분별 (렘 28:15~17, 29:8~9)

(2) 사단의 과거, 현재, 미래 역사 폭로 (겔 28:12~19, 요 8:44, 계 19:20)

(3) 하나님의 영광 회복을 위하여 - 그리스도의 왕국 (33~47장, 행 1:8)

3) 어떻게 무엇을 기도해야 하나?

(1) 그리스도의 피로 사신 거룩한 교회 - 회개운동 (행 20:28)

(2) 성령을 부어 주시는 하나님 - 남종과 여종들에게 (행 2:16~18, 행 2:38)

(3) 오직 성령의 능력으로 권능 받아 - 그리스도의 복음 증거 (행 1:8)

(4) 말씀으로 사는 삶 - 그리스도의 제자 (겔 36:26~27, 요 15:8)

3. 하나님이 강하게 하신다

1) 하나님의 영으로 영화롭게 된 사람들 (창 1:27~28)

2) 복음, 기도, 전도 - 치유와 회복과 축복 (행 1:1~14, 겔 37:1~14, 47:1~12)

3) 만민을 위하여 기를 들고 나가라 (행 1:1~14, 사 62:6~12)

이제는 에덴동산같이 되었고

겔 36:33~38

에스겔은 예루살렘 귀족 출신의 제사장이었다(겔 1:1~3). 성전이 무너지기 11년전 25세 때 바벨론 포로 되어 갔다.(B.C 597~573) 5년 후 예레미야의 사역이 끝날 무렵 30세부터 사역을 시작하였다. 유다의 심판과 열방에 대한 심판을 예언한 후 본문에서는 황폐하여 무너진 언약 백성의 땅에 이제는 에덴동산같이 회복되는 은혜의 때가 올 것이라고 예언한다. 이러한 회복의 때는 언제이며 회복의 내용은 무엇인가? 오늘을 사는 우리는 무엇을 어떻게 해야 하는가?

1. 모든 죄악에서 정결케 하는 날에

1) 죄의 성질 - 고착성, 전염성, 부패성, 파괴성 (창 3:1~6)

2) 이스라엘의 죄 (겔 33:23~29)

3) 반드시 죄의 값은 치르게 하신다 (삼하 11~18장)

4) 회복의 시작 - 모든 죄악에서 정결케 되는 날에 (겔 36:33)

2. 이제는 에덴동산 같이 되었고

1) 회복되는 사람들 (겔 36:1~7 → 겔 36:25~28)

2) 회복되는 땅 (겔 36:34~36)

3) 회복되는 기업 (겔 36:8~15, 출 19:5~6)

4) 피 제사 드릴 양 무리로 가득한 언약 공동체의 회복 (겔 36:38), 벧전 2:9

3. 그래도 내게 구하여야 할 것이라

1) 제사장적 축복의 누림을 위해 (막 10:45, 마 16:16)

2) 선지자적 축복의 누림을 위해 (창 18:17~18)

3) 왕적인 축복의 누림을 위해 (요일 3:8, 벧전 2:9, 눅 10:19, 행 16:16~18)

4) 회복의 영으로 너희가 살아나리라 (겔 37:1~14)

*에스겔은 "여호와께서 강하게 하시다"라는 뜻이다. 성령을 통해 강하게 하셨다. 에스겔은 성령의 선지자라는 별명이 있다. (겔 1:3, 3:14, 22, 8:1, 33:22, 37:1)

4. 선한 목자 예수 그리스도를 통해 (겔 34:23~24, 요 10:10)

하나님의 말씀을 진심으로 받으면 살게 됩니다.

성령의 역사를 실제로 믿으면 능력이 나타납니다.

그래도 내게 구하여야 할지라

겔 36:37~38

큰 회복의 언약 메시지가 선포되었다. 새로운 목자의 출현(겔 34:15, 23)으로 시작된 이스라엘의 회복은 지도자, 땅, 백성에게로 확대될 것을 말씀하신다. 그 역사 속에서 백성들을 향한 하나님의 요구가 있다. "그래도 내게 구하여야 할지라".

1. 좋으신 하나님

1) 아름다운 세계를 창조하신 하나님 (창 1:4, 10, 12, 18, 21, 25)

2) 보시기에 심히 좋았더라 (창 1:31)

3) 그리스도를 통해 구원과 삶의 풍성을 (요 10:10, 엡 1:3)

4) 참 좋으신 하나님 (요 3:16, 롬 8:32, 마 7:11)

2. 그래도 내게 구하여야 할지라

1) 이스라엘의 회복 선포

(1) 새로운 목자 출현 (겔 34:15, 23)

(2) 새로운 땅의 회복 (겔 36:1~15)

(3) 언약 백성의 회복과 미래 비전 제시 (겔 36:33~36)

(4) Edom과 대비하여 (겔 35장)

2) 그래도 내게 구하여야 할지라 - 누가, 어떻게 구해야 하나?

(1) 죄 문제 해결 → 성령의 내적 임재 → 율법 준수 (겔 36:25~27, 33)

십자가의 죽으심과 부활 → 성령의 내적 임재 → 말씀 순종 (엡 4:22~24)

(2) 언약 백성의 회복의 핵심은 임마누엘 (겔 37:26~27)

(3) 주어지게 될 회복의 역사를 위해 (겔 36:37~38)

(4) 주어지게 될 창조적인 축복을 위해 (겔 37:1~14)

3) 좋으신 하나님, 기도에 응답하시는 하나님 (마 7:7~11, 눅 18:1~9)

응답과 축복 이후의 겸손을 위해 미리 준비하며 기도

3. 기도의 계획을 세우라

1) 정시기도 (단 6:10, 행 3:1, 막 1:35)

2) 무시기도 (느 2:4, 엡 6:18)

3) 언약기도 (행 1:1~14)

4) 24시기도 (살전 5:17)

이 뼈들이 살 수 있겠느냐

겔 37:1~10

그가 내게 이르시기를 "인자야, 이 뼈들이 능히 살 수 있겠느냐?" 하시기로 내가 대답하되 주 여호와여, 주께서 아시나이다(3).

1. 이 뼈들이 살 수 있겠느냐? (1~3)

하나님이 성령의 권능으로 에스겔을 이끄셔서 마른 뼈들로 가득한 골짜기를 보게 하신다. (1~2) 뼈가 심히 많고 '아주 말랐더라(very dry)', '이 뼈들이 살 수 있겠느냐?', "주 여호와여 주께서 아시나이다." 에스겔은 하나님을 "주, 여호와, 주께서"라고 세 번이나 지칭하는데 그 의미가 무엇일까? 이 마른 뼈들은 이스라엘의 상태, 나라도, 포로공동체로 회복이 불가능한 완전 절망적인 상황을 말한다. 왜 하필 마른 뼈인가? (11, 20:32, 잠 17:22) 에스겔은 B.C 597년 바벨론 2차 포로 때에 남 유다 19대 왕 여호야긴과 함께 포로로 잡혀 갔다. 고국의 소식은 갈수록 절망적인 상황으로 가고 있고(겔 32:1), 공동체의 희망이 점점 사라지고 있는 때에 하나님은 회복과 소망의 말씀을 주시는 것이다. 이 뼈들이 살 수 있겠느냐?

2. 마른 뼈들이 살아나는 단계 (4~10)

1) 너희 마른 뼈들아 여호와의 말씀을 들을지어다 (4, 눅 1:37, 히 4:12)

2) 생기를 넣으리니 너희가 살아나리라 (5~6, 창 2:7, 롬 8:9, 신 32:39)

(1) 이에 내가 명령을 따라 대언하니 (7, 9~10)

(2) 결과 - 곧 살아서 일어서는데 극히 큰 군대더라 (10, 2:1~2) / 루아흐 - 아마드

언약의 하나님, 백성이 하나님께 대하여 소망을 잃어버린 때에도 언약백성을 향하여 소망을 두고 계시는 하나님을 보라. (12~13) 이 역사의 주인공은 하나님이시다. 말씀을 들을 지어다. 생기(루아흐 - 숨, 생기, 바람, 영, 성령)를 넣으리니 살아나리라.

3. 너희가 살아나리라 - 그 이유가 무엇인가? (13~14)

살리는 그 자체가 목적일까? 이스라엘의 회복 그 자체가 목적일까? 하나님께서는 더 먼 미래를 보고 계신다. 그들이 생각지 못하는 미래를 미리 내다보고 계신 하나님, 포로 잡혀온 지 10년이 넘었는데, 완전 절망 속에 있는 백성에게 "이 뼈들이 살 수 있겠느냐? 살아나리라!" 그 이유가 무엇인가? 언약을 놓친 백성에게 정체성을 일깨워 주신다. "내가 여호와인줄 너희가 알리라." (36:23, 37:13~14, 출 19:5~6, 마 16:16, 벧전 2:9) 직접적으로는 이스라엘의 회복에 대한 것이지만 더 크게는 예수 그리스도를 통해서 성취 될 하나님의 나라를 의미한다. 이 뼈들이 살 수 있겠느냐? (겔 36:26~28, 33~36, 37) 그러므로 내가 여호와인줄 너희가 알리라. 아멘. (겔 37:14, 행 1:8. 슥 4:6)

생명의 대언자

겔 37:1~14

에스겔은 성령의 선지자이다. 적어도 25회나 성령에 대해 언급하고 있으며 이름의 뜻은 "하나님께서 강하게 하신 자"이다. 본문의 마른 뼈 환상은 낙심을 넘어 절망 상태에 있는 분열 된 이스라엘 민족이 하나님의 놀라운 섭리 가운데 하나로 회복 될 것에 대한 예언이다. 이스라엘의 미래에 대해 본 가장 대표적인 환상으로 그 회복의 방법을 말씀하신다. 회복의 방법은 무엇인가?

[에스겔 대단원 개요]
1) 유다에 대한 심판 예언 (1:1~24:27)
2) 유다 주변 국가들에 대한 심판 예언 (25:1~32:32)
3) 이스라엘의 회복과 축복 예언 (33:1~48:35)
[요절] 겔 18:21

1. 말, 말, 말, 생명의 말을 하라

1) 죽고 사는 권세가 말에 있다 (잠 18:21)
2) 마음의 생각과 말이 바로 그 사람 (잠 23:7)
3) 말한 대로 생각한 대로 (민 14:28, 렘 6:19)
4) 살리는 말, 생명의 말 (요 6:63, 롬 8:5~8)

2. 마른 뼈 인생

1) 에스겔이 본 환상 - 마른 뼈가 가득한 골짜기 (겔 37:1~2)
2) 이스라엘의 영적 상태 - 이 뼈들이 능히 살겠느냐 (겔 37:3)
*이 질문 속에 있는 하나님의 본심은 회복의 은혜에 대한 의도가 담겨있다.
3) 주 여호와여 주께서 아시나이다 - 하나님의 능력과 주권 인정 고백 (3)
*우리를 향하신 하나님의 계획 (렘 29:11, 애 3:33, 시 16:11, 시 40:5)
*마른 뼈 인생이라도 살리시기를 원하시는 하나님의 마음, 마른 뼈 인생을 어떻게 살리시는가?

3. 생명의 대언자

1) 하나님께서 에스겔에게 내리신 1st 처방전 - 말씀을 대언하라 (겔 37:4~6)

   진정한 회복과 치유와 변화의 역사는 하나님의 말씀을 들을 때 기적이 일어나기 시작한다. (7~8)

2) 하나님께서 에스겔에게 내리신 2nd 처방전 - 생기에게 대언하라 (겔 37:9)

   생기 - '루아흐' - 성령

   말씀과 함께 성령이 역사할 때 살아나는 역사 (겔 37:10, 행 2:37~38, 39~40)

3) 절망적인 사람들에게 희망의 메시지를 - 생명의 대언자 (11~14, 행 4:12, 요 1:12)

4) 그리스도를 통해 성취되는 하나님의 나라, 교회의 본질적인 사명 (겔 37:1~14)

   생명의 대언자, 이 사람은 전천후 임마누엘을 누리는 자로 시대의 주역이다. (겔 37:10, 37:24~25, 26~27)

*희망 없는 상황은 없다. 다만 희망을 버린 사람만 있을 뿐이다.

나의 영으로 너희가 살아나리라

겔 37:1~14

바벨론의 포로가 되어 어찌 할 수 없는 비관적인 상황의 이스라엘, 그러나 하나님의 권능으로 이스라엘이 회복될 것을 말씀하신다. 나의 영으로 너희가 살아나리라.

1. 언약의 사람은 승리할 수밖에 없는 영적비밀을 가지고 있다

1) 성령내주(고전 3:16, 요일 4:16)의 누림 - 임마누엘(확신)

2) 성령인도(요 14:16~17, 시 23:1~6)의 누림 - 성령 인도 받으면 무조건 승리(선택)

3) 성령역사(행 2:1~4)의 신분과 권세의 누림 - 성령 충만(힘, 에너지, 미래가 보임)

주신 가장 큰 응답 세 가지를 계속 누리며 기도하라. 행 1:8의 주역이 된다.

2. 나의 영으로 너희가 살아나리라

1) 부시의 아들 제사장 에스겔에게 주신 선지자의 사명 (겔 1:1~3:27)

(1) 유다의 심판 예언, 이방의 7나라에 대한 심판 예언 (겔 4:1~32:32)

(2) 장차 임할 이스라엘의 회복에 대한 예언 (겔 33:1~39:29)

(3) 하나님의 권능과 그의 영으로 이끌이 보게 하시는 마른 뼈들의 환상 (겔 37:1~2, 11)

(4) 영적으로 죽어있는 이스라엘, 정신적으로 절망 중에 있는 이스라엘 (겔 37:3)

2) 나의 영으로 너희가 살아나리라

(1) 너희 마른 뼈들아 여호와의 말씀을 들을지어다 (겔 37:3~7, 겔 33:21~33)

(2) 인자야, 너는 생기를 향하여 대언하라, 너희가 살아나리라 (겔 37:5~9)

(3) 곧 살아 일어나 서는데 극히 큰 군대를 이루게 하시는 하나님 (겔 37:10)

(4) 내가 나의 영으로 너희로 살아나게 하리라 (겔 37:11~14, 고전 15:45)

3) 오직 성령의 권능받아 땅 끝까지

(1) 언약잡고 기도하는 자들에게 임하는 성령 (행 1:1~14 → 행 2:1~4)

(2) 말씀을 듣는 시간에 임하는 성령 (행 11:15)

(3) 순종하는 자에게 주시는 성령 (행 5:32)

(4) 오직 성령의 권능받아 땅 끝까지 세계 복음화 (행 1:8)

3. 모든 문제 해결자 그리스도 안에서 - 깊은 기도 속으로

1) 언약(그리스도), 방향(세계복음화), 비밀(기도)을 기본으로 (마 16:16, 마 28:19~20, 엡 6:10~18)

2) 문제는 기도제목, 위기는 특별한 응답의 기회

*경제위기 속에 특별한 경제의 응답이 (창 26:1~33, 행 11:27~30)

3) 언약잡고 정시 무시로 기도해야 한다 - 깊은 기도 속으로

전인치유

겔 37:10

하나님은 언제나 말씀을 먼저 주시고 하나님의 시간에 정확하게 그 말씀을 이루시는 언약의 하나님이시다. 말씀이 선포되고 성령께서 기름 부어주심으로 십자가 보혈의 능력이 체험되어지는 큰 은혜를 주셨다. 전인치유의 은혜이다.

1. 전인구원의 복음

1) 예수님이 오신 목적 (사 53:5~6, 10, 요 10:10)

2) 예수님의 사역 세 가지 (마 4:23)

3) 도대체 예수님은 누구신가? (마 16:16)

4) 다 이루었다 - 십자가의 보혈로 완성하신 전인구원 (요 19:30)

2. 전인치유의 은혜

1) 하나님의 시간표

(1) 이스라엘의 영적문제 - 우상숭배, 불신앙, 포로 (겔 8:5~18, 출 20:4~5)

(2) 이스라엘의 영적상태 - 심히 마른 뼈, 심히 많은 뼈 (겔 37:1~2, 요 10:10 상)

(3) 하나님의 시간표 - 말씀의 능력, 성령의 능력으로 (겔 37:3~9, 겔 47:1~12)

(4) 전인치유의 역사 - 지극히 큰 군대로 일어나는 비전 공동체 (겔 37:10)

2) 지금도 계속되는 전인치유의 역사

(1) 매일 십자가 보혈 적용 - 철저한 회개 (레 4:6~7, 17~18, 시 105:36~37)

(2) 매일 누리는 바른 신앙고백의 축복 - 완전한 언약 (마 16:16~19)

(3) 매일 주님의 음성 따라 - 말씀 따라, 성령인도 따라 (요 10:27~28)

(4) 매일 깊은 기도 속에서 - 완벽한 응답의 증인으로 (행 1:13~14, 행 2:1~47)

3. 완전한 전인 치유자가 늘 함께 계신다

1) 역사적인 뿌리 치유, 하나님의 영광 위해 (겔 37:10, 고전 10:31)

2) 전도와 선교를 통해 최고의 영광을 받으시는 하나님 (요 8:38, 40, 행 1:8)

3) 완전한 전인 치유자 예수는 그리스도 (사 61:1~3, 히 9:12, 10:14)

4) 여호와께서 강하게 하신다 - 전도제자 선교제자 (마 24:14, 마 28:19~20)

*전인 구원의 축복을 언약잡고 전인치유의 역사를 날마다 체험하는 영의 사람

제한 받지 않으시는 하나님

겔 37:12~14

하나님께서는 기뻐하시는 뜻을 따라 주권적인 계획을 하시고, 성취 시키시며, 하나님의 방법과 능력으로 일을 행하신다. 이 모든 자유는 하나님께 있다. 그러므로 하나님은 그 무엇에도 제한을 받지 않으시는 초월자이시다. 바로 지금 여기 우리와 함께 계신다.

1. 하나님의 말씀

1) 하나님의 말씀은 제한을 받지 않는다 (겔 37:4, 12~13)

2) 하나님의 모든 말씀은 능치 못하심이 없느니라 (눅 1:37)

3) 말씀에 의지하여 (눅 5:5~6, 마 8:1~13)

4) 지금도 말씀으로 현현하시는 하나님 (살전 2:13)

5) 말씀하시는 하나님, 그 말씀을 이루시는 하나님 (겔 37:1~14)

2. 성령의 역사

1) 성령의 역사는 제한을 받지 않는다 (행 2:1~47)

2) 생명의 호흡이 들어갈 때 살아나는 마른 뼈 (겔 37:5~6, 9, 14)

3) 주의 영에 감동된 사람들 (창 41:38, 삼상 16:13, 단 5:14)

4) 어제나 오늘이나 동일하신 성령의 역사 (시 103:20~22)

5) 성령의 능력으로 모든 일을 행하시는 하나님 (슥 4:6)

3. 하나님의 주권적인 계획

1) 하나님의 주권적인 계획은 제한을 받지 않는다 (요 3:16)

2) 전도와 선교는 하나님의 주권적인 계획이다 (딤전 2:4, 마 28:19~20)

3) 세상이 감당치 못하는 사람들 (롬 16:1~23, 눅 5:10~11)

4) 세계복음화의 거룩한 통로가 되는 사람들 (겔 37:10, 28)

5) 전도와 선교의 핵심 메시지 예수는 그리스도 (마 16:16~19)

[결론] 그러므로 하나님의 말씀의 능력을 제한하지 말라.
그리고 성령의 역사와 하나님의 주권적인 계획 속으로 과감히 들어가라.
초월하시는 하나님의 성품을 믿음으로 위대한 꿈을 꾸라. 기도하라.
정시, 무시로 기도하라. 체험하라. 증거하라. 모든 영광을 하나님께 돌리라.

회복의 영으로 너희가 살아나리라

겔 37:1~14

절망 가운데 있는 이스라엘 백성들에게 회복의 메시지가 선포된다. 실로 절망 가운데 있는 백성들에게 사막에서 만나는 생수 같은 위대한 소망의 메시지가 선포되는 것이다. "회복의 영으로 너희가 살아나리라."

1. 영이신 하나님

1) 하나님은 영이시다 (출 3:14, 요 4:24)

2) 그리스도의 영 (롬 8:9, 행 16:6~7)

3) 보혜사 성령 (요 14:16, 요 15:26)

4) 성령은 성부의 영이며, 동시에 성자의 영이시다 (롬 8:9~11)

*주는 영이시니 주의 영이 계신 곳에는 자유함이 있느니라 (고후 3:17)

2. 회복의 영으로 너희가 살아나리라

1) 에스겔에게 임한 하나님의 권능, 보게 된 환상 (겔 37:1)

(1) 심히 많은 뼈, 아주 마른 뼈 (겔 37:2)

(2) 인자야, 이 뼈들이 능히 살겠느냐 (겔 37:3)

(3) 마른 뼈들에게 필요한 두 가지

말씀을 대언하라, 생기를 불어 넣으라, 일어나는 큰 군대 (겔 37:4~10)

2) 하나님의 성령으로 살아나리라

(1) 에스겔이 본 골짜기를 보는 사람들 (민 14:9, 삼상 17:36, 45, 행 3:1~10)

(2) 지금도 그 골짜기를 보는 사람, 하나님의 영광을 보는 사람 (사 60:1~22)

(3) 말씀이 들어갈 때 - 복음이 들어갈 때 (요 5:39, 마 16:16~19, 요 19:30)

(4) 생기가 들어갈 때 - 하나님의 성령으로, 불같이 바람같이 (행 2:1~4)

(5) 하나님의 영으로 회복되는 영혼, 마음, 삶, 회복의 축복 (겔 36:26~27)

3) 회복의 영으로 너희가 살아나리라 - 성령 공동체, 축복 공동체

(1) 내가 친히 내 양의 목자가 되리라 (겔 34:15~16, 23)

(2) 때를 따라 소낙비를, 복된 소낙비를 (겔 34:25~26)

(3) 황폐한 성읍, 황폐한 땅이 에덴같이 (겔 36:33~38) - 요절 : 겔 37:26~27

(4) 회복 불가능한 상태를 가능하게 하시는 하나님의 주권 (겔 37:1~14, 슥 4:6)

3. 큰 군대의 군사로 일어나라 - 복음, 기도, 전도자의 삶으로 (행 1:8, 마 28:20)

회복 I

겔 47:1~12

에스겔이 본 생명수 환상이다. 생명을 주는 물, 이 생명수는 예루살렘에서 흘러나와 넓고 깊은 물이 되어 흘러 들어가는 곳마다 모든 것이 다 살아나는 역사가 일어난다. 되살아나는 역사이다. 되살아남의 의미는 회복이다. 죽음을 무력하게 만드는 생명수 환상, 이스라엘에 소망을 주는 이 회복 메시지가 오늘 우리에게 어떤 의미가 있으며 나와 무슨 관계가 있는가? 주님의 음성에 귀 기울이자.

1. 회복에는 중요한 조건 몇 가지가 있다

1) 올바른 복음과 메시아에 대한 언약 (겔 37:25~27)
2) 평생의 기도제목 (창 13:14~15, 37:5~11, 빌 1:20, 3:1~21)
3) 시대적인 시급한 요청 속으로 (겔 37:1~14, 행 1:8)

2. 회복

1) 에스겔이 본 생명수 환상 - 성전 문지방에서 흐르는 물 (겔 47:1~2)
2) 점점 불어나는 물, 기적적으로 증가되는 생수의 강 (겔 47:3~5)
3) 인자야 네가 이것을 보았느냐? - 강 좌우편에 심히 많은 나무들 (겔 47:6~7)
4) 사막을 옥토로, 죽음의 바다를 생명의 바다로 (겔 47:8)
5) 모든 것이 되살아나는 회복의 역사 (겔 47:9~12)
6) 땅, 기업의 공평한 분배, 하나님 구속역사의 최종적인 완성 (겔 47:14, 21~23)
7) 생명수의 근원은 예수 그리스도 (요 2:19~21, 7:37~38, 계 7:15~17, 22:1)

3. 지금도 계속되고 있는 생명수 회복의 역사

1) 지금도 흐르고 있는 하나님의 생명수
   강단에서 시작되는 그리스도의 복음 (행 4:12, 요14:6, 요1:12)
2) 지금도 계속 되고 있는 회복의 역사 - 임마누엘의 신분 (고전 3:16)
   날마다 경험되는 되살아나는 역사 (창 1:27~28, 13:14~15, 요삼 2)
3) 점점 확산되는 구원, 회복, 치유의 역사 (롬 16:1~23)
   되살아나는 언약적 기업, 사회적 기업, 선교적 기업, 문화적 기업
4) 주님의 요청, 하나님의 동역자, "전도제자, 선교제자" (고전 3:9, 행 1:1~14)
   전천후 임마누엘의 언약 지역복음화, 민족복음화, 세계복음화 (미전도 종족, 각 영역 복음화)

회복 Ⅱ

겔 47:1~12

선지자 에스겔이 환상을 보았다. 새 성전의 환상이다. 본문은 40장부터 시작되는 새 성전 환상의 절정이다. 새롭게 회복된 성전 문지방에서 흘러나오는 물은 점점 불어나서 죽음의 바다도 살리고, 생물도 소생하고 모든 것이 되살아나며 척박한 땅이 옥토로 변하는 생명수 환상이다. 오늘 우리에게 주시는 메시지는 무엇인가?

1. 회복의 영 성령님을 환영합니다 - 성령님의 명칭

1) 성부와 관련된 칭호 - 하나님의 영, 하나님의 신, 여호와의 신, 주의 성령, 주의 신, 아버지의 성령 등 (엡 4:30, 슥 4:6)

2) 성자와 관련된 칭호 - 그리스도의 영, 예수의 영, 아들의 영, 예수 그리스도의 영 등 (롬 8:9, 행 2:33, 요 16:13~14, 요 14:17)

3) 성령과 관련된 칭호 - 보혜사, 진리의 영, 생명의 성령, 양자의 영, 지혜, 총명, 모략, 재능, 여호와를 경외하는 신, 성결, 영광의 영

처음 보혜사이신 예수님은 성령님을 [다른 보혜사]라 부르셨다. 성령님은 본질적으로 동일하신 보혜사로서 똑같은 인격을 가지고 동일한 목적으로 예수님을 대신하여 일하신다. 그러므로 성령님의 임재는 예수님의 임재요, 성령충만은 예수 충만인 것이다. 성령은 삼위일체 하나님의 영이시다. (욜 2:28~29)

2. 생명수의 환상

1) 에스겔이 포로지에서 본 회복의 환상 (B.C 585~570년경)

2) 회복의 선행조건 - 성전회복, 예배 회복 그 이후에 (겔 40~46장)

3) 회복된 성전 문지방에서 솟아나는 생명수, 강을 이루어 사해까지 흘러가 황무하고 죽어있는 땅을 기름진 땅으로 변화시키는 생명수 환상 (1~12)

(1) 성전 문지방에서 흘러나오는 생명수 (1~2, 요 2:19~21)

(2) 다 살아나는 역사, 되살아나는 회복의 역사 (3~10, 12)

(3) 만물을 회복시켜 살게 하는 회복의 생명수 (겔 37:1~13, 14)

4) 예수 그리스도의 복음의 생명수, 성령의 생명수 (요 7:37~38, 39)

복음과 함께 성령의 놀라운 역사가 열방가운데 흘러들어가 열방이 주께로 돌아오게 될 것이다. (시 103:20~22, 행 8:26, 29, 39)

3. 성령님, 회복을 원합니다

1) 먼저 회복이 시작되는 언약을 잡으라 (창 1:27~28, 고전 3:16, 마 16:16~19)

2) 복음의 최고의 파트너 성령님, 회복을 원합니다 (요 5:36~37, 15:26, 8:18)

3) 성령충만, 능력충만으로 우리 시대 세상 살리는 빛의 인생 (사 11:9~10, 12)

4) 다 살아나는 역사, 되살아나는 역사, 성령님, 회복을 원합니다 (겔 47:1~12)

변화와 성숙으로 회복을

겔 47:1~12

하나님께서 우리에게 요구하시는 것이 있다. 변화와 성숙이다. 자기갱신의 변화가 없는 자에게는 사실상 미래도 없다. 변화와 성숙을 통하여 그 그릇만큼 회복되고 제자의 길을 갈 수 있는 힘이 주어진다. 변화와 성숙으로 미래를 열어가는 그리스도의 참 제자가 되려면 어떻게 해야 하나?

1. 믿음의 선진들을 보라

1) 아브라함의 변화 (창 12~25장, 갈 3:7~9)
2) 야곱의 변화 (창 35:1~15)
3) 다윗의 변화 (삼하 11장, 시 51장)
4) 베드로의 변화 (행 3~4장)
5) 바울의 변화 (고전 2:2, 빌 1:20, 갈 2:20)

*변화와 성숙으로 자신을 UP-GRADE 시키지 아니하면 모든 것을 가지고도 놓치게 된다.

2. 변화와 성숙으로 미래를 연다

1) 인생의 변화 - 유일성의 해답, 복음결론 가지고 100년의 축복, 한 세기의 축복을 앞당기는 삶의 개혁 (롬 8:5~14, 마 16:16~19) *애굽체질, 광야체질 치유
2) 신앙생활의 변화 - 하나님 중심, 말씀중심, 교회 중심의 바른 신앙생활 (시 120~135장) 예배에 생명 걸라, 전성도 100% 온전한 십일조, 기도, 선교에 헌신하라.
3) 문화의 개혁 - 복음문화로 살리는 제자, 살아 남는 제자가 되라 (사 60:1~3, 롬 11:5)
4) 큰 믿음으로 큰 헌신을 기도하라 - 믿음갱신, 그릇갱신 (히 11:1~40)

*이러한 복음 엘리트, 그루터기, 산업선교인, 문화 사역자, 치유사역자가 일어나야 한다.

3. 변화와 성숙으로 UP-GRADE 되는 것만큼 회복의 역사가 일어난다

1) 하나님의 성전에서 솟구쳐 흘러내리는 생명수 (겔 47:1~2)
2) 물의 깊이가 점점 더 깊어지는 기적의 사건 (겔 47:3~5)
3) 인자야 네가 보았느냐? - 회복의 역사 (겔 47:6~12)
   (1) 강 좌우편에 심히 많은 나무들 - 생명의 회복 (겔 47:7)
   (2) 죽음의 바다가 살아난다 - 死海를 생명의 바다로 변화시킬 것이다 (겔 47:8)
   (3) 모든 생물이 살고 모든 것이 살게 될 것이다 (겔 47:9)
   (4) 풍성한 고기들로 인해 어부들이 영구히 정착하게 될 것이다 (겔 47:10)
   (5) 각종 실과나무의 잎이 시들지 아니하며 실과가 끊어지지 아니할 것이다 (겔 47:12)
   (6) 달마다 새실과를 맺으며 그 실과는 먹을 만하고 그 잎사귀는 약 재료가 되리라 (12)
   (7) 이 물이 성소로부터 나옴이라 (겔 47:12, 슥 14:8, 욜 3:18)

4) 그러나 진펄과 개펄은 소성되지 못하고 소금이 될 것이다 (겔 47:11, 고전 1:18)

그리스도 자신이 성전이시며(요 2:19~21), 생명수는 복음이다. (요 4:10, 7:37~38)
예수 그리스도의 구속 사역이 전 우주에까지 미칠 것과, 그리스도의 복음으로 회복되어 풍성하게 될 성도의 삶을 예시하셨다. 변화와 성숙으로 회복의 역사를 주도하는 자는 변함없이 하나님의 축복의 통로가 될 것이다.

성도는 은혜로 산다

겔 47:1~12

성전의 역사는 생명의 역사이다. 생명을 살리는 물이 성전에서 흘러나온다. 생명수가 공급되는 곳에는 진정한 회복의 역사가 일어나고 생물들이 살게 되고 번성하게 된다. 그러나 진펄과 개펄은 소성되지 못하고 소금 땅, 곧 생물이 살 수 없는 황무지가 된다고 교훈하신다. 이처럼 하나님의 은혜를 거부하는 자들은 결국 불행하게 된다. 성도는 그 은혜로 산다.

1. 성도는 은혜로 산다

1) 하나님의 주권적인 선택과 부르심은 순전히 하나님의 은혜 (엡 1:4)

2) 그 은혜를 인하여 믿음으로 받은 구원은 하나님의 선물 (엡 2:8)

3) 임마누엘의 신분과 권세로 누릴 수 있는 성도의 정체성, 그 놀라운 은혜 (고전 3:16)

4) 하나님께서 보장하신 영원한 은혜의 언약 (요 14:16~21, 엡 1:17~19)

5) 하나님의 나라의 누림과 하늘나라의 증인됨은 기적적인 은혜 (행 28:31)

2. 믿음의 수준, 은혜의 단계

1) 믿음의 수준

(1) 하나님 중심 - 하나님의 이름을 거룩하게 (왕상 8:23~27, 사 48:11, 마 6:9)

(2) 말씀 중심 - 하나님의 자기현현 (시 119:1~176)

(3) 교회 중심 - 하나님의 나라 (마 16:16~19)

(4) 전도 선교 중심 - 하나님의 절대 계획, 절대 관심, 절대 소원 (마 24:14)

*영계의 혼돈으로 어두워지는 시대, 이럴 때일수록 교회와 성도는 근본으로 돌아가야 한다. 즉, 성경으로 돌아가는 믿음의 수준이야말로 최고의 수준이다.

2) 은혜의 단계

(1) 발목 신앙, 발목 은혜 (겔 47:3)

(2) 무릎 신앙, 무릎 은혜 (겔 47:4)

(3) 허리 신앙, 허리 은혜 (겔 47:4)

(4) 온 몸을 담그는 신앙, 그 은혜에 의탁하는 삶 (겔 47:5)

*천사가 일천 척(약 500m)을 측량 할 때마다 물의 깊이가 점점 깊어지는 기적적인 사건이 네 번에 걸쳐 반복된다. 성소에서 발원한 여기에서의 생수는 구원과 축복의 상징으로 이스라엘을 향한 하나님의 사랑과 관심을 드러내 보여주는 것이다.

3. 그리스도 안에 있는 은혜를 사모하라

1) 하나님 만나는 길, 누리는 길 예수 그리스도 - 구원 (요 1:12, 요 10:10)

2) 그리스도, 부활, 하늘나라, 성령, 재림의 언약으로 - 증인의 삶 (행 1:1~14)

3) 되어지는 하나님의 시간표 속으로 - 하나님의 원리 (겔 47:1~12)

4) 그러므로 그리스도 안에 있는 은혜를 사모하라 - 지치지 않는 새 힘 (고후 6:1~2)

물가에 심겨진 나무처럼

겔 47:1~12

성전에서 솟구쳐 나오는 물, 그 물이 흘러 들어가는 곳마다 모든 것이 살아나는 창조적 역사가 일어난다. 죽음의 바다가 되살아나고 번성하는 모든 생물이 살게 된다. 아무리 죽음의 힘이 강하다 할지라도 성전으로부터 흘러나오는 물가에 심겨진 나무는 각종 열매를 맺고 잎이 시들지 아니하며 버릴 것이 없다. 어떻게 물가에 심겨진 나무처럼 살 수 있을까?

1. 기도제목을 정시 무시로 기도해야 한다

1) 성경의 근본으로 돌아가는 신앙개혁 (요 1:12, 엡 4:1)

2) 교회의 본질적 사명을 온전히 회복하는 선교개혁 (마 28:19~20)

3) 전도제자, 선교제자로서의 빛의 삶을 회복하는 문화개혁 (롬 12:1~3)

4) 언약적인 경제응답 (사 60:1~22)

2. 물가에 심겨진 나무처럼

1) 에스겔이 본 거룩한 생명수의 환상

(1) 성전에서 흘러나오는 생명수 (겔 47:1~12)

(2) 그 물이 불어나서 깊어지고, 그 물이 이르는 곳에 죽음의 바다가 되살아나고 각처의 모든 것이 살게 되며, 그 물가에는 고기가 심히 많게 되고 약재료가 되는 나무들이 자라게 된다. (겔 47:3~12) 어떻게 이런 일이 일어날 수 있는가?

2) 살아나게 하는 생명수, 되살아나게 하는 생명수

(1) 생명수의 근원은 창조주 하나님 (창 1:1~31)

(2) 구원, 회복, 치유의 생명수가 성전에서, 성전은 곧 예수 그리스도 (요 2:19~21)

(3) 영생하도록 솟아나는 샘물이신 영생수 예수 그리스도 (요 4:14, 계 7:17, 22:1)

(4) 이 사실을 믿는 자에게 성령의 생수의 강물이 (요 7:37~39)

(5) 흘러들어가는 곳마다 살아나는 생명수, 되살아나는 생명수 (겔 47:1~12)

*그러나 되살아나지 못하는 진펄과 개펄, 무엇을 의미하는가? (겔 47:11)

3) 물가에 심겨진 나무처럼

(1) 물가에 심겨진 나무처럼 생명수에 깊이 뿌리를 내려야 (시 1:3, 골 2:6~7)

(2) 물가에 심겨진 나무처럼 달마다 새 열매와 각종 열매를 (겔 47:12, 사 61:3)

(3) 구원과 회복과 치유의 통로로 세상과 사람을 살리는 물가에 심겨진 나무 (겔 47:12)

3. 성전에서 시작된 생명수가 민족과 세계와 열방을 향해 흘러가도록

1) 개인에게 임한 죽음의 바다에 흘러 들어가는 생명수 (창 3:1~6 → 겔 47:1~2)

2) 가정에 임한 죽음의 바다에 흘러 들어가는 생명수 (창 6:1~4 → 겔 47:3~6)

3) 복음을 듣지 못한 민족과 세계와 열방 가운데 흘러들어가는 그리스도의 복음 (창 11:1~9 → 겔 47:7~23)

다 살려주는 생명의 물

겔 47:1~12

우리나라는 물 부족국가이다. 물 기근국가보다는 괜찮다 하겠지만 물 낭비국가로도 세계 3위라고 하니 미래를 우려하는 목소리가 높다. 더욱이 맑은 물 마시며 혜택을 누리고 살아온 우리나라가 수돗물 보다 1000배나 비싼 생수나 정수기 물을 마시는데 그것마저 40%는 오염된 물이라 한다. 오염되지 않은 물, 영육에 복이 되는 물, 마시면 다 살아나는 그런 생수는 없을까? 본문에 다 살려주는 생명의 물이 있다. 이 생명의 물을 어떻게 마실 수 있나?

1. 말씀의 생명수

1) 성전에서 흘러나오는 물, 다 살아나는 생명의 물 (겔 47:1~2)
2) 말씀이 들어갈 때 죽음에서 생명으로 (겔 37:7~8)
3) 말씀을 의지할 때 완전 절망에서 완전 소망으로 (눅 5:1~11, 마 8:5~13)
4) 허상과 실상이 분명하게 분별되는 은혜 (요 4:10, 11, 14)
5) 구원의 말씀, 치유의 능력, 회복의 역사 (행 4:4, 히 4:12, 눅 24:32)

2. 성령의 생명수

1) 성전에서 나오는 물, 다 살아나는 성령의 생명수 (겔 47:8~9)
2) 생기의 바람이 들어갈 때 다 살아 일어나는 큰 군대 (겔 37:10)
3) 말씀에 의지하여 기도하는 현장에 불같이 바람같이 (행 2:1~4)
4) 하나님이 부으시는 가장 위대하고 초과학적인 능력 (엡 5:18)
5) 다 살려주는 생명의 물, 항상 전능하신 하나님 (겔 47:10~12)

3. 생명수의 근원이신 예수 그리스도

1) 너희 모든 목마른 자들아 물로 나아오라 (사 55:1)
2) 누구든지 목마르거든 내게로 와서 마시라 (고전 10:4, 요 7:37~39)
3) 죽음에서 생명으로, 저주에서 상속자로 (엡 2:1~3, 롬 8:17)
4) 사방으로 퍼져나가는 복음, 다 살려주는 생명의 강물 (겔 47:3~5, 10~12)
5) 성전 문지방에서 흘러나오는 물, 다 살아나게 하는 확실한 언약 (마 16:16~19)

*시대를 이길 수 있는 확실한 승리의 언약이다. 살려주는 생명수가 들어가니 다 살아난다. 그 생명수 되시는 그리스도 안에서 더 깊은 은혜의 강물 속으로 들어가 살려주는 생명의 물에 헤엄치는 풍성한 삶을 시작하자.

생수의 강

겔 47:1~12

본문은 에스겔이 본 마지막 환상이다. 하나님의 성전에서 흘러나오는 생명수 환상이다. 이 생명수는 죽음에 이른 생물과 무생물까지도 살리는 능력이 있다.이 생수의 강이 흐르는 곳에는 지금도 진정한 치유와 회복의 역사, 소생의 역사가 일어남을 가르쳐 주신다.이 생수의 강물이 오늘 나와는 어떤 관계가 있는가?

1. 성령행전, 사도행전 속으로 (행 1:8, 슥 4:6)

언약잡고 기도하는 사람들에게 하나님은 절대 주권적인 시간표를 주신다. 하나님께 발견되어지는 삶을 기도해야 한다. 그리스도 안에 있는 나는 절대 소중한 사람이기에 애굽의 노예근성, 광야의 불평원망 근성, 블레셋, 아람, 앗수르, 바벨론의 상처를 넘어서 복음에 뿌리 내리고 복음의 능력으로 세상 살릴 하나님의 시간표 속으로 들어가야 한다. (레 26:8, 수 23:10, 사 60:22)

2. 생명수의 강 (1~11)

이스라엘의 축복이 환상을 통해 계시된다. 성전 문지방에서 물이 힘 있게 솟구쳐 나온다. (1~2) 물이 점점 불어나고 강물을 이룬다. (2~5) 물이 아라바로 흘러가 만물을 살린다. (6~12) 성전의 역사는 생명의 역사이다. 이 생수의 강물이 이르는 곳마다 치유, 회복, 소생, 모든 것이 살게 된다. 생수의 강물이 공급되는 곳에는 생명의 회복이 일어난다. 모든 것이 다 살아난다. (8~9) 그러나 진펄과 갯펄은 구원받지 못한다. (11)

이 성전과 생수의 강물은 무엇인가? 우리는 이 성전에서 나오는 생수의 강물로 모든 영역 속에서 나라를 살리고 열방을 살리는 성령행전을 결정해야 한다. 배에서 생수가 강같이 흘러넘치는 성령행전(전도행전, 선교행전)을 결정해야 한다. (요 7:37~39, 시 139:17~18)

3. 성전되신 그리스도, 성전에서 솟아나는 생명수 (12)

생수의 근원이신 하나님, 이처럼 구원은 오직 성전되신 예수 그리스도를 믿을 때만 가능하게 된다. (요 2:19~21, 겔 47:8~10) 또한 생수의 강 좌우에는 각종 실과가 자라서 열매를 맺는 실과가 끊이지 않는다. 이처럼 이스라엘을 소성시키며 열방을 회복시키시는 하나님의 역사를 위해 우리는 기도해야한다. (사 11:10~12, 갈 3:14)

1) 국가 정체성의 위기

- 이스라엘과 열방 구원을 위해 제사장의 사명 감당 (겔 37:16~17, 22~23, 26~28)

2) 진정한 복음의 동역자로 이 시대의 남은 자 - 교회, WMTC, WMTS, UPBS 등 (마 4:19)

3) 더 큰 믿음으로, 더 큰 헌신으로, 오직 영광을 하나님께!

4) 오직 복음, 오직 성령의 능력, 오직 전도, 선교를 위해 기도에 힘쓰는 매일의 삶이 되어야 한다 (행 1:14)

*생수의 강물에 몸을 맡기라. 유유하게, 그러나 거대하고 도도히 흐르고 있는 성전에서 솟아나는 생수의 강물의 흐름을 따라 가라. 결국 모든 것이 살게 된다. (겔 47:12)

복음결론, 되어지는 은혜

겔 47:1~12

에스겔은 자기 시대의 아픔과 슬픔을 잘 알고 있다. 총체적 난국이다. 내용은 이스라엘의 죄악이 총체적이다(겔 22:25, 26, 27~28, 29). 나라가 무너지는데 하나님의 진노가 임하지 않도록 무너진 데를 막아서서 기도하는 사람이 하나도 없다는 것이다. (겔 22:30~31 / B.C 591, 렘 5:1 / B.C 515, 사 1:2~6 / B.C 740) 그럼에도 불구하고 하나님께서는 새 시대의 새 소망을 말씀하신다. 철저한 절망 가운데서 위대한 소망의 메시지를 주시는 것이다. 왜, 무엇 때문인가?

1. 핵심은 [복음]이다 (1~2)

성전은 그리스도, 생명수는 성령이다. 생명수가 어디에서 흘러나오나? 성전에서 생명수가 흘러나온다. 복음결론 내리라, 복음결론이 되어지는 은혜를 체험, 증거가 있어야 증인이 된다. (마 16:16, 요 19:30, 요 7:37~39)

2. 복음의 능력, 곧 성령의 능력이다 (8~9)

복음의 생명수가 흘러 들어가는 곳마다, 회복, 치유, 응답, 다 살아난다.

종교는 힘이 없다. 복음의 능력은 성령의 능력이다. 성전에서 나오는 그 물만이 생명수가 된다. 복음이 성령의 능력으로 흘러 들어가는 곳마다 다 살아난다. (8~9) 오래된 문제, 절망적인 문제, 질병, 가난도, 그 무엇도 복음을 이기지 못한다. 이 생명수는 물질적 풍성함을 주는 데 그치지 않는다. 그리스도 안에서 영적 풍요와 더불어 놀라운 언약을 붙들게 하신다. (요 2:17~21 → 고전 3:16) 이스라엘의 회복을 넘어 교회와 성도들에게 "너희는 거룩한 성전이다. 목마름의 문제로 죽어가는 세상에 이 생명수를 공급하라"라는 주님의 절대계획으로 우리를 초청하시는 것이다. 그 음성을 듣고 있는가? (롬 1:16~17, 사 43:19~20, 18, 행 1:8)

3. 복음결론, 되어지는 은혜의 증인이 되라 (12)

복음과 함께 기도를 결정하라. 언약은 반드시 성취된다. (겔 37, 47장, 48:35)

포로생활 중에 주신 메시지, "소망을 잃지 마라, 이스라엘이 회복할 땅은 하나님의 언약에 의해 특권을 제공받게 될 것이다. 이 복음의 생명수가 이스라엘을 초월하여 열방과 세계 가운데로 흘러 갈 것이다. 만국을 살리게 될 것이다."

복음에 결론 내리라. 전천후 되어지는 언약 잡고 기도하라. 달마다 새 열매를 맺게 되는 언약실현으로 ACTS 29의 주역으로 일어나자. (12)

성령의 생명수

겔 47:1~12

성전에서 흘러나오는 물, 주변의 모든 만물들에게 생명을 불어넣어 준다. 성전의 역사는 새 생명의 역사이다. 은혜를 거부하는 자는 영원한 불행이다(11).

1. 완전한 언약의 흐름을 따라 가라 (마 16:16~20)

1) 그리스도의 십자가 (고전 2:2, 요 19:30)

2) 그리스도의 부활 (고전 15:3~4, 롬 4:25)

3) 오직 성령의 능력으로 (롬 8:9, 행 1:1~14)

4) 하나님의 절대계획 세계복음화의 축복 속으로 (사 43:18~19, 행 1:8)

2. 완전한 언약, 성전에서 흘러나오는 생명수 (겔 47:1~2)

에스겔은 사독 계열의 제사장 부시의 아들이다. (1:3)

느부갓네살이 예루살렘을 2차 침공하여 여호야긴 왕을 사로잡아 바벨론으로 데리고 갈 때(B.C 598) 귀족들과 함께 포로로 잡혀 갔다. 포로 된지 5년이 지난 30세의 나이(B.C 593)에 선지자의 소명을 받았다. 23년 동안 바벨론에서 언약의 백성 유다를 위한 선지자로 활동했다. 언약백성이 죄로 인해 고난받는 위기의 때, 그 위기를 능히 극복할 수 있는 언약의 메시지를 주신다. 이스라엘 회복의 영광, 메시야 왕국의 영광이다. 성전 문지방에서 흘러나오는 물. 거룩한 새 땅에 대한 영광이다.

1) 불어남 (3~5)

2) 살아남 (6~7, 8~10)

3) 풍성함 (12)

3. 성령의 생명수와 하나님 나라

1) 에덴동산의 네 강물 (창 2:9 / 10~14)

2) 성전에서 흘러나오는 물 (겔 47:1~12)

3) 생명수의 강과 생명나무 (계 22:1~2) - 세 가지 언약 잡고 집중기도하라

(1) 성전 되신 그리스도 (요 2:19, 21)

(2) 성령의 생명수 (요 7:37~39, 행 2:38, 5:32, 행 1:13~14)

(3) 하나님의 구원계획, 온 우주를 풍성케 소생시키는 것 (12, 겔 18:23, 32)

*시작은 성전에서! 불어남, 살아남, 풍성함의 생명수

다니엘의 기도와 천사동행

단 6:10~23

다니엘서는 크게 두 부분으로 이야기 형식(Narrative form)의 1장-6장과 계시적 예언서 형식(Apocalytic prophetic form)의 7장~12장으로 나누어진다. 이야기 형식의 마지막 부분인 본문은 역사적으로 있었던 다니엘의 일화를 통해 기도하는 다니엘이 악한 자의 음모로 사자 굴에 던져지는 죽음의 위기를 만나지만 하나님이 보내신 천사의 동행으로 놀라우신 하나님의 새로운 역사가 펼쳐진다. 다니엘의 기도와 천사동행, 하나님께서 주시는 메시지를 언약잡고 기도하자.

1. 천사의 존재를 믿는가?

1) 원어 - mal'ak(히), aggelos(헬) - 사자, 보냄을 받은 자, 전달자
2) 누구를 위해 보냄을 받았나? (히 1:14, 시 34:7)
3) 나의 천사가 있는가? 천사동행을 믿는가? (마 18:10)
4) 천사의 사역 - 하나님의 자녀를 보호하고 인도하며(시 91:11~12), 위태로운 상황을 모면하게 하고(행 5:19), 행할 길을 인도한다. (출 23:20) 낙심될 때 쓸 것을 준비하고 (왕상 19:5) 메시지를 전달하며, 성도를 섬기는 일을 한다. (마 1:20, 단 6:22)

2. 다니엘의 기도와 천사동행

1) 다니엘 - B.C 605년 1차 바벨론 포로로 잡혀온 소년 (단 1:1~5)
   (1) 다리오 왕의 총애를 받는 다니엘을 시기한 고관들과 총리들 (단 6:1~4)
   (2) 총리와 고관들의 음모로 제정된 법률 [왕의 금령] (단 6:7~9)
   (3) 위기 가운데서도 여전한 다니엘의 정시기도 (단 6:10~11)
   (4) 하나님 보내신 천사동행과 다니엘의 형통 (단 6:19~23, 24)
2) 기도의 비밀과 천사동행
   (1) 언약기도 - 예루살렘 성전을 향한 기도 (단 6:10, 왕상 8:41~43, 요 2:19~21)
   (2) 항상 기도 - 전에 하던 대로 (단 6:10 / 행 10:2, 눅 18:1)
   (3) 정시기도 - 하루 세 번 (단 6:10 / 행 3:1 / 롬 10:6)
   (4) 절대 겸손과 순종의 사람, 다니엘의 형통 (단 6:10, 20, 22, 25~27, 28)

3) 믿음의 선진들, 영적 거장들과 천사동행

(1) 아브라함 (창 18:2)

(2) 모세 (출 3:2)

(3) 다윗 (시 103:20~22, 삼상 17:45)

(4) 베드로 (행 12:7~11)

(5) 바울 (행 27:23)

(6) 요한 (52번)

3. 말씀과 기도, 주님의 위대한 언약에 생명을 걸어라 (마 28:19~20, 행 1:8)

나의 [정시기도] 시간이 있는가

단 6:10~24

나의 [정시기도]의 시간이 있는가? 유대인들은 하루에 세 번(저녁, 아침, 정오) 정시기도를 한다. 기도할 때 어떤 일이 일어나는가? 분명한 것은 기도는 성도의 놀라운 특권이자 축복이다. 정시기도는 더욱 그렇다. 정시기도를 지속할 때 하나님의 기적을 체험한다. 우리의 모든 기도는 보좌 앞 그릇에 담긴다(계 8:3~4).

1. 고통하는 시대, 그러나 기도의 축복을 누리는 사람들 (딤후 3:1~5)

2. 나에게 [정시기도]의 시간이 있는가?

1) 정시기도

(1) 다윗의 정시기도 (시 55:17)

(2) 베드로와 요한의 정시기도 (행 3:1)

(3) 고넬료와 베드로의 정시기도 (행 10:1~2, 3~4, 9)

(4) 바울의 정시기도 (행 16:16)

2) 다니엘의 정시기도

(1) 바벨론 포로로 잡혀간 다니엘(B.C 605), 뜻을 정한 다니엘 (단 1:4~5, 8)

(2) 총리들과 고관들 중에 뛰어난 다니엘, 그를 제거하려는 음모 (단 6:1~9)
그러나 여전히 무릎을 꿇고 감사하는 다니엘의 정시기도 (단 6:10)

(3) 어느 날 열린 다니엘의 시대 *다니엘 : 하나님께서 심판하신다.

① 느부갓네살 왕의 꿈을 해석 - 총리가 됨 (단 2:27~28, 46~48)

② 벨사살 왕이 초청한 귀족 1천명, 술에 취해 있을 때 벽에 나타난 손가락의 글씨와 그 내용을 해석하는 다니엘 (단 5:16~17, 26~27)

③ 다리오 왕의 총애를 받아 총리가 된 다니엘 (단 6:3~4)

④ 고레스 왕의 시대까지 형통한 사람 (단 6:28) *B.C 605~539 까지 (75년)

(4) 하나님의 왕 되심, 절대주권을 믿는 (9:2~10:12) 언약의 사람, 기도의 정상에서 싸우지 않고 올라간 정상의 자리 (단 6:22, 24, 26~27, 28)

3) 절대 주권자 하나님, 반드시 언약을 이루시는 하나님 (대하 36:22~23)

3. 정시기도의 축복, 하나님의 [특별한 은혜]를 감사로 기도하라

1) 천사동행 (시 103:17~19, 20~22)

2) 시대적인 만남의 복 (행 10:31~33)

3) 세계복음화의 문 (행 19:21, 23:11, 27:24)

4) 역사의 중심에서 (사 11:10~12)

하나님의 절대주권

단 6:28

다니엘서의 중심 주제는 하나님의 우주적 통치와 인류 역사에 대한 하나님의 절대주권이다. 절대 주권자 하나님은 메시아의 언약을 통해 성취될 하나님 나라를 예시함으로 포로 중에 있는 자기 백성에게 큰 위로와 소망을 주신다. 절대 주권자 하나님, 무한한 자유로써 지금도 역사하고 계시는 하나님을 찬양하며 예배하자.

[대단원 개요]

1) 6가지 역사적 사건 (단 1:1~6:28)

2) 4가지 계시적 환상 (단 7:1~12:13)

[요절] 단 2:44

1. 하나님의 영역 주권 (롬 13:1, 학 2:8, 시 19:1~6)

영역 주권 사상은 인간이 살고 있는 모든 영역에서 하나님이 주인이심을 선포하는 것이다.

2. 하나님의 절대주권과 다니엘의 형통

1) 다니엘의 형통 (B.C 605~536)

(1) 느부갓네살 왕과 다니엘 (2:1~45 / 46~49)

(2) 벨 왕과 다니엘 (렘 50:2, 5:13)

(3) 벨사살 왕과 다니엘 (단 5:1~28, 29)

(4) 다리오 왕과 다니엘 (단 6:1~3 / 6:25, 26~27)

(5) 고레스 왕과 다니엘 (단 1:21, 6:28)

[한 사람]의 철저한 헌신은 온 세상 가운데 절대 주권자 하나님의 이름을 찬연하게 드러내고 있다. 다니엘의 형통, 그 이유는? (단 1:8, 1:17, 4:8~9, 18, 5:11, 14, 6:20, 28)

2) 하나님의 절대 주권과 자유

(1) 하나님의 의지 계획의 자유 (사 55:8~9) - 계획하시는 하나님의 자유

(2) 하나님 의지 적용의 자유 (시 135:6) - 실행하시는 하나님의 자유

(3) 하나님 의지 성취의 자유 (엡 1:11, 창 1:3~30) - 이루시는 하나님의 자유

하나님은 계획을 세우심도 완벽하시고, 그 계획을 실행하심도 완벽하시고 그 실행의 결과도 완벽하셔서 만족 충만한 결과를 낳으신다. 이것이 하나님의 절대 주권이다. (다윗의 주권사상) (대상 29:11)

3. 그리스도 안에서 회복하는 주권 신앙

1) 끝 날의 징조, 결국은 두 길이다 - 역사의 절대 주권자 하나님 (단 12:2)

2) 지혜자의 삶 - 복음만이 희망이다, 전도제자, 선교제자의 삶 (단 6:28, 12:3)

3) 반드시 성취되는 언약, 날마다 누리는 영원한 임마누엘 (단 2:44, 단 12:10)

큰 은총을 받은 사람이여

단 10:1~21

한 시대를 Leading 했던 선지자 다니엘은 하나님께 큰 은총을 받은 사람이다. 힛데겔 강변에서 21일 금식기도를 하던 다니엘은 환상 중에 그리스도의 현현을 체험한다. 혼절한 다니엘에게 위로와 격려를, 용기와 힘을 주시는 그리스도가 세계 구속을 성취할 유일한 분이심을 미리 내다본 것이다. 큰 은총을 받은 사람이여.

1. 성도는 복음이 먼저 누림 되어야 한다

1) 복된 신앙고백의 축복 (마 16:16~19)

2) 하나님의 자녀의 신분 (요 1:12)

3) 하나님의 자녀의 권세 (마 28:18, 눅 10:19)

4) 입술로 고백하며 누리는 존재의 영화로움 (고전 6:19~20) *임마누엘

2. 큰 은총을 받은 사람이여

1) 하나님의 사람 다니엘

(1) 뜻을 정한 사람 (단 1:3~8)

(2) 특별하게 임한 하나님의 주권적인 능력 (단 1:17~20)

(3) 철저히 하나님 중심의 사람 (단 2:28, 5:14)

2) 큰 은총을 받은 사람이여

(1) 느부갓네살 왕의 1st 꿈 해석 (단 2:31~49) *뜨인돌

(2) 느부갓네살 왕의 2nd 꿈 해석, 생사화복의 결정권은 하나님께 (단 4:4~33)

(3) 벨사살 왕이 본 벽에 나타난 손가락들, 그 의미 해석 (단 5:5~6, 22~23)

(4) 사자 굴에 앞서 주의 천사가 (단 6:22)

(5) 다니엘의 21일 금식기도, 현현하신 그리스도 (단 10:1~18)

(6) 그리스도의 위로와 격려, 주시는 힘과 용기 (단 10:19~21)

(7) 절대 주권자의 주권적인 계획을 알고 있는 자 (단 7~12장, 요 6:39~40)

3. 큰 은총을 받은 사람이여 뜻을 정하라

1) 완전한 언약 - 그리스도 (마 16:16~19)

2) 교회와 성도에게 위탁하신 사명 - 세계복음화 (마 28:19~20)

3) 오직 성령의 능력으로 - 기도의 축복 속으로 (행 4:31)

소선지서

변함없는 사랑입니다

호 3:1~5

선지자 호세아(하나님은 구원이시다)는 아모스, 미가, 이사야와 같은 시대의 선지자로 사마리아에서 일했으며 이름은 여호수아, 신약의 예수(예수아)와 같은 뜻을 지닌 이름이다. 핵심 메시지는 하나님의 변함없는 사랑이다.

[대단원 개요]
1) 음란한 아내와 진실한 남편 (1:1~3:5)
2) 음란한 북 이스라엘과 신실하신 하나님 (4:1~13:16)
3) 회복의 약속 (14:1~9)
[요절] 호 6:1

1. 선지자 호세아의 가정

1) 음란한 아내를 만남 (호 1:2)
2) 가출을 반복하는 아내의 문제 (호 3:1~5)
3) 하나님과 단절을 의미하는 세 자녀의 이름 (호 1:4~9)
  (1) 이스르엘 (하나님이 흩으신다) (1:4)
  (2) 로루하마 (은총을 입지 못한다) (1:6)
  (3) 로암미 (내 백성이 아니다) (1:9)
*가정을 향한 하나님의 메시지는 무엇인가?

2. 호세아 가정 속에 있는 시대적인 메시지

1) 음란하게 우상을 섬기는 북이스라엘의 죄와 반역 (호 5:1, 2~7, 8:14)
2) 임박한 심판 (호 9:7) - 원인 (4:1, 6) / 회복의 유일한 길은?
3) 하나님의 사랑을 반역한 우상숭배에서 돌아오라 (호 6:1, 11:12, 14:1~2)
4) 그러므로 패역에서, 진노에서 벗어나라 (14:4)
5) 레바논의 열매를 회복하라 (호 14:5~6, 7~8)
*나의 가정에도 시대적인 메시지가 있다.

3. 오늘 우리에게 주시는 메시지 - 변함없는 하나님의 사랑

1) 하나님의 initiative Love (눅 15:11~24, 요 3:16, 13:1)

2) 심장을 터트려 선포하신 십자가의 용서, 그 사랑 (눅 23:33~34, 35)

3) 100%를 주신 사랑 - 회복된 신분과 권세 (요 19:30, 고전 3:16)

4) 권리를 위임하신 사랑, 지금도 변함없는 사랑 - 상속자 (창 12:1~3, 롬 8:17)

5) 자기를 사랑하는 자들에게 (마 28:19~20, 요 21:15~17, 롬 16:1~23)
영원한 임마누엘로 언약하시며 친히 주신 승리의 비결 (행 1:8)

그럼에도 불구하고 축복입니다

욜 2:18~32

하나님은 약속을 지키시며 그 약속을 신실하게 이루시는 분이시다. 하나님은 본문을 통해 다가올 심판보다 더 큰 축복의 약속을 하신다. 어떤 약속인가? 그 약속을 어떻게 이루어 주시는가?

1. 먼저 촉구하신다

1) 늙은이들과 젊은이들이여 회개하라 (욜 1:2~3)

2) 술에 취하는 자들이여 회개하라 (욜 1:5)

3) 농부들이여 회개하라 (욜 1:11)

4) 제사장들이여 회개하라 (욜 1:13~14, 2:17)

5) 전 국민이 합심하여 진정으로 회개해야 할 때 (욜 2:12~13)

2. 그 때에 - 육신적인 축복 약속

1) 땅이여 기뻐하라, 그 이유 (욜 2:21)

2) 들짐승들아 두려워하지 말라, 그 이유 (욜 2:22)

3) 자녀들아 기뻐하며 즐거워하라, 그 이유
이른 비와 늦은 비를 적당하게 예전과 같이 주시리라 (욜 2:23~26)

4) 내 백성이 영원히 수치를 당하지 아니하리로다 (욜 2:25~27)

*너희 하나님 여호와로 말미암아 기뻐하며 즐거워하라 (23, 26)

3. 그 후에 - 영적인 축복 약속

1) 내 신을 만민에게 부어 주리라
그 약속의 성취 (2:28~29, 행 1:1~14, 2:1~4)

2) 누구든지 주의 이름을 부르는 자는 구원을 얻으리라
그 약속의 성취 (욜 2:32, 행 2:5~47)

3) '그 날' '여호와의 날'이 오기 전에 '남은 자'의 축복을
여호와의 이름을 부르는 자 / 여호와가 그 이름을 부르는 자
그 약속의 성취 - 세계복음화의 특권 (욜 2:32, 마 28:19~20, 행 1:8)

4. 그러므로 하나님으로 인하여 기뻐하며 즐거워하라

1) 느 8:10 2) 시 37:4

3) 시 32:11 4) 시 9:1~2

꿈을 꾸며 환상을 보며

욜 2:26~32

Vision & Dream Center는 요엘 선지자의 예언대로 말세에 남종과 여종에게 성령을 부어 주심으로 자녀들이 장래 일을 말하며 늙은이들은 꿈을 꾸고 젊은이들이 환상을 보는 언약의 땅을 의미한다. 언약은 반드시 성취된다. 큰 영광을 받으실 하나님을 높이 찬양하자.

1. 시대의 희망 남은 자의 언약

1) 그루터기, 밑둥치의 언약 (사 6:13)

2) 끝까지 살아남는 자의 언약 (창 39:1~6, 삼상 3:19, 18:14, 단 1:8, 빌 3:1~21)

3) 실패시대, 무너지는 시대, 그러나 하나님께 은혜를 입은 자의 언약 (창 6:8)

4) 마지막까지 넘어지지 않는 자의 언약 (행 1:1~14)

2. 꿈을 꾸며 환상을 보며

1) 요엘 선지자의 예언

(1) 황충과 곤충에 의한 유다왕국의 비탄스러운 황폐 - 현재적 상황 (욜 1:1~20)

(2) 그러나 두려워하지 말라, 여호와께로 돌아오라 (욜 2:12~27)

(3) 그 후에 내가 내 영을 만민에게 부어 주리니 (욜 2:28)

(4) 늙은이들이 꿈을 꾸며 젊은이들이 환상을 보며 (욜 2:28, 잠 29:18)

2) Vision & Dream Center

(1) 시대 살릴 5대비전 - 부활 메시지, 승천 메시지, 남은 자의 언약

(2) WMTC - 주님의 재림을 준비하는 마지막 과업

(3) V&DC - 세계선교 센터, 렘넌트 비전 센터, 실버 비전 센터 (사 55:5~13) (7렘넌트) (눅 2:36~38)

3) 십자가와 부활을 자랑하는 교회, 재림의 주를 증거하는 교회

(1) 십자가에서 인간의 근본문제, 모든 문제를 해결하신 그리스도 (요 19:30)

(2) 저주의 나무십자가에서 저주를 청산하신 예수 그리스도 (갈 3:13~14)

(3) 죽음으로 죽음의 문제를 해결하신 예수 그리스도 (요 5:24, 계 1:5~6)

(4) 십자가와 부활을 자랑하는 교회, 재림의 주를 증거하는 교회 (갈 6:14, 행 1:1~11)

3. 남종과 여종에게 부어주시는 성령의 능력으로

1) 남은 자의 언약을 잡고 기도하라 (롬 11:5)

2) 꿈을 꾸며 환상을 보며 - 반드시 성취되는 언약 (히 11:1~40, 마 16:16~19)

3) 땅 끝까지 예수는 그리스도 전도제자, 선교제자 (사 60:1~22, 62:1~12)

4) 확신, 기도, 감사, 증인, 기쁨 - 매일의 축복을 찾아서 (행 1:1~14)

하나님의 영으로 꿈을 꾸는 사람들

욜 2:28

요엘은 "여호와는 하나님이시다"라는 뜻이다. 그 하나님께서 오늘 욜 2:28절에 말씀하신다. 내 영을 만민에게 부어 주겠다. 그때가 되면 "자녀들이 장래 일을 말할 것이다. 너희 늙은이는 꿈을 꿀 것이다. 너희 젊은이는 비전을 볼 것이다"

1. 정상적인 그리스도인의 기준을 점검해 보라 (김종주, 생각치유 p.9)

1) 영육간에 잘되고 풍성한 삶을 누리고 있는가?

2) 우리 부부는 하나(연합, 일치)되고 우리 가정은 작은 천국인가?

3) 주님이 위임해 주신 그 권세와 능력으로 지상명령을 성취하고 있는가?

4) 나에게 주신 비전과 꿈을 분명히 붙잡고 그 푯대를 향해 매진하고 있는가?

2. 하나님의 영으로 꿈을 꾸는 사람들

1) 요엘서의 열쇠

(1) 재앙 - 복음 놓친 이스라엘에 다가올 어려움 예언 (욜 1:2~2:11)

(2) 그러므로 돌아오라, 새로운 회개의 요청 (욜 2:12~14, 15~17)

(3) 언약 회복, 부어주시는 하나님의 영으로 꿈을 꾸라 (욜 2:18~27)

(4) 메시야 시대에 관한 예언, 오순절 성령강림으로 성취된 언약 (행 2:16~21)

2) 하나님의 영으로 꿈을 꾸는 사람들 (욜 2:28)

(1) 내가 내 영을 만민에게 부어 주리니 자녀들이 예언할 것이다

(2) 늙은이들이 하나님의 꿈을 꿀 것이다

(3) 젊은이들이 하나님의 비전을 보고 세상을 살릴 것이다

(4) 최종적으로 구원에 이르게 되는 정선된 소수의 무리 (욜 2:29~32)

*피할 자, 남은 자 = 복음을 선포하는 사람들(LXX)

3) 하나님의 꿈을 꾸라, 꿈과 비전을 확실하게 품고 기도하라

(1) 요셉 (창 41:38, 45:1~5)

(2) 모세 (출 7:1)

(3) 사무엘 (삼상 3:1~19)

(4) 다윗 (삼상 16:13, 시 78:70~72)

(5) 엘리야 (왕상 18:41~46, 왕하 2:1~11)

(6) 이사야 (사 6:1~13)

(7) 바울 (행 20:21~24)

*복음가진 소수, 하나님의 영에 감동된 사람들이 시대를 살리고 세상을 변화시켰다.

3. 십자가 앞에서 꿈을 꾸라, 하나님의 꿈을 꾸라, 정시 무시로 기도하라

큰 감사, 더 큰 감사

욜 2:28~29

임마누엘의 하나님께 감사와 영광을 돌립니다. 성도의 삶의 현장과 가정, 교회와 선교 현장 가운데 함께 하신 하나님께 영광을 돌립니다. 마지막 주일, 큰 감사와 더 큰 감사로 한 해를 마무리 합니다.

1. 큰 감사

1) 마 16:16~19 | 그리스도

2) 행 1:3 | 하나님의 나라

3) 행 1:8 | 오직 성령권능

믿음의 선진들이 잡은 완전한 언약 (히 11:1~3, 창 26:12~15, 41:39~43, 38)

2. 더 큰 감사

1) 욜 2:28~29 | B.C 830년경 예언

2) 행 2:1~4 | A.D 30~33년경 성취

3) 행 2:16~21 | 증거

4) 행 2:38~39 | 더 큰 감사

- 여호와의 날 도래의 징조 / 남은 자의 구원을 실현

3. 모든 영광을 하나님께

1) 학 2:6~7 | 만국의 보배이신 그리스도 / B.C 520년경

2) 학 2:9, 호 5:1, 6:1, 7 | 더 큰 영광을

3) 마 16:16 | A.D 30년경 (기록연대 A.D 50~70)

4) 행 2:47, 4:21 | A.D 30~63

마지막 때의 징조, 남은 자의 구원 실현 메시지를 언약 잡아야 한다. (욜 2:32)

신앙의 자유와 성도의 행복을 지키기 위해 먼저는 큰 감사, 더 큰 감사의 언약을 잡고, 다음은 성령의 능력으로 황무지를 옥토로 변화시키는 역사의 증인이 되도록 정확한 언약 잡고 기도하는 삶, 결정하자!

꿈과 비전을 새롭게 하시는 성령님

욜 2:28~29

언약 메시지를 잘 붙들고 기도하자. 여호와께 감사하라, 그는 선하시며 그 인자하심이 영원함이로다. 꿈과 비전을 새롭게 하시는 성령님, 반드시 언약하신대로 이루신다.

1. 여호와께 감사하라

1) 여호와께 감사하라, 그는 선하시며 그 인자하심이 영원함이로다 (시 136:1)

2) 불, 하나님의 불 (행 2:1~4)

3) 불, 말씀의 불 (행 2:1~4)

4) 불, 기도의 불 (행 2:1~4, 1:13~14)

5) 불, 전도의 불 (행 2:1~4)

매일 오늘이 특별한 날, 응답의 날이 되도록 기도하자.

2. 완전한 언약, 무엇이든지 기도하라

1) 요 14:13~14 | 내 이름으로 무엇이든지 구하라

2) 요 15:7 | 너희가 내 안에, 내 말이 너희 안에 거하면 무엇이든지 원하는대로 구하라

3) 요 15:16 | 너희 열매가 항상 있게 하여 내 이름으로 무엇이든지

4) 요 16:23~24 | 내 이름으로 무엇이든지 구하라 그리하면 너희 기쁨이 …

5) 요일 3:21~22 | 책망할 것이 없으면 무엇이든지 구하는 바를 받나니

6) 요일 5:14~15 | 그의 뜻대로 무엇을 구하면 무엇이든지 구하는 바를 받나니

3. 성령님, 꿈과 비전을 새롭게 하시는 성령님

욜 2:28은 행 2:1~4에서 성취되었다. 새로운 시대가 시작되었다. 곧, 교회시대를 활짝 여신 것이다. 교회시대를 펼쳐나가시는 역사 속에는 하나님의 뜨거운 마음이 있다. 세계선교의 대사명이다. 모든 열방이 주께로 돌아와 하나님을 예배하도록 교회를 통해 일하시는 하나님의 열정이다. (욜 2:18) 교회시대는 열방선교시대이다.

하나님의 창조목적, 구원목적이 바로 하나님의 영광을 위한 하나님의 열심에서 비롯되었다. (사 9:7, 37:31~32, 48:11, 사 62:1~2, 겔 39:25, 고후 11:2, 3) 열방선교 그 이후에 예수님의 재림이 있다. (마 24:14) 자녀들아, 인류구원에 대한 하나님의 열정을 세상에 알리라. (행 2:17~36) 늙은이들아, 꿈을 꾸라. 젊은이들아, 이상(비전)을 보라. (욜 2:28~29) 여종이든, 남종이든 관계없다. 세상은 사회적 신분을 엄격히 구분했지만 하나님은 그리스도를 믿는 심령에 성령을 부어주신다. 그리스도 안에서 하나님의 거룩한 비전을 품는 것은 신분이나 조건이 결코 장애가 되지 않는다. 충격적인 선언 아닌가? (고전 12:13, 사 11:1~2) 하나님의 꿈과 비전은 내 삶의 방향이다. 언약잡고 기도하라. 무엇이든지 기도하라, 기도로 결정된다. (롬 4:16~22)

거룩한 비전 확인

욜 2:28~32

우리는 지금 4차 산업혁명 시대, 세상이 어디로 갈지 모르는 불확실하고 불안한 시대에 살고 있다. 그러나 역사는 여전히 성경에 기록된 대로 응하여 가고 있고, 하나님의 언약은 완벽하게 성취되고 있다. 요엘서는 마지막 때 예언이다. 언약을 놓치고 갈팡질팡하던 남 유다는 결국 심각한 메뚜기 재앙(욜 1:1~4)으로 폐망한다. 그러나 요엘은 하나님께서 모든 사람에게 성령으로 부어주실 미래비전을 보았다. 거룩한 비전이다.

1. 하나님의 7대 비밀

1) 그리스도의 비밀 (골 1:24~25, 26~27, 골 2:1, 2~3, 4:2~3, 고전 4:1)

2) 부활의 비밀 (고전 15:51~52)

3) 천국의 비밀 (마 13:10~11)

4) 교회의 비밀 (엡 3:3~4, 9~10, 5:32)

5) 부부의 비밀 (엡 5:31~33)

6) 이스라엘 회복과 구원의 비밀 (롬 11:25)

7) 불법의 비밀 (살후 2:7~8)

*하나님의 7대 비밀을 자세히 보라. 하나님의 비전이 무엇인가 분명하게 드러난다.

2. 거룩한 비전 확인

1) 하나님의 비전

(1) 구원 - 그리스도 (요 6:38~40, 딤전 2:4)

(2) 천국 - 축복 (신 33:29, 요 10:10)

(3) 교회 - 역사의 중심 (마 16:16~19, 계 22:16)

2) 교회의 비전 - 시대 살릴 5대 비전

(1) 교회비전 (마 16:16~19)

(2) 선교비전 (마 28:19~20)

(3) 제자비전 (롬 16:1~27)

(4) 성령비전 (행 1:8, 욜 2:28~29)

(5) 축복비전 (창 12:1~3, 욜 2:32)

*전도제자, 선교제자의 비전이다.

3) 나의 비전

(1) 거룩한 비전 (욜 2:28~29)

(2) 남은 자의 비전 (욜 2:28~32)

*존재의 뿌리 확인, 뿌리가 서있으면 흔들리지 않는다. 뿌리 되는 가치관은 변하지 않는다. (마 16:16) 십자가 보혈 아래서 확인하라, 존재의 뿌리가 되는 가치관을 확인하자. (요 19:30, 창 1:27~28) 자기 갱신의 시간이다. 거룩한 비전을 확인하자. 다시 시작하자. (행 1:1~14) 비전만큼 살고 기도만큼 이룬다.

3. 하나님께서 내게 주신 [거룩한 비전 확인], 언약잡고 [오직]으로 기도하라

믿음으로 도전하라. (사 60:1~2, 22, 61:4~5, 8~9, 62:10~11)

내 영을 만민에게 부어 주리니

욜 2:28~32

요엘은 '여호와는 하나님이시다'라는 말이다. 요엘서는 구약의 성령행전이라 할 정도로 성령강림 예언이 구체적으로 나타나 있고 700년 이후 그대로 성취되었다(행 2:1~4). 본문에 엄청난 축복을 말씀하신다. 하나님의 영이 만민에게 부어진다는 말씀이다. 하나님의 영이 부어질 때 어떤 일이 일어나는가? 무슨 의미인가?

[요엘서 대단원 개요]

1) 메뚜기 재앙과 임박한 여호와의 날 (1:1~2:11)

2) 회개 촉구 (2:12~2:27)

3) 여호와의 날(교회 시대로부터 시간 끝까지) (2:28~3:21)

[요절] 욜 2:28

1. 성도의 영화로운 신분과 권세

1) 이미 하나님의 영이 내주하는 사람들 (고전 3:16)

2) 믿음으로 선포하는 '만인 제사장' (벧전 2:9)

3) 믿음으로 사용하는 '왕의 권세' (눅 10:19)

4) 믿음으로 부여된 '만인 선지자' (욜 2:28~29)

2. 내가 내 영을 만민에게 부어 주리니

1) 임박한 재앙을 돌이키는 유일한 길, 회개 촉구 (욜 1:1, 2:1, 2~3, 12~13)

2) 내가 내 영을 만민에게 부어 주리라 (욜 2:28, 행 2:16~18, 19~21, 38)

(1) 자녀들은 장래 일을 말할 것이며

(2) 늙은이는 꿈(Dream)을 꾸며

(3) 젊은이는 이상(Vision)을 볼 것이라 (엡 1:17~19, 요 17:3, 행 2:1~4)

(4) 남종과 여종들에게 (욜 2:29, 갈 3:28~29, 고후 3:17)

(5) 누구든지 여호와의 이름을 부르는 자는 구원을 얻으리라 (욜 2:32)

3) 항상 복음을 주시는 하나님 - 남은 자의 구원 (욜 2:32)

3. 오직 성령의 능력으로

1) 초월적인 하나님, 위대한 꿈과 비전을 품으라 (사 11:1~2)

2) 시대에 맞는 꿈과 비전을 품으라 (창 6:8, 창 12:1~3, 사 60:1, 마 28:19~20)

3) 반드시 성취될 언약적 꿈과 비전을 기도하라 (슥 4:6, 행 1:8, 엡 5:18)

4) 빛을 발하는 전도자의 삶으로 (행 2:38, 갈 5:22~24, 사 60~62장)

시대의 파수꾼이 보는 환상

암 9:11~15

아모스는 직업적인 선지자가 아닌 평민 출신으로서, 가축을 돌보고 뽕나무를 재배하는 도중에 소명을 받았다(7:15). 유다에 속한 사람으로서 북 이스라엘에 가서 사역을 하였다. 그는 시리아, 블레셋, 두로, 에돔, 암몬, 모압, 유다의 죄를 책망하고 마지막으로 이스라엘에 대해 예언을 한다. 가장 큰 은혜를 입은 이스라엘은 오히려 교만하여 범죄 함으로 인해 멸망을 자초하는데 이는 하나님의 말씀에서 너무 많이 벗어나 있었기 때문이다. 시대의 파수꾼들은 시대를 보는 하나님의 환상이 있다.

[아모스 대단원 개요]
1) 열방과 이스라엘을 향한 하나님의 심판 (1:1~9:10)
2) 이스라엘의 회복 (9:11~15)
[요절] 암 5:23~24
*아모스는 [짐진자]라는 의미이다.

1. 언약 백성이 가는 길은 One Way

1) 구원의 은혜 (사 53:5~6)
2) 구원의 축복 (고전 2:12)
3) 구원의 증인 (행 1:8)
4) 모든 영광은 하나님께 (고전 10:31)

2. 시대의 파수꾼이 보는 환상

아모스는 B.C 760~745년경에 기록 되었다.
1) 시리아, 블레셋, 두로, 에돔, 암몬, 모압에 대한 심판 예언 (암 1:3~2:3)
2) 남 유다, 북 이스라엘에 대한 심판 예언 (암 2:4~5, 6~16)
3) 시대의 파수꾼이 보는 환상 (1)
(1) 메뚜기 떼, 불꽃, 다림줄, 여름실과, 부서진 문설주 (암 7:1~9:4)
(2) 의미 - 이스라엘을 침략할 외국군대, 폐허가 될 이스라엘, 하나님의 기준에 어긋남, 부패한 이스라엘, 신앙의 붕괴
(3) 이유 - 제사장의 타락으로 율법(말씀)이 흐려짐으로 (암 8:11~12, 14)

4) 시대의 파수꾼이 보는 환상 (2) - 회복의 길은 오직 One Way

(1) 무너진 다윗의 장막을 재건하는 메시야 (암 9:11)

(2) 만국을 기업으로 얻게 하는 메시야 (암 9:12)

(3) 그 뿌리가 다시 뽑히지 않게 하는 메시야 언약 (암 9:13~15, 사 11:1, 10)

3. 시대를 살리는 파수꾼이 되기 위해 무엇을 해야 될까?

1) 빛의 파수꾼 (요 8:12, 벧전 2:9)

2) 말씀의 파수꾼 (겔 3:17, 18~21)

3) 기도의 파수꾼 (사 62:6~7, 8~9, 10~12)

4) 임마누엘을 누리는 일꾼 (마 28:20 하)

언약을 놓친 결과에 대하여

옵 1:1~2, 15~18

하나님의 메신저는 종종 사람들이 듣기 싫어해도 선포해야 하는 외로움이 있다. 그 누구도 다른 사람의 잘못된 행위를 지적하는 사람이 되는 것을 원하지 않는다. 그 행위에 따른 결과에 대해 말하는 것은 더더욱 그렇다. 그러나 많은 기도와 함께 어떤 상황에 대면하여 심각한 메시지를 전해야만 하는 때가 있다. 선지자들의 사역이 그러했고 오바댜의 메시지가 그렇다. 오바댜는 '여호와의 종', '여호와께 예배 하는 자'라는 뜻으로 구약에서 가장 짧은 책이지만 내용은 심오하다. 언약을 놓친 자의 결과에 대해 선포한다.

[오바댜 대단원 개요]

1) 에돔 심판 (옵 1:1~14)

2) 열방 심판 (옵 1:15~16)

3) 이스라엘의 회복

[요절] 1:21

1. 언약 - 하나님의 모든 이유, 절대 이유가 여기에

1) 행위언약 - 선악과 언약 (창 2:16~17)

2) 은혜언약 - [여자의 후손 언약 - 재림언약]까지 (창 3:15, 행 1:11)

언약이란 죄로 타락한 인간구원을 위해 주신 하나님의 약속이다. 언약이 시대와 인물에 따라 다양한 모습으로 나타났지만 근본 목적과 본질은 예수 그리스도를 통한 인간 구원의 언약으로써 모두 다 동일하다.

예) 횃불언약 (창 17장), 할례언약 (창 15장), 다윗언약 (삼하 7:5~16), 보혈언약 (마 26:26~28) 등

2. 언약을 놓친 에서의 후손

1) 하나님이 축복, 장자의 축복을 경홀히 여긴 에서 (창 25:28~34)

2) 부모의 마음을 근심케 하는 결혼 (창 26:34~35)

3) 동생 야곱을 향한 분노로 가정에 파탄이 옴 (창 27:30~45)

4) 에서의 후손 에돔, 항상 이스라엘의 원수 역할을 하는 에돔

(1) 출애굽 시 이스라엘을 대적하는 에돔 (민 20:14~21)

(2) 기회가 있을 때마다 이스라엘을 공격 (삼상 14:47, 대상 18:12~13)

(3) 이스라엘이 바벨론에 포로 잡혀갈 때 바벨론을 도움 (옵 1:11)

5) 오바댜, 아모스, 예레미야, 이사야, 에스겔을 통해 하나님의 심판 메시지를 통보받았으나 교만하여 스스로 속임, 추락하는 에돔 (옵 1:1~2, 3~4, 5~10, 11~14)

- 에돔은 B.C 5세기 말에 아라비아의 침공으로 쇠퇴, 로마에 의해 민족 자체가 멸망 받음

3. 언약 놓친 자의 후대 VS 언약 가진 자의 후대, 축복의 흐름을 전달하라

1) 에서와 야곱 (옵 1:17~18,21)

2) 사울 왕과 다윗 왕 (시 23:1~6)

3) 바리새인과 초대교회 (마 16:16~19)

4) 에돔과 이스라엘 (옵 1:17~18)

5) 축복의 흐름을 전달하는 부모, 하나님을 경외하는 가정 (시 25:12~14, 27:4)

하나님의 선교 열정

욘 3:10~4:11

요나서의 가장 중요한 주제는 하나님의 구속사에 있어서의 세계선교이다. 요나서는 세계선교의 성경적 기초에 있어서 가장 중요한 구약의 본문들 가운데 하나다. 독특한 것은 성경에서 유일하게 하나님의 질문으로 끝이 나는 부분이다. 요나서는 결론을 주지 않는 책이다. 하나님은 마지막 그 질문 앞에 오늘 우리로 하여금 답하라 하신다. 어떻게 답하겠는가?

[요나서 대단원 개요(B.C 760~770경)]
1) 하나님의 선교명령, 요나의 불순종 (1~2장)
2) 하나님의 선교명령, 요나의 순종과 불만 (3~4장)
[요절] 욘 3:10

1. 성경에 기록된 대로

1) 혼미, 혼합, 미혹하는 사람들을 주의하라 (마 24:4~5)
2) 말씀을 혼잡하게 하는 사람들 (고후 2:17)
3) 재난시대
4) 재앙시대 *불법이 성함으로 사랑이식어지리라, 사라지는 Holy Passion (마 24:12)

2. 하나님의 선교열정

1) 큰 축복을 받은 이스라엘, 그러나 몰이해하고 있는 복음
(1) 언약이 시작된 땅 → 잘못된 선민사상
(2) 메시야가 오신 땅 → 율법화 되어버린 종교
(3) 세계복음화의 축복 → 율법의 수건으로 얼굴을 가리고 있는 제도화된 외식
2) 하나님의 선교명령 - 일어나라, 큰 성 니느웨로 가라, 쳐서 외치라 (1:2)
(1) 하나님의 임재를 피하는 요나의 선교 (1:3)
(2) 하나님의 목적지와 다른 요나의 목적지, 요나의 큰 착각 (1:3)
① 여호와의 낯을 피할 수 있다는 착각
② 도망하면 되는 줄로 착각
③ 다시스로 도망갈 배를 보고 요행으로 착각
④ 실패할 곳에 물질을 쓰는 요나의 착각
(3) 하나님의 큰 바람, 폭풍, 파선, 수치, 바다에 던져짐, 물고기 뱃속으로 (4~17)
(4) 요나의 회개, 다시 임한 선교명령, 억지로 순종하는 요나, 그 결과 (3:1~9)

3) 하나님의 선교 열정 - "회개하라", "다가오는 재앙을 피하라" (1:2, 3:10)

복음을 누리지 못한 죄, 전도를 이해하지 못한 죄, 선교가 무엇인지 모르는 죄, 재앙을 깨닫지 못하는 죄를 회개해야 한다. 그러나 하나님의 더 큰 구원의 열정, 주권적인 은혜로, 보편적인 구원의 은혜 안에서 우리는 소망이 있다.

3. 하나님의 마지막 질문, 하나님의 선교열정으로 (욘 4:1~11)

*이 시대 하나님의 시간표는 미전도종족 선교 (마 28:19~20, 사 60~62장, 행 1:8)

베들레헴으로 오신 참 목자

미 5:1~4

미가는 이사야와 동시대 사람이다. 영적으로 어두운 시대, 특별히 백성들과 사회의 정치 지도층, 부유한 자들의 위선과 타락, 종교적 지도자들의 죄를 지적하며 특별히 경제정의를 외치고 있다. 이에 구원자로 오시는 참 목자는 예루살렘에서 나오지 않고 시골마을 베들레헴에서 오실 것이라 예언한다. 베들레헴에서 오시는 참 목자, 오늘 나에게 주시는 하나님의 메시지는 무엇인가? '미가야'는 '하나님 같은 이가 누구냐?(7:18)'라는 뜻이다.

[미가서 대단원 개요]
1) 백성의 죄와 하나님의 심판 (1:2~2:13)
2) 예루살렘의 회복 예언 (3:1~5:13)
3) 회개를 촉구하시는 하나님 (6:1~7:20)
[요절] 미 6:8

1. 누군가에 의해 상실되는 언약백성의 축복

1) 우상숭배에 빠진 북 이스라엘과 남 유다의 백성들 (미 1:2~7)
2) 권력을 가진 사회 지도층, 부유한 계층 사람들의 부패 (미 2:1~3)
3) 맘몬 앞에 무릎 꿇고 평강을 외치는 거짓 선지자들 (미 3:5, 11)
*목자가 없는 시대, 우리에게 참 목자를 주소서. 그러므로 Jesus All (요 10:11~13, 14)
*인류의 죄, 저주, 심판, 지옥의 운명에서 과연 해방되었는가? 참 목자가 필요한 사람들

2. 베들레헴으로 오시는 참 목자

1) 참된 왕 메시야 탄생 예고, 목자로 오시는 메시야 (미 5:2, 마 2:6)
2) 메시야의 영원성 (미 5:2)
3) 창대하여 땅 끝까지 다스리시는 평강의 왕 (미 5:4~5, 사 11:10)
4) 자기 영광을 자랑하는 제국(대적)들의 손에서 건져 내시는 구원자 (미 5:6)
5) '남은 자'들을 통하여 열국에 구원과 축복을 주시는 분 (미 5:7~8, 창 12:1~3)
*남은 자는 어떤 사람인가? 사람을 기다리지 아니하며 인생을 기다리지 아니하는 자 (미 5:7)

3. 베들레헴에서 오신 왕, 그는 참 목자

왕 (마 2:1~2, 5~6) / 구원 (미 7:7~8, 요 14:6) / 사단결박 (요일 3:8, 요 18:37) / 그리스도 (창 3:15, 마 16:16)

*언약잡고 기도하라. 언약과 기도는 성도의 생명이다.

크리스마스의 화평

나 1:15

나훔, 이름의 뜻은 '위로자'이다. 앗수르 군대의 잔인한 행위의 공포에 떠는 사람들, 2,700만의 북한 동포들, 여러 가지 이유로 압제 당하는 세계인들, 우리 모두는 평화를 원한다. 참 평화의 왕이 임하신 크리스마스의 은혜, 이 은혜가 절대 필요한 사람들, 우리는 모두 이 은혜가 절실히 필요하다.

[나훔서 대단원 - 니느웨의 멸망 (1:1~3:19)]
요나의 사역 150년 후의 기록이다. 앗수르 왕국의 멸망 예언은 86년 후 모두 이루어졌다.
[요절] 1:15

1. 하나님의 비밀을 굳게 언약 잡아야 한다

1) 보이지 않는 하나님을 계시하는 '하나님의 비밀' (골 1:26~27)
2) 하나님의 비밀인 그리스도를 깨닫는 자의 축복, 그 이유 (골 2:2~3)
3) 복음을 전파할 때 확실하게 드러나는 그리스도의 능력 (행 3:1~12)
4) 교회를 통하여 드러내게 하시는 그리스도의 비밀 (엡 3:3, 9~10, 골 4:3)
- 이 언약을 잡은 믿음의 선진들, 시대의 공통점과 인물의 특징들이 있다.

2. 나훔이 본 그리스도

1) 은혜 주시는 자 (나 1:3)
2) 환난 날의 산성 (나 1:7)
3) 심판자 (나 1:8)
4) 짐을 벗기는 자 (나 1:12~13)
5) 화평 (샬롬)의 전달자, 크리스마스의 예언 (나 1:15, 사 52:7)

3. 크리스마스의 화평이 온 누리에

*Christ (그리스도)+ Mas (축일, 예배)
1) 하나님과 화평 (엡 2:14~16, 고후 5:20)
2) 다른 사람과 화평 (마 5:9) 출발점은 하나님과 화평 - 평화의 왕이 중재 - 화평이 임함
3) 화평을 누리는 자의 사명은 복음전파 (고후 5:18~19)
4) 하나님께 영광, 사람들 중에 평화! (눅 2:14)

*하나님과의 평화 - 양심의 즐거운 휴식이다. (Calvin)

조용한 양심과 하나님께 대한 신뢰이다. (Luther)

*세상에서 화평케 하는 일보다 더 하나님을 닮은 일은 없다.

왜 세계선교인가

합 2:14

하박국 선지자가 활동하던 때는 국내외적으로 위기를 맞고 있었을 때이다. 국외적으로는 신 바벨론으로부터 위협을 받고 국내로는 종교적, 도덕적 타락으로 어두움의 그림자가 드리워지던 암울한 시대이다. 이러한 위기의 때에도 하나님의 세계선교는 중단없이 계속되고 있다. 왜 세계선교인가?

[하박국 대단원 개요(B.C 605~597)]

1) 하나님과 하박국의 대화 (1:1~2:20)

2) 하박국의 찬양 (3:1~19)

[요절] 합 2:4

1. 세계선교는 왕명이다

1) 예수님의 부활 메시지 (마 28:18~20, 막 16:15~20, 눅 24:44~48, 요 20:21~22)

2) 예수님의 승천 메시지 (행 1:8)

3) 하나님을 알고 하나님을 알게 하라 (신 4:39~40)

그리스도를 알고 그리스도를 알게 하라 (마 16:16~19)

4) 시대의 요청 (합 2:14, 창 12:1~3, 마 24:14) - 세계선교는 왕명이다, 그러므로 선교는 특권이다

2. 세계선교는 언약 공동체의 정체성이다

1) 어찌하여 (합 1:3, 13~14)

2) 비록 더딜지라도 기다리라, 반드시 응하리라 (합 2:3)

3) 오직 의인은 믿음으로 말미암아 살리라 (합 2:4)

4) 물이 바다 덮음같이 … 세상에 가득하리라 (합 2:14, 3:3)

- 하나님의 비밀의 경륜 (창 3:15, 엡 3:9~10), Holy Mission을 교회에 위임하셨다. (계 22:16)

3. 세계선교, 세상이 이기지 못하는 하나님의 프로젝트

1) 노아 (창 6:8)

2) 아브라함 (창 12:1~3)

3) 요셉 (창 41:54~57))

4) 다윗 (삼하 7:16)

5) 이사야 (사 11:10, 사 60~62장)

6) 바울 (딤후 4:1, 2, 3~4, 5)

7) 시대의 남은 자들 (롬 11:4~5)

- 하나님의 손길이 멈추지 않는 길을 따라 가는 자들

*세계선교는 누가(행 1:8), 어떻게(롬 16:1~23), 무엇으로 (고전 1:18) 하는가? 세상이 이기지 못하는 그 길을 함께 가는 언약 공동체, 자신이 이 역사의 주역임을 선포하자.

조금 있으면 진동시키리라

학 2:1~9

하나님이 자기 피로 사신 교회(행 20:28)와 그리스도인에게는 달라질 수 없는 우선순위가 있고 분명한 방향과 목적이 있다. 올해의 남은 시간, 언약잡고 기도하며 앞을 향해 전진해야 한다. 하나님의 비전을 향해 흐르는 하나님의 공급(Provision)하심을 기대하며 생각, 마음, 입술의 고백을 말씀으로 Setting해야 한다. 하나님께서 오늘도 나에게 말씀 하신다. 조금 있으면 진동시키리라.

1. 성경으로 돌아가자

1) 가정 - 하나님의 말씀 (신 6:4~9)

2) 경제 - 하나님의 경제 언약 (마 6:24, 사 60:1~9)

3) 건강 - 하나님의 은혜 (요삼 2, 잠 14:30, 17:22)

4) 사명 - [자기문제]속에 빠져 살게 하는 악한 영들 결박해야 한다 (엡 6:12)

2. 조금 있으면 진동시키리라

1) 하나님의 시간표 - 성전재건, 말씀 위에 Build하라 (학 1:3~11, 12~14)

2) 유대 총독 스룹바벨, 대 제사장 여호수아, 모든 백성들아 스스로 굳세게 하여 일할지어다, 내가 너희와 함께 하노라 (학 2:4~5)

3) 만군의 여호와가 이같이 말하노라, 조금 있으면 진동시킬 것이요 (학 2:6)

4) 모든 나라의 보배가 이르리니 / 열방의 재물, 바다의 풍부 (학 2:7, 사 60:4~5)

5) 은도 내 것이요, 금도 내 것이니라, 만군의 여호와의 말이니라 (학 2:8)

6) 이 성전의 나중 영광이 이전 영광보다 크리라
내가 이곳에 평강을 주리라, 만군의 여호와의 말이니라 (학 2:9, 합 2:14)

7) 만국의 보배 그리스도, 십자가의 보혈, 부활의 복음 (창 3:15, 마 16:16, 요 19:30)

3. 하나님의 Provision - For Vision

1) 그리스도의 유일성, 완전성, 영원성 (마 16:16~19)

2) 복음 능력체험, 영적인 정상, 영역 주권의 주역으로 (7R~T)

3) 세계복음화의 전도제자, 선교제자의 축복 (롬 16:1~23)

4) 기도제목 (송구영신 Message) - 실천부분

- WMTC 100% 참여 (중보기도, 이사 20명, 헌신) / VDC-ONENESS 운동 book & loveyouhouse

*언약적 경제, 예비된 경제, 세계복음화의 비전을 따라 흐른다.

조금 있으면 하늘 · 땅 · 열방이 진동하리라 학 2:6~9

현재는 세계가 세계경영의 틀을 새롭게 짜야할 정도로 정치, 경제, 문화, 국방 등의 영역에 많은 변화가 있을 것이다. 프리메이션과 뉴에이지 사상이 신세계 질서라는 이름으로 융합되고, 진화된 형태의 큰 변화들이다. 그러나 그리스도인에게는 달라질 수 없는 우선순위가 있고 분명한 목적과 방향이 있기 때문에 그 완전한 언약적 비전으로 새해에도 변함없는 전진을 해야 한다. 주님께서 역사하시는 그 시간표를 따라.

1. 너희는 성전을 건축하라

1) 보기 흉하게 훼파되고 황무한 성전처럼 (학 1:4)
2) 영적 생활에 태만하여 육신에 취해있는 사람들 (학 1:5~6)
3) 궁핍과 갈등과 핑계 속에 자기 사명을 놓치고 있는 사람들 (학 1:7)
4) 선지자의 선포, 너희는 성전을 건축하라 (학 1:8~11)
5) 크게 감동된 총독과 대 제사장과 모든 백성들 (학 1:12~15)

*왜 자신의 성전을 새롭게 건축(Build)해야 하는가? 복음으로 자신을 살리라!

2. 조금 있으면 하늘과 땅, 바다와 열방이 진동하리라

1) 조금 있으면 (학 2:6)
2) 하늘과 땅 바다와 육지가 진동하리라 (학 2:6, 출 12장, 수 3~6장)
3) 열방이 진동하리라, 모든 나라의 보배가 이르리니 (학 2:7, 마 28:19~20, 행 1:8)
   (1) 열방이 영화롭게 될 만민의 보배, 그 유일성 (사 11:10)
   (2) 열방을 놀라게 하며 열 왕이 입을 다물게 될 만국의 보배 (사 52:13~15)
4) 만국의 보배, 예수 그리스도, 십자가의 복음 (창 3:15, 마 16:16, 요 19:30)

3. 이 성전에 영광이 충만하리라

1) 금도 내 것이요, 은도 내 것이니라 (학 2:9, 창 49:25)
2) 이 전(殿)의 나중 영광이 더 크리라 (학 2:9, 히 13:18, 갈 6:6~7)
3) 내가 이곳에 평강을 주리라, 만군의 여호와의 말이니라 (학 2:9)
4) 오늘부터 내가 복을 주리라, 영광스러운 미래를 앞당기라 (학 2:19)

*언약적 경제회복, 예비된 경제가 있다. 세계복음화의 주역으로! (사 60:1~22, 61~62장)

나중 영광이 더 크리라

학 2:9

학개의 예언이 시작된 "다리오 왕 2년(1:1)"은 B.C 520년이다. 이 때 중국에서는 공자의 철학이 한창 빛을 발할 때이다. 학개의 뜻은 [나의 잔치, 축제]라는 의미로 포로기간 중에 출생하여 아마도 포로귀환의 기쁨을 기대하고 지은 이름이 아닐까? 본문은 학개서의 요절로 재건되는 성전의 나중 영광이 이전 영광보다 더 크리라는 예언이다. 그 의미는 무엇이며 나와는 어떤 관계가 있는가?

[학개서 대단원 개요]
1. 성전 재건에 대한 호소 (1:1~15)
2. 제2성전의 영광 (2:1~9)
3. 순종에 대한 현세의 축복 (2:10~19)
4. 미래의 축복 (20~23)
[요절] 학 2:9

1. 만군의 여호와 - Lord Almighty (×14)

1) 만군의 여호와 - 야훼 체바오트 (군대)
*우주의 창조주, 통치자 하나님을 강조 (×255)
사 5:16 (공의), 사 44:6 (이스라엘의 구원자), 사 28:29 (경영은 기묘, 지혜는 광대)
2) 하나님의 군대 (창 32:1~2, 삼상 17:45, 삼하 5:10)
3) 다윗의 고백 (시 103:20~22)
4) 바울의 체험, 성도들의 체험 (행 5:18~19, 23, 마 18:10)
5) 지금도 동일하게 역사하시는 만왕의 여호와, 만군의 주 (롬 9:29, 약 5:4)
성도의 배경은 하나님 배경, 천국 배경 - 성도에게 이미 주어져 있는 영적인 축복이 크다. (고전 2:12)

2. 나중 영광이 더 크리라

1) 성전 영광의 회복자 (학 2:6~8)
2) 모든 나라의 보배이신 그리스도 (학 2:7, 골 2:2~3)
3) 신약교회의 위대함, 교회의 머리이신 그리스도와 몸된 교회 (엡 1:22~23, 행 1~28장)
4) 내가 이곳에 평강을 주리라 (왕상 8:29, 43, 마 16:16~19, 요 14:27)

3. 그리스도 안에서 - 나중 영광이 더 크리라

1) 복음으로 자신을 살리라 (계 12:9, 마 12:28, 빌 3:8~21)

2) 복음으로 가정과 산업을 살리라 (단 6:10~22, 롬 16:1~23)

3) 성전재건의 사명은 하나님 나라 확장의 사명 (학 2:1~23, 시 37:4)

성령 비전

슥 4:1~10

만군의 여호와께서 말씀하시되 "이는 힘으로 되지 아니하고 능으로 되지 아니하고 오직 나의 신으로 되느니라". 본문은 성령비전의 요절이다. 교회와 성도는 성령님의 능력을 힘입어야 한다. 교회와 성도의 힘은 바로 성령의 능력이어야 한다.

1. "힘"이 필요하다

1) 위로부터 임하는 성령의 능력이 필요하다 (영력) (눅 24:49)

2) 만남의 축복이 필요하다 (인력) (롬 16:1~13)

3) 말씀의 지혜와 지식이 필요하다 (지력) (엡 1:17~19)

4) 세계선교를 위하여 경제력이 필요하다 (물력) (대상 29:1~19)

5) 세계선교를 위하여 건강이 필요하다 (체력) (요삼 2)

*이러한 힘은 근원적으로 어디에서 오는가?

2. 오직 여호와의 신으로 되느니라 (슥 4:1~10)

1) 스룹바벨의 성전재건, 중단, 재개, 완성

(1) B.C. 586년 - 남 유다가 바벨론 포로로 끌려감

(2) B.C. 536년 - 바벨론 멸망과 바사국 고레스 왕의 칙령

(3) B.C. 535년 - 돌아온 자들이 성전기초를 놓았으나 사마리아 인들의 방해로 중단 됨

(4) B.C 520년 - 15년간 중단 되었던 성전재건 시작

(5) B.C 516년 - 성전 완성 (슥 6:15)

*본문은 성전건축 도중에 하나님이 보여주신 8가지 환상 중 다섯 번째 환상의 내용이다.

2) 오직 여호와의 신으로 되느니라 (슥 4:6)

(1) 성전재건을 위해 힘쓰고 있는 스룹바벨에게 주신 메시지 (슥 4:1~10)

(2) 네가 무엇을 보느냐 - 순금등대를 보나이다 (슥 4:2~3)

(3) 네가 이것들이 무엇인지 알지 못하느냐 - 내 주여 내가 알지 못하나이다 (슥 4:4~5)

(4) 힘으로 되지 아니하고 능으로 되지 아니하나 오직 나의 신으로 되느니라 (슥 4:6)

(5) 큰 산아 네가 무엇이냐 - 네가 스룹바벨 앞에서 평지가 되리라 (슥 4:7)

(6) 스룹바벨의 손이 이 전의 지대를 놓았은즉 그 손이 또한 그것을 마치리라 (슥 4:9)

*성전 재건에 힘쓰고 있는 스룹바벨에게 힘을 주시기 위하여 주신 위로 메시지의 핵심은 슥 4장 6절의 말씀이다. 성전은 반드시 완공된다는 격려의 내용이다.

3. 성령비전 (슥 4:6)

1) 성령이 내주하시는 임마누엘 신분의 위대함 먼저 알아야 한다 (요 14:16~17, 고전 3:16)

2) 하나님 보좌의 배경으로 누리는 영적인 비밀을 누려야 한다 (빌 3:20, 왕하 6:17, 단 6:22)

3) 성삼위일체 하나님의 능력의 무한함이 그리스도의 복음 안에 (창 1:1~31, 고후 3:17)

4) 성령의 권능 받아 땅 끝까지 세계 복음화 (행 1~28장) *교회, 선교, 제자, 능력, 축복

5) 힘으로 되지 아니하고 능으로 되지 아니하나 오직 여호와의 신으로 되느니라 (슥 4:6)

오직 나의 영으로 되느니라

슥 4:6

힘으로 되지 아니하며 능력으로 되지 아니하고 "오직 나의 영으로 되느니라"

1. 구약 - 여호와의 영 (사 11:2)

1) 지혜의 영

2) 총명의 영

3) 모략의 영

4) 재능의 영

5) 지식의 영

6) 여호와를 경외하는 영

7) 하나님의 영에 감동 된 요셉 (창 41:38)

8) 여호와의 영에 크게 감동 된 다윗 (삼상 16:13)

9) 오직 나의 영으로 되느니라 (슥 4:6)

10) 큰 산아 네가 무엇이냐 네가 스룹바벨 앞에서 평지가 되리라 (슥 4:7)

2. 신약 - 오직 성령 (행 1:8)

1) 고전 12:3 - 성령으로 하지 않고는 누구든지 예수를 주시라 할 수 없느니라

2) 롬 8:2 - 생명의 영

3) 요 14:17 - 진리의 영

4) 히 10:29 - 은혜의 영

5) 엡 1:13 - 약속의 성령

6) 벧전 4:14 - 영광의 영

7) 롬 1:4 - 성결의 영

8) 히 9:14 - 영원하신 영

9) 요 15:26 - 보혜사, 곧 그가 나를 증거하실 것이요

10) 행 1:8 - 오직 성령의 권능 받아 땅 끝까지 내 증인이 되리라

3. 오직 나의 영으로 되느니라

1) 겔 37:1~10, 겔 47:1~12, 행 1:8

2) 3.3.3 오직 예수 Festival

3) 세계복음화의 언약 잡은 남은 자들의 과거와 오늘과 미래 (사 60:1~22)

준비된 미래는 회복과 영광이다

슥 9:9~10

회복과 영광의 선지자 스가랴(슥 1:1). 학개 선지자의 동역자로서 스가랴의 사역은 낙심한 자를 권면하는 것이었다. 영감이 풍부한 스가랴서는 놀랄만한 환상들로 가득 차 있다. 환상의 핵심 메시지는 "준비된 미래는 회복과 영광이다!" 라는 것이다. 오늘의 슬픈 현실에서 눈을 돌려 미래의 영광을 바라보게 하는 하나님의 특별한 방법으로 산적한 문제 앞에서 주시는 말씀이다. 미래의 회복과 영광을 위해 무엇을 준비해야 한다는 말인가?

[스가랴서의 대단원 개요]

1) 스가랴의 8가지 환상과 여호수아의 면류관 (1:1~6:15)

2) 금식에 대한 물음과 답변 (7:1~8:23)

3) 메시야 강림과 구원 (9:1~14:21)

[요절] 슥 9:9

1. 메시야 (그리스도)를 바르게 깨닫는 것이 급한 준비이다

1) 공허, 혼돈, 흑암 - 빛 (창 1:3)

2) 뱀의 머리 - 여자의 후손 (창 3:15)

3) 홍수 속에 안전한 노아 방주 (창 6:14)

4) 출애굽(430년)의 비밀 - 피 언약 (출 3:18)

5) 포로 - 해방시키는 분 (사 7:14)

6) 속국 - 세계를 정복하시고 변화시키는 분 (마 16:16~19)

7) 천국보좌 - 재림하실 그리스도 (계 2:1~3:20, 행 1:11)

2. 하나님의 동역자 학개와 스가랴의 준비

1) 성전 언약, 그리스도 언약 (슥 1:4, 16, 17, 엡 3:4, 9~10)

2) 하나님의 Time Table을 알고 있다 (학 2:8, 슥 4:6~7)

3) 학개와 스가랴에게 주신 4메시지, 8환상 메시지 (학 1~2장, 슥 1:7~6:15)

4) 구원을 베푸시는 왕, 겸손하신 예수는 그리스도 (학 2:7, 슥 9:9, 마 21:4~5)

- 우리에게 주시는 메시지는 무엇인가? 하나님의 방법과 능력으로 재건되는 성전역사

3. 그리스도를 계속 체험하고 누리는 기도(학업, 산업, 세계선교)로 준비해야

1) 응답의 자리, 응답의 위치에 와 있게 된다 (창 41:55~57)

2) 응답의 현장, 현장의 변화를 보게 된다 (롬 16:1~27)

3) 남은 자의 응답, 초월하는 은혜의 시간표가 온다 (슥 9:11~12, 16~17)

4) 그의 통치는 땅 끝까지 이르리라, 이것이 세계복음화이다 (슥 9:10, 행 1:8)

*세계 복음화를 위해 준비된 미래는 회복과 영광이다.

십일조, 꼭 해야 하는가

말 3:7~9

말라기는 구약성경의 마지막 메시지요, 구약의 역사가 총 집약되어 있는 '축소판 구약성경'이다. 이스라엘 백성은 오랜 기다림에 지쳐 메시야 소망을 상실하고 영적인 나태와 도덕적인 타락, 그리고 온갖 어려움에 빠졌다. 하나님께서는 "너희는 내게로 돌아오라"라고 하시고 십일조와 봉헌물을 통해 하나님께로 돌아옴을 가시화 시키라고 하신다. 그 후에 메시야 도래의 회복과 영광의 소망을 다시 일깨우시겠다고 약속하신다. 십일조, 꼭 해야 하는가? 왜 해야 하는가?

[말라기서 대단원 내용]

1) 이스라엘을 향한 하나님의 사랑 (1:1~5)

*말라기 - 나의 사자, 특사

2) 이스라엘에 대한 하나님의 책망 (1:6~3:15)

3) 이스라엘을 향한 하나님의 약속 (3:16~4:6)

[요절] 말 3:10

1. 십일조, 꼭 해야 하는가?

1) 아브라함과 십일조 (창 14:20)

2) 야곱의 서원과 십일조 (창 28:20~22)

3) 신명기의 축복과 십일조 (신 26:1~2, 12, 18~19)

4) 히스기야 왕의 종교개혁과 십일조 (대하 29:5, 31:5~6)

5) 느헤미야 시대의 신앙부흥과 십일조 (느 13:11~12)

6) 예수님과 십일조 (마 23:23, 눅 11:24) *바리새인들과 십일조 (눅 18:11~12)

7) 바울 사도와 십일조 (고후 9:10, 11)

2. 내게로 돌아오라

1) B.C 430년경 - 바벨론 포로 귀환 후의 유대 땅

(1) 제사장들의 타락 (말 1:6~2:9)

(2) 우상숭배자와 혼인, 이혼 (2:10~16)

(3) 불성실한(속임) 십일조와 헌물 (3:6~12)

(4) 교만 (3:13~15)

2) 내게로 돌아오라, 나도 너희에게로 돌아가리라 (3:7~8)

우리가 어떻게 하여야 돌아갈 수 있습니까? 이는 곧 십일조와 봉헌물이라.

3) 온 나라가 가뭄과 병충해, 물질과 온갖 어려움에 빠진 원인임을 밝힘 (3:9)

4) 십일조와 봉헌물을 통해 고백하라 (마 6:19~20, 21)

3. 나도 너희에게로 돌아가리라

1) 생사화복의 주권자 하나님의 본심 (신 6:24, 10:12~13, 말 2:4~5)

2) 하나님께 돌아 왔는가? 고백하는 온전한 십일조와 봉헌물 (말 3:7~9)

*다시 시작하는 온전한 십일조, 세계 살릴(세계복음화) 경제 회복을 기도하자.

하늘 문을 여는 복

말 3:7~12

모든 성도가 십일조를 해야만 하는 본질적인 이유는 단 한가지이다. 곧 십일조는 하나님께서 '십일조 준수'를 명하셨기 때문이다. 십일조는 하늘 문을 여는 복으로 영적인 축복과 물질적인 축복의 원리이다.

1. 하나님의 주권적인 사랑으로

1) 포로귀환 - 고레스 왕을 사용 (스 1:1~4)

2) 성전회복 - 다리오 왕을 사용 (스 6:1~12)

3) 성벽회복 - 아닥사스다 왕을 사용 (느 2:1~8)

4) 그러나 하나님의 사랑을 망각한 백성들을 향한 책망 (말 1:6~3:6)

2. 하늘 문을 여는 복

1) 내게로 돌아오라

(1) 우리가 어떻게 돌아가야 하리이까 (말 3:7)

(2) 어찌 하나님의 것을 도둑질 하겠느냐 (말 3:8)

(3) 그것은 곧 십일조와 봉헌물이라 (말 3:8)

(4) 그 결과 (말 3:9)

2) 하늘 문을 여는 복

(1) 온전한 십일조를 드리라, 바른 경제원리 회복 (말 3:10 상)

(2) 하늘 문을 여는 복, 나를 시험해 보라 (말 10 하)

(3) 황충, 모든 파괴세력을 금하시는 하나님의 은혜, 천사의 동행 (말 3:11)

(4) 땅이 아름다워지므로 하는 일이 복이 되는 십일조 (말 3:12)

(5) 하나님의 특별한 소유, 치료하는 광선으로 오시는 그리스도 (말 3:16~4:3)

3) 예수 그리스도의 구속의 은혜를 입은 자로서

(1) 구원받은 자의 감사와 감격으로 온전한 십일조 (살전 5:16~18)

(2) 하나님께 돌아왔다는 증거, 모든 경제의 주인은 하나님 (요 1:12, 학 2:8)

(3) 십일조는 영적전쟁의 무기, 돈이 무릎 꿇는다, 그 복이 크다 (마 23:23)

(4) 하나님의 영광을 위해 드리는 십일조 (단 3:18, 눅 17:10)

3. 하늘 문을 여는 십일조, 하나님의 나라 확장을 위해

하나님의 세계 선교를 위해 큰 경제를 기도하라. (행 1:8)

세계선교를 위해 더 큰 경제를 기도하라. (사 60:1~22)

경제는 하나님의 손에 있다. (신 8:18)

내게로 돌아오라

말 3:7~12

말라기 시대에 이스라엘의 상황은 매우 암담했다. 해마다 흉년이 들었고 그때마다 하나님을 원망하며 자신들을 향한 하나님의 사랑을 의심했다. 그들은 가뭄으로 농사를 제대로 지을 수 없었고 애써 농사를 지어도 메뚜기와 같은 병충해로 폐농하게 되었다. 이때 하나님은 말라기를 통해 회개를 촉구하신다. 내게로 돌아오라, 그리하면 나도 너희에게로 돌아가리라. 말라기는 '축소판 구약성경'이다.

1. B.C 430년경 이스라엘의 상황

1) 정치적 - 포로귀환은 되었으나 여전히 바사국의 지배아래 있는 속국
2) 사회적 - 메뚜기 재해로 인한 극심한 흉년
3) 종교적 - 현실과 거리가 먼 영광스러운 언약 (사 49:8~26, 학 2:1~9)
4) 시대 상황 - 하나님께 대한 회의, 불신, 무관심의 일반화 (말 2:17, 3:14~15)
5) 영적 지도자들과 백성들의 총체적인 부패 (말 1:7~8, 10, 13, 2:10~16)

2. 내게로 돌아오라

1) 어떻게 해야 돌아가리이까?
 (1) 온 나라가 크게 흉년이 든 이유 (말 3:8~9)
 (2) 내게로 돌아오라 - 곧 십일조와 헌물이라 (말 3:8)
 (3) 하늘 문을 여는 복 - 십일조와 헌물 (말 3:10)
 (4) 만군의 여호와의 말이니라 (말 3:7, 10, 11, 12)
2) 십일조와 헌물의 참된 의미는 무엇인가?
 (1) 하나님이 명하신 경제 언약 원리이다 (레 27:30, 잠 3:9~10, 갈 9:6~8)
 (2) 만물의 소유주 계시의 원리이다 (시 24:1, 신 8:18, 대상 29:11~12, 학 2:9)
 (3) 구원받은 성도의 신앙고백 원리이다 (마 16:16~19, 잠 3:9)
 (4) 하나님께 대한 경외심과 사랑과 감사의 원리이다 (롬 14:7~8)
 (5) 복음전도와 선교를 위한 세계복음화의 원리이다 (마 28:19~20)
3) 하나님의 명령은 모두가 사랑이다 (신 33:29, 요 10:10, 19:30, 고후 8:9, 말 3:16~17, 4:1~6)

3. 성경으로 돌아가야 산다

하나님의 말씀에 순종하는 것이 곧 성공의 길이다. (신 28:1~14, 행 1:8)

*말씀 앞에 순전한 순종의 사람들, 언약잡고, 24시 기도가 행복한 누림이 될 때까지.

십일조, 하나님의 의도는 축복입니다

말 3:10~12

하나님께서 명하신 십일조의 규례는 은혜와 축복의 통로이다. 경건하게 사는 것이 무슨 의미가 있느냐고 교만하게 말하면서 행하는 자들에게 은혜와 축복 속으로 다시 돌아오라고 초청하신다. 십일조를 명하신 하나님의 의도, 하나님의 의도는 축복이다. 어떤 축복인가?

1. 하늘 문을 여는 복 (10)

1) 영적 타락시대, 내게로 돌아오라 (말 3:7~8)

2) "하늘의 문을 열겠다" 약속하시는 하나님 (말 3:10, 계 3:7, 창 26:12~13)

3) 진행되고 있는 심한 가뭄, 언약을 준수함으로 다가올 미래의 풍요로움을 미리 내다보라 (엡 3:20, 엡 1:11, 요 10:10)

4) 하나님을 경외하는 자에게 하늘 문을 여시는 하나님 (시 78:23~24, 신 1:11)

2. 명예 회복의 복 (11)

1) 기근과 궁핍, 불순한 기후, 병충해 문제해결에 대한 약속
"열매가 기한 전에 떨어지지 않게 하리라" (시 1:3)

2) 열방의 놀림거리, 조롱거리가 되어있는 이스라엘, 그러나 명예회복(온 세상에 선망의 대상)을 약속하시는 하나님 (출 19:5~6)

3) 회개하면 모든 것이 반전될 수 있다는 하나님의 약속이다 (신 33:29, 요 19:30)

3. 땅이 아름다워 지는 복 - 열방이 너희를 복되다 하리라 (12)

1) 하나님을 경외하는 자와 하나님을 존중히 여기는 자 (말 3:16)

2) 하나님의 특별한 소유, 하나님이 아끼시는 사람 (말 3:16~17)

3) 至上至高의 가치, 전인치유자, 전인구원자 예수 그리스도 (말 4:2, 마 16:16)

4) 예수님의 십일조觀, 십자가 대속의 은혜를 땅 끝까지 (마 23:23, 고후 8:9)

*맘몬을 정복, 하나님만 잘 섬기는 자가 되겠다는 결정으로 새로운 시작을 하자.
"전적으로 하나님을 의지하는 삶을 살라" 하시는 하나님의 의도, 그러므로 십일조, 하나님의 의도는 축복입니다. (신 10:12~13, 렘 17:7~8)

하나님의 특별한 소유

말 3:16~18

이스라엘이 포로의 고난에서 벗어나 귀환한지 100여년이 지난 당시, 이스라엘의 죄악은 재연되고 있었다. 불경건한 예배, 하나님을 영화롭게 하지 않음, 잡혼과 이혼, 더러운 예물 등 구체적이고 실증적인 증거들을 들어 남 유다 공동체의 신앙상태를 꾸짖으며 돌이키라고 하신다. 이유는 돌이키는 그를 하나님의 특별한 소유를 삼고 아끼며 세우시겠다고 하신다.

1. 먼저 회개하라

1) 제사장들의 죄

(1) 하나님께 이름을 멸시하는 제사장들 - 잘못된 제사 (말 1:6)

(2) 더러운 예물을 드리는 제사장들 - 더럽혀진 제사 (말 1:6~14)

(3) 하나님의 말씀을 듣지 아니한 죄 - 대꾸하며 반문하는 자세 (말 1:2, 6, 7, 3:7~8, 13)

(4) 하나님의 말씀을 마음에 두지 아니한 죄 (말 2:2)

(5) 하나님의 이름을 영화롭게 하지 아니한 죄 (말 2:2)

(6) 언약을 파기하는 교육으로 백성들을 미혹함 (말 2:8)

(7) 타락한 제사장들이 당할 부끄러움 (말 2:3, 9)

2) 백성들의 죄

(1) 이방인과의 결혼 - 하나님과의 언약 파기 (말 2:11, 출 34:11~16, 신 7:1~4)

(2) 이혼의 문제 - 가정의 타락 (말 2:14~16)

(3) 입술의 교만한 죄 (말 3:14~15)

2. 하나님께로 돌아오라

1) 우리가 어떻게 하여야 돌아가리이까 (말 3:7)

2) 하나님의 것을 도적질하지 말라 (말 3:8)

3) 불성실한 십일조와 헌물에서 돌이키라 (말 3:8~9)

4) 만군의 여호와가 이르노라 - 십일조의 축복 (말 3:10~12)

*십일조와 헌물은 하나님의 주권을 인정하는 신앙고백과 언약적인 축복의 행위이다.

3. 하나님의 특별한 소유

1) 은혜의 언약을 주시는 하나님

(1) 여호와를 경외하는 자와 그 이름을 존중히 생각하는 자에게 (말 3:16)

(2) 하나님의 특별한 소유를 삼고 사람이 자기 아들을 아낌같이 아끼심 (말 3:17)

(3) 하나님이 특별히 구별하시는 사람으로 세우심 (말 3:18)

(4) 그 이름을 경외하는 자에게 의로운 해가 떠올라 치료하는 광선을 발하심 (말 4:2)

2) 성도는 하나님의 특별한 은혜를 입은 자

(1) 참 빛으로 오신 그리스도가 내 안에 임마누엘 하시는 신분 (요 1:9, 사 60:1)

(2) 왕 같은 제사장으로 부르심을 입은 하나님의 특별한 소유 (벧전 2:9 시 135:4)

(3) 하나님의 이름을 높이며 가정의 성결을 지키고 배우자에게 신실하라 (엡 5:27)

(4) 근원적인 복을 받은 우리를 통해 많은 예배자들이 일어나도록 (말 1:5, 11)

예배의 감격 속으로

말 4:1~3

원시종교를 포함한 모든 종교는 경배행위를 갖는다. 경배 대상은 인격적인 것과 비인격적인 것이 있다. 그러나 성경은 창조주 하나님 이외의 그 어떤 대상을 예배의 대상으로 설정하거나 경배하는 행위를 철저히 금하고 있다. 인간을 신격화 하는 것, 사물을 형상화 하는 것 모두 철저하게 금하신다. 예배가 흔들리고 있는 시대, 바른 예배와 그 감격을 회복하자.

1. 믿음이 없고 패역한 세대여

1) 음란, 부정, 사욕, 악한 정욕, 탐심, 우상숭배의 문제 (골 3:5~6)

2) 노아의 때에 된 것과 같이 될 인자의 때 (눅 17:26~27)

3) 롯의 때, 소돔과 고모라성과 같은 인자의 날 (눅 17:28~30)

4) 믿음이 없고 패역한 세대여 (마 17:17)

*패역 - 우상숭배, 배도, 충성치 않음, 꼬이다.

*본질에 대한 가치관이 점점 희미해지고 있다. 비본질에 대한 관심도가 고조됨으로 가장 중요한 것을 놓치고 사는 사람들, 우리는 전천후 그 본질회복을 기도해야 한다.

2. 예배를 회복하라

1) 말라기는 구약의 최후 메시지 - 잃어버린 예배를 회복하라

(1) 하나님의 이름을 멸시하는 제사장들아 (말 1:6) 영적으로 무분별한 상태의 지도자

(2) 주의 상을 경멸히 여기는 자들아 (말 1:7~14) 눈 먼 것, 저는 것, 병든 것으로

(3) 여호와의 성결을 욕되게 하며 공의를 비웃는 백성들아 (말 2:10~16)

(4) 불성실한 십일조를 멈추고 하나님께로 돌아오라 (말 3:7~12)

(5) 완악한 말로 여호와를 대적하는 자들아 (말 3:13)

2) 참된 예배를 회복하라

(1) 하나님을 예배하는 자와 예배하지 않는 자를 구별하시는 하나님 (말 3:16~18)

(2) 여호와의 정하신 날에 (말 4:1)

(3) 하나님을 경외하는 자에게 임하는 치료하는 광선 (말 4:2, 마 4:16, 요 1:9, 벧전 2:9)

(4) 참된 예배의 감격을 회복한 자에게 참된 안식과 자유를 (말 4:2)

(5) 참된 예배를 회복한 자에게 차별화된 위로와 승리를 (말 4:3)

3. 예배의 감격 속으로

1) 하나님은 영이시니 예배하는 자가 신령과 진정으로 예배할지니라 (요 4:24)

2) 우상숭배를 버리고 돌아와 하나님을 예배하는 공동체의 감격 속으로 (계 7:9~10)

3) 하나님의 임재를 경험하는 예배의 감격 속으로 (왕상 8:1~9:9, 말 4:2~4)

4) 성례전이 살아있는 '뮈스테리온' 즉 신비의 감격 속으로 (마 26:26~28)

*성례전은 은혜 그 자체는 아니지만 은혜의 방편(means)이요, 표시(sign)이다.

5) 예배의 성공자는 범사의 성공자, 범사의 행복자 (수 24:14~15, 삼상 7:3~11, 요삼 2)

*예배는 인간이 행동할 수 있는 최고의 복된 가치이다. 그러므로 구원받은 하나님의 사람은 예배가 우선되고, 중심되며, 전부되는 삶을 살아야 한다.

완전한 언약 II 구약편

2021년 10월 1일 1판 1쇄 펴냄

지은이 김의경
펴낸이 정양호
펴낸곳 도서출판 예수전도단
그레이스 미디어(주)
출판 등록 1989년 2월 24일(제2-761호)
주소 서울특별시 마포구 성지1길 7 (합정동)
전화 02-6933-9981 · 팩스 02-6933-9989
이메일 ywampubl@ywam.co.kr
홈페이지 www.ywampubl.com

ISBN 978-89-5536-615-0

책값은 뒤표지에 있습니다.
잘못된 책은 바꾸어 드립니다.